"十二五"职业教育国家规划教材
经全国职业教育教材审定委员会审定

物流单证与结算

（第 2 版）

主　编　陈兴霞　曹　军
副主编　邱学林　张俊清

中国财富出版社

图书在版编目（CIP）数据

物流单证与结算/陈兴霞，曹军主编．—2版．—北京：中国财富出版社，2015.1（2019.2重印）

（“十二五”职业教育国家规划教材）

ISBN 978-7-5047-5363-2

Ⅰ.①物… Ⅱ.①陈… ②曹… Ⅲ.①物流—原始凭证—高等职业教育—教材 ②物流—结算业务—高等职业教育—教材 Ⅳ.①F252

中国版本图书馆CIP数据核字（2014）第211839号

策划编辑 张 茜　　责任印制 尚立业

责任编辑 颜学静　　责任校对 饶莉莉

出版发行 中国财富出版社（原中国物资出版社）

社 址 北京市丰台区南四环西路188号5区20楼　　邮政编码 100070

电 话 010-52227588转2048/2028（发行部）　010-52227588转321（总编室）

010-52227588转100（读者服务部）　010-52227588转305（质检部）

网 址 http://www.cfpress.com.cn

经 销 新华书店

印 刷 北京九州迅驰传媒文化有限公司

书 号 ISBN 978-7-5047-5363-2/F·2224

开 本 787mm×1092mm 1/16　　版 次 2015年1月第2版

印 张 20　　印 次 2019年2月第3次印刷

字 数 512千字　　定 价 39.80元

编写人员

主　编：陈兴霞　辽宁农业职业技术学院

曹　军　辽宁农业职业技术学院

副主编：邱学林　辽宁农业职业技术学院

张俊清　辽宁农业职业技术学院

参　编：付　饶　锦州商务职业学院

李　宁　辽宁信息职业技术学院

高　飞　盘锦职业技术学院

再版前言

本教材是高职院校物流管理专业的专业课教材，第 1 版出版于 2010 年 5 月。本次教材修订是根据我国物流行业企业发展对物流人才的需求，以及高职院校物流管理专业人才培养方案的调整而适时进行修订的。物流行业企业的快速发展极大地改变了企业的经营与运作模式，物流已不局限于简单的仓储与运输，更是一种先进的组织方式和管理技术，是对物流活动进行一种新的组织安排，以提高物流企业的运行效率与效益。为此，企业对物流单证员、跟单员、仓储保管员、配送员等岗位的要求越来越严格。因而本教材立足物流岗位需求，适时调整教材内容，使人才培养规格更加适应现代物流企业发展要求，以增强学生的“适岗”能力。

一、本教材修订的指导思想

1. 以高等职业教育理念为指导，以培养高等技术应用型专业人才为目标。

2. 立足物流岗位需求，与物流企业紧密合作，取材于企业，并整合教材中的知识和技能结构。

3. 以现代物流活动规律为载体，构建教材内容新体系，同时注重教材的实用性、操作性、拓展性与方向性。

4. 教材中知识的整合与拓展，既要符合物流管理实际，又要具有一定的前瞻性、先进性和外延性。

二、本教材修订的主要内容

本教材在修订过程中，充分考虑到高等职业教育的特点，着眼于物流单证员、跟单员、仓储保管员、配送员等岗位所要求的理论知识与基本技能，构建以任务引领和职业能力培养、岗位技能标准为依据的课程内容体系。保留了原教材中以任务驱动安排教材编写内容的基础框架，通过设计“教学情境”“任务导入”“任务分析”“任务实施”构建本教材的技能体系，通过“相关知识拓展”以“必需、够用”同时还要体现行业前瞻性为原则，构建本教材的理论体系。在教材中还穿插着一些“小知识”“小问答”“小技巧”

等增加知识的弹性和趣味性，以培养学生的创新思维和学习激情，并在此基础上做如下修改。

1. 调整了教学情境的内容，使得教学情境更具有实用性、操作性与拓展性。

2. 结合现代物流的发展要求，对各任务中的“相关知识与拓展”模块做了进一步梳理，减少与其他学科的交叉，体现了教材的方向性。

3. 对教材中的部分理论内容进行了重新编写与整合，以适应行业的新发展。

4. 对教材中部分“任务导入”与“任务实施”中的内容进行了修订，使其更贴近实际，更具有可操作性。

5. 对“思考与训练”中的技能训练题，按任务的难易与重要性，增加了评分标准，方便学生自我考核。

6. 对教材中部分“小知识”“小问答”“小技巧”等元素进行了修改，充分发挥其对“相关知识拓展”内容的补充作用。

作者在本教材的修订过程中调研走访了辽宁物流与采购联合会、营口市物流协会与汇丰物流公司、宏通物流有限公司、大同经贸公司等多家物流企业，并得到了行业企业专家的指导，同时组织专业教师精心策划与编写。

本教材的使用建议：

1. 本教材参考学时为 64 学时。

2. 教学中采用学生分组教学做任务为导向，逐步导入理论知识的学习。

3. 课堂理论教学与基地实践应用相结合。

4. 在任务评价中，偏重于学生的动手操作能力和独立思考、创新能力。

本教材的适用范围：

既可作为高职高专物流管理专业教材和电子商务专业、国际贸易专业参考教材，也可作为物流工作者及物流爱好者学习参考之用。

本教材的修订由陈兴霞、曹军担任主编，负责修订大纲、修订内容及修订原则的拟定和部分教材内容的修订工作，并对整个教材进行总撰。副主编邱学林、张俊清协助进行校对和修订工作。各部分分工如下：

教学情境　陈兴霞

模块一　物流单证

任务一　物流合同的编制与应用　陈兴霞　曹　军

任务二　仓储管理过程中的单证设计与应用　　陈兴霞　曹　军

任务三　货物运输与保险单证取得与缮制　　邱学林　付　饶

任务四　货物出入境单证取得与填制　　邱学林　高　飞

任务五　物流结算中的单证填制　　邱学林　李　宁

模块二　物流结算

任务一　国内物流结算　　张俊清　邱学林

任务二　国际物流结算　　张俊清

任务三　网上物流结算　　张俊清　陈兴霞

在本教材编写过程中参阅了同行专家的研究成果和案例，同时得到了行业企业、中国财富出版社的大力协助与支持，在此表示衷心感谢。

由于编写水平有限且时间仓促，难免出现编写错漏，敬请广大读者批评指正！

编　者

2014 年 2 月

目录

contents

教学情境

山东风华物流有限公司（以下简称风华物流）位于山东省青岛市，是产业物流服务专业供应商，主要为彩电、IT产品及家具产业链提供仓储、装卸、干线运输、区域性分拨配送、进出口代理等业务。公司立足山东，辐射北京、天津、河南、河北、安徽、辽宁等地区，集中陆海空优势，加大国际物流合作。公司地址：青岛高科园海尔路888号；开户银行：中国农业银行青岛分行，账号：103416011155296985；税号：370000901512346Z；法人代表：刘旭华；公司电话：0532－8930705/8939438；传真：0532－8939773；电子邮箱：sdfhwl@163. com。

在风华物流全国庞大的运输网络中可统一调配的车辆达15000多辆，在原有风华产品销售网络基础上在全国设立了38个大型区域物流分拨中心，可使用的仓储资源面积达到270万平方米。

一、公司主要业务

公司主要业务包括国内国际运输、报关业务、保险策略、仓库管理、订单执行、运输管理、客户终端服务等。

1. 国内国际运输

（1）多模式的运输选择：①专车运输；②航空运输；③汽车零担运输。

（2）运输模式选择条件：基本上是基于货物价值和订单紧急性来决定的，风华物流根据每种运输模式实现的时间和安全性及对应货值的效益指标评审，提出针对不同订单及要求的运输建议。

2. 报关业务

（1）进口口岸：机场或港口。

（2）提供限时服务。

（3）在提供的单据准确、齐全，货物正常安全到港，海关无异议的情况下，提供20小时内放行的服务。

（4）关税、增值税抵押代垫。

（5）通关前后的监管库暂存服务。

（6）海关优惠政策申请。

3. 保险

（1）根据客户需求制订保险策略。

（2）接受客户委托代理投保。

4. 仓库验收

（1）前备工作：按采购订单号整理货物，并录入Excel进行管理。

（2）仓库库管根据提单和提货不良品记录确认入库数量和状态之后，按正品和不良品待验区分别入库暂存。

（3）货物验收入库。

5. 仓储管理

（1）清点时将清点完毕的货品在已验收区内进行分类，然后同一型号货品按照高架储位、平置储位、备件架储位、抽屉式储位分为四大部分。

（2）全部货物清点完毕后，在已验收区对各个已分不同储位的各类产品进行细分类。分类的原则是：同一个包装单下的标准配置组件放在一起并注明标准配置的名称、组成、数量。

（3）对首次入库的产品测量外包装尺寸（重量），确定相应的货架，估算确定每个货架所能存放的数量，对已有入库记录的同类产品，找到相应的货架区。

（4）产品上货架，同时记录产品所对应的货位号，所有已清点货物确认上架完毕，将对应的货位号记录入实物的 Excel 表中，至此可以提供此实物工作表作为信息系统管理物料主数据。

（5）在不断的分拣订单处理过程中，根据分拣频率对产品进行 ABC 分类，优化作业效率。

6. 订单处理

风华物流秉承其一贯原则，采用一票到底的作业流程；并且订单的处理过程是紧密结合信息系统开展的。

（1）采用一票到底的作业流程，客户可以仅根据配送单单据编号通过风华物流查询到该订单指定货物从国际运输开始到客户签收前的状态和数据资料。

（2）接收到客户出货通知单后，在信息系统中对出货库存进行确认，并打印分拣清单。

（3）将分拣完毕后的物料数据在系统中进行核对，确认正确后打印配送清单。

（4）配送单据在配送过程中作为货物出库、客户签收的凭证文件，信息系统将跟踪货物各环节状况。

7. 仓库分拣

（1）系统打印出的分拣清单显示了库位信息，仓库库管按照清单库位指定确认分拣产品、数量，并在清单“序列号”栏填写分拣出产品的序列号。

（2）货物分拣到出库区，仓库库管对产品进行整理和标志。

（3）配送员在收到库管填写的配送清单后，立即到现场对清单上各项数据进行核查，发现错发漏发货或数据记录错误立即补正。

（4）根据确认的配送清单在系统开具配送单。

8. 客户收货

客户收货流程分为以下两个作业重点。

（1）为购买产品的客户提供快捷准确的验收程序。以清晰的单据格式指导客户明确到货明细。配合单据格式对发货进行包装，详同仓库分拣。

（2）为保证产品的顺利交接，风华物流要求收货客户在配送单上注明到货状况、时间（具体到分钟），签收人签字、盖章（收货单位有效公章）确认；在无有效公章的情况下，必须由签收人在配送单上注明身份证号码并提供本人身份证复印件。

二、服务报价

1. 运输成本费用

按车辆折旧费、油费、人工费、过路费、其他费加总计算。

2. 仓储成本费计算标准

托盘使用费 0.21 元/（天·个）；

立体货架费用 5.42 元/（天·货架）；

一般货物仓储费 5 元/天；

备件货位每天费用 0.25 元/（天·货位）；

验收区 0.6 元/（天·平方米）。

3. 出货成本费（根据产品的下列费用计算）

配送单制作费：包括分拣、装箱、包装费用；

出货送货运费：包括运输费加搬运费；

中间费用：包括叉车装卸和第三地暂存等费用。

4. 信息系统费用

每一 SKU 信息费包含的业务为：创建、维护客户主数据，创建、维护物料主数据，创建、维护批次主数据，创建收发货订单，提供各项历史数据、各项报表等。

常态使用费按保存每个单件（SKU）信息 5 元/次收费。

5. 折扣

对于货物数量大，服务时间长的可酌情予以折扣，最大折扣系数为 0.85。

6. 管理成本、税金、利润

每次结算时在上述成本加全的基础上加收 15% 的管理成本、税金、利润。

7. 特别注明

一旦上述计算条件发生重大变化，需要重新核算成本、制定折扣系数。

三、对客户需求

（1）提供货品的保质期等相关属性的资料。

（2）货物到空港前 72 小时提供以下文件：装箱单（packing list）与商业发票（commercial invoice）。

（3）每次进货拆箱和出货检验时，请货主委派专家和工程师到现场指导。

四、单据及付款条件

一般情况下风华物流将在每次货物到达时开发票给客户。客户收到发票后，将物流费用电汇至风华物流账户。电汇信息如下所示。

单位名称：青岛风华物流有限公司

税号：370000901512346Z
开户行：中国农业银行青岛分行
账号：103416011155296985
如长期客户，按合同约定执行。

模块一　物流单证

内容简介

本模块的主要工作是根据物流的工作过程设计并编制各类单证，主要包括物流合同、仓储、分拣、包装、配送、运输、报关、保险、结算等物流活动中所形成的单据和凭证，为物流管理工作提供依据。

一、物流单证认知

（一）物流单证的含义与作用

单证是业务处理过程中使用的所有单据、票据、凭证的总称。

物流单证（logistics documents）是物流活动过程中使用的所有单据、票据、凭证的总称。合同双方凭借这些单证处理货物的交付、仓储、包装、运输、保险、商检和结汇等业务。

物流单证是物流管理或物流工程中关键的环节之一，体现为对内的表格、单证的设计和对外的标准与规范。单证的编写与填写是现代物流管理、物流工程中必不可少的重要组成部分。

物流活动的监控离不开单证，表格与单据是物流信息流的可视形式。单证在物流公司内部，是操作员执行命令的指令、记录状态的载体；也是管理层传达指示的载体和物流质量监控人员收集反馈、评价质量的载体。单证在公司外部则是不同物流主体沟通的工具，明晰快捷的单证体系能够大大提高物流企业的管理效率。

（二）物流单证的种类

对于物流企业来讲，物流单证主要按物流工作过程可划分为仓储单证、运输单证、配送单证、报关单证、结算单证。

经常涉及的单证有合同、出入库单、配送清单、运单、商业发票、信用证、保险单、装箱单、出入关检验单、报关单、提单等。这些单证是企业履行合同的凭证，也是物流结算中的基本工具，是物流企业经营管理水平的重要标志。

二、物流单证员的工作内容

物流单证员的主要工作有审证、制单、审单、交单和归档等一系列业务活动，物流单汇员工作贯穿于物流活动的全过程，具有工作量大、涉及面广、时间性强和要求高等特点。

从合同、订单、报关、报检、运输、仓储、银行、保险等各个环节，无一不是通过各种单据凭证来传递信息，单证员操作技能的高低直接关系到企业物流业务的管理与控制机制能否实现，以及业务结算、结汇的时效和成败。

三、物流单证员的工作职责

根据物流活动的内容，对照外贸单证员的工作职责，拟定物流单证员工作职责如下。

（一）负责公司物流活动相关合同的核销归档工作及各项结算的核销归档工作

具体的职责与内容如下：

（1）负责公司物流业务相关合同、结算台账的建立及记录；

（2）负责相关单据及海关单证的保管及文书处理；

（3）负责相关合同的平衡测算及业务处理；

（4）负责根据业务要求制作、审核各种物流单证；

（5）负责公司进出库商品的出入库手续办理及仓储、运输、配送工作的安排。

（二）协助相关部门及客户进行进出口业务的申报工作及进出口商品的对账工作

具体的职责与内容如下：

（1）配合相关部门及客户进行进出口业务申报资料的提供；

（2）协助相关部门及客户执行税务处理；

（3）配合相关部门及客户对境外政府机构的工作关系进行协调；

（4）负责公司商品出口手续的办理及运输工作的安排；

（5）配合业务人员涉外事务的处理；

（6）负责商品出口运输安排与跟单。

随着物流公司的船代、货代业务的深入展开，物流单证员的工作更加繁杂，也更加重要。

任务一　物流合同的编制与应用

知识目标

- 了解物流合同的种类及特征
- 掌握物流合同的主要内容
- 掌握物流合同的一般格式

能力目标

- 能够运用所学的知识，结合实际工作任务编写一份物流合同

任务引入

2014 年 1 月 7 日，在广州贸易洽谈会上，风华物流业务部经理与美国 AVAYB 电子产品的中国驻北京代理商——普源信息有限公司达成合作意向，为其普源 AVAYB 产品承担运输、通关、仓储、配送等服务，并约定 2014 年 1 月 10 日签订合同。双方经洽谈在下述事项中达成一致意见，并约定由风华物流起草合同，再由双方协议修改。

一、双方义务

（一）风华物流的权利与义务

1. 运输

国际段：从 AVAYB 生产厂商提货，以直接从产地空运或以陆运加空运的方式运输到北京空港；北京空港的仓储服务；通关前后的监管库暂存服务；报关。

国内段：空港仓库提货、验货；派车运输至风华物流仓储中心。

2. 仓储

入库：创建收货入库单；信息系统货物信息录入；货物分类、板卡的拆分、包装、货品上架。

仓储库存管理：接收普源出货订单，货品分拣、板卡的拆装、散件的包装、制作配送单；专车、空运、零担等多种联运方式的长、短途配送；配送单据反馈、信息系统报表的产生；AVAYB 特殊单据的设计、制作，防静电袋特殊包装物购买、抽屉式储位的设置、监视系统的配备均包含在服务之内。

风华物流不负责的部分：货物险费用；加急订单的加急费用；其他为 AVAYB 产品项目提供的特殊服务费用。

风华物流有权拒绝或接收任何不符合规定的货物。如果接收了这种货物，客户应支付价目表中所规定的费用；若价目表中没有规定，则支付合理的费用。风华物流一收到这些不符合规定的货物，将尽快通知客户，以获得有关指令，风华物流不负责由于口头传递所造成的失误。

（二）客户的权利与义务

客户不把不符合下列条件的货物运送到风华物流：①与货物清单中规定的不一致；②与货物的包装标记不一致。

客户需提供货品的保质期等相关属性的资料；客户在货物到空港前 72 小时提供装箱单（packing list）和商业发票（commercial invoice）；在进货拆箱和出货检验时请普源公司的产品专家和工程师到现场指导。

风华物流向客户提供的特色服务与约定包括：风华物流为客户提供海关优惠政策申请；协助客户向海关申请优惠的进口政策；关税、增值税由客户支付，如果时间要求紧迫且关税增值税总额在 5 万元以下，风华物流可以代垫，但客户应在 2 个工作日内将税款支付风华物流。若客户超 2 个工作日的支付期，客户除承担支付利息（根据实时的市场利率标准）外，风华物流有权扣押在途或在库货物作为抵押。

二、费用支付

包括上述国内、国际段各项内容，AVAYB 产品物流费用为货品价值的 2.8%。一旦成本计算发生重大变化，风华物流有权重新核算成本、制订折扣系数。

三、单据及付款条件

物流费用的结算时间。货物到达后 20 日内结清所有的物流费用，风华物流将在货物到达后 10 日以内将发票寄给客户，客户收到发票后，于 10 日内将物流费用电汇至风华物流账户。

电汇地址及账号信息。单位名称：山东风华物流有限公司，税号：370000901512346Z，开户行：中国农业银行青岛分行，账号：1034160111155296985。

合同期限自 2014 年 1 月 25 日（起始日期）起为期 3 年，然后自动延期 1 年（续订条款）。合同的起始条款与续订条款终止日期前的 60 天，双方将重新洽谈下一个延期合同的物流费用。

四、其他事项参照双方合同法和物流管理相关文件协议磋商

请根据上述提案，为风华物流有限公司编制一份物流合同。

任务分析

编制物流合同首先要了解物流合同的主要内容、相关的法律法规和行业规定，同时还要了解合同的种类与一般格式。物流合同有很多种类，如采购合同、仓储合同、配送合同、运输合同等。根据风华物流公司与普源信息公司的协商内容来看，这是一份现代物流合同。合同涉及的环节多、时间长，要求复杂。编写合同时应当注意如下事项。

第一，签订合同时，确定条款内容与格式。

合同的条款也就是合同的内容，也就是双方的权利义务责任。《中华人民共和国合同法》（以下简称《合同法》）中对于合同到底怎么签，具体写什么内容没有做强制性规定，也就是说合同想写什么，双方同意就可以。但是《合同法》从一种示范性的角度，在第12条中规定了合同的主要条款，或者叫一般性条款。也就是说，双方签订合同的时候，最好把这些条款写进去。

第二，要把条款写明白，写具体。

这样可以避免日后发生纠纷。而且万一发生了纠纷，如何解决，如何确定双方的权利义务，也要有相应的条款依据，所以编制时参照一些示范性条款是很有意义的。

根据《合同法》的规定，这样一些示范性条款，或者说称为一般条款，主要包括如下内容：

1. 当事人的名称或者姓名，以及住所

如果是自然人就是姓名；如果是法人或非法人组织就是它的名称，包括它的法定住址。这是合同履行后，你主张权利和义务的承当者，所以必须写清楚。

2. 合同的标的

狭义上的标的是指一个具体的标的物。广义上的标的实际上指一种客体。有的合同有具体的标的物，有的合同没有具体的标的物。那这个标的是什么？实际上它是“给付”客体的问题。

3. 数量

数量条款不能马虎，比如涉及分期付款，分批交货的，一定要把每一次每一批的数量也写清楚，而且计量单位一定要明确。

4. 质量条款

所谓的质量条款，首先要明确所采用的标准是国家标准还是行业标准，抑或是企业自己的标准。它也包括具体的规格型号的表述，这也是构成质量的一个技术指标。在质量条款里面，还应当写明验收方式，包括如何判定合不合格，符不符合质量；怎么验收，是共同验收，还是委托第三方专门的验收机构来验收；在什么地点验收，在发货方所在地验收，还是接收方所在地验收；验收的人员；抽样检验还是全部开箱检验。最后还要约定如果质量有问题的话，应该在几天之内提出索赔或者提出异议；以什么方法提出异议，比如说约定好必须书面形式提出异议，才视为提出异议。

5. 关于价款或者报酬的条款

用于买卖或者租赁，一般就称之为价款。而委托代理之类的，一般就称之为报酬。价款、报酬要分别约定好单价、总额。有的时候像大额的交易买卖合同，常常涉及不同品种的货物，每一种品种的价格都会不一样，要分别载明。

6. 关于履行期限、履行地点、履行方式

合同的履行期限包括当事人双方的履行自己义务的期限。比如说什么时候发货，什么时候付款。也包括合同的有效期限。比如说租赁合同中的“本合同有效期一年”。履行方式，比如租金怎么支付，以现金支付还是以支票支付，那么这里边也包括一个期限。比如合同约定按月支付，同时约定中要讲清楚具体支付期限。比如每个月开始的五天之内支付，那么过了每个月五号未支付就算违约了。履行地点，比如买卖合同可能涉及交货地点。合同要约定是需方自己提货，还是送货；送到买方所在地，还是代办托运，交给承运部门。履行地点也得约定清楚。

7. 违约责任

违约可以是在价格上违约了，在数量上违约了，在质量上违约了，等等。哪个方面一旦出现了违约，如何承担责任需要违约责任条款约定好。这样一旦出现了违约，就可以根据违约责任条款主张对方的责任。

8. 争议解决的方法

如果双方因为履行合同出现了纠纷、争议，是通过仲裁解决，还是通过诉讼解决？这是签订合同的时候，《合同法》所规定的示范性条款。通常来说，这些条款如果有比较清楚明确的约定的话，一方面会避免很多纠纷隐患，另一方面一旦出现纠纷，通过司法机关或者仲裁机构会比较有针对性、比较公平、比较符合当事人的真实意思表示的方式进行解决处理。

相关知识与拓展

物流合同是指物流服务需求方与物流经营人订立的，约定由物流经营人为物流服务需求方完成一定的物流行为，物流服务需求方支付相应报酬的合同。

物流合同包括物流采购合同、仓储合同、配送服务合同、运输合同、保险合同等；不同合同具有不同的内容。

小知识

订单与合同

订单是货物购销者或服务供需方就某一标的达成的协议。订单的形式多种多样，包括合同、确认书、协议书、备忘录、意向书等。合同是平等主体之间设立、变更、终止民事权利义务关系的协议。

一、物流采购合同

采购是物流的开始环节，我国《合同法》第九章专门对买卖合同作了规定，这是我国在采购与销售方面的最基本的法律制度。当然，采购可以通过不同的方式实现，如集团采购、招投标等。对于团购，其实只是实现购买商品主体的集合，从而形成货品的价格优惠，我国没有专门的法律、法规对其行为进行规范。而对于招投标，因为其涉及的领域广、程序复杂，故我国颁布了《招标投标法》对之进行调整和规范。政府采购属于一种特殊的采购，因其特殊性和重要性我国也颁布了《政府采购法》。

物流采购合同是指物资流通企业根据市场需要，向物资的生产企业或其他物资流通企业购买某种物资而签订的协议。物资的采购方向物资的出卖方支付一定量的金额，而物资的出卖方按照约定的时间、期限、数量与质量、规格交付物资给采购方。

物流采购合同是以物流企业为采购主体的采购合同。

物资采购有时涉及订购物资的生产周期较长，因此物流采购合同的期限一般较长，有时是分期分批地成交。

（一）物流采购合同的主要特征

物流采购合同具有合同的一般法律特征，这些特征表现了合同的共同属性。但是物流采购合同还具有自己的个别属性或特征，使其与其他种类的合同相区别。物流采购合同主要有以下特征。

1. 物流采购合同是转移财产所有权或经营权的合同

所谓转移所有权是指双方当事人在采购合同中，约定一方当事人在交付物资时，同时将该物资的财产所有权（即占有权、使用权和处分权）转移给另一方当事人。这样，一方当事人就失去所有权，而另一方当事人获得所有权。所谓转移经营权是指在国有企业之间发生采购合同关系时，由于财产属于全民所有，因此，一方交付物资，只是向对方转移财产的经营管理权，所有权仍属于国家。这一特征是物流采购合同的主要的和本质的法律特征。

2. 物流采购合同是典型的双务有偿合同

所谓双务合同是指合同当事人双方相互享有权利、互相负有义务的合同。在物流采购合同中，一方的权利，正是对方的义务，反之亦然。所谓有偿合同是指双方当事人要按照等价有偿的原则，一方须给予对方相应的利益方可取得自己的利益，否则就无权取得自己的相应利益。

3. 物流采购合同是诺成合同

所谓诺成合同是指双方当事人意思表示一致即告成立的合同。也就是说，双方当事人就采购合同的主要条款通过协商取得一致意见，合同即告成立。此外，根据法律规定或当事人约定，须经鉴证、公正或主管机关核准登记，才能产生法律效力的合同，通常认为也是诺成合同。

同时物流采购合同还有主体广泛、重大商品采购受国家总体调控制约、与商品流通紧密联系等特征。

（二）物流采购合同双方的权利与义务

物流采购合同应清楚地规定供需双方交货、接货的各种要素，货款结算方式及履行合同的经济责任。

1. 采购方的主要义务

（1）逾期付款的应按照中国人民银行有关延期付款的规定向供货方偿付逾期付款的违约金。

（2）自提货物按供货方通知的日期或合同规定的日期提货的，应比照中国人民银行有关延期付款的规定，按逾期提货部分货款总值计算，向供货方偿付逾期提货的违约金，并承担供货方实际支付的代为保管、保养的费用。

（3）采购方违反合同规定拒绝接受送货的，应当承担由此造成的损失和运输部门的罚款。

（4）采购方应承担由于其错填到货地点或接货人等所造成的损失，承担供货方或运输部门因处理采购方提供的错误信息而实际支出的一切费用。

2. 供货方的主要义务

（1）供货方未按合同规定的时间提供应交的技术资料或包装物的，除交货日期得予顺延外，应比照中国人民银行有关延期付款的规定，按顺延交货部分货款总值计算，向采购方偿付违约金。

（2）供货方逾期交货的，可比照中国人民银行有关延期付款的规定，按逾期交货部分货款总值计算，向采购方偿付逾期交货的违约金。

（3）提前交的货物、多交的货物或不符合合同规定的货物，采购方在代为保管期内实际支付的保管、保养等费用以及非因需方保管不善而发生的损失，由供货方承担。

（4）供货方所交货物不符合合同规定的，如采购方同意接收，应当按质论价，如采购方不能利用，应根据具体情况，由供货方负责保修、包换或包退并承担修理、调换或退货而发生的实际费用。不能退换的按不能交货处理。

（5）包装不符合合同规定的，由此造成的货物损坏、丢失或其他费用，均由供货方承担。其他由供货方粗心大意造成的交货地点、时间等的错误或者费用的增加，均由供货方负责。

（三）采购合同签订中应注意的问题

（1）签订合同时，一定要仔细阅读相关条款，最好能有利己方，对一些有歧义、不合理的条款要和商家落实清楚，以免出现问题时，解决起来遇到麻烦。

（2）要求商家在合同上注明产品的品牌、型号、单价、数量，在标注产品的数量时，最好将产品的基本计量单位数标注清楚，方便验货时核对产品的数量。

（3）销售单要加盖销售单位或者市场的公章。

（4）对特定条款加以注明。如退换货的办理方式、违约责任说明、送货时间等。属于可以再加工的产品，对这些产品的退换货问题也要加以约定。现在市场上的通行惯例是加工产品概不退货。

（5）在订购时可以适当订多一些。要和商家约定好，没有用完的产品可以退货。

（6）了解和落实退补货原则。现在市场上的商家对于退补货问题，都会有一些约定，如多长时间内可以退货，什么样的产品可以退货，这些都要落实清楚。对于富余的产品或者不够的产品，要尽快到商家处办理，以免出现退不了和没有相同色号的问题。

（7）在订购合同上注明产品的等级，防止商家以次充好。

（8）适当地交一些订金，等到货送到家，验收无误后再付全款。同时最好约定产品不符合要求可无条件退货，退回订金。

（9）签订合同时双方都要有诚心条款（如未能完全履行合同的处理意见等）。

（四）采购合同样本

采购合同可在合同法规定的范围内根据合同双方的需求及采购物资的特点，自行设计。常见的采购合同样本如下。

采购合同

第一条　合同介绍

一、甲方（采购方）基本情况

甲方名称

通信地址

联系人

电话、传真

E-mail

二、乙方（供应商）基本情况

乙方名称

通信地址

联系人

电话、传真

E-mail

三、合同目的

提示：说明甲方向乙方采购何种物品，经双方协商后确定本采购合同。

第二条　术语、关键词解释

物品系指供应商按合同要求，需向采购方提供的一切软件、硬件及相关的技术资料。

服务系指根据合同，供应商承担与供货有关的辅助服务，比如运输、保险及其他的伴随服务，比如安装、调试、提供技术援助、培训等。

第三条　采购物品说明

1. 采购物品及说明

2. 技术指标和质量要求

第四条　合同价格和支付方式

1. 本合同总价格为（人民币大写）：________________。

2. 预付款。甲方于本合同签署之日起，在15日内，将合同总成交价的20%，即人民币______元,作为预付款支付给乙方。乙方在收到上述款项后，以传真向甲方确认。如甲方不按上述规定准时支付预付款，则交货期作相应的顺延。

3. 发货款。乙方按合同规定在发货时，将有关运输提单或自提单、商业发票、装箱单和质量证书，以可靠方式寄递给甲方。甲方收到以上单据的次日起15日内，将合同总成交价的40%，即人民币______元,作为发货款支付给乙方。乙方在收到上述款项后，以传真向甲方确认。

4. 验收款。在采购物品通过甲方的验收之后，甲方在15日内，将合同总成交价的40%，即人民币______元，作为验收款支付给乙方。乙方在收到上述款项后，以传真向甲方确认。

5. 甲方和乙方应以书面方式相互通知各方的开户银行、账户名称、账号。开户银行、账户名称、账号如有变更，变更一方应在合同规定的相关付款期限前20日内以书面方式通知对方，如未按时通知或通知有误而影响结算者应负逾期付款的责任。

第五条　交货与交货方式

1. 乙方于本合同签署之日起，在30日内将甲方采购的物品全部送达指定的交货地点。

2. 乙方应在交货前7日内，以电话或传真方式向甲方提供交货计划（内容包括合同号、设备名称、型号规格、数量、重量和体积的约数、交货时间、地点、运输安排）。甲方应及时做好准备，办妥一切接货手续，在货物到达后48小时内提运完毕。

3. 甲方对乙方交付的物品，均应妥善接收并按设备储存的环境条件规定保管。对于因乙方误发、多发或少发的物品，甲方应负责妥善保管，并及时通知乙方查处，由此发生的费用由乙方负担。

4. 本合同所有物品运抵甲方现场后，双方代表共同参加开箱检验。如设备外包装完好无损，但箱内设备发现短缺或损伤，应由乙方负责补足或修理，其相关费用由乙方负担。

第六条　安装、调试与验收

1. 乙方派遣技术人员按合同规定的日程完成采购物品的安装和调试工作，并对甲方人员进行技术指导，保证使采购物品达到预定的性能指标。

2. 在安装调试过程中，甲方应提供各种配合条件和所需称职的技术人员和辅助人员，在乙方技术人员的指导下配合乙方进行安装、调试和其他辅助工作。

3. 乙方安装调试完毕后，甲方组织人员对采购物品进行验收测试，将验收测试情况记录在“采购物品验收报告”中。如果甲方发现采购物品中存在缺陷，双方应当视问题的严重性给出合适的处理措施。(1) 如果采购物品存在严重的缺陷，则退回给乙方。乙方应当给出纠正缺陷的措施，双方协商第二次验收的时间。乙方应当赔偿给甲方造成的损失。(2) 如果采购物品存在一些轻微的缺陷，则乙方应当给出纠正缺陷的措施，双方协商是否需要第二次验收。

4. 当所有的采购物品都通过甲方的验收后，双方责任人签字认可，采购物品正式交付给甲方。之后，甲方将验收款（见合同条款第四条第三款）支付给乙方。

第七条　品质保证与维护

1. 乙方保证提供给甲方的采购物品是全新的、技术是先进的、质量是良好的、性能是稳定可靠的、数量是完整无缺的。

2. 乙方承诺质量保证期：采购物品通过验收之日起，系统软硬件保修 6 个月。本保证不包含由于甲方不当的操作或修理造成的后果。

3. 在保修期内，乙方负责对其提供的硬件设备、软件和系统进行维护或维修，不收取任何费用。保修期结束后乙方依然负责对所售设备进行维护或维修，其间产生的材料费用由甲方承担。在设备保修期结束后，一旦甲方要求进行升级和改造，乙方保证提供相应的服务，此项费用由甲方承担。

4. 如果采购物品在保修期内出现质量问题，乙方收到甲方维护要求后，在 24 小时内作出响应；遇有严重技术问题，重大故障，需要现场维护，乙方应在 24 小时内到达甲方现场（在交通允许的情况下）。

第八条　违约与赔偿

1. 甲方违约处理：

(1) 如甲方不按照本合同第四条规定准时支付款项，应从最迟付款日的次日起，每日向乙方偿付逾期付款部分总值的 0.3‰的违约金。此项违约金额以逾期付款部分总值的 5% 为限度。

(2) 如因甲方原因致使设备安装顺延，乙方技术人员由此滞留在安装地点的一切费用均由甲方负责。

2. 乙方违约处理：

如乙方不按照本合同的规定准时交货，乙方应从最迟交货日的次日起，每日向甲方支付延迟交货部分货款的 0.3‰的违约金。此项违约金额以逾期移交设备部分货款的总值的 5% 为限度。

第九条　保密

1. 乙方提供给甲方的技术资料、信息、计算机软件、专有技术、设计方案等知识产权及价格条款等商业秘密和技术秘密，甲方应采取保密措施，予以严密保守。

2. 除为了维护操作相关设备而需接触乙方有关技术资料等商业秘密和技术秘密的甲方有关人员外，甲方同意不向其他人员泄露乙方的任何保密信息，也不向任何第三方转让、交换或泄露乙方提供的上述商业秘密和技术秘密等，或擅自出版以上技术资料。如违反本条规定致使乙方遭受损失，甲方应负法律责任，并赔偿由此引起的直接和可能的经济损失。

3. 甲方的保密义务期限为自本合同生效之日起至本合同终止后________年（由双方商定）。

第十条　不可抗力

1. 不可抗力是指本合同生效后，发生不能预见并且对其发生和后果不能防止或避免的事件，如地震、台风、水灾、火灾、战争等，致使直接影响本合同的履行或不能按约定的条件履行。

2. 发生不可抗力的一方应立即通知对方，并在 15 日内提供不可抗力的详情及将有关证明文件送交对方。

3. 发生不可抗力事件时，甲乙双方应协商以寻找一个合理的解决方法，并尽一切努力减轻不可抗力产生的后果。

4. 如不可抗力事件持续 30 日，甲乙双方应友好协商解决本合同是否继续履行或终止的问题。

第十一条　合同生效与终止

1. 本合同双方授权代表签字日期，即为本合同的生效日期。如双方签字日期不一致时，以最后签字方的签字日期为合同的生效日期。

2. 本合同的采购物品最终保证期限届满日期，即为本合同的终止日期。但保密条款、争议解决和双方未了的债权和债务不受合同期满的影响，并且守约方有权提出索赔。

第十二条　争议解决

1. 本合同及其修订本的有效性、履行和与本合同及其修订本效力有关的所有事宜，将受中华人民共和国法律管辖，任何争议仅适用中华人民共和国法律。

2. 甲乙双方因合同的解释或履行发生争议时，首先应争取通过友好协商解决，该协商应在 30 日内解决。

3. 如协商不能解决时，合同的任何一方可将争议提交本地仲裁委员会，并按该委员会的仲裁规则进行仲裁。仲裁决定对双方都有约束力。

4. 争议进行仲裁期间，除争议事项外，甲乙双方应继续履行本合同中规定的各自义务和权利。

第十三条　合同确认

本合同一式____份，甲乙双方各持____份，自合同各方授权代表签字之日起生效。

甲方	乙方
签字	签字
日期	日期

小问答

合同中的甲方、乙方哪方代表接受服务方，哪方代表提供服务方？

二、仓储合同

仓储合同又称仓储保管合同，是指保管人储存存货人交付的仓储物，存货人支付仓储费的合同。提供仓储保管服务的一方为仓储保管人，将仓储物交由保管人仓储保管的一方为存货人。仓储保管合同是保管合同的一种特殊类型，仓储保管是一种商业行为，仓储保管人通常是有仓储营业资格的企业，该企业被称为仓储营业人。

（一）仓储合同的特征

仓储合同是一种特殊的保管合同，它具有保管合同的基本特征，同时又具有自己的特殊特征。

（1）仓储的货物所有权不发生转移，只是货物的占有权暂时转移，而货物的所有权或其他权利仍属于存货人所有。

（2）仓储保管的对象必须是动产，不动产不能作为仓储合同的保管对象。这也是仓储合同区别于保管合同的显著特征。

（3）仓储合同的保管人，必须具有依法取得从事仓储保管业务的经营资格。仓储是一种商业行为，有无仓储设备是仓储保管人是否具备营业资格的重要表征。仓储设备是指可以用于储存和保管仓储物的设施。从事仓储业务资格是指仓储保管人必须取得专门从事或者兼营仓储业务的营业许可。

（4）仓储合同是双务、有偿、诺成合同。仓储合同的双方当事人互负给付义务，一方提供服务，另一方给付报酬和其他费用。通常认为，只要存货人与仓储保管人就仓储货物达成一致意见，合同即告成立并生效，并不以仓储物的实际交付为生效要件。《合同法》第 382 条规定，仓储合同自成立时生效。

（二）合同双方的权利与义务

合同双方的权利与义务可以理解为一方的义务是另一方的权利。

1. 保管方的主要义务

（1）保证货物完好无损。仓储保管人应按合同约定的保管条件和方式妥善保管货物，不得擅自改变保管条件和方式。对于易燃、易爆、有毒、有腐蚀性、有放射性等危险物品的保管，仓储保管人应当具备相应的资格和保管条件，并应依照法定或者约定的要求进行储存操作。否则造成毁损的，由保管方承担赔偿责任。仓储保管人发现仓储物有变质或其他损坏的危险的，应当及时通知存货人或仓单持有人；此危险危及其他仓储物的安全和正常保管的，仓储保管人应当催告存货人或仓单持有人做出必要的处置；情况紧急的，仓储保管人可自行做出必要处置，但应当将该情况及时通知存货人或仓单持有人。

（2）对库场因货物保管而配备的设备，保管方有义务加以维修，保证货物不受损害。

（3）在由保管方负责对货物搬运、看护、技术检验时，保管方应及时委派有关人员到场。

（4）在仓储期间，存货人和仓单持有人要求检查仓储物或者提取样品的，仓储保管人应当允许。

（5）保管方对自己的保管义务不得转让。

（6）保管方不得使用保管的货物，其不对此货物享有所有权和使用权。

（7）保管方应做好入库的验收和接受工作，一旦接受存货方的储存要求，保管方应按时接受货物入场。办妥各种入库凭证手续，配合存货方做好货物的入库和交接工作。

（8）仓储期间届满，保管人应当将仓储物返还给存货人或交付给仓单持有人。如仓储合同未约定储存期间，则存货人或仓单持有人有权随时提取仓储物，仓储保管人也有权随时要求存货人或仓单持有人提货，但应给予必要的准备时间。

2. 存货方的主要义务

（1）存货方提供的入库场的货物数量、质量、规格、包装应与合同规定内容相符，同时存货方应配合保管方做好货物入库场的交接工作。

（2）按合同规定的时间提取委托保管的货物。

（3）按合同规定的条件支付仓储保管费。

（4）存货方应向保管方提供必要的货物验收资料。

（5）对危险品货物，必须提供有关此类货物的性质、注意事项、预防措施、采取的方法等。违反此项义务的，仓储保管人可拒收仓储物，也可采取相应措施以避免损失，由此而产生的费用由存货人承担。

（6）由于存货方原因造成退仓、不能入库场，存货方应按合同规定赔偿保管方。

（7）由于存货方原因造成不能按期发货，由存货方赔偿逾期损失。

（三）仓储合同签订中应注意的问题

1. 合同保管方资格的确定

在仓储合同中，保管方必须是经工商行政管理机关核准登记的专营或兼营仓储业务的法人组织或其他经济组织、个体工商户等；未经核准登记而擅自从事仓储业务的，其仓储经营行为属超越经营范围的经济活动，依法应确定为无效。因此，存货方在寻找仓储合同的对方及订立合同时，应首先查明对方是否具有从事仓储的资格，并且是否在其营业执照上写明。凡是营业执照上没有仓储业务的，存货人不可与之订立仓储合同。

2. 合同签订双方的资信审查

对方的现有的、实际的经营状况也是签约前审查的重要内容。经济生活中存在大量的虽有主体资格但经营状况不佳、不能履行合同义务的企业或单位。为减少或杜绝被诈欺的可能性，签约时应通过信函、电报、电话或直接派人到对方单位进行资信调查，或借助于当地工商机关、公安机关、该企业的主管部门等政府部门了解其信用及履约能力。在对对方资信情况了解确切后，再决定是否签约。

3. 仓储合同标的物的合法性审查

标的物违法将导致仓储合同无效。因此，在订立仓储合同时，保管方应确切地知晓存货人所存放的是什么物品，防止存货人利用仓储公司存放违法物品。凡是法律禁止流通的物品及未经正式批准而被存货人占有的限制流通物，保管方不得为其提供仓储场所。这要求保管人加强对入库仓储物品的验收工作。

4. 代理人资格审查

在与代理人以被代理人名义签订仓储合同时，一方当事人应注意审查对方是否具有代理人资格。凡对方是无权代理的，不可与之订立仓储合同。

（1）审查其是否具有授权委托书。在授权委托书中，应当载明代理人的姓名或名称、代理事项、授权权限、期间，并由委托人或法定代表人或主要负责人签名、盖章。

（2）审查代理人是否在授权范围内代订仓储合同，凡是超越代理权限而订立合同的，将因无权代理而导致合同无效。

5. 合同书条款的审查

签订合同时应尽力周详、完备，审查合同书中有无错误及不明确之处。双方在签约时，一定要对仓储保管合同的主要条款进行全面协商，达成一致。与仓储有关的仓储物检验、包装、保险、运输等事项，必须在合同中明确规定或另订合同。在签约完毕后，双方一定要仔细审阅合同语言是否明确，有无可能产生歧义，有无误写，主要条款是否都写进了合同，以防止日后引起纠纷或上当受骗。以下是在签订合同主要条款时应具体注意的事项。

（1）主体方面。签约双方的名称要写全，不能简写。要核实保管方是否有保管资格，实际保管人与签约保管人是否一致，代理签约者是否具有代理资格，防止仓储物被骗走。

（2）储存仓储物的品名、品种、规格、数量、质量、包装方面。应详细、具体填写储存仓储物的品名、品种、规格、数量、质量、包装等。防止只填储存仓储物名称，其他不填。这关系到因保管不当或因其他保管事由而产生的索赔。

（3）仓储物验收内容、标准、方法、时间、资料方面。首先，要逐项认真写明存、取仓储物的验收内容、标准、方法、时间等，以免保管责任区分不清，发生纠纷。其次，要注意写明仓储物的验收期限，验收时间与仓储物实际入库时间应尽量缩短，对易发生变质的仓储物，更应注意验收时间。仓储物验收期限，自仓储物和验收资料全部送达保管人之日起，至验收报告送出之日止，日期均以运输或邮政部门的戳记或直接送达的签收日期为准。最后，要写明保管人应按合同规定的品名、规格、数量、外包装状况、质量、对入库仓储物进行验收。如果发现入库仓储物与合同规定不符，应在约定的时间内通知存货方。保管人验收后，如果发生仓储物品种、数量、质量不符合合同规定时，保管人承担赔偿责任。

（4）仓储物出入库手续、时间、地点、运输方式方面。首先，要将出入库手续、时间、地点、运输方式写全、写清，这关系到风险责任的承担。另外，有运费时还应写明运费由谁承担。其次，合同中要明确仓储物的出入库手续的办理方法，确立仓储物入库时间，双方当事人必须办理签收手续。在没有存货方在场的情况下，仓储物的出库应当由存货方原指定的第三者办理，不能直接与仓储物的买方办理。另外，仓储物在出库后，原合同约定由保管人代为发运的，合同条款中必须明确仓储物的运输方式，是公路运输还是铁路、水路运输，抑或是所有运输方式都可以，要规定清楚。如果合同规定不明确的，所造成的仓储物延迟到达的责任，由合同双方承担。最后，合同规定了发运方式后，还必须规定送达目的地的时间，否则，所引起的纠纷双方均应承担责任。

（5）仓储物的损耗标准和损耗处理方面。首先，如实正确填写损耗；不填或少填，保管方赔偿责任重；多填，存货人损失大。其次，合同中要定明仓储物在储存期间和运输过程中的损耗，磅差标准的执行原则。有国家或专业标准的，按国家或专业标准规定执行；没有国家或专业标准的，可以商定在保证运输和存储安全的前提下由双方作出规定。

目前，仓储物损耗的标准规定有：《商业仓库管理暂行条例》《国家粮油仓库管理办法》及《百货文化用品、商品运输保管定额损耗管理试行办法》等。

（6）包装条款方面。首先，合同中要明确仓储物的包装条款，如包装仓储物必须明确由存货方负责。因为保管人不负有对仓储物包装的义务，只负有对仓储物的包装储存的义务，因此，不能混淆。其次，必须明确包装的各种具体要求，如包装物的外层包装用料，内层包装要求。易碎、易腐物品或危险物品的包装要求等要有具体规定。根据《仓储保管合同实施细则》规定，仓储物包装有国家标准的或专业标准的，按国家或专业标准执行；没有国家标准或专业标准的，在保证运输和储存安全的条件下，按合同规定执行。因此，在缺少包装标准的情况下，合同应根据实际情况约定包装执行的标准。

（7）保管条件与要求方面。仓储物的储存条件和储存要求必须在合同中明确规定，需要在冷冻库里储存或是在高温、高压下储存，都应在合同中定明。特别是对易燃、易爆、易渗漏、易腐蚀、有毒等危险物品的储存要明确操作要求、储存条件和方法。原则上有国家规定操作程序的，按国家规定执行；没有国家规定的，按合同约定储存。

（8）计费项目、标准和结算方式方面。写清结算方式和结算时间、数额。若是分期结算，还要将每期的结算额写清，结算时间要写清楚。

（9）其他注意方面。详细、明确地填写违约责任，剔除明显或潜在的违约责任的附加条件；变更和解除合同的期限方面，科学填写提供情况的时间，选择权威、公正的机构出具材料；争议的解决方式方面，选择便利、公正的纠纷解决机关、解决方式和地域管辖；若是进出口仓储物仓储，一定要逐项认真填写仓储物的商检、验收、包装、保险、运输等，不然，风险责任和储存责任不宜分清；最后要求对方盖章，并核实盖章单位与当事人是否一致。

（四）仓储合同的样本

仓储合同随着仓储标的不同，所耗费的人力物力不同，合同内容也不尽相同。一般物品的仓储合同样本如下。

仓储合同

甲方：	乙方：
地址：	地址：
邮编：	邮编：
电话：	电话：
法定代表人（委托代理人）：	法定代表人（委托代理人）：
开户行：	开户行：
账户：	账户：

甲乙双方为携手合作，促进发展，满足利益，明确责任，依据中华人民共和国有关法律之相关规定，本着诚实信用、互惠互利原则，结合双方实际，协商一致，特签订本合同，以求共同恪守。

第一条　储存物资表

表中包括品名、规格、单价、数量、交货日期、储存仓库、附注。

第二条　储存时间

第三条　物资检验

甲方负责物资的质量检验，乙方负责物资的外观、数量的检验。

第四条　入库后责任划分

入库后发生物资损坏、缺少由乙方负责。

第五条　运输责任划分

乙方负责运输时，运输中发生物资损坏、缺少由乙方负责。

第六条　物资验收与发货

物资的验收、发货，乙方凭甲方的入库单、出库单办理。

第七条　费用

入库费：

仓租：

出库费：

运输费：

第八条　合同签订时间、地址

本合同_____年___月___日于_______市_______区签订。

甲方：（公章）　　　　　　　　　　　　　乙方：（公章）

法定代表人：（公章）　　　　　　　　　　法定代表人：（公章）

签约日期：　　　　　　　　　　　　　　　签约日期：

小问答

仓库起火造成库存物资灭失，由谁来承担库存物资的损失？

三、配送服务合同

配送服务合同是指配送经营人与配送委托人签订的有关确定配送服务权利和义务的协议。或者说，是配送服务经营人收取费用，将委托人委托的配送物品在约定的时间和地点交付给收货人而订立的合同。委托人可以是收货、发货、贸易经营、商品出售、商品购买、物流经营、生产企业等配送物的所有人或占有人，也可以是企业、组织或者个人。

（一）配送服务合同的种类

1. 独立配送服务合同

独立配送服务合同由独立经营配送业务的配送企业或个人或兼营配送业务的组织与配送委托人订立的仅涉及配送服务的独立合同。该合同仅仅用于调整双方在配送服务过程中的权利和义务关系，以配送行为为合同标的。

2. 附属配送服务合同

附属配送服务合同是指在加工、贸易、运输、仓储或其他物质经营活动的合同中，附带地订立配送服务活动的权利和义务关系，配送服务活动没有独立订立合同。附属配送服务合同主要有仓储合同中附带配送协议、运输合同中附带配送协议、销售合同中附带配送协议、物流合同中附带配送协议、生产加工合同中附带配送协议等。

3. 配送服务合同的其他分类

配送服务合同依据合同履行的期限还可分为定期配送服务合同和定量配送服务合同。定期配送服务合同是指双方决定在某一期间，由配送人与委托人就其某些配送业务而订立的合同。定量配送服务合同则是配送人按照委托人的要求，为定量的物品进行配送，直到该数量的物品配送完毕，则合同终止。

同时，配送服务合同按照配送委托人身份的不同还可分为批发配送、零售配送、工厂配送等合同；依据配送物的不同可分为普通商品配送、食品配送、水果蔬菜配送、汽车配送、电器配送、原材料配送、零部件配送等合同；按照配送服务地理范围的不同可分为市内配送、地区配送、全国配送、跨国配送、全球配送等合同。

（二）配送服务合同的特征

1. 无名合同

配送服务合同不是《合同法》分则的有名合同，不能直接引用《合同法》分则有名合同的规范。因而配送服务合同需要依据《合同法》总则的规范，并参照运输合同、仓储合同、保管合同的有关规范，通过当事人签署完整的合同调整双方的权利和义务关系。

2. 有偿合同

配送服务是一种产品，配送服务经营人需要投入相应的物化成本和劳动才能实现产品的生产。独立的配送经营是为了营利的经营，需要在配送经营中获得利益回报。配送经营的营利性决定了配送服务合同为有偿合同。委托人需要为接受配送服务产品支付报酬，配送服务经营人收取报酬是其合同的权利。

3. 诺成合同

诺成合同表示合同成立即可生效。当事人对配送服务关系达成一致意见时配送服务合同就成立，合同也即生效。配送服务合同生效后，配送服务方需为履行合同组织力量，安排人力、物力，甚至要投入较多资源，如购置设备、聘请人员。如果说合同还不能生效，显然对配送服务经营人极不公平，因而配送服务合同必须是诺成合同。当事人在合同订立后没有依据合同履行义务，就构成违约。当然，当事人可在合同中确定合同开始履行的时间或条件，时间未到或条件未达到时虽然合同未开始履行，但并不构成合同未生效。

4. 期限合同

配送服务活动具有相对长期性的特性，配送过程都需要持续一段时期，以便开展有计划、小批量、不间断的配送，实现配送的经济目的。如果只是一次性的送货，则成为了运输关系而非配送关系。因而配送合同一般是期限合同，确定一段时期的配送关系；或者是一定数量产品的配送，需要持续较长的时间。

（三）配送服务合同双方的权利义务

配送服务合同双方应按照合同约定严格履行合同，任意一方不得擅自改变合同的约定，这是双方的基本合同义务。

1. 配送经营人的主要义务

（1）配送经营人采取合适的方法履行配送的义务。配送经营人所使用的配送中心具有合适的库场，适宜于配送物的仓储、保管、分拣等作业；采用合适的运输工具、搬运工具、作业工具，如干杂货使用厢式车运输，使用避免损害货物的装卸方法，大件重货使用吊机、拖车作业；对运输工具进行妥善积载，使用必要的装载衬垫、捆扎、遮盖；采取合理的配送运输线路；使用公认的或者习惯的理货计量方法，保证理货计量准确。

（2）配送人提供配送单证。配送经营人在送货时须向收货人提供配送单证、配送清单。配送清单为一式两联，详细列明配送物的品名、等级、数量等配送物信息，经收货人签署后收货人和配送人各持一联，以备核查和汇总。配送人需在一定期间间隔内向收货人提供配送汇总表。

（3）配送人向委托人提供存货信息和配送报表。配送人需在约定的期间如每天向委托人提供存货信息，并随时接受委托人的存货查询，定期向委托人提交配送报表、分收货人报表、残损报表等汇总材料。

（4）配送人接收配送物并承担仓储和保管义务。配送经营人需按配送合同的约定接收委托人送达的配送物，承担查验、清点、交接、入库登记、编制报表的义务，安排合适的地点存放货物，妥善堆积或上架；对库存货物进行妥善的保管、照料，防止存货受损。

（5）配送经营人返还配送剩余物。配送期满或者配送合同履行完毕，配送经营人需要将剩余的物品返还给委托人，或者按委托人的要求交付给其指定的其他人。配送经营人不得无偿占有配送剩余物。

2. 配送委托人的主要义务

（1）配送委托人保证配送物适宜配送。配送委托人需要保证由其本人或者其他人提交的配送物适宜于配送和配送作业。对配送物进行必要的包装或定型；标注明显的标志并保证能与其他商品相区别；保证配送物可按配送要求进行分拆、组合；配送物能用约定的或者常规的作业方法进行装卸、搬运等作业；配送物不是法规禁止运输和仓储的禁品；对于限制运输的物品，需提供准予运输的证明文件等。

（2）收货人收受货物。委托人保证所要求配送的收货人正常地接收货物，不会出现无故拒收；收货人提供合适的收货场所和作业条件。收货人对接收的配送物有义务进行理算查验，并签收配送单和注明收货时间。

（3）委托人处理残料。合同期满，委托人有义务处理配送残余物或残损废品、回收物品、加工废料等。

（四）配送服务合同的样本

配送服务合同的一般式样如下。

配送服务合同

配送方（甲方）：

订购方（乙方）：

甲乙双方本着公正、诚信、互惠互利、友好合作的原则，就由甲方负责向乙方提供××产品配送服务事宜，为保证双方的权益，特订立本合同。

第一条　配送服务期限及内容

1. 自________年____月____日起至________年____月____日止，届期如需继续合作另行订立合同。

2. 在合同期内，甲方按乙方订购的品种、数量、质量及单价准时向乙方提供配送服务，否则乙方有权拒收。

3. 乙方向甲方订购的商品，必须提前一天以书面、传真、电话方式向甲方下订单，订单内容应清楚说明品名、数量、质量、时间及特殊要求等。

第二条　配送商品质量、数量、时间及验收

1. 质量

2. 数量：应保证数量的准确性，原则上以乙方验货数量为准。

3. 时间：甲方须按乙方要求每天____时前将所订购的货物送至乙方所在地，送货时间迟到 30 分钟以上，甲方向乙方支付当天货款 3% 的违约金。

4. 验收：甲方每次随货送上一式两份的送货清单，乙方验收后由乙方人员签字核准，作为送货凭证。对不符合质量的品种，乙方有权退货和要求甲方换货。

第三条　商品价格

甲方根据市场行情，每天向乙方提供一次价格表经乙方确认后执行。

第四条　付款方式

1. 送货款项每____天结算一次，并于结算后____天内乙方以支票或现金方式向甲方支付货款。

2. 乙方必须将货款付给甲方指定的收款员或转入甲方指定的账号，甲方指定的收款人应持甲方所出具的“法人代表授权委托书”，否则，如发生损失由乙方承担。

第五条　违约责任

1. 如因货物质量不符或不对版，所造成的损失由甲方承担。

2. 如经卫生检疫部门确认甲方因送货质量问题造成乙方人员食物中毒或损害健康的，由甲方负全部责任。

3. 乙方逾期未向甲方支付货款，甲方有权随时终止向乙方供货，并按每天 0.3% 收取违约金。

第六条　合同生效及其他

1. 本合同经双方代表签字加盖公章后生效。

2. 本合同一式两份，双方各执一份。

3. 经双方签字核认的送货清单，作为本合同附件，同具法律效力。

4. 本合同未尽事宜，双方协商解决。发生纠纷时如双方协商不成可申请法院裁决。

甲方：（盖章）	乙方：（盖章）
法定代表人：	法定代表人：
委托代理人：	委托代理人：
电话：	电话：
年　月　日	年　月　日

小问答

代理签订合同时，合同法人代表的签章应用谁的印章呢？

四、运输合同的编制

运输合同又称运送合同，是指承运人将旅客或货物从起运地点运输到约定地点，旅客、托运人或者收货人支付票款或者运输费用的合同。运输合同中，运输旅客或货物的一方是承运人，另一方是托运人或者旅客。

根据不同的标准，运输合同可以划分为不同的种类。

（1）根据运输方式的不同，运输合同可以分为铁路运输合同、公路运输合同、水路运输合同、航空运输合同和多式联运合同五大类。这五类运输合同主体的承运人是不同的运输企业，而托运人和旅客可以是企事业单位，也可以是公民个人。

（2）根据运送对象，运输合同可以分为旅客运输合同和货物运输合同两类。旅客运输合同是指把旅客作为运送对象的合同；根据运输方式的不同，旅客运输合同又分为铁路旅客运输合同、公路旅客运输合同、水路旅客运输合同及航空旅客运输合同。与旅客运输相关的行李包裹运输，可以看作是一个独立的运输合同关系，也可以作为旅客运输合同的一个组成形式。货物运输合同是指以货物作为运送对象的运输合同。根据运送方式可以分为铁路、公路、水路、航空、管道、多式联运等货物运输合同。

(3) 根据是否有涉外因素，运输合同还可以分为国内运输合同和涉外运输合同两类。国内运输合同是指运输合同当事人是中国的企事业单位或者公民，起运地和到达地等都在国内的运输合同。涉外运输合同是指当事人或者货物的起运地、到达地有一项涉及国外的合同，例如国际铁路货物联运合同、国际航空运输合同等。

小知识

运输的种类

运输按运送标的分为客运和货运。

运输按运输方式分为公路运输、铁路运输、海洋运输、航空运输、管道运输。

(一) 运输合同的特征

1. 运输合同主体的复杂性

所谓运输合同的主体就是运输合同权利的享有者和义务的承担者。运输合同的主体与一般合同主体不同，具有特殊性和复杂性。这是由运输合同的特点所决定的。

运输合同的主体包括承运人、旅客、托运人和收货人。

承运人是指提供运输服务的当事人。凡是取得运输服务资格的企业和个人都可以在批准的经营范围内从事运输生产活动。承运人可以是法人、其他组织、运输专业户，也可以是公民个人。承运人提供运输服务，其基本条件是应具备相应的运输工具。

旅客是指乘坐交通工具旅行的自然人。旅客作为运输合同的主体，既包括中国人，也包括外国人。未成年人或不具备完全民事行为能力的人也可以作为运输合同的主体，但必须与其法定代理人、监护人一起旅行，或者按照规定委托承运人照顾。

托运人是指提供行李、包裹和货物运输的人。行李运输的托运人就是旅客，包裹运输的托运人可以是旅客，也可以是其他货主。托运人可以是自然人，也可以是法人或其他组织；可以是货物的所有人，也可以是货物所有人委托的运输代理人或者货物的保管人。运输合同的订立是由托运人向承运人提出，经过承运人确认后成立的。因此，托运人作为合同的主体具有积极主动的地位。

收货人是托运人指定的领取货物的人，收货人可以是个人，也可以是法人或其他组织。在运输合同中，托运人有时就是收货人，但是在多数情况下，另有收货人。收货人作为运输合同的收益人，也是运输合同的利害关系人。

2. 运输合同标的的特殊性

运输合同的客体是承运人运送旅客或者货物的劳务行为，而不是旅客和货物。旅客或者托运人与承运人签订运输合同，其目的是要利用承运人的运输工具完成旅客或者货物的位移，承运人的运输劳务行为是双方权利义务共同指向的目标。因此，只有运输劳务的行为才是运输合同的标的。运输合同的履行结果是旅客或货物发生了位移，并没有创造新的使用价值。

3. 运输合同当事人权利义务的法定性

运输合同当事人的权利义务大多数是由法律、法规、规章所规定的，当事人按照有关规定办理相关手续后，合同即告成立。但当事人对合同的内容也可以依法进行修改。对于法律规定的强制性条款，当事人不能协商。选择性的条款和提示性的条款当事人可以协商，当事人协商的补充条款也具有法律效力。随着市场经济的不断发展，当事人自由协商订立合同的情况越来越多，因此，《合同法》特别强调当事人的约定的作用。

4. 运输合同格式的标准性

运输合同一般采取标准合同形式订立。所谓标准合同，也称格式合同，是指合同一方提供的具有合同全部内容和条件的格式，另一方当事人予以确认后合同即告成立。由于格式条款是由当事人一方提供格式条款文本，对另一方来说，很可能侵害其合法权益，因此，法律对制订标准格式合同的一方规定了很严格的义务，目的是要保护对方的权益。运输合同涉及的范围比较广，为简便手续，各国基本上都采取标准格式合同。旅客运输合同一般通过出售客票来完成合同的订立过程。货物运输合同绝大多数也是格式条款，并且通过规章形式明确各自的权利义务。

5. 运输合同为有偿双务合同

承运人履行将旅客或者货物从一地运送到另一地的义务，从而给旅客或者托运人带来“位移”的利益，其本人也取得了要求旅客或者托运人（收货人）支付报酬，即运费的权利。承运人以运输为业，以收取运费为营利手段，旅客或者托运人须向承运人支付运费。因此，运输合同只能是有偿合同。

运输合同一经成立，当事人双方均负有义务，承运人须将旅客或者货物从一地运到另一地，旅客或者托运人（收货人）须向承运人支付运费，双方的权利义务是相互对应，相互依赖的。因此，运输合同是双务合同。

（二）货物运输合同当事人的权利与义务

1. 托运人的主要权利

要求承运人按合同约定的时间将货物安全运输到约定的地点；在承运人将货物交付收货人前，托运人可以请求承运人中止运输、返还货物、变更到货地点或将货物交给其他收货人，但由此给承运人造成的损失应予赔偿。

2. 托运人的主要义务

如实申报货运基本情况；办理有关手续；包装货物；支付运费和其他有关费用。

3. 承运人的主要权利

收取运费及符合规定的其他费用。对逾期提货的，承运人有权收取逾期提货的保管费，对收货人不明或收货人拒绝受领货物的，承运人可以提存货物；不适合提存货物的，可以拍卖货物提存价款；对不支付运费、保管费及其他有关费用的，承运人可以对相应的运输货物享有留置权。

4. 承运人的主要义务

按合同约定调配适当的运输工具和设备，接收承运的货物，按期将货物运到指定的地点；从接收货物时起至交付收货人之前，负有安全运输和妥善保管的义务；货物运到指定地点后，应及时通知收货人收货。

5. 收货人的权利与义务

收货人的主要权利是：承运人将货物运到指定地点后，持凭证领取货物的权利；在发现货物短少或灭失时，有请求承运人赔偿的权利。收货人的主要义务是：检验货物的义务；及时提货的义务；支付托运人少交或未交的运费或其他费用的义务。

6. 多式联运合同的特殊效力

多式联运合同是指多式联运经营人将分区段的不同方式的运输联合起来为承运人履行承运义务的运输合同。

多式联运合同的特殊效力体现在以下三个方面。

（1）承运人权利和义务由多式联运经营人享有，多式联运的承运人之间的内部责任划分约定，不得对抗托运人。

（2）支付费用的总括性。托运人将全程不同运送设备的运费一次性支付多式联运经营人，并取得多式联运单据。

（3）对于联合运输过程中的货物灭失或毁损的赔偿责任及赔偿数额，首先适用法律的特别规定或国际公约的规定；发生损害的运输区段不能确定的，由多式联运经营人负赔偿责任，承运人之间的内部责任依约定或法定分配。

（三）常见运输合同的式样

运输合同包括铁路运输合同、公路运输合同、航空运输合同、海洋运输合同、集装箱运输合同、水陆联运合同等，因为运输方式不同，合同内容也不尽相同，常见运输合同样本如下。

货物运输合同

托运方：______________________________

地址：______________ 邮政编码：______________ 电话：______________

法定代表人：______________ 职务：______________

承运方：______________________________

地 址：______________ 邮政编码：______________ 电话：______________

法定代表人：______________ 职务：______________

根据国家有关运输规定，经过双方充分协商，特订立本合同，以便双方共同遵守。

第一条　货物名称、规格、数量、价款

第二条　包装要求

托运方必须按照国家主管机关规定的标准包装；没有统一规定包装标准的，应根据保证货物运输安全的原则进行包装，否则承运方有权拒绝承运。

第三条　货物起运地点、货物到达地点

第四条　货物承运日期、货物运到期限

第五条　运输质量及安全要求

第六条　货物装卸责任和方法

第七条　收货人领取货物及验收办法

第八条　运输费用、结算方式

第九条　各方的权利义务

一、托运方的权利义务

1. 托运方的权利：要求承运方按照合同规定的时间、地点把货物运输到目的地。货物托运后，托运方需要变更到货地点或收货人，或者取消托运时，有权向承运方提出变更合同的内容或解除合同的要求。但必须在货物未运到目的地之前通知承运方，并应按有关规定付给承运方所需费用。

2. 托运方的义务：按约定向承运方交付运杂费。否则，承运方有权停止运输，并要求对方支付违约金。托运方对托运的货物，应按照规定的标准进行包装，遵守有关危险品运输的规定，按照合同中规定的时间和数量交付托运货物。

二、承运方的权利义务

1. 承运方的权利：向托运方、收货方收取运杂费用。如果收货方不交或不按时交纳规定的各种运杂费用，承运方对其货物有扣押权。查不到收货人或收货人拒绝提取货物，承运方应及时与托运方联系，在规定期限内负责保管并有权收取保管费用，对于超过规定期限仍无法交付的货物，承运方有权按有关规定予以处理。

2. 承运方的义务：在合同规定的期限内，将货物运到指定的地点，按时向收货人发出货物到达的通知。对负责托运货物的安全，保证货物无短缺、无损坏、无人为的变质，如有上述问题，应承担赔偿义务。在货物到达以后，按规定的期限负责保管。

三、收货人的权利义务

1. 收货人的权利：在货物运到指定地点后有以凭证领取货物的权利。必要时，收货人有权向到站或中途货物所在站提出变更到站或变更收货人的要求，签订变更协议。

2. 收货人的义务：在接到提货通知后，按时提取货物，缴清应付费用。超过规定时间提货时，应向承运人交付保管费。

第十条　违约责任

一、托运方责任

1. 未按合同规定的时间和要求提供托运的货物，托运方应按其价值的____%偿付给承运方违约金。

2. 由于在普通货物中夹带、匿报危险货物或错报笨重货物重量等导致吊具断裂、货物摔损、吊机倾翻、爆炸、腐蚀等事故，托运方应承担赔偿责任。

3. 由于货物包装缺陷产生破损，致使其他货物或运输工具、机械设备被污染腐蚀、损坏，造成人身伤亡的，托运方应承担赔偿责任。

4. 在托运方专用线或在港、站公用线、专用线自装的货物，在到站卸货时，发现货物损坏、缺少，在车辆施封完好或无异状的情况下，托运方应赔偿收货人的损失。

5. 罐车发运货物，因未随车附带规格质量证明或化验报告，造成收货方无法卸货时，托运方应偿付承运方卸车等费用及违约金。

二、承运方责任

1. 不按合同规定的时间和要求配车、发运的，承运方应偿付甲方违约金____元。

2. 承运方如将货物错运到货地点或接货人，应无偿运至合同规定的到货地点或收货人。如果货物逾期达到，承运方应偿付逾期交货的违约金。

3. 运输过程中货物灭失、短少、变质、污染、损坏，承运方应按货物的实际损失（包括包装费、运杂费）赔偿托运方。

4. 联运的货物发生灭失、短少、变质、污染、损坏，应由承运方承担赔偿责任的，由终点阶段的承运方向负有责任的其他承运方追偿。

5. 在符合法律和合同规定条件下的运输，由于下列原因造成货物灭失、短少、变质、污染、损坏的，承运方不承担违约责任：

（1）不可抗力。

（2）货物本身的自然属性。

（3）货物的合理损耗。

（4）托运方或收货方本身的过错。

本合同正本一式两份，合同双方各执一份；合同副本一式____份，送________等单位各留一份。

托运方：____

代表人：__________

________年______月______日

承运方：____

代表人：__________

________年______月______日

小问答

可否为货物运输时的毁损风险办理保险？由谁来办呢？

五、第三方物流合同

第三方物流，是指由供方与需方以外的物流企业提供物流服务的业务模式。第三方物流具有节省费用、减少资本积压和库存、实现企业资源的优化配置、服务更专业、提升企业形象等诸多优点，是物流现代化发展的主要趋势。

第三方物流的一个重要特点就是物流服务关系的合同化，第三方物流通过合同的形式规范物流经营者和物流消费者之间的关系。物流经营者根据合同的要求，提供多功能直至全方位一体化的物流服务，并依照合同管理其提供的所有物流服务活动及过程，因此第三方物流又叫合同制物流或契约物流，开展第三方物流活动就需要订立第三方物流合同。

所谓第三方物流合同，就是第三方物流服务活动的当事人之间设立、变更、终止权利义务关系的协议。

第三方物流是物流现代化发展的主要趋势，而第三方物流服务的法律表现形式就是第三方物流合同，第三方物流合同在物流实践中大量存在。

（一）第三方物流合同的特征

第三方物流合同所涉及的运输、储存、包装、装卸、搬运、配送等物流服务合同，本质上属于民商事合同，但与一般的民商事合同相比，第三方物流合同又具有以下几个特征。

1. 第三方物流合同的主体相对较为复杂

第三方物流合同中的主体包括以下几类。

（1）物流服务提供者。是物流合同中主要的一方，一般是第三方物流的专业经营者。

（2）物流服务需求者。是物流合同中的另一方，主要包括各种工业企业、批发零售企业及贸易商等。

（3）物流活动的实际履行者。物流服务需求者和提供者是第三方物流合同的基本主体，但物流服务提供者有时会把海运、陆运、通关、仓储、装卸等环节的一部分或全部包给他人，委托他们完成相关业务，使其参与物流合同的实际履行，如运输企业、港口作业企业、仓储企业、加工企业等，物流合同的实际履行方成为第三方物流法律关系不可或缺的主体。

2. 第三方物流合同的内容具有广泛性和复杂性

在物流现代化发展过程中，提供第三方物流服务的企业从简单的存储、运输等单项活动转为提供全面的物流服务，其中包括物流活动的组织、协调和管理；设计最优物流方案；物流全程信息的收集、管理等。提供第三方物流服务的企业大体上又可以分为资产型物流公司和非资产型物流公司。资产型物流公司又分为提供运输服务为主和提供仓储服务为主等不同类型；非资产型物流公司又有以提供货物代理为主、提供信息和系统服务为主、提供增值服务为主等不同类型。业务的专业化和多样化使得第三方物流合同的内容涉及运输、储存、装卸、搬运、包装、流通加工、配送、信息处理等诸多环节，合同当事人的权利义务关系也因此呈现出多样性、广泛性和复杂性等特点。

3. 第三方物流合同通常具有混合合同特征

第三方物流合同涉及环节众多，合同的内容具有广泛性和复杂性。单一的物流服务合同在性质上容易确定，如纯粹的运输合同法律关系或仓储合同法律关系；然而，第三方物流合同往往是综合的物流服务合同，是集运输合同、委托合同、仓储合同、加工合同等各种合同于一身的混合合同，因而，物流经营者的法律地位也是集存货人、托运人、委托人、代理人等各种身份于一身的混合地位。

（二）第三方物流合同的法律关系

如上所述，物流合同的内容具有广泛性和复杂性，物流合同涉及运输、储存、装卸、搬运、包装、流通加工、配送、信息处理等诸多环节，同时由于第三方物流经营者拥有的资源不同，经营特色和经营方式也多样化，第三方物流合同当事人之间的法律关系也变得复杂起来。

从第三方物流合同主体来看，一方面是物流服务提供者（物流经营者）与物流服务需求者（物流客户）的关系，双方基于物流服务合同的约定或法律的规定享有权利并承担义务，同时也必须独立地承担民事责任。另一方面是物流经营者与物流活动实际履行者的关系，当物流经营者利用自身的物流经营资源独立完成物流服务的全部过程时，物流经营者与物流活动的实际履行者是相同的，法律关系相对较为简单，但第三方物流合同的主体往往是综合的物流服务合同，每个物流经营者拥有的资源不同。因此，实践中物流经营者在接受物流客户的委托后，往往与一个或多个实际履约方分别签订合同，委托他们从事具体的运输、仓储、加工、包装、装卸等服务。

从第三方物流合同的内容和性质来看，不管是物流服务提供者（物流经营者）与物流服务需求者（物流客户）的关系，还是物流经营者与物流活动实际履行者的关系，根据不同的合同约定和物流实践，比较常见的几种法律关系有如下几种。

1. 运输（仓储、加工）等一般物流服务法律关系

物流最主要的目的是通过运输链的顺利衔接，实现物质资料从供给者到需求者的物理移动最优化，所以运输、仓储、装卸、搬运等活动仍然是整个物流活动的核心要素。当第三方物流企业接受客户的委托，自己进行运输、仓储、装卸、搬运等物流作业活动完成物

流合同所约定的内容时，这种经营模式与传统运输业、仓储业等区别不大，当事人双方形成相应的法律关系，如运输法律关系、仓储法律关系等。在物流实践中，物流仓库及相关设施可以通过自建或租赁取得，如果租赁取得，其实质是一种租赁行为。如果物流经营者在经营物流服务时接受货主的委托，根据运输、销售或消费使用的需要进行包装、分割、计量、分拣、刷标志、组装等简单作业，或者对委托托运的货物进行包装、集装箱拼箱、装箱或者拆箱，这种行为具有加工承揽的性质，物流经营人此时具有承揽人的法律地位，则形成相应的加工承揽法律关系。

2. 委托代理法律关系

物流企业不可能拥有履行物流合同的所有资源，因此不可避免地在第三方物流合同中约定物流经营者在一定权限内可以物流需求者的名义委托第三方完成物流业务，这时物流合同的当事人之间就形成了委托代理关系，即第三方物流经营者以物流需求者的名义同第三人签订分合同，履行物流合同的部分内容，对该分合同的权利、义务，物流需求者也应享有和承担。另外，物流经营者也常常接受货主的委托，以货主的名义办理货物的报关、报验、保险、结汇等业务，此时物流经营者除了和物流需求者之外，还以货主的名义与海关、商检、动植物检疫、保险公司、银行或其他有关第三方发生法律关系。

3. 居间或者行纪法律关系

在实际业务操作中，物流经营者可能提供与运输有关的信息、机会等服务，促成物流需求方与物流提供方（如货主与承运人、港口经营者等）之间的交易，从中收取一定的费用和报酬，并协调有关当事方的利益，而自己并没有同任何一方签订委托代理合同或向任何一方提供实体物流服务，此时，物流经营者处于居间人的法律地位。

实践中，也有物流经营者在为货主提供运输代办服务时，由于没有运输工具，就以自己的名义与第三方签订运输合同或者租用第三方的运输工具；由于没有仓库，就以自己的名义与第三方签订仓储合同或者租用第三方的仓库，此时，物流经营者处于行纪人的法律地位。需要指出的是，实践中许多物流活动的当事人并不能清楚区分委托代理、居间、行纪的不同，这几种法律关系具有一定的相似之处，都是一方为他方办理事务、提供服务或劳务性质的合同，但他们与合同法中各自属于独立的有名合同不同，其主要区别是在代理关系中代理人只能在代理权限内以被代理人的名义与第三人进行交易活动，后果由被代理人承担；居间人则仅仅为他人提供交易机会和信息媒介服务，并不参与他人的合同交易行为；行纪则是行纪人以自己的名义为委托人进行交易活动。

小知识

什么是行纪？代理与行纪有什么区别？

所谓行纪，是指一方根据他人的委托，以自己的名义为他方从事贸易活动，并收取报酬的行为。

与代理相区别的是行纪是以自己的名义为法律行为，而直接代理是以被代理人的名义为法律行为。

（三）第三方物流合同的编制样本

第三方物流合同样本如下。

第三方物流合同

本合同在_______物流公司（第三方物流）与_______公司（客户）之间于_____年___月___日在____地生效。

第一条 服务、支付和期限

第三方将履行在“业务范围”所规定的服务，费用支付与价目表中所定的服务费用一致。如果在合同下提供的物流服务的货币价值（在其中任何一个月内）比价目表提出的每月最小额要少，客户须支付不小于最小额的费用。除非任何一方根据第八条款提出书面终止通知，合同期限自_______日（起始日期）起3年，然后自动延期1年（续订条款）。合同的起始条款与续订条款终止日期前的60天，双方将重新洽谈下一个延期合同的物流、仓储费。

第二条 运送

1. 货物运送以第三方作为指定收货人。客户可不以第三方作为指定收货人来运送货物；第三方也有权利自由地拒绝或接受以第三方作为指定收货人的货物。如果第三方接受以第三方作为指定收货人的货物，客户在得到第三方通知后，应立即书面通知承运人，副本一份送给第三方，说明第三方对上述财产没有受益权或利益关系。

2. 不符合规定的货物。客户不能把下列条件的货物运送到第三方：①与货物清单中规定的不一致；②与每一批货物的包装标记不一致。第三方有权力拒绝或接受任何不符合规定的货物。如果第三方接受了这种货物，客户应支付价目表中所规定的费用，若价目表中没有规定，则支付合理的费用。第三方一收到这些不符合规定的货物，将尽快通知客户，以获得有关指令，第三方不负责由于口头传递所造成的失误。

第三条 仓储的提供

由第三方配送的所有货物都必须恰当地标记和包装，然后送到仓库以便配送。客户在送货前，准备好符合“业务范围”货单。双方同意第三方根据协议规定的价格储存和搬运其他货物。

第四条 送货要求

1. 没有顾客准确的书面要求，第三方不运送或转运货物。然而也可以根据电话发送货物，但是第三方不承担口头传递信息而造成失误的责任。

2. 客户要求从仓库中提货，必须给第三方合理的提货期限。如果因为天灾、战争、公敌、罢工、扣押、骚乱等，或者第三方不能控制的任何理由，或者因为不由第三方责任而造成货物的损失或损坏，或者因为法律所提供的任何其他理由，那么第三方不承担这种过失的责任。如果执行过程中发生了某一事件或困难，顾客与第三方应同意适当地延期。

第五条 额外服务（特殊服务）

1. 不属于通常物流服务（即“业务范围”内）的服务所需的第三方劳动力，按第三方的通常费用标准收取额外的合理费用。

2. 顾客所需要的特殊服务包括编制特定的存货报表、标出的重量及包装上的系列数字或其他数据、货物的物理检验和物流运送清单等，但不仅限于这些服务，这些服务按第三方的通常费用标准承担额外的合理费用。

3. 为顾客提供材料、包装材料或其他特殊材料，按第三方的通常费用标准承担额外的合理费用。

4. 由于事先安排，不在正常商业时间内收到或运送货物，按第三方通常费用标准承担合理的额外费用。

5. 包括邮资、电传、电报或电话的通信费用，如果这些方面的服务超过通常的服务标准，或者在顾客的要求下，这些通信不采用邮政的正常方式，那么上述费用向顾客收取。

6. 有时第三方在没有顾客书面同意的情况下，造成一些“非常”费用是必需的，顾客因此同意支付第三方由此而产生的合理适当的费用。然而，只要可能，第三方在造成这些费用前，应从顾客那里获得许可。这种许可可以是口头的，但第三方对口头传递信息所造成的失误不负责任。

第六条　责任和损失限制

1. 损失责任。对于合同上的标的由于第三方没有照管好而造成储存货物的丢失或损坏，由第三方负责。除此之外，客户把私人财产送到作为受托人的第三方，第三方不为客户保火灾险或其他意外事故险，客户因火灾或其他事故对财产所造成的损失，第三方无法律责任。

2. 保险。对任何原因所造成的货物损失不由第三方负责保险，但第三方同意当前的保险单继续生效，该保险单阐述：在协议的期限或延期内，对放在协议中指定的第三方仓库里的财产，如果遭受丢失、毁坏或损坏，作为受托人的被保险人，由于法律上所规定的义务必须赔偿，但这些赔偿金额（在其保险范围内）由保险公司代表第三方物流公司来支付。该保险单在协议期限包括延期内，应全部生效（除去一些除外条款）。客户若需要的话，可以提供该保险单的副本。

3. 损失计算。如果第三方对顾客货物的丢失或损坏负责，为了计算这种损失，货物将按它的售价的存货成本来估算。

4. 装卸。第三方对由于进货、卸货或出货、装货的延误而造成的逾期费用负责。第三方应竭尽全力提供及时的服务。

5. 随后损失。不是由于第三方的任何行为或疏忽而造成的随后损失，第三方不负责任。

第七条　义务

第三方将负责监督管理、人员配备、看门服务、物流设备、办公家具、日常安全（包括下班后锁门和启动电子安全系统）、托盘、包装材料、捆扎和房屋的保养。

第八条　风险分担

有关方都认识到第三方物流公司为提供服务将作出承诺并投资。双方同意下列条款：

尽管无须任何理由，任何一方在90天前以书面形式通知另一方，可终止该合同。该书面通知应有终止日期。无论什么原因的终止，无论是客户或第三方或法律等作用提出终止，客户同意补偿第三方全部的未摊提的贷款或租金，即由此而造成的损失，第三方应得到相应的补偿。

第九条　参与各方的地位

1. 参与各方达成共识：第三方对存储的货物不能被看作“仓库所有人”，并且，第三方明确表示在任何时候都不提出索赔、抵押、特免、抵消的优惠权或类似的有关对合同中所规定第三方所处理的货物的权利，货物的全部的、单一的、无疑问的权利仍属于客户。

2. 以与合同中的任何条款不冲突为前提，据此同意：第三方对于合同中所规定的货物而言，他是一受托者，第三方与客户之间的关系是受托者与寄托人的关系。第三方对于完成任务所需的方法和措施，应有独立控制和自由处理的能力。第三方不是客户的代理或雇员。为了使第三方完成作为该合同的受托者的任务，客户允许第三方按客户的利益，在任何适当的时间内，能独立控制并进行对货物和房产的检查。

第十条　索赔通知和诉讼

1. 以下所有的索赔必须在法庭宣判前，以书面形式提交。

2. 只有当这些索赔用书面形式提交，并且是在事件发生后一年内提出索赔，客户或第三方才能做出反应。

第十一条 口头交流

第二条第 2 款、第四条第 1 款和第五条第 3 款规定了由于与客户进行口头交流后所产生的误交流的责任。在与以上各节内容无冲突的条件下，客户应同意用书面形式在发生口头交流 24 小时内，对这些口头交流内容进行确认。第三方收到这些书面确认后，再也无权依靠自己对口头交流的理解行事，而应按书面确认的情况为准。但是，在第三方收到口头交流确认前，第三方不必对据于口头交流内容所发生的行为负责。

第十二条 仓库（略）

第十三条 转让

不得到客户书面同意，第三方不能转让、转送、抵押或让渡这一合同或合同的任何一部分，或与合同有关的任何权利。上述书面同意是指不能随便收回的。

注意，在这一转让条款规定中，并不排除第三方向持有股份的或控股的公司或主要持股人转让利益。这些利益的转让或转送不需要客户同意。

第十四条 授权

在合同上签名的工作人员、代理或雇员声明并保证完成所有必需的工作，他们有权使各自的组织受到法律保护。

第十五条 违约

下列情况被认为是第三方违约：

1. 如第三方在执行或遵守合同条款时，有实质性的违约。

2. 如果第三方向法院提出自愿破产的申请，或被法院宣布破产或资不抵债，或为债主的利益进行转让、寻求或同意对所有资产任命他人为接收人或清算人。

3. 如果第三方收到书面违约通知单后 30 天，违约还在继续，这种情况下，客户有权中止合同，它满足第八条第 1 款中所述的中止付费的规定。（与前述无冲突的情况下，第三方在收到这一违约通知后，有 30 天时间来消除、纠正他的违约行为。）

第十六条 继任者和受让人

该合同应对各方的继任者和受让人具有法律效用。

第十七条 说明

说明仅供参考，在限定为条款的实际工作范围。

第十八条 所适用的法律

该合同应根据________的法律执行。

第十九条 修改最终完成合同

除了各方签名的书面协议外，这一合同不能改变、修改、作废或丢弃，或终止，以口头或其他任何方式。书面意见包括完整的协议，是双方签注的，而不能由别人代表，无论是书面的还是口头的都不行。

六、物流保险合同

物流保险合同是投保人与保险人约定物流保险权利和义务关系的协议。投保人和保险人是直接签订合同的人，是合同的双方当事人，按照合同的约定，投保人应向保险人交付约定的保险费，保险人则应在约定的物流保险事故发生时，履行给付保险金的义务。

（一）物流保险合同的主体与客体

1. 物流保险合同的主体

（1）物流保险合同的当事人。物流保险合同的当事人是指直接订立物流保险合同的具有民事行为能力的人，包括保险人和投保人。

保险人又称承保人，是与投保人订立物流保险合同承担支付保险金责任的保险公司。保险公司依法设立，专门经营保险业务。

投保人是指与保险人订立物流保险合同，并按照物流保险合同的规定，负有支付保险费义务的人。投保人可以是自然人，也可以是法人。投保人要具备两个条件：一是应该具有相应的民事行为能力；二是应该对保险标的具有保险利益。

（2）物流保险合同的关系人。物流保险合同的关系人是指与物流保险合同的订立间接发生关系的人。在物流保险合同约定事故发生时，物流保险合同的关系人享有保险金的请求权。物流保险合同的关系人包括被保险人和受益人。

被保险人是其财产和人身受物流保险合同保障，享有保险金请求权的人。被保险人可以是自然人，也可以是法人。当投保人为自己具有保险利益的物流保险标的订立物流保险合同时，则投保人就是被保险人，即物流保险合同订立时，他是投保人，物流保险合同订立后，他便是被保险人；当投保人为具有保险利益的他人订立合同时，则投保人和被保险人不是同一个人。

受益人是由被保险人或投保人在物流保险合同中指定的享有保险金请求权的人，在我国受益人仅存在人身保险合同中。

（3）物流保险合同的辅助人。物流保险合同的辅助人是指协助物流保险合同当事人办理保险合同有关事项的人。通常包括保险代理人、保险经纪人和保险公估人。

2. 物流保险合同的客体

物流保险合同的客体，就是保险利益。保险利益是投保人或被保险人对于物流保险标的，因具有各种利害关系而得以享有的经济利益。在物流保险中，物流保险事故发生后，投保人或被保险人皆未受损，则表明无保险利益存在，物流保险合同因失去客体要件而失效。

（二）物流保险合同的特征

1. 物流保险合同是射幸合同

一般的民商合同所涉及的权益或者损失都具有相应的对等性，但是在物流保险合同中，投保人支付保险费的行为是肯定的，而保险人对被保险人是否赔偿或给付保险金则依物流保险事故是否发生而定，是不肯定的。由于投保人以小额保险费获取大额保险金带有机会性，所以物流保险合同便具有了射幸性。

2. 物流保险合同是附合合同

一般民商合同完全或者主要是由各方进行协商以约定合同的内容。但是物流保险合同内容的产生是以附合为主。即由合同的一方提出合同的主要内容，另一方当事人只能做出取舍的决定。由于保险业的特点，使物流保险合同趋于定型性、技术性和标准化。物流保险合同的基本条款一般由保险人事先拟定并印制出来，投保人若同意就投保，若不同意也没有修改其中某项条款的权利。即使有必要修改和变更保险单的某项内容，通常也只能采用保险人事先准备的附加条款，而不能完全按投保人的设想做出改变。

3. 物流保险合同是双务合同

物流保险合同是一种双方的法律行为，一旦生效，便对双方当事人具有法律约束力。保险双方相互承担义务，同时享有权利。在物流保险合同中，投保人有按照合同约定支付保险费的义务，被保险人在物流保险事故发生时享有请求保险人赔偿或者给付保险金的权利，保险人应承担物流保险合同约定的物流保险事故发生时赔付保险金的义务，享有收取保险费的权力。

4. 物流保险合同是要式合同

要式是指合同的订立要依法律规定的特定形式进行。订立合同的方式多种多样，但是，根据我国《保险法》的规定，保险合同要以书面形式订立，其书面形式主要表现为保险单、其他保险凭证及当事人协商同意的其他书面协议。保险合同以书面订立是国际惯例，它可以使各方当事人明确了解自己的权利和义务，并作为解决纠纷的重要依据。

5. 物流保险合同是最大诚信合同

最大诚信原则是各国保险法和国际保险实践所普遍要求的一项基本原则，要求投保人在订立保险合同时须履行主动声明、如实声明、不违反保证三项义务。投保人或被保险人违反此项原则的法律后果是保险合同不成立，即使订立，保险人也可主张解除合同。最大诚信原则同样也是物流保险合同的基础。

（三）物流保险标的与保险责任

物流保险的保险标的与保险责任比较复杂，下面以货物运输保险为例予以介绍。

物流货物运输保险综合传统货运保险和财产保险的责任，承保物流货物在运输、储存、加工包装、配送过程中由于自然灾害或意外事故造成的损失和相关费用。

1. 货物运输保险标的

除特别规定外，凡以物流方式流动的货物均可作为本保险合同的保险标的。下列物流货物在事先申报并经保险人认可并明确保险价值后，可以作为特约保险标的：

（1）金银、珠宝、钻石、玉器、贵重金属；

（2）古玩、古币、古书、古画；

（3）艺术作品、邮票。

下列物流货物不在保险标的范围之内：

（1）枪支弹药、爆炸物品；

（2）现钞、有价证券、票据、文件、档案、账册、图纸。

2. 保险责任与除外责任

物流保险责任是指保险人承担赔偿或给付保险金的物流风险项目。物流保险责任条款确定了保险人所承担的物流风险范围。物流保险责任依物流保险种类的不同而有所差异，通常由保险人确定物流保险责任的范围，并作为合同的一部分内容。

物流保险除外责任是保险人按照法律规定或者合同约定不承担物流保险责任的范围，即对物流保险责任的限制。在物流保险合同中，应明确列出物流责任及其免除条款，更好地确定物流保险合同双方当事人的权利和义务。

（1）保险责任。在保险期间内，若保险标的在物流运输、装卸、搬运过程中由于下列原因造成损失，保险人依照保险合同的约定负保险责任：

①火灾、爆炸；

②自然灾害，这里的自然灾害是指雷击、暴风、暴雨、洪水、暴雪、冰雹、沙尘暴、冰凌、泥石流、崖崩、突发性滑坡、火山爆发、地面突然塌陷、地震、海啸及其他人力不可抗拒的破坏力强大的自然现象；

③运输工具发生碰撞、出轨、倾覆、坠落、搁浅、触礁、沉没，或隧道、桥梁、码头坍塌；

④碰撞、挤压导致包装破裂或容器损坏；

⑤符合安全运输规定而遭受雨淋；

⑥装卸人员不违反操作规程进行装卸、搬运；

⑦共同海损的牺牲、分摊和救助。

在保险期间内，若保险标的在物流储存、流通加工、包装过程中由于自然灾害或意外事故造成损失的，保险人依照物流保险合同的约定负责赔偿。这里的意外事故是指外来的不可预料的及被保险人无法控制并造成物质损失的突发性事件。

下列损失和费用，保险人也应依照物流保险合同的约定负保险责任：

①保险事故发生时，为抢救保险标的或防止灾害蔓延，采取必要的、合理的措施而造成保险标的的损失；

②保险事故发生后，被保险人为防止或减少保险标的的损失所支付的必要的、合理的施救费用；

③经保险人书面同意的，被保险人为查明和确定保险事故的性质、原因和保险标的的损失程度所支付的必要的、合理的费用。

（2）保险除外责任。保险公司对于下列损失不负责赔偿：

①被保险人的故意行为或过失所造成的损失；

②属于发货人责任所引起的损失；

③在保险责任开始前，被保险货物已经存在的品质不良或数量短差所造成的损失；

④被保险货物的自然损耗、本质缺陷、特性，以及市价跌落、运输延迟所引起的损失和费用；

⑤货物运输战争险条款和货物运输罢工险条款规定的责任范围和除外责任；

⑥核反应、核子辐射和放射性污染。

3. 保险公司在货损或货物灭失时行使的代位求偿权

在物流保险法律关系中，物流合同的一方与保险人订立保险合同。在非保险合同双方当事人的原因造成货损或货物灭失的情况下，保险人先向货物利益方进行赔偿，而后取得货物利益方的地位，有权向责任人追偿。此时应注意以下几个问题。首先，在事前确定货物利益方没有私自放弃有关损坏货物的任何权利，这是为确保保险人理赔后权利能够得到充分弥补。其次，保险人理赔后，应当取得与代位求偿及诉讼相关的一切证据，并应取得货物利益方的配合。最后，注意财产保全与证据保全。物流保险合同往往标的较大，必要时需要行使财产保全以确保保险人的利益。

4. 办理保险索赔程序

在发生货损或货物灭失，办理保险索赔时，需要经过以下程序。首先，由索赔人向保险公司提供以下单据：保险单或保险凭证正本、运输契约、发票、装箱单、向承运人等第三者责任方请求补偿的函电或其他单证、被保险人已经履行应办的追偿手续等文件、由国外保险代理人或由国外第三者公证机构出具的检验报告、海事报告。海事造成的货物损失，一般均由保险公司赔付，船方不承担责任等。被保险人在办妥有关手续，交付单据后，等待保险公司审定责任，决定是否予以赔付，如何赔付。如保险公司决定赔偿，则最后由保险公司向被保险人支付款项。

（四）第三方物流保险

“双轨并行”下的货物保险与责任保险分属于不同的保险类型，两者各自独立发挥其保险功能。但随着综合物流服务的产生，第三方物流企业办理自身责任保险的同时，越来越多地为货物所有权人代办货物保险，但应注意下面几个问题。

1. 不能用代收委托人的保险费投保物流责任险

第三方物流企业向委托人收取的保险费属于代收性质，其必须按照合同的约定履行代为投保物流货物保险的义务。然而，很多第三方物流企业认为，投保与否以及投保哪个险种完全是自己的事情。为节省保费，他们往往只投保物流责任保险一个类型。这些企业忽视了一个重要的问题：在责任保险情况下，对于不可抗力等原因导致的货物损失，保险公司是不负赔偿责任的。此时，货物所有权人面临的货损风险加大。另外，第三方物流企业的这种行为极有可能导致权利人提起违约诉讼。

2. 不能仅由第三方物流企业承担全部货损责任

按照法理，当发生除第三方物流企业责任以外的自然灾害、意外事故、外来风险等不可抗力事件导致货物损失，被保险人应该向保险公司索赔。只有发生了因第三方物流企业的责任导致的货物损失时，被保险人才可以选择向第三方物流企业索赔。但实践中发生货损时，很多第三方物流企业往往抱着息事宁人的心态，对损失的原因不加区分，直接向委托方理赔，白白造成了损失。

3. 第三方物流企业仍然有必要投保物流责任险

很多时候，委托方直接与保险公司打交道可能更为方便，所以实践中委托方并不一定要求第三方物流企业代其投保。在这种情况下，很多第三方物流企业认为既然委托方已自行投保，便没有必要投保物流责任险。其实，委托方投保的仅仅是货物财产险，对于因第三方物流企业责任造成的货物损失，保险公司仍然可以取得向第三方物流企业追偿的代位权。因此，从有效防范风险的角度出发，即便是在委托方自行投保的情况下，第三方物流企业仍有必要投保物流责任险。

4. 不能充当双方代理

在兼业保险代理情况下，第三方物流企业是保险人的代理人。为提高效率，很多物流企业受货物所有权人的委托还代其办理保险事务。这种操作方法，便于物流企业及时撮合交易，但其隐藏着一个巨大的法律风险，即双方代理。所谓双方代理，就是指同一代理人同时代理双方当事人签订民事合同。为了维护被代理人的合法权益和确保代理权的合法行使，法律上禁止代理人从事双方代理。在保险活动中，一个代理人如果同时充当投保人和保险人的代理人，难免顾此失彼，最终损害一方当事人的利益。更有甚者，一些双方代理行为还构成了严重的刑事犯罪。其作案的惯常手法是人为地制造虚假交易，待骗取双方被代理人的资金后携款潜逃。因此，第三方物流企业双方代理的行为是不可采取的。

（五）保险合同一般式样

保险合同因保险标的不同，有不同的保险条款。下面以海洋运输保险为例，货物保险合同样本如下。

海洋运输货物保险合同

第一条　责任范围

本保险分为平安险、水渍险及一切险三种。被保险货物遭受损失时，本保险按照保险单上订明承保险别的条款规定，负赔偿责任。

一、平安险

本保险负责赔偿以下情况造成的损失：

1. 被保险货物在运输途中由于恶劣气候、雷电、海啸、地震、洪水等自然灾害造成整批货物的全部损失或推定全损。当被保险人要求赔付推定全损时，须将受损货物及其权利委付给保险公司。被保险货物用驳船运往或运离海轮的，每一驳船所装的货物可视作一个整批。

推定全损是指被保险货物的实际全损已经不可避免，或者恢复、修复受损货物，以及运送货物到原定目的地的费用超过该目的地的货物价值。

2. 由于运输工具遭受搁浅、触礁、沉没、互撞、与流冰或其他物体碰撞，以及失火、爆炸意外事故造成货物的全部或部分损失。

3. 在运输工具已经发生搁浅、触礁、沉没、焚毁意外事故的情况下，货物在此前后又在海上遭受恶劣气候、雷电、海啸等自然灾害所造成的部分损失。

4. 在装卸或转运时由于一件或数件整件货物落海造成的全部或部分损失。

5. 被保险人对遭受承保责任内危险的货物采取抢救、防止或减少货损的措施而支付的合理费用，但以不超过该批被救货物的保险金额为限。

6. 运输工具遭遇海难后，在避难港由于卸货所引起的损失，以及在中途港、避难港由于卸货、存仓和运送货物所产生的特别费用。

7. 共同海损的牺牲、分摊和救助费用。

8. 运输契约订有“船舶互撞责任”条款，根据该条款规定应由货方偿还船方的损失。

二、水渍险

除包括上列平安险的各项责任外，本保险还负责被保险货物由于恶劣气候、雷电、海啸、地震、洪水等自然灾害所造成的部分损失。

三、一切险

除包括上列平安险和水渍险的各项责任外，本保险还负责被保险货物在运输途中由于外来原因所致的全部或部分损失。

第二条　除外责任

本保险对下列损失不负赔偿责任：

1. 被保险人的故意行为或过失所造成的损失；

2. 属于发货人责任所引起的损失；

3. 在保险责任开始前，被保险货物已存在的品质不良或数量短差所造成的损失；

4. 被保险货物的自然损耗、本质缺陷、特性，以及市价跌落、运输延迟所引起的损失或费用；

5. 本公司海洋运输货物战争险条款和货物运输罢工险条款规定的责任范围和除外责任。

第三条　责任起讫

1. 本保险负“仓至仓”责任，自被保险货物运离保险单所载明的起运地仓库或储存处所开始运输时生效，包括正常运输过程中的海上、陆上、内河和驳船运输在内，直至该项货物到达保险单所载明目的地收货人的最后仓库或储存处所或被保险人用作分配、分派或非正常运输的其他储存处所为止。如未抵达上述仓库或储存处所，则以被保险货物在最后卸载港全部卸离海轮后满60天为止。如在上述60天内被保险货物需转运到非保险单所载明的目的地时，则以该项货物开始转运时终止。

2. 由于被保险人无法控制的运输延迟、绕道、被迫卸货、重新装载、转载或承运人运用运输契约赋予的权限所作的任何航海上的变更或终止运输契约，致使被保险货物运到非保险单所载明目的地时，在被保险人及时将获知的情况通知保险人，并在必要时加缴保险费的情况下，本保险仍继续有效。保险责任按下列规定终止：

（1）被保险货物如在非保险单所载明的目的地出售，保险责任至交货时为止，但不论任何情况，均以被保险货物在卸载港全部卸离海轮后满60天为止。

（2）被保险货物如在上述60天期限内继续运往保险单所载原目的地或其他目的地时，保险责任仍按上述第三条第1款的规定终止。

第四条　被保险人的义务

被保险人应按照以下规定的应尽义务办理有关事项，如因未履行规定的义务而影响保险人利益时，本公司对有关损失有权拒绝赔偿。

1. 当被保险货物运抵保险单所载明的目的港（地）以后，被保险人应及时提货，当发现被保险货物遭受任何损失，应即向保险单上所载明的检验、理赔代理人申请检验；如发现被保险货物整件短少或有明显残损痕迹，应即向承运人、受托人或有关当局（海关、港务当局等）索取货损货差证明。如果货损货差是由于承运人、受托人或其他有关方面的责任所造成，应以书面方式向他们提出索赔，必要时还须取得延长时效的认证。

2. 对遭受承保责任内危险的货物，被保险人和本公司都可迅速采取合理的抢救措施，防止或减少货物的损失。被保险人采取此项措施，不应视为放弃委付的表示；本公司采取此项措施，也不得视为接受委付的表示。

3. 如遇航程变更或发现保险单所载明的货物、船名或航程有遗漏或错误时，被保险人应在获悉后立即通知保险人并在必要时加缴保险费，本保险才继续有效。

4. 在向保险人索赔时，必须提供下列单证：

保险单正本、提单、发票、装箱单、磅码单、货损货差证明、检验报告及索赔清单。如涉及第三者责任，还须提供向责任方追偿的有关函电及其他必要单证或文件。

5. 在获悉有关运输契约中“船舶互撞责任”条款的实际责任后，应及时通知保险人。

第五条　索赔期限

本保险索赔时效，从被保险货物在最后卸载港全部卸离海轮后算起，最多不超过2年。

海洋货物运输保险单

发票号码

保险单号

________保险公司（以下简称本公司）根据________________（以下简称为被保险人）的要求由被保险人向本公司缴付约定的保险费，按照本保险单承保险别和背后所载条款与下列特款承保下述货物运输保险，特立本保险单。

标记：________

包装及数量：________

保险货物项目：________

保险金额：________

总保险金额：________

费率：________

装载工具：________

自________至________

承保险别：________

所保货物，如遇风险，本公司凭本保险单及其有关证件给付赔款。

所保货物，如发生保险单项下负责赔偿的损失或事故，应立即通知本公司下述代理人查勘。

保险公司：________

赔款偿付地点：________

出单公司地址：________

小问答

保险人在拥有物上代位权后，保险标的所得利益归保险人所有，但若利益超过赔款则超过部分给谁呢？

任务实施

上述内容介绍了各类物流合同的名称、样式、合同中当事人的主要权利义务，以及在签订时应注意的问题。结合这些知识，我们来协助刘明经理完成风华物流与普源信息公司之间的物流合同草拟工作。要求合同内容要体现出双赢、信守承诺、可行、风险约束的原则。

一、订立本次物流合同的注意事项

（1）物流合同的内容比较复杂，包括内容较多，不仅有双方的权利义务要求，还有具体物流运作标准、费用计算办法及对物流服务的特殊要求等。

（2）本例物流合同既综合了采购、仓储、运输、配送、保险等合同的特点，同时又不是这些合同的内容的简单重叠，合同事项差异较大。

（3）物流过程是一个长期的、合作的过程，合同必须对此加以体现，对物流环节出现纰漏时或由于一方的过错导致物流中断时，物流合同需要约定解决办法、费用及责任的承担。

二、编制本次物流合同的操作步骤

（一）根据双方协议确定签订合同名称

从双方洽谈的内容来看，包括了运输、仓储、分拣、包装、配送等环节，是综合性质的物流服务，因此属于现代物流合同，可参照第三方物流格式编写，风华物流有限公司为第三方物流。

（二）确定合同主要条款

根据第三方物流合同通用格式，结合双方协议的要文，可确定合同中主要条款如下：

（1）服务、支付和期限；

（2）运送；

（3）仓储；

（4）配送；

（5）额外服务；

（6）责任和损失限制；

（7）索赔通知和诉讼；

（8）违约；

（9）继任者和受让人；

（10）所适用的法律；

（11）修改最终完成合同。

（三）本次物流合同具体内容

根据合同的示范文本编写物流服务合同如下。

物流服务合同

本合同在山东风华物流有限公司（第三方物流，简称第三方，地址：山东青岛）与普源电子信息有限公司（客户，地址：北京光华路888号）之间于2014年01月25日在北京生效。

第一条　服务、支付和期限

一、第三方的服务范围

在合同有效期内，第三方为客户提供以下服务。

（一）运输服务

1. 国际段

从AVAYB生产厂商提货，以直接从产地空运或以陆运加空运的方式运输到北京空港；北京空港的仓储服务；通关前后的监管库暂存服务；报关。

2. 国内段

空港仓库提货、验货（核对数量、确定外包装完好、货损的及时发现、拍照存档）；派车运输至目的地（风华物流北京仓）。

（二）仓储配送服务

1. 仓库验收入库

验收现场，客户的工程师需在现场进行技术指导和作业规范。第三方负责将入库产品的 PACKING LIST 制成 Excel 表并与清点实物的 Excel 表进行数据比较分析，针对出现差异进一步核对，落实最终库存及装箱差异。第三方向客户提供此两份物料数据，并共同确认备案。此两份数据将成为商务实际销售产品清单及商务采购订单差异证明。同时对入库产品要有收货订单。

2. 仓储配送

根据 AVAYB 产品的包装尺寸、产品类型、销售配置标准及分拣频率，合理进行库位分配和优化作业。

同时，接受普源出货订单，货品分拣、板卡的拆装、散件的包装、制作配送单；专车、空运、零担等多种联运方式的长、短途配送；配送单据反馈、报表的汇总提供、信息查询、信息系统报表的产生；AVAYB 特殊单据的设计、制作，防静电袋特殊包装物购买、抽屉式储位的设置、监视系统的配备均包含在服务之内。

物流公司不负责的部分：货物险费用；加急订单的加急费用；其他为 AVAYB 项目提供的特殊服务费用。

二、对客户的要求及提供的特色服务

第三方需客户提供货品的保质期等相关属性的资料；客户在货物到空港前 72 小时提供以下文件：装箱单（packing list）和商业发票（commercial invoice）；每次进货拆箱和出货检验时请普源公司的产品专家和工程师到现场指导。请客户委派专门负责 AVAYB 项目物流管理人员与风华物流接口。

第三方为客户提供海关优惠政策申请；协助客户向海关申请优惠的进口政策；关税、增值税由客户支付，如果时间要求紧迫且关税增值税总额在 5 万元以下，第三方可以代垫，但客户应在 2 个工作日内将税款支付第三方。若客户超 2 个工作日的支付期未支付，客户除承担支付利息（根据实时的市场利率标准）外，第三方有权扣押在途或在库货物作为抵押。

三、费用支付

包括上述国内、国际段各项内容，AVAYB 物流费用为货品货值的 2.8%。一旦成本计算发生重大变化，风华物流有权重新核算成本、制订折扣系数。

四、单据及付款条件

物流费用的结算时间。货物到达后 20 日内结清所有的物流费用，风华物流将在货物到达后 10 日以内将发票寄给客户，客户收到发票后，于 10 日内将物流费用电汇至风华物流账户。

电汇地址及账号。单位名称：山东风华物流有限公司，税号：370000901512346Z，开户行：中国农业银行青岛分行，账号：103416011155296985。

合同期限自 2014 年 1 月 25 日（起始日期）起 3 年，然后自动延期 1 年（续订条款）。合同的起始条款与续订条款终止日期前的 60 天，双方将重新洽谈下一个延期合同的物流费用。

第二条　运送

1. 货物运送以第三方作为指定收货人。客户可不以第三方作为指定收货人来运送货物；第三方也有权利自由地拒绝或接收以第三方作为指定收货人的货物。如果第三方接收以第三方作为指定收货人货物，客户在得到第三方通知后，应立即书面通知承运人，副本一份送给第三方，说明第三方对上述财产没有受益权或利益关系。

2. 不符合规定的货物。客户不能把下列条件的货物运送到第三方：①与货物清单中规定的不一致；②与每一批货物的包装标记不一致。第三方有权力拒绝或接收任何不符合规定的货物。如果第三方接收了这种货物，客户应支付价目表中所规定的费用，若价目表中没有规定，则支付合理的费用。第三方一收到这些不符合规定的货物，将尽快通知客户，以获得有关指令，第三方不负责由于口头传递所造成的失误。

第三条　仓储的提供

由第三方配送的所有货物都必须恰当地标记和包装，然后送到仓库以便配送。客户在送货前，准备好符合“业务范围”货单。双方同意第三方根据协议规定的价格储存和搬运其他货物。

第四条　送货要求

1. 没有顾客准确的书面要求，第三方不运送或转运货物。然而也可以根据电话发送货物，但是第三方不承担口头传递信息而造成失误的责任。

2. 客户要求从仓库中提货，必须给第三方合理的提货期限。如果因为天灾、战争、公敌、罢工、扣押、骚乱等，或者第三方不能控制的任何理由，或者因为不由第三方责任而造成货物的损失或损坏，或者因为法律所提供的任何其他理由，那么第三方不承担这种过失的责任。如果执行过程中发生了某一事件或困难，客户与第三方应同意适当地延期。

第五条　额外服务（特殊服务）

1. 不属于通常物流服务（即“业务范围”内）的服务所需的第三方劳动力，按第三方的通常费用标准收取额外的合理费用。

2. 为顾客提供材料、包装材料或其他特殊材料，按第三方的通常费用标准承担额外的合理费用。

3. 由于事先安排，不在正常商业时间内收到或运送货物，按第三方通常费用标准，承担合理的额外费用。

4. 包括邮资、电传、电报或电话的通信费用，如果这些方面的服务超过通常的服务标准，或者在顾客的要求下，这些通信不采用邮政的正常方式，那么上述费用向顾客收取。

5. 有时第三方在没有顾客书面同意的情况下，造成一些“非常”费用是必需的，顾客因此同意支付第三方由此而产生的合理适当的费用。然而，只要可能，第三方在造成这些费用前，应从顾客那里获得许可。这种许可可以是口头的，但第三方对口头传递信息所造成的失误不负责任。

第六条　责任和损失限制

1. 保险。对任何原因所造成的货物损失不由第三方负责保险，但第三方同意当前的保险单继续生效，该保险单阐述：在协议的期限或延期内，对放在协议中指定的第三方仓库里的财产，如果遭受丢失、毁坏或损坏，作为受托人的被保险人，由于法律上所规定的义务必须赔偿，但这些赔偿金额（在其保险范围内）由保险公司代表第三方物流公司来支付。该保险单在协议期限包括延期内，应全部生效（除去一些除外条款）。客户若需要的话，可以提供该保险单的副本。

2. 损失计算。如果第三方对顾客货物的丢失或损坏负责，为了计算这种损失，货物将按它的售价的存货成本来估算。

3. 装卸。第三方对由于进货、卸货或出货、装货的延误而造成的逾期费用负责。第三方应竭尽全力提供及时的服务。

4. 随后损失。不是由于第三方的任何行为或疏忽而造成的随后损失，第三方不负责任。

第七条　义务

第三方将负责监督管理、人员配备、看门服务、物流设备、办公家具、日常安全（包括下班后锁门和启动电子安全系统）、托盘、包装材料、捆扎和房屋的保养。

第八条　风险分担

由于第三方物流公司为提供服务将作出承诺并投资，因此尽管无须任何理由，任何一方在90天前以书面形式通知另一方，可终止该合同。该书面通知应有终止日期。无论什么原因的终止，无论是客户或第三方或法律等作用提出终止，客户同意补偿第三方全部的未摊提的贷款或租金。即由此而造成的损失，第三方应得到相应的补偿。

第九条　索赔通知和诉讼

1. 以下所有的索赔必须在法庭宣判前，以书面形式提交。

2. 只有当这些索赔用书面形式提交，并且是在事件发生后一年内提出索赔，客户或第三方才能做出反应。

第十条　违约

下列情况被认为是第三方违约。

1. 如第三方在执行或遵守合同条款时，有实质性的违约。

2. 如果第三方向法院提出自愿破产的申请，或被法院宣布破产或资不抵债，或为债主的利益进行转让，寻求或同意对所有资产任命第三方的接收人或清算人。如果第三方收到这一书面违约通知单后30天，违约还在继续，这种情况下，客户有权中止合同，并中止付费的规定。与前述无冲突的情况下，第三方在收到这一违约通知后，有30天时间来消除、纠正他的违约行为。

第十一条　所适用的法律

该合同应根据《中华人民共和国合同法》执行。

第十二条　修改最终完成合同

除了各方签名的书面协议外，这一合同不能改变、修改、作废或丢弃，或终止，以口头或其他任何方式。书面意见包括完整的协议，是双方签注的，而不能由别人代表，无论是书面的还是口头的都不行。

归纳总结

本任务归纳如图1－1所示。

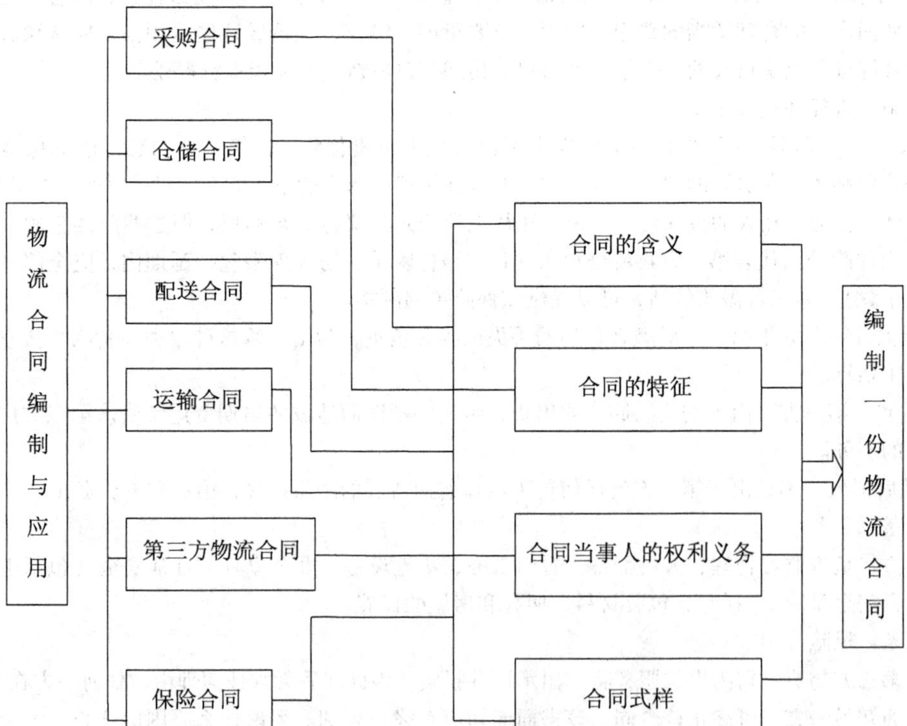

图1－1　物流合同任务总结

小技巧

合同写作技巧

合同的大纲确定之后，就要开始正式的写作了。在写作时，要注意下面这些方面，因为这些是关系到合同的内容与法律效力的。

1. 标题上注明“合同”两字。不要为碰运气而忽略这个。如果客户需要合同，就要注明是合同。一位在联邦法院里任职的法官就曾经裁定：有双方签字，但标有“建议书”的文件并非合同。这给我们的教训就是，你怎么想，就应该怎么说。如果你想让你的文件成为具有法律效力的合同，就要在标题中注明“合同”字样。

2. 使用短句，因为短句比长句更容易理解。

3. 用主动语态而不用被动语态。相对而言，主动语态的句子更简短，措词更精练，表达更明白。

4. 不要用“双周”之类的词，因为这有可能产生歧义——是两周还是每隔一周？类似的词还有“双月”，所以最好这样写：“两周”或“每隔一周”。

5. 避免模棱两可，当一组名词前有一个修饰语时，你一定要弄清楚这个修饰语是修饰两个名词还是仅仅修饰第一个名词。如果是修饰两个词，可以用排比的手法分别在这两个词之前加上修饰语，如果你只想修饰一个名词，那么你就应该把这个词放在这组词的最后，然后在它的前面加上修饰语。

6. 不要用“出租人”和“承租人”。这对一个租赁合同来说是不好的别称，因为他们容易被颠倒或者出现打印错误。如可以用“房东”和“租户”来代替他们。同样，在合同中也不要用“留置权人”和“留置人”、“抵押权人”和“抵押人”、“保证人”和“被保证人”、“许可人”和“被许可人”、“当事人A”和“当事人B”……到底怎么说，这就要看你驾驭语言的能力了。不过，要把握的一条原则是，在整个合同中，对合同一方只能用一个别称。

7. 使用术语“本文”时要当心。为了避免含混不清，使用“本文”时最好特别申明一下“本文”是指整个合同，还是指其所在的某一段落。

8. 写数目时要文字和阿拉伯数字并用，如：“拾”与“10”并用。这将减少出错的概率。

9. 如果你想用“包括”这个词，就要考虑在其后加上“但不限于……”的分句。除非你能够列出所有被包括的项，否则最好用“但不限于……”的分句说明你只是想举个例子。

10. 不要依赖于语法规则。撰写合同都要遵循一个基本原则：简洁、明确。检查你写的东西是否达到这个要求有个好办法，那就是去掉所有的句号和逗号，然后读一下。在没有标点符号的情况下，选择正确的词语放在正确的位置上，这将使你写出来的东西更简明、更流畅。

11. 不要创造词语。合同文书不是创造性的作品，也就不应因为意思的细微差别而引起思考或争论。合同文书应该是清晰、直接而准确的。因此，要使用普通的词语，表达普通的意思，为普通人撰写合同。

12. 用词一致。在一份销售合同中，如果你想用“货物”来指整个合同的标的物，就不要时而称它们为“货物”，时而又改称它们为“产品”。保持用词一致性比避免重复更加重要。不要担心这会让读者打瞌睡；你应该提防的是对方律师会因为含混不清的合同而将你告上法庭。

13. 在文法和标点符号上保持一致。你所学的文法和标点用法可能和别人学的不一样，但你最好在使用上保持一致。要特别注意句末的引号、时间和地点之后的逗号，以及文风的相似性。

14. 可以在合同中加入所依据的法律、合同发生地、律师费等条款。有了这些条款，一旦合同引起诉讼，你就已经为你的客户打这场诉讼战准备好了一些“弹药”。

思考与训练

一、简答题

1. 签订第三方物流合同要注意哪些问题?

2. 第三方物流合同和仓储、配送、运输等物流合同有什么区别?

二、技能训练题

资料：远航物流公司是一家家电物流服务商，提供仓储、装卸、干线运输、区域性分拨配送、进出口代理及工厂整体物流外包服务。地址：辽宁省鲅鱼圈区；电话：0417－6266688；传真：0417－6666895；开户银行：中国建设银行鲅鱼圈分行，账号：2222221111113333333。

2014年2月10日，远航物流公司与辽河电器有限公司（地址：辽宁营口；电话：0417－2837556；传真：0417－2867628；开户银行：中国农业银行营口分行，账号：3333333888888777777）洽谈合作意向，为其主要产品——辽河冰箱BCD－211型（单价1500元）提供仓储、运输服务并约定服务费用如下：收货、仓储、出货费用按货值0.5%计算，运输费用按货值1.2%计算，服务期限3年。且每次发运的最低值为15万元（约100件）。洽谈成功，双方约定一周内签约。

任务：请结合所学，为远航物流公司这一项仓储、运输业务编制一份物流合同。

要求：合同体现双赢互惠、量力而行、措辞严谨、内容详细，可依据合同样本编制。

评分标准：

1. 合同名称（10分）；

2. 合同格式（20分）；

3. 将资料中提及的条款一一表述出来（50分）；

4. 合同中能将免责条款、违约条款、纠纷处理机构等条款写清楚（20分）。

任务二 仓储管理过程中的单证设计与应用

任务引入

2014 年 1 月 31 日根据风华物流订单 No. 201410，普源公司发来一批 AVAYB 产品，共计 200 箱，货值 1350 万元人民币，其中数字产品机柜 32 箱、语音产品机柜 53 箱、备件 115 箱、备件件数 2420 件。负责这批货的检验、收货、存储、配送工作的是风华物流仓库管理员李宏等。

同一日，李宏又接到公司发来的订单，订单内容是：AVAYB 产品（AVAYB9410）订单 20 台，单价 1998 元，发往莱阳蓝田移动通信器材公司（地址：山东省莱阳市渤海路 78 号），接货人张宾，联系电话：131××××××××。

请写出上述任务的工作流程，设计、编制业务操作过程中的主要单证。

任务分析

完成上述任务，要弄清三点：一是仓储配送的操作流程；二是仓储配送过程的内部控制环节；三是单据在这一过程中所起的作用。

仓储作业过程主要由入库作业、保管作业及出库作业组成。按其作业顺序可详细分为：接车、卸车、理货、检验、入库、储存、保管保养、装卸搬运、加工、包装、分拣、配货、送货等作业环节，如图 1－2 所示。各个作业环节之间并不是孤立的，它们既相互联系又相互制约。某一环节作业的开始依赖于上一环节作业的完成，上一环节作业完成的效果也直接影响到后一环节的作业。由于仓储作业过程中，各个作业环节之间存在着内在的联系，并且需要耗费大量的人力、物力及财力，因此必须对作业流程进行细致的分析和合理有效的组织。

仓储单据是伴随着仓储管理活动的进行而产生的，是仓储管理的工具之一，是内部控制环节的载体。良好的仓储单据设置，不仅可以为仓储管理提供依据，还可以体现企业内部控制制度的完善程度，为提高仓储管理效率服务。

科学有效的设计仓储业务单据首先要熟悉仓储作业过程，了解仓储管理工作的控制节点，通过单证设计表达内部控制的要求，完成仓储管理的目标。

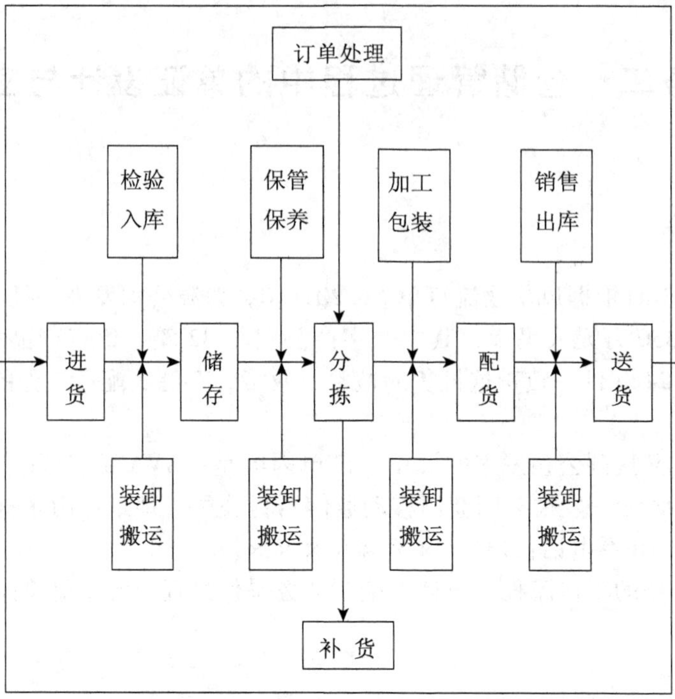

图 1－2　仓储作业过程

相关知识与拓展

一、仓储管理概述

仓储管理就是对仓库及仓库内的物资所进行的管理，是仓储机构为了充分利用所具有的仓储资源、提供高效的仓储服务所进行的计划、组织、控制和协调过程。

小知识

仓库的分类

（一）按运营形态的不同可分为：营业仓库、自备仓库、公用仓库。

（二）按保管类型的不同可分为：普通仓库、冷藏仓库、恒温仓库、露天仓库、储藏仓库、危险品仓库、水上仓库、简易仓库。

（三）根据功能的不同可分为：储藏仓库、流通仓库、专用仓库、保税仓库、其他仓库。

（一）仓库的功能

仓库作为物流服务的据点，在物流作业中发挥着重要的作用。它不仅具有储存、保管等传统功能，而且还具有拣选、配货、检验、分类、信息传递等功能，并具有多品种小批量、多批次小批量等配送功能，以及附加标签、重新包装等流通加工功能。

1. 储存和保管的功能

储存和保管是仓库最基本的传统功能。根据物品的特性，仓库内还配有相应的设备，以保持储存物品的完好性，如储存精密仪器的仓库需要防潮、防尘、恒温等，应设置相应的控制设备。

2. 配送和加工的功能

现代仓库的功能已由保管型向流通型转变，即仓库由原来的储存、保管货物为中心向流通、销售为中心转变。仓库不仅拥有仓储、保管货物的设备，而且还增加分袋、配套、捆装、流通加工、移动等设施。这样，既扩大了仓库的经营范围，提高了物资的综合利用率，又方便了消费者，提高了服务质量。

3. 调节货物运输能力的功能

各种运输工具的运输能力差别较大，船舶的运输能力很大，海运船舶一般都在万吨以上，火车的运输能力较小，每节车厢能装 10 ~ 60 吨，一列火车的运量多达几千吨。汽车的运输能力相对较小，一般在 10 吨以下。各种运输工具之间运输能力的差异，也是通过仓库调节和衔接的。

4. 信息传递的功能

信息传递功能总是伴随着以上三个功能而发生的。在处理有关仓库管理的各项事务时，需要及时而准确的仓库信息，如仓库利用水平、进出货频率、仓库的地理位置、仓库的运输情况、顾客需求状况，以及仓库人员的配置等，这对一个仓库管理能否取得成功至关重要。

（二）仓储管理的原则与任务

仓储管理的基本原则是提高仓储和生产效率、增加经济效益。

仓储的任务是：

（1）利用市场经济手段获得最大的仓储资源的配置；

（2）以高效率为原则进行组织管理；

（3）以不断满足社会需要为原则开展商务活动；

（4）以高效率、低成本为原则组织仓储生产；

（5）以优质服务、重信用为原则树立企业形象；

（6）通过制度化、科学化的先进手段不断提高管理水平；

（7）从技术到精神领域提高员工素质。

因此，在仓储管理过程中的单据设计要充分体现仓储管理的基本原则，有效地完成仓储管理的任务。

（三）仓储管理的内容与内部控制过程

1. 仓储管理的内容

仓储管理的内容从广义上来讲包括仓库的选址、仓库的建筑、仓库作业的机械配置、业务管理、库存管理、仓库组织管理和信息技术应用等方面，如图 1－3 所示。

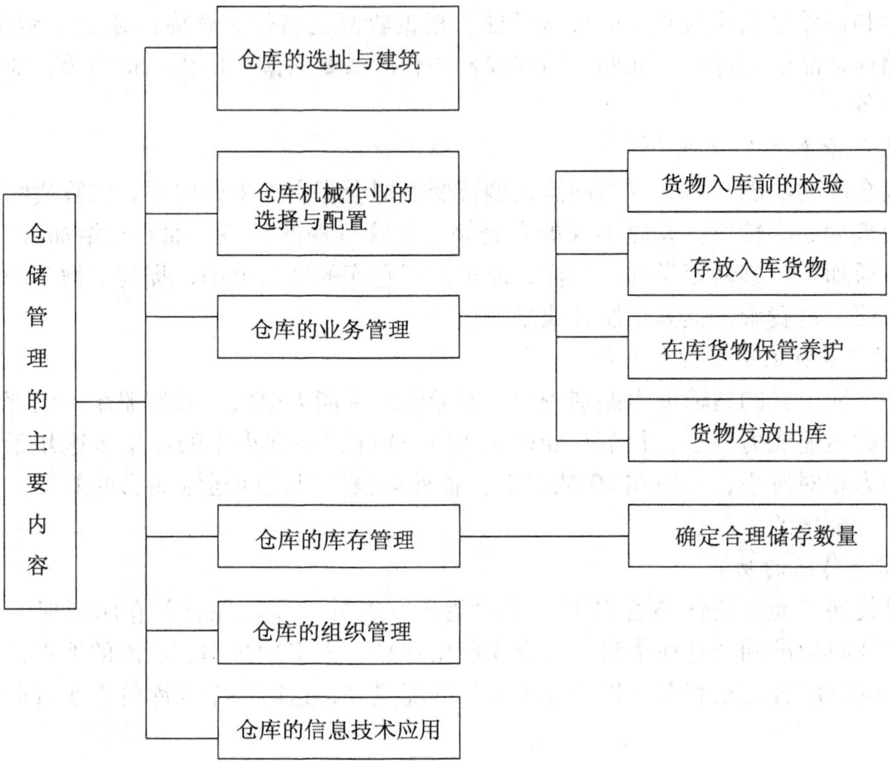

图 1－3　仓储管理的主要内容

本书下面所提及的仓储管理指的是仓库的业务管理和库存管理，包括货物的验收、出入库管理、货物的保管养护、库存控制管理等，一般业务程序如图 1－4 所示。

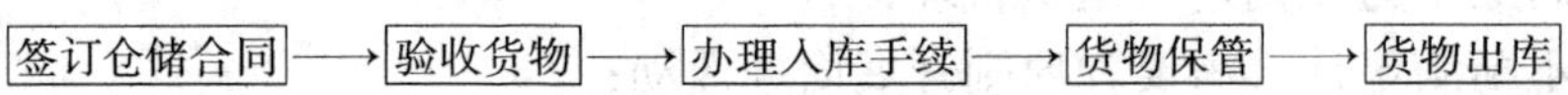

图 1－4　仓储的一般业务程序

2. 仓储管理的内部控制过程

仓储管理的内部控制过程包括货物入库与存储控制过程、货物配送与出库控制过程。

（1）货物入库与存储的控制过程。货物入库分为储存入库和采购入库。储存入库的货物可以直接检验入库，采购入库不同，采购入库分为采购和入库两个环节。因此，储存入库业务的控制过程是从到货单或入库单开始；而采购入库则是从采购订单开始。

入库业务的基本操作流程如下。

①物流中心根据客户的入库指令视仓储情况做相应的入库受理。

②按所签的合同进行货物受理，并根据给货物分配的库区库位打印入库单。

③在货物正式入库前进行货物验收，主要是对要入库的货物进行核对处理，并对所入库货物进行统一编号（包括合同号、批号、入库日期等）。

④进行库位分配，主要是对事先没有预分配的货物进行库位自动或人工安排处理，并产生货物库位清单。

⑤库存管理主要是对货物在仓库中的一些动态变化信息的统计查询等工作。

⑥对仓库中的货物，物流公司还将进行批号管理、盘存处理、内驳处理和库存的优化等工作，以便更有效地管理仓库。

针对上述作业，可以看出入库与存储过程主要的控制环节在于入库货物的数量、质量的检验，库位的安排及货物保存过程中的数量、质量情况的变化。

（2）配送与出库的控制过程。配送是指在经济合理区域范围内，根据客户要求，对物品进行拣选、加工、包装、分割、组配等作业，并按时送达指定地点的物流活动。

出库是指仓库按照货主的调拨出库凭证或发货凭证（提货单、调拨单）所注明的货物名称、型号、规格、数量、收货单位、接货方式等条件，进行的核对凭证、备料、复核、点交、发放等一系列作业和业务管理活动。出库业务是保管工作的结束，既涉及仓库同货主或收货企业及承运部门的经济联系，也涉及仓库各有关业务部门的作业活动。

配送出库的基本操作流程如下。

①物流配送中心根据客户的发货指令视库存情况做相应的配送计划。

②根据配送计划进行车辆、人员安排。

③由专人负责货物的调配处理，可分自动配货和人工配货，目的是为了更高效地利用物流公司现有的资源。

④自动配货时，根据系统的安排结果，按实际情况进行人工调整。

⑤在安排好后，系统将根据货物所放地点（库位）情况，按事先设定的优化原则填制拣货清单。

⑥承运人凭拣货清单到仓库提货。

⑦装车完毕后，根据所送客户数编制相应的送货单。

⑧车辆运输途中可通过 GPS 车辆定位系统随时监控，并做到及时的信息沟通。

⑨在货物到达目的地，经收货方确认后，凭回单向物流配送中心确认。

⑩产生所有需要的统计分析数据和财务结算，并产生应收款与应付款。

针对上述作业，可以看出配送出库过程的主要的控制环节在于接受发货指令、拣选配货、出库、送货等活动。

（四）仓储管理应注意的问题

过去认为仓库里的货物多，表明企业发达、兴隆，现在则认为零库存是最好的仓储管理。库存多，占用资金多，利息负担加重。但是如过分降低库存，则会出现断档。所以仓储管理应该解决好以下两个问题。

（1）根据销售计划生产的货物在市场上流通时，要考虑储存在什么地方，存放多少。

（2）从服务水平和经济效益出发确定库存量以及如何保证补充的问题。一般来说，良好的库存管理能够做到：①防止断档，缩短从接收订单到送达货物的时间，以保证优质服务，同时又要防止脱销；②保证适当的库存量，节约库存费用；③降低物流成本，用适当的时间间隔补充与需求量相适应的合理的货物量，以降低物流成本；④保证生产的计划性、平稳性，以消除或避免销售波动的影响；⑤在市场价格大幅波动时，可以调节储存量来化解风险。

小知识

仓储管理人员必须具备的条件

（1）具有丰富的商品知识。

（2）掌握现代仓储管理的技术。

（3）熟悉仓储设备。

（4）办事能力强。

（5）具有一定的财务管理能力。

（6）具有一般的管理素质。

二、仓储管理过程中的常用单据设计

单据的设置是为管理服务的，仓储管理过程中的单据设计要体现仓储管理的需要，遵循仓储管理的原则，为更好地完成仓储管理任务服务。

仓储作业主要由商品入库、商品保管、商品加工处理、商品拣选、商品动态保管、补货、商品包装、商品出库、商品配送及作业计费等作业组成。

（一）商品到货过程中的常用单据设计

到货作业是将按照采购订单到货的商品卸置在收货区，审核送货单和商品并检验商品的质量，当商品缺损或质量不符时，做必要的票据处理。需要以下步骤并按照所对应流程完成：接收商品、商品信息确认、验证交货条件、验货、退货。所涉及的单证及数据包括采购订单、送货单、退货单、入库单。这一作业环节的质量控制包括到货验货时间、商品确认出错率、退货处理效率。

1. 采购订单

采购订单表示了对与供应商进行采购业务的正式的和最终的确认。

在单据设计上要表明：供应商名称、地址、联系方式；要订购的商品或服务；数量；价格；供货日期和供货条款；支付条款。

此外，采购订单确定订购的商品是存入库存还是在收货时就直接被消耗、采购订单须经核准等。

采购订单是存货在采购业务中流动的起点，是详细记录企业物流的循环流动轨迹、累积企业管理决策所需要的经营运作信息的关键。通过它可以直接向供应商订货并可查询采购订单的收货情况和订单执行状况，通过采购订单的关联跟踪，采购业务的处理过程可以一目了然。采购订单的式样如样单 1－1 所示。

【样单 1－1】

商品采购单

公司名称：

地址：　　　　　　　　　　　　　电话：　　　　　　　　　　　　传真：

供应商名称		订购编号	
编号			
地址		订购日期	
传真		交货日期	
电话		采 购 员	

商品名称与编号	规格	单位	数量	单价	金额	备注

注：

跟单签名：　　　　　　　　　　　　　　　　　　主管签名：

供应商签名：　　　　　　　　　　　　　　　　　经理签名：

2. 送货单

送货单是证明合同双方是否履行了合同约定供货义务的一种原始书面材料。送货单必须包括单价、数量、型号、收货人、送货人、日期等。通常来讲是一式四联，第一联存根、第二联客户、第三联记账、第四联仓库。

第一联存根：主要是核对账目，防止送货单在流转过程中丢失。

第二联客户：送货给客户时，留给客户做账、核对库存等。

第三联记账：自己公司财务对账用。

第四联仓库：仓库做台账时使用，存根联和仓库联一般都由仓库保管。

这四联分别具有不同颜色，是为了便于收货方和供货方的辨认，也是为了操作方便，比如一般白色联作为存根，红色联给接收方，绿色联作为回单，黄色联由接收方签名后交供货方保管，用于记账。

值得注意的是，很多零售业务是没有签署合同的，直接把发货单、出库单、提货单、送货单、提单等作为单方买卖货物的凭据。而这些单据有没有法律效应，关键在于它的有效性。如：送货单的送货依据是什么、有无收货人接受证据。因此，这些单据中接收人签字或企业公章等有着更深层的意义，是表示一方已经履行合同的证据。在我国法律中，“提货单”使用率最高，同时，在国际贸易中“提货单”与“提单”可以通用，考虑到异地订货涉及承运人，故在提货单的基础上还编写了送货单。

送货单的式样五花八门，各行各业没有统一标准。但通常式样如样单 1－2 所示。

【样单 1－2】

____________送　货　单

电话：　　　　　　　　传真：

送货单号：

客户名称：　　　　　　　　送货日期：

货号	货品名称/规格	单位	数量	单价（元）	金额	备注
合计金额（大写）：					¥	

①白联存根②红联客户③绿联回单④黄联记账

制单人：　　　　送货人：　　　　仓库：　　　　客户签收：

小问答

送货单与出库单有什么区别，送货单能代替出库单使用吗？

3. 退货单

退货单又称退货报告单，是指客户将商品退回给原供应商的书面材料。

（1）退货的原因。

①商品质量或包装有问题，客户退回后，仓储部门收货后再转退给供应商。

②存货量太大或商品滞销，仓储消化不了，退还给供应商。

③商品未到保质期即已变质，货物退还给供应商。

退货一般是根据供货之前的退货协议来执行的，退货协议的常用范本如样单 1－3 所示。

（2）退货单填报。退货单中的要素跟进货单差不多，唯一实质上不同的是结算方式，退货结算方式只有两种，一种是冲入预付款，意思是退货后，款项不拿回来，直接存在供应商处，用于下次进货，这样做增加了供应商往来账的实收款金额；另一种是返还货款，意思是货物退回后供应商直接退款。

在实际操作中，以第一种结算方式居多，原因是一般商家的退货都是以质量问题或想换别的商品居多，那么以质量问题的退货，金额一般较小，不值得来回的汇款（一般通过银行汇款或货运代收款），所以愿意把钱存在供应商处再进货的时候扣除就是了；换别的商品，那么换回的是商品，也需要入库，填进货采购单的时候，使用退货款冲入的预付款结算很方便，完全不需要动用现金。

【样单1-3】

退货协议

甲方（购货方）：
地址：
邮编：
电话：
法定代表人：
乙方（销货方）：
地址：
邮编：
电话：
法定代表人：
第一条 货物描述
货物名称
规格型号______单位______数量______单价______金额______税率______税额
价税合计：______（大写）____（小写）
第二条 退货原因
乙方延迟交货，且材料不符合订单，未能保证甲方顺利使用。
第三条 双方责任
（一）甲方责任：按约定退还货物。
（二）乙方责任：退还已付的货款。
如有未尽事宜，由双方另行商定。
第四条 协议生效、中止与结束
（一）本协议须经双方签字认可后有效，生效日期以甲乙双方中最后一方签字或盖章的日期为准；
（二）以货款两讫之日起，结束本协议关系。
第五条 纠纷解决方式
因执行本协议发生的或与本协议有关的一切争议，甲乙双方应通过友好协商解决，如双方协商仍不能达成一致意见时，则提交仲裁机构。
第六条 法律责任
双方单位所提供的退货协议和附送资料内容真实、完整、准确，并对此承担相应法律责任。

甲方签字：	乙方签字：
（公章）	（公章）
法定代表人：	法定代表人：
年 月 日	年 月 日

退货单，即产品退货报告单如样单 1－4 所示。

【样单 1－4】

产品退货报告单

RETURNING PRODUCTS REPORT

日期 DATE：　　年　　月　　日

客户全称					客户代码	
销售部填				财务部填	客户填	仓储部填
退货产品号码	退货产品名称	申请数量（箱）	产品购进时间	退货单价	实际退货（箱）	实际收货（箱）
	合计（大写）					

要求客户主管确认：我将确保客户在实际退货发生后的一星期内按退货单上的实际数量及单价开出发票或税务折让证明单邮寄给相应的 RDC 客户服务表。

客户主管签名：____________　日期：____________

如申请单有问题，请与语言信箱____________联系。

退货原因：____________1. 产品超过保质期

____________2. 对于需要使用条码的客户，其条码不可读

____________3. 批准的货物回收

____________4. 客户不能付款

____________5. 其他原因（请填写详细原因并提供有关证明）

客户签名/日期	客户主管签名/日期	销售部批准/日期	财务部批准/日期	客户确认/日期	仓储部签收/日期

客户服务代表已收到客户开出的增值发票号码为：

第一联：财务存档　　第二联：客户服务部存档　　第三联：客户保存　　第四联：运输联

小知识

验　货

货物到库后，验货是很关键的一步，认真验货可以减少不必要的损失责任。验货时需要注意以下几个环节。

（1）货物到达后，收货人员根据司机的随货箱单清点收货。收货人员应与司机共同拆铅封，打开车门检查货品状况。如货物有严重受损状况，须马上通知客户等候处理，必要时拍照留下凭证。如货物状况完好，开始卸货工作。

（2）卸货时，收货人员必须严格监督货物的装卸状况（小心装卸），确认产品的数量、包装及保质期与箱单严格相符。任何破损、短缺必须在收货单上严格注明，并保留一份由司机签字确认的文件，如事故记录单、运输质量跟踪表等。破损或短缺的情况须进行

拍照，并及时上报经理、主管或库存控制人员，以便及时通知客户。

(3) 卸货时如遇到恶劣天气（下雨、雪、冰雹等），必须采取各种办法确保产品不会受损。卸货人员须监督产品在码放到托盘上时全部向上，不可倒置，每个托盘码放的数量严格按照产品码放示意图。

4. 入库单

入库单是货物验收入库时由采购部门协同仓库管理员共同填制的货物入库的凭证，是对采购实物入库数量的确认。

运货司机将货物和送货单一式四份送至仓库，由仓储部调度员派仓管员接单办理出入库业务。再由仓管员在送货单上签收，将其中三份交给司机。另一份则转为入库单，完成整个入库、理货过程。

入库的货物由搬运工卸货并由仓管员清点货物的品种和数量是否与送货单一致，检查货物包装是否完好，有无破损、污染等，确认无误后填制入库单。入库单对内部人员起到内部牵制作用，是内部控制的必需环节，是对采购人员和供应商的一种监控。如果缺乏这一环节，实物入库就得不到控制，不能防止采购人员与供应商串通舞弊，控制虚报采购量、实物短少的风险。同时有的公司以入库单代替验收单，那么入库单对于公司采购来讲就更重要了；无出入库的管理，公司人员无法得知任何时点的库存状况（零库存除外）；无法配合采购人员提供合理的库存数量，容易造成存货的利用不充分，也影响财务记账。

入库单的设计一定要考虑上述控制要点，具体设计上一般包括编号、类别、入库时间、品名、规格型号、单位、数量、单价、金额、合计、备注及库管员、交货人、制单签字等项目。入库单一般有四联：第一联是留存联，是开单人员自存的；第二联是记账联，交财务人员记账用的；第三联是验收联，交送货方以备结算用；第四联是结算联，是双方财务结算收款或付款用的。入库单常用格式如样单 1－5 所示。

【样单 1－5】

入 库 单

年　　月　　日　　　　No.

交货单位及部门		发票号码或送货单号		验收仓库		验收日期	
序号	实物名称	摘要		数量		单价	金额
1							
2							
3							
4							
5							
总货款		拾　万　仟　佰　拾　元　角　分					¥

第一联　存根联

主管：　　　　会计：　　　　保管员：　　　　送货人

（二）商品保管过程中的常用单据设计

商品保管即是对商品进行储存，并对其进行物理管理的活动。商品保管过程主要是按照商品的形状、保管条件和拣货、出库方式及出库频率等，合理进行保管处理，使用地址编码管理保管位置，拣选商品时按照地址码的指示查找商品。需要以下步骤并按照所对应流程完成：确认保管形式及位置、商品保管区域、商品保管原则、生成保管指示清单、商品入库保管、保质期管理、商品盘点。所涉及的单证及数据包括保管指示清单、保质期提示清单、盘点损溢表。质量控制包括位置指示准确率、商品放置准确率、商品转移效率、过期商品率、商品损溢率。

1. 保管指示清单

货物经过入库作业后即进入存储作业环节。存储作业的主要任务是妥善保存货物，合理利用仓储空间，有效利用劳力和设备，安全和经济地搬运货物，有效地保护好货物的质量和数量，维护良好的储存环境，使所有在储货物处于随存随取状态，对存货进行科学管理。

（1）物资保管清单。仓库内的货物保管工作主要是在库盘点和适时整理货物。一般是每周要定期盘点：统计员打印库存表，并由仓管员核对库存货物的品种及数量，检查货物是否变质、受潮、被盗等，及时预防货损、潮湿、虫害、鼠害、偷盗等。物资保管清单如样单 1－6 所示。

【样单 1－6】

物资保管清单

编号：　　　　　　　　　　所属部门：　　　　　　　　　　保管人：

项次	购买日期			凭单号码	品名	规格	厂牌	数量	单位	单价	签认	接管日期			处理情况	凭单号码
	年	月	日									年	月	日		

在整个仓储作业流程中，入库货物堆存在一起，虽然不同客户的货物都有固定的库位，但同一客户的不同品种的货物却没有相对固定的库位，往往同一库位放了不同品种的货物，而同一品种的货物却放在不同的库位，有时内销货物与出口货物也放在一起，给货物的出入库和平时的盘账与保管带来很多不便，发生货损货差率也比较大，因此要经常核对，减少差错，做到以下三点。

①储位明确化。在仓库中所储存的货物应有明确的存放位置。

②存放货物合理化。每一货物的存放是遵循一定的规则精细指定的。

③储位上货物存放状况明确化。当货物存放于储位后，货物的数量、品种、位置、拣取等变化情况都必须正确记录，仓库管理系统对货物的存放情况明确清晰。

（2）保质期提示清单。主要是针对有保质期的货物（特别是食品），清单表述的是收货人所购货物的详细信息，是对货物检验信息的必要补充，一般按以下要求规范填写。

①货物清单由收货人负责填写，并保证与所进货物完全相符。

②企业在填写货物清单过程中，货物清单的基本信息中的购货企业名称、品名、原产地、唛头/批号、数量、单位、生产日期、保质日期是必填项，具体格式如样单 1－7 所示。

【样单 1－7】

保质期提示清单

购货企业名称：

品名	原产地	唛头/批号	数量	单位	生产日期	保质日期	备注

2. 盘点损溢表

在仓储作业过程中，货物处于不断地进库和出库过程中，其间，在作业过程中产生的误差经过一段时间的积累会使库存资料反映的数据与实际数量不相符。有些货物因长期存放，品质下降，不能满足用户需要。为了对库存货物的数量进行有效控制，并查清货物在库房中的质量状况，必须定期对各储存场所进行清点作业，这一过程被称为盘点作业。盘点是仓储管理的重要工作内容之一，盘点损溢表是对盘点作业结果的描述。

（1）盘点作业的目的。①确定现存量。盘点可以确定现有库存货物实际库存数量，并通过盈亏调整使库存账面数量与实际库存数量一致。由于多记、误记、漏记，使库存资料记录不实；货物损坏、丢失、验收与出货时清点有误；有时盘点方法不当，产生误盘、重盘、漏盘等。为此，必须定期盘点确定库存数量，发现问题并查明原因，及时调整。

②确认企业资产的损溢。库存货物总金额直接反映企业流动资产的使用情况，库存量过高，流动资金的正常运转将受到威胁，而库存金额又与库存量及其单价成正比，因此为了能准确地计算出企业实际损益，必须做好盘点工作。

③核实货物管理成效。通过盘点可以发现作业与管理中存在的问题，并通过解决问题来改善作业流程和作业方式，提高人员素质和企业的管理水平。

（2）盘点作业的内容。①查数量。通过点数计算查明货物在库的实际数量，核对库存账面资料与实际库存数量是否一致。

②查质量。检查在库货物质量有无变化、有无超过有效期和保质期、有无长期积压等现象，必要时还必须对货物进行技术检查。

③查保管条件。检查保管条件是否与各种货物的保管要求相符合。如堆码是否合理稳固，库内温湿度是否符合要求，各类计量器具是否准确等。

④查安全。检查各种安全措施和消防设备、器材是否符合安全要求，建筑物和设备是否处于安全状态。

（3）盘点作业的程序如图 1－5 所示。

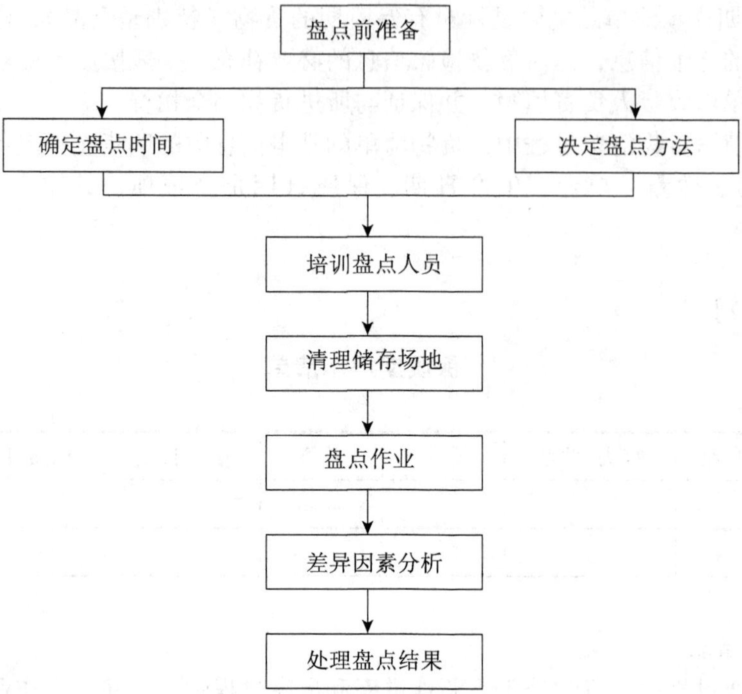

图 1－5　盘点作业的程序

①盘点前的准备。盘点前的准备工作是否充分，直接关系到盘点作业能否顺利进行，甚至盘点是否成功。盘点的基本要求是必须做到快速准确，为了达到这一基本要求，盘点前的充分准备十分必要，应做的准备工作如下：确定盘点的具体方法和作业程序；配合财务会计做好准备；设计印制盘点用表单，如盘存单，格式如样单 1－8 所示；准备盘点用基本工具。

【样单 1－8】

盘存单

盘点日期：　　　　　　　　　　　　　　　　　　　　　　　　　编号：

货物编号	货物名称	存放位置	盘点数量	复查数量	盘点人	复查人

②确定盘点时间。为了保证账物相符，盘点次数越多越好，但盘点需投入很大人力、物力、财力，有时大型全面盘点还可能引起生产的暂时停顿。为此，合理地确定盘点时间非常重要。事实上，引起盘点结果盈亏的关键原因在于出入库过程中传票的输入和查点数目的错误，或者出入库搬运形成了货物损失。由此可见，出入库越频繁，引起的误差也会越大。

为此，盘点时间要根据仓库周转的速度确定。对于货物流动速度不快的仓库，可以半年至一年进行一次盘点。对于货物流动速度较快的仓库，既要防止长期不盘点造成重大经济损失，又要防止盘点频繁造成同样的经济损失。在实际运行中可以根据货物的不同特性、价值大小、流动速度、重要程度分别确定不同的盘点时间，盘点时间间隔可以从每天、每周、每月、每年盘点一次不等。例如，对于 A、B、C 等级的货物，A 类货物需每天或每周盘点一次，B 类货物每两周或三周盘点一次，C 类货物一般每月盘点一次。另外必须注意的问题是，每次盘点持续的时间应尽可能短，全面盘点以 2 ~6 天内完成为佳，盘点的日期一般会选择在以下两个时间段。

a. 财务决算前夕：通过盘点决算损益，以查清财务状况。

b. 淡季：因淡季储货较少，业务不太频繁，盘点较为容易，投入资源较少，且人力调动也较为方便。

③确定盘点方法。盘点分为账面盘点及现货盘点两种。账面盘点又称为永续盘点，就是把每天出入库货物的数量及单价记录在计算机或账簿的“存货账卡”上，并连续地计算汇总出账面上的库存结余数量及库存金额；现货盘点又称为实地盘点或实盘，也就是实际去库内查清数量，再依货物单价计算出实际库存金额的方法。

账面盘点法是将每一种货物分别设立“存货账卡”，然后将每一种货物的出入库数量及有关信息记录在账面上，逐笔汇总出账面库存结余数，这样随时可以从计算机或账册上查悉货物的出入库信息及库存结余量。

现货盘点法按盘点时间频率的不同又可分为期末盘点及循环盘点。期末盘点是指在会计计算期末统一清点所有货物数量的方法；循环盘点是指在每天、每周清点一小部分货物，一个循环周期将每种货物至少清点一次的方法。

④盘点人员的培训。一方面，大规模的全面盘点必须增派人员协助进行，这些人员通常来自管理部门，主要对盘点过程进行监督，并复核盘点结果，因此必须对他们进行熟悉盘点现场及盘点货物的训练；另一方面，是针对所有盘点人员进行盘点方法及盘点作业流程的训练，必须让盘点作业人员对盘点的基本要领、表格、单据的填写十分清楚，盘点工作才能顺利进行。

⑤清理盘点现场。盘点现场即储位管理包括的区域。盘点作业开始之前必须对其进行整理，以提高盘点作业的效率和盘点结果的准确性，清理工作主要包括以下几个方面的内容。

a. 盘点前对已验收入库的货物进行整理归入储位，对未验收入库属于供应商的货物，应区分清楚，避免混淆。

b. 盘点场所关闭前，应提前通知，将需要出库的货物提前做好准备。

c. 账卡、单据、资料均应整理后统一结清。

d. 预先鉴别变质、损坏货物。对储存场所堆码的货物进行整理，特别是对散乱货物进行收集与整理，以方便盘点时计数。在此基础上，由货物保管人员进行预盘，以提前发现问题并加以预防。

⑥盘点作业。盘点时可以采用人工抄表计数，也可以采用电子盘点计数器。盘点工作不仅工作量大，而且非常烦琐，易疲劳。因此，为保证盘点正确性，除了加强盘点前的培训工作外，盘点作业时的指导与监督也非常重要。

⑦查清盘点差异的原因。盘点会将一段时间以来积累的作业误差及其他原因引起的账物不符暴露出来。发现账物不符，而且差异超过容许误差时，应立即追查产生差异的原因，这些原因通常可能来自以下方面：

a. 记账员素质不高，登录数据时发生错登、漏登等情况；

b. 账物处理系统管理制度和流程不完善，导致数据出错；

c. 盘点时发生漏盘、重盘、错盘现象，盘点结果出现错误；

d. 盘点前数据资料未结清，使账面数据不准确；

e. 出入库作业时产生误差；

f. 货物损坏、丢失等。

⑧盘点的盈亏处理。查清原因后，为了通过盘点使账面数与实物数保持一致，需要对盘点盈亏和报废品一并进行调整。除了数量上的盈亏，有些货物还将会通过盘点进行价格的调整，这些差异可以通过填写“货物盘点盈亏调整表”（如样单 1－9 所示）和“货物价格调整表”（如样单 1－10 所示）来处理，经有关主管审核签认后，登入存货账卡。存货保管账的格式可参考样单 1－11。

【样单 1－9】

货物盘点盈亏调整表

货物编号	货物名称	单位	账面数量	实存数量	单价	盘盈		盘亏		备注

【样单 1－10】

货物价格调整表

货物编号	货物名称	单位	数量	原价	金额	现价	金额	差异		备注
								单价	金额	

【样单 1－11】

存货账卡

编号：

<table>
<tr><td colspan="2">货物名称</td><td colspan="3"></td><td colspan="2">储位号</td><td colspan="3"></td></tr>
<tr><td colspan="2">订货点</td><td colspan="3"></td><td colspan="2">经济订购批量</td><td colspan="3"></td></tr>
<tr><td colspan="2">日期</td><td rowspan="2">凭证及号码</td><td rowspan="2">订购数量</td><td rowspan="2">入库数量</td><td rowspan="2">单价</td><td rowspan="2">余额</td><td rowspan="2">出库数量</td><td colspan="2">余额</td></tr>
<tr><td>月</td><td>日</td><td>数量</td><td>金额</td></tr>
<tr><td></td><td></td><td></td><td></td><td></td><td></td><td></td><td></td><td></td><td></td></tr>
<tr><td></td><td></td><td></td><td></td><td></td><td></td><td></td><td></td><td></td><td></td></tr>
<tr><td></td><td></td><td></td><td></td><td></td><td></td><td></td><td></td><td></td><td></td></tr>
</table>

⑨盘点结果的处理。盘点的主要目的是希望通过盘点检查目前仓库中货物的出入库及保管状况，并由此发现和解决管理及作业中存在的问题。需要通过盘点了解的问题主要有：

a. 通过盘点，实际库存量与账面库存量的差异有多大；

b. 这些差异主要集中在哪些品种；

c. 这些差异对公司的损溢造成多大影响；

d. 平均每个品种的货物发生误差的次数情况如何。

通过对上述问题的分析和总结，找出在管理流程、管理方式、作业程序、人员素质等方面需要改进的地方，进而改善货物管理的现状，降低货物损耗，提高经营管理水平。盘点评价指标如下：

$$盘点数量误差 = 实际库存数 - 账面库存数$$

$$盘点数量误差率 = \frac{盘点数量误差}{实际库存数}$$

$$盘点品项误差率 = \frac{盘点误差品项数}{盘点实际品项数}$$

$$平均每件盘差品金额 = \frac{盘点误差金额}{盘点误差量}$$

$$平均每品项盘差次数率 = \frac{盘差次数}{盘差品项数}$$

（4）仓库盘点损溢表。仓库盘点后要将盘点的数据记录下来，编制仓库盘点损溢表（如样单 1－12 所示），进行损溢分析，以检查物品保存情况及仓库管理的漏洞，以便发现问题并及时得到解决。

【样单 1 – 12】

仓库盘点损溢表

印表日期：　　　　　　　　　　　　　　　　　　仓库编号：
盘点日期：　　　　　　　　　　　　　　　　　　部门编号：

商品编号	商品名称	规格	盘点卡号	存货类型	单位	仓库数量	账面数量	盘点数量	仓库盘盈亏	账面盘盈亏数量	账面盘盈亏金额	货位批次	起始条码	结束条码	小计
合计															

审核：　　　　　　　　　　　　　　　　　　制表：

（三）商品加工处理过程中的常用单据设计

物品在从生产地到使用地的过程中，应根据需要施加包装、分割、计量、分拣、刷标志、拴标签、组装等简单作业。一般需要经过以下步骤及所对应流程完成，即商品分装和组合、商品分割加工、其他加工处理。所涉及的单证及数据包括商品分装和组合清单、商品分割加工清单、加工成品损耗单、其他加工处理清单、加工派工单。质量控制包括加工效率、分割加工损耗率、加工准确率。

1. 加工成品损耗单

加工成品损耗单，是指加工企业在正常生产条件下加工某单位成品所耗用料件的数量，简称单耗，格式如样单 1 – 13 所示，加工成品损耗单主要用于核算产品加工成本。

【样单 1 – 13】

加工成品损耗单　　　　　　　　　　　　（企业签章）

成品品名							
序号	料件品名	商品编码	规格型号	单位	单耗	损耗	备注

2. 外发加工料件出区清单

由于受自身生产工序的限制，导致无法在本企业内完成保税料件所有环节的加工和生产，而需要外发到别的国家或地区，就某道工序进行辅助加工，此种情况被称为外发加工。外发加工的首要条件便是“经海关批准”。因为保税料件外发至其他工厂进行加工，对于海关监管来说具有一定风险，所以企业必须主动向海关进行报备。若企业跳过了这个步骤，就构成了“擅自外发”的违规行为，将会受到海关的严厉处罚。企业必须在“规定期限”内完成外发加工业务。规定期限包括两层意思：一是企业外发申请必须在登记手册有效期内向海关提出，二是企业必须在申请的期限内将加工后的成品运回本企业。外发加工料件通关时，还要提供外发加工料件出区清单，如样单 1－14 所示。

【样单 1－14】

外发加工料件出区清单　　（企业签章）

<table>
<tr><td>序号</td><td>料件品名</td><td>商品编码</td><td>规格型号</td><td>数量</td><td>重量</td><td>金额</td><td>备注</td></tr>
<tr><td></td><td></td><td></td><td></td><td></td><td></td><td></td><td></td></tr>
<tr><td></td><td></td><td></td><td></td><td></td><td></td><td></td><td></td></tr>
<tr><td></td><td></td><td></td><td></td><td></td><td></td><td></td><td></td></tr>
<tr><td colspan="8" align="right">年　　月　日</td></tr>
<tr><td colspan="4">海关卡口出区批注：

年　　月　日</td><td colspan="4">海关卡口入区批注：

年　　月　日</td></tr>
</table>

注：1. 企业申请外发加工时，随附货物清单应详细注明品名、数量、单耗、规格等情况。
　　2. 海关卡口出入批注栏需详细写明货物的数量、品名、外观、种类等情况。

3. 委外加工验收单

委外加工产品完工后，验收入库时应填写委外加工验收单，以备查询数量及核算产品成本，委外加工验收单格式如样单 1－15 所示。

4. 加工派工单

加工派工单指生产管理人员向生产人员派发生产指令的单据。加工派工单内容如下：加工单位；加工时间（起止时间）；加工负责人；加工内容；加工方案（包括相应的安全措施）；工作要求（包括质量要求、现场要求、环境要求等内容，目的是不留安全隐患、环境污染，保证现场清洁卫生）；派工人员；验收人员；时间。加工派工单格式如样单 1－16 所示。

【样单 1－15】

委外加工验收单

No.

日期：

<table>
<tr><td>品名</td><td></td><td>规格</td><td></td><td>数量</td><td></td><td>交货日</td><td></td></tr>
<tr><td>加工厂</td><td></td><td>编号</td><td></td><td>电话</td><td></td><td>联系人</td><td></td></tr>
<tr><td colspan="2">加工费用</td><td colspan="6">________元/件，共计________元</td></tr>
<tr><td colspan="4">材料供应记录</td><td colspan="4">交货记录</td></tr>
<tr><td colspan="2">料号</td><td colspan="2"></td><td colspan="2">日期</td><td colspan="2"></td></tr>
<tr><td colspan="2">日期</td><td colspan="2"></td><td colspan="2">送货单号</td><td colspan="2"></td></tr>
<tr><td colspan="2">领料单号</td><td colspan="2"></td><td colspan="2">品名</td><td colspan="2"></td></tr>
<tr><td colspan="2">领料量</td><td colspan="2"></td><td colspan="2">数量</td><td colspan="2"></td></tr>
<tr><td colspan="2">备注</td><td colspan="2"></td><td colspan="2">验收</td><td colspan="2"></td></tr>
<tr><td colspan="3">品管</td><td colspan="2">采购</td><td colspan="3">仓库</td></tr>
<tr><td>主管</td><td>检验员</td><td>主管</td><td>经办</td><td>主管</td><td>经办</td></tr>
</table>

【样单 1－16】

加工派工单

部门：　　　　　　　　　　　　　　　　　　　　　　　　　　　　日期：

<table>
<tr><td rowspan="2">序号</td><td rowspan="2">产品名称</td><td rowspan="2">工序</td><td colspan="4">加工数量</td><td rowspan="2">操作者</td><td rowspan="2">质检员</td><td rowspan="2">备注</td></tr>
<tr><td>报废</td><td>合格</td><td>不良</td><td>返修</td></tr>
<tr><td></td><td></td><td></td><td></td><td></td><td></td><td></td><td></td><td></td><td></td></tr>
<tr><td></td><td></td><td></td><td></td><td></td><td></td><td></td><td></td><td></td><td></td></tr>
<tr><td></td><td></td><td></td><td></td><td></td><td></td><td></td><td></td><td></td><td></td></tr>
<tr><td></td><td></td><td></td><td></td><td></td><td></td><td></td><td></td><td></td><td></td></tr>
</table>

统计：　　　　　　　　　　　　审核：　　　　　　　　　　　　批准：

（四）接收订单与订单处理过程中的常用单据设计

接收订单与订单处理是以接到订单开始到提供出拣选商品单据为止的作业。拣选作业的目的是正确、迅速地集中客户所订购的商品。合理地规划拣选作业方法，决定着配送中心的运营效率。需要以下步骤并按照所对应流程完成：接收订单、验证客户的合法性、查询存货、确定拣选出库方式、拣选指示、生成拣货清单、拣选及集货、确认交货、订货处理。所涉及的单证及数据包括订单、客户信誉度、存货账目、拣选清单。质量控制包括接收订单的时间要求、订单信息处理的效率、商品的满足率、商品拣选效率、拣选准确率。

下面以商品拣选方式为例，拣选指示如图 1－6 所示。根据图 1－6 所示拣选指示图，形成拣货清单，如样单 1－17 所示。

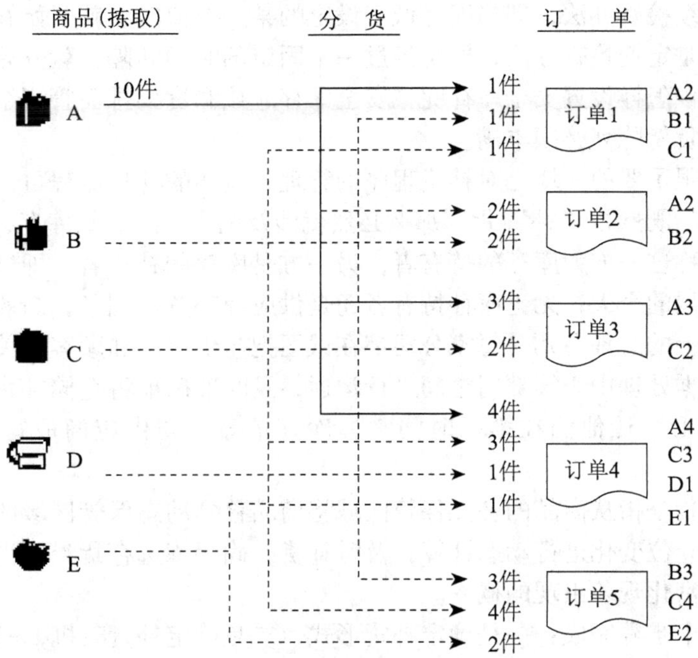

图 1－6　拣选指示

【样单 1－17】

拣货清单

订单种类 / 商品种类	订单 1	订单 2	订单 3	订单 4	订单 5	合计
A 商品	1	2	3	4		10
B 商品	1	2			3	6
C 商品	1		2	3	4	10
D 商品				1		1
E 商品				1	2	3
各订单数量	3	4	5	9	9	30

保管员手持填好的拣选清单，按清单上所要求的数量进行拣选并完成验货的业务。清单拣货在拆零商品区应用比较广泛，其的灵活运用会使整个拣选过程快捷、准确。

(五) 商品动态保管补货过程中的常用单据设计

补货管理是仓储管理的一项基础性工作，仓储的运营建立在恰当的补货基础上，补货的好坏直接关系到销售的好坏、营销的成败和顾客的满意与否，进而关系到企业的形象、生存与发展。补货的两个最核心问题：一是什么时候补货；二是补多少货。前一个问题是时间与频次的问题，即补货的触发点问题；后一个问题是量的问题。前一个问题已经有两种做法，一是连续检查办法，即当库存低于设定的某一个值时，就开始补货，不管两次时间间隔多久；二是定期检查办法，即每经过一个固定的时间间隔，就开始补货，以保证安全库存。那么应该怎样设置安全库存呢？安全库存应该和货架排面管理结合起来。根据补货的基本要求，货架陈列必须丰满。

库存管理中很重要的一块是对补货程序的管理，流畅的补货流程可以使分销渠道中的物流运作更有效。既然是“补”货，那么必然就涉及两方，一方缺库存，正因为缺库存才需要补充，我们称这一方为库存的持有者，另一方是库存的补充者，即供应商。在供应链管理技术迅速发展的今天，无论库存持有者还是供应商都意识到了，高效的补货流程是建立在协作的基础上的。现在几乎每家公司都在试图把与供应商和顾客的关系自动化，仓储部和采购部、数据处理中心等部门之间进行沟通，及时准确地将仓储补货信息传递到采购部、数据处理中心，让他们在第一时间掌握库存信息，与供应商取得联系，保证库存安全。

动态保管补货是指从商品的补充保管区域将商品移到动态保管区域的补货过程。对货物进出所产生的仓位变化进行动态计算，及时补货，确保拣选存货量，提高仓储空间利用率，降低货位蜂窝化现象出现的概率。

具体需要三个步骤完成：一是确定补货形式，二是确定补货时机，三是补货。

所涉及的单证及数据包括动态保管补货清单。质量控制包括商品补货效率、动态保管区商品满足率。补货要列出补货清单，补货清单包括：商品品名、价格、上架时间、下架时间、数量、商品来源、商品类型、商品类别、商品产地等项目。

小知识

补货员的工作内容

1. 配货间库位内无商品的，到仓储间取出补满。

2. 补货员要保证有货的商品必须在配货间要有，保证配货作业的顺畅。

3. 补货时必须将库位及相应加大容量的库位补满。

4. 每日定点进行一次全面补货，要将所有有货的库位及相应加大容量的库位补满，补货程度由专业补货人员确定检查。

5. 补货取放商品不能野蛮操作，防止损害商品或丢失商品。

6. 补货员不得做涉及影响库存准确性的操作，做好配合好仓管员、入库员的要求的工作和相关联络工作。

（六）商品包装过程中的常用单据设计

零散出库商品的包装（或装箱）按照每一个客户的订货量，根据商品的数量和尺寸采用不同尺寸的包装箱。需要以下步骤并按照所对应流程完成：确定使用周转箱、确定包装形式、规范包装数量、生成包装清单、包装处理、价格和标签标志。所涉及的单证及数据包括包装清单、价格和标签标志。质量控制包括商品包装效率、生成价格和标签标志的效率及标贴效率。

包装清单即标明产品包装盒内内容的单据，内容包括包装盒内的所有部件的名称及数量。

小问答

包装单和装箱单有区别吗？

（七）商品出库过程中的常用单据设计

对拣选出的商品，进行出库验货的确认。利用相关技术进行验货，同时区分成箱和零散的商品，区分有不同规格的商品内包装和单品的情况。需要两步骤并按照所对应流程完成：生成出库清单、出库验货。所涉及的单证及数据包括出库清单。质量控制包括商品出库差错率、商品出库效率。

1. 出库单

货物出库要清点出库数量，做好记录，填写出库单。核对余下货物数量，检查货物储存过程的正常耗损、非正常耗损及装卸、搬运等用工费用，填写用工单。

（1）出库单的形成过程。如图 1－7 所示，首先由物流部门根据出货需求填写出货通知单；出货通知单通过销售部门确认、物流部门审核后，送交仓库，仓管人员根据出货通知单经生成出库单，出库单经审核后作为出库凭证。

（2）出库单格式。产品出库单式样如样单 1－18 所示。出库单应该由仓库部门根据经审核的出货通知单或销售单来填制，装运部门根据经审批的销售单核对出库单，并与实物核对，无误后装运，填制发运凭证。

出库单一般一式五联，即留存联、记账联、验收联、发货联、结算联。五联的作用如下：

留存联：开单人员自存；记账联：交财务人员记账用；验收联：交送货方以备结算用；发货联：交货运人员出门用；结算联：双方财务结算收款或付款用。

发货时，发货联、结算联均交送货人员，对方验收或收货后在单据上签名并盖章，带回财务部门用于结算。

2. 库存台账

库存台账是记账员依据合格的入库单和出库单登记产品出入库台账，记录每一笔出入库业务的数据。库存台账数据项组成包括时间、产品代码、产品名称、入库数量、入库金额、出库数量、出库金额、库存数量、库存金额。

统计员根据库存台账定期统计分析各种产品每日、每月出入库数量等综合数据，也可进行库存数据的随机查询等。

3. 配送清单

配送是仓储业务的一项重要内容。建立比较合理的配送业务单据流程，关键要看客户对物流公司操作的要求，如果客户没有特别要求就选择一种利于内部操作的方法，实际操作流程要根据公司的实际情况来定夺。大概可以分两块，一是收货，根据客户供应商的送货单验收，验收结果和单据反馈给相关人员记账并保留单据，再将收货信息反馈给客户（如果他们有这方面要求）。二是发货，收到发货指令，按客户的要求在库存里减掉相应产品的数量，将发货信息交给仓管人员，同时通知调度，做好货物发出、跟踪工作，填写配送清单。配送清单如样单 1－19 所示。

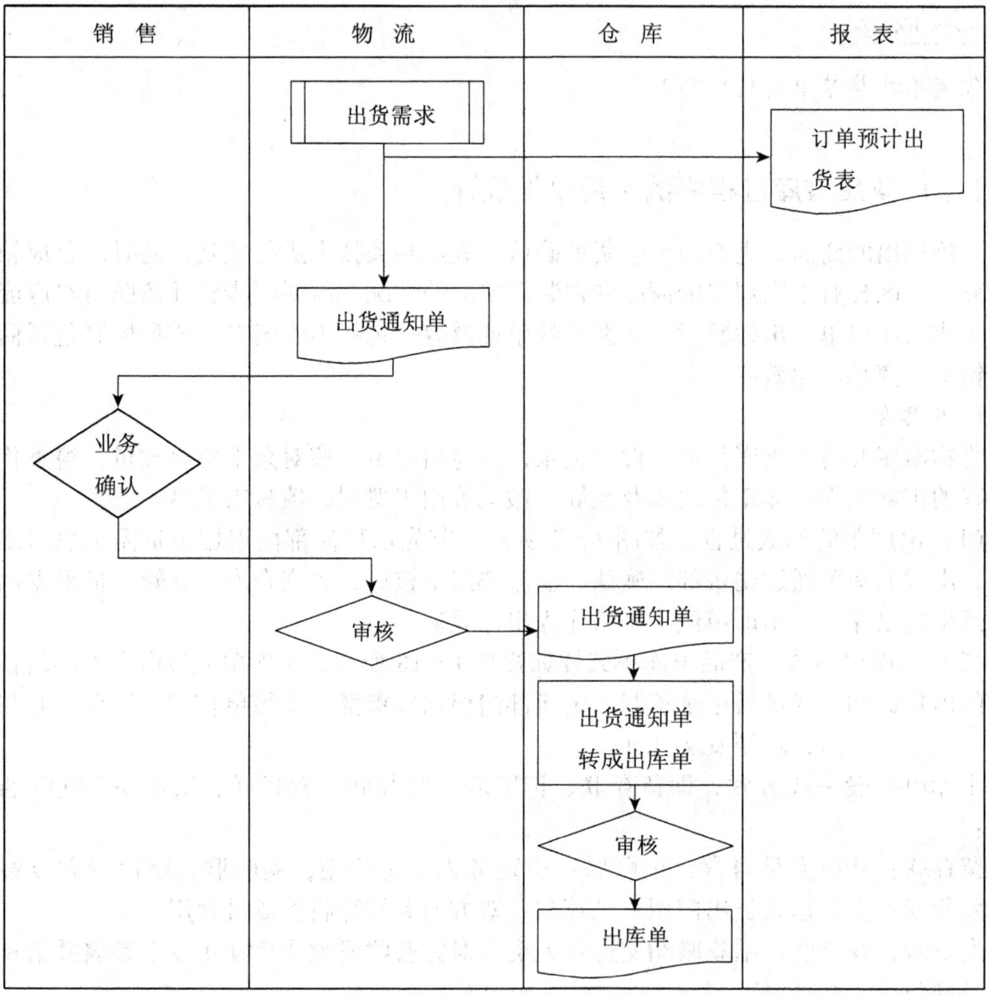

图 1－7　出库单形成过程

【样单1-18】

产品出库单

编号：　　　　　　　　　　　　　　　　　　　　　　　　　　年　月　日

型号	品名	数量	包装	备注

提货人：　　　　　　　　　　　　　　　　　　库管员：

【样单1-19】

配送清单

序号	城市	配送区域名称	配送工作时间	配送区域描述	收费标准（元）	配送所需时间（小时）

制单人：

4. 其他单据

（1）用工单，是指载明产品或材料出入库时发生的装卸、拣选、搬运等人工费用的单据。需仓管人员和工作人员协同填制。

（2）服务派工单，是指载明商品配送、运输过程中发生用工情况的单据，如样单1-20所示。

【样单1-20】

服务派工单

服务项目____________　　　　　　　　　　联系人姓名____________

服务地址从____________市__________区__________

服务地址到____________市__________区__________

服务内容____

____

联系人____________　　　　　　　　　　服务日期__________

预约时间__________

固定联系电话________　　手机________　　宅电________

单位名称（单位用户填写）____________________________

单位地址______________市__________区__________

任务实施

本任务中提到李宏所管辖的仓库，在 2014 年 1 月 31 日接到两项任务，一项是普源发来的 AVAYB 产品 200 箱，办理入库手续；另一项是接到配货订单指令，要办理配货出库手续。

根据仓储管理内容，将这两项工作任务分解成三个操作程序，一是收货入库操作流程，二是货物存储操作流程，三是发货出库操作流程。下面结合这三个操作流程，分述这两项工作任务完成的操作步骤及伴随这两项任务执行过程中所需要填制的单据。

一、收货入库操作流程

（一）验货

根据上述任务，仓储管理员李宏将按订单到货的商品卸置在收货区，普源产品工程师需在现场进行技术指导和作业规范，完成对 AVAYB 产品的验收入库任务。此流程是国内物流业务重要作业阶段，风华物流不仅要通过该作业过程确定实际到货物料数据和物料质量，同时将及时向普源公司提供与 AVAYB 产品装箱单不符的物料差异数据，以支持普源商务完成补货流程。

（1）前期准备工作：按客户要求整理货物信息，并录入 Excel 进行管理。

（2）仓库库管根据货物状态，确认入库数量，并按正品和不良品待验区分别入库暂存。填写好质量验收报告，对不合格品贴好不合格标签，注明不合格原因，并摆放到不合格品区，通知计划员进行不合格品处理。

检验结果：AVAYB 产品到货共计 200 箱，其中数字产品机柜 32 箱、语音产品机柜 53 箱，备件 115 箱，备件件数 2420 件。但发现有 3 箱语音产品机柜包装有严重破损状况，李宏对这几箱产品进行了拍照，并问明原因是运输途中坠落，同时上报了经理等相关人员。

（二）入库

（1）送货员李勇把普源公司的送货单交给库管员李宏，办理入库手续，库管员李宏签收送货单一式四联，如样单 1－21 所示，并将红色的一联收存，以备作账、核对库存之用。

【样单 1－21】

普源信息技术有限公司　送　货　单

电话：010－3526428　　传真：010－3526788

送货单：0218

客户名称：山东风华物流有限公司　　送货日期：2014. 01. 31

货号	货品名称/规格	单位	数量	单价（元）	金额（元）	备注
AVAYB S8300	数字产品机柜	箱	32	67500	2160000	单价按平均单价计算
AVAYB G760	语音产品机柜	箱	53	67500	3577500	
	备件	箱	115	67500	7762500	
合计金额（大写）：壹仟叁佰伍拾万元整					¥　13500000	

①白联存根②红联客户③绿联回单④黄联记账

制单人：刘佳　　送货人：王勇　　仓库：姜敏　　客户签收：李宏

（2）李宏根据送货单编制入库单一式四联，将第一联留存，第二联交财务人员，第三联交送货方，第四联留作结算。如样单 1－22 所示。

【样单 1－22】

入　库　单

2014 年 01 月 31 日　　**No.** 201408

交货单位及部门	普源信息有限公司	发票号码或送货单号	0218	验收仓库	风华五库	验收日期	2014. 01. 31

序号	实物名称	摘要	数量	单价（元）	金额（元）
1	数字产品机柜	订单收货	32 箱	67500	2160000
2	语音产品机柜	订单收货	53 箱	67500	3577500
3	备件	订单收货	115 箱	67500	7762500
4					
5					
总货款		壹仟叁佰伍拾万整　仟　佰　拾　元　角　分			¥13500000

第一联　存根联

主管：　　会计：　　保管员：李宏　　送货人：王勇

（3）将上述各单交订单处理人员，订单处理人员接单后必须在当天将相关资料通知客户并录入系统。

（4）破损产品须与正常产品分开单独存放，等候处理办法，并存入相关记录。

二、货物存储操作流程

由于产品在包装尺寸、产品类型、销售配置标准及分拣频率上存在多样性。所以库位分配和优化作业方面需要进行精细作业。

（1）清点时将清点完毕的货品在已验收区内进行分类整理，然后将同一型号货品按照高架储位、平置储位、备件架储位、抽屉式储位分为四大部分。

（2）对首次入库的 AVAYB 产品测量外包装尺寸（重量），确定相应的货架，估算确定每个货位所能存放的数量。对已有入库记录的同类产品，找到相应的货架区。

（3）产品上货架，同时记录产品所对应的货位号，所有已清点货物确认上架完毕，将对应的货位号记录入实物的 Excel 表中，至此可以提供此实物工作表作为信息系统管理物料主数据，形成库存台账和物资保管清单，如样单 1－23 所示。

（4）在不断的分拣订单处理过程中，根据分拣频率对产品进行 ABC 分类，优化作业效率。

至此，第一项工作顺利完成。

【样单 1－23】

物资保管清单

编号：102　　　　所属部门：风华五库　　　　保管人：李宏

项次	进货日期			凭单号码	品名	规格	厂牌	数量	单位	单价（元）	签认	接管日期			处理情况	凭单号码
	年	月	日									年	月	日		
1	2014	01	31	201010	数字产品机柜	0.5×0.5	普源	32	箱	67500		2014	01	31	无	
2	2014	01	31	201010	语音产品机柜	0.5×0.5	普源	53	箱	67500		2014	01	31	有 3 箱因质量问题待处理	
3	2014	01	31	201010	备件	0.5×0.5	普源	115	箱	67500		2014	01	31	元	

三、发货出库操作流程

1. 订单处理程序

（1）所有的出库必须有客户授权的单据——出库通知单或销售单（授权签字，印章）作为发货依据。李宏所管理的仓库接到了公司发来的授权发货的订单，并开始组织货物的分拣、配送作业。先由订单处理员进行单据审核（检查单据的正确性，是否有充足的库存），审核完毕后，通知运输部门安排车辆。

（2）订单处理人员依据审核过的出库通知单或销售单，制作送货单及依据货品或客户要求制作拣货单，并将相关信息录入系统。如样单 1－24 与样单 1－25 所示。

2. 备货程序

（1）将拣货单交仓管员备货。系统打印出的分拣清单显示了库位信息，仓库库管按照清单库位指定确认分拣产品、数量，并在清单“序列号”栏填写分拣出产品的序列号。货物分拣到出库区，库管将产品按包装要求整理好。

（2）配送员在收到库管填写的配送清单（样单 1－26）后，立即到现场对清单上各项数据进行核查，发现错发、漏发货或数据记录错误立即补正，并填制配送单，如样单 1－27 所示。

（3）备货人员严格依据备货单拣货，如发现备货单上或货物数量有任何差异，必须及时通知库存控制人员、主管、经理，并在备货单上清楚注明问题情况，以便及时解决。

（4）货物按总备货单备完后（假设有多笔配送业务），根据要求按车辆顺序进行二次分拣，根据装车顺序按单排列。

（5）每单备货必须注明送货地点、单号，以便发货。各票备货之间需留出足够的操作空间。

（6）备货分拣完毕后，将拣货单交还，并通知运输部。

【样单 1－24】

山东风华物流有限公司 **送 货 单**

电话：0532－8930705　　传真：0532－8939773

送货单：2014050

客户名称：莱阳蓝田移动通讯器材公司　　送货日期：2014. 01. 31

货号	货品名称/规格	单位	数量	单价（元）	金额（元）	备注
AVAYB9410	电话机	台	20	1998	39960	
合计金额（大写）：叁万玖仟玖佰陆拾元整					¥　39960	

①白联存根②红联客户③绿联回单④黄联记账

制单人：薛海　　送货人：许强　　仓库：李宏　　客户签收：

【样单 1－25】

AVAYB9410 电话机拣货清单

序列号	货品名称	单位	单位数量	总量
＊＊＊＊＊＊＊＊＊＊	座机	台	1	20
＊＊＊＊＊＊＊＊＊＊	座机手柄	个	1	20
＊＊＊＊＊＊＊＊＊＊	手机	个	1	20
＊＊＊＊＊＊＊＊＊＊	3.6V/280mAH 镍氢电池	只	1	20
＊＊＊＊＊＊＊＊＊＊	手机充电座	个	1	20
＊＊＊＊＊＊＊＊＊＊	电话接线盒	只	1	20
＊＊＊＊＊＊＊＊＊＊	AC220V、DC9V/200mA 电源适配器	个	2	40
＊＊＊＊＊＊＊＊＊＊	电话直线	条	1	20
＊＊＊＊＊＊＊＊＊＊	手柄曲线	条	1	20
＊＊＊＊＊＊＊＊＊＊	使用说明书	本	1	20
＊＊＊＊＊＊＊＊＊＊	保修卡	张	1	20

制单人：胡伟

【样单 1－26】

配送清单

序号	城市	配送区域名称	配送工作时间	配送区域描述	收费标准（元）	配送所需时间（小时）
1	青岛	莱阳市	8:00—22:00	莱阳市渤海路 78 号，渤海小学南 500 米	150	1.5

3. 发货程序

（1）发货人员依据发货单核对备货数量，依据派车单核对提货车辆，并检查承运车辆的状况后方可将货物装车，并填制出库单。

（2）发货人员按照派车单顺序将每单货品依次出库，并与司机共同核对出库产品型号、数量、状态等。

（3）装车后，司机应在出库单上写明车号、姓名，同时发货人员签字。发货人员将完整的出库单交接单人员进行出库确认，出库单如样单 1－28 所示。

【样单 1－27】

风华物流配送专用单

编号：2014050

制单日期	2014. 01. 31	货单编号	2014050	订单下达时间	2014. 01. 31	要求到货时间	2014. 02. 03
用户名称	蓝田移动器材	收货地址	莱阳市渤海路 78 号			收货人	张宾
联系方式	13137685353	出库及运输要求	包装完好，手续齐全，可公路、铁路运输				
发运特殊要求	防震、防潮				运输一小队	提货时间（小时）	1
出货明细							
Packing Model	Com Code		Description		Serial #	Qty	UOM
装箱类型（机柜/散件）	产品代码		产品描述		序列号	数量	单位
	外体	内件					
散件	AVAYB9410	子母电话机	有	AVAYB 标志	＊＊＊＊＊ ＊＊＊＊＊	20	台
物流中心盖章	签章		收货单位签字盖章				
			到货时间（具体到分钟）				
			身份证件及号码				
收验状况		包装外观		产品外观			

制单人：薛海　　　　订单确认人：王业升　　　　领单人：许强　　　　签收人：

第一联：存根联

注意事项：

1. 收货人验收、清点、接收货物并在货物运输单据或签收单据上签字并加盖公司合法专用章，如果无法加盖公司章，则收货人必须向承运人提供身份证复印件。

2. 收货人清点、验收、接收物品时，发现货物有丢失、短少、污染、变质、损坏、延误等情况，应当向承运人提出异议并在签收单上或配送单上注明由双方签字、盖章。未提出异议，则视为货物已按运输合同规定完好交付的初步证据。

咨询电话：010－××××××××转×××/×××/×××

传真：010－××××××××转×××

【样单 1－28】

产品出库单

编号：2014050　　　　　　　　　　2014 年 01 月 31 日

型号	品名	数量	包装	备注
AVAYB9410	电话机	20	完好	发往莱阳

提货人：　　　　　　　　　　库管员：孟海

除上述工作外，仓管员还要结合库存台账，定期盘点、清理库存等，做好仓储管理工作。

至此，第二项工作完成。

归纳总结

本任务归纳总结如图 1－8 所示。

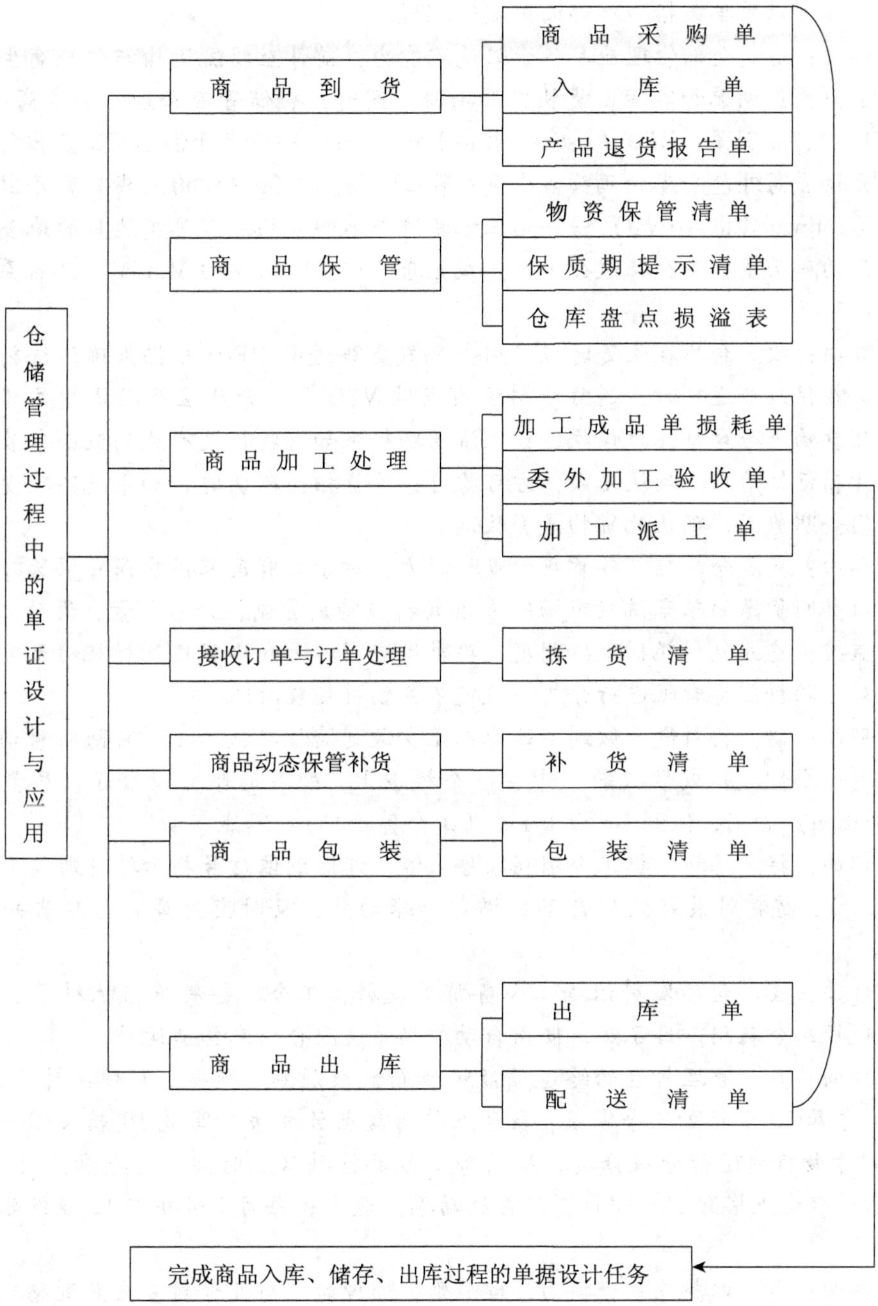

图 1－8　仓储管理过程中的单证设计与应用任务总结

小技巧

八部曲关键管理模式

仓储管理可以简单概括为八部曲关键管理模式。

第一部曲：追。仓储管理应具备资讯追溯能力，前伸至物流运输与供应商生产出货状况，与供应商生产调配和实际出货状况相衔接。同时，仓储管理必须与物流商进行ETD/ETA连线追溯，分别是：ETD（Estimated to Departure）——离开供应商工厂出货的码头多少量？离开供应商外包仓库的码头多少量？第三方物流与第四方物流载具离开出发地多少量？ETA（Estimated to Arrival）——第三方物流与第四方物流载具抵达目的地多少量？抵达公司工厂的码头多少量？抵达公司生产线边仓多少量？与VMI Min/Max库存系统连线补货状况。

第二部曲：收。仓库在收货时应采用条码或更先进的RFID扫描来确认进料状况，关键点包括：在供应商送货时，送货资料没有采购VPO号，仓库应及时找相关部门查明原因，确认此货物是否今日此时该收进；在清点物料时如有物料没有达到最小包装量的散数箱时，应开箱仔细清点，确认无误，方可收进；收货扫描确认时，如系统不接受，应及时找相关部门查明原因，确认此货物是否收进。

第三部曲：查。仓库应具备货物的查验能力，对于只有几家供应商可供选择的有限竞争市场，对垄断货源的独家供应市场的A类物料应特别管制，严控数量，设独立仓库，24小时保安监控；建立包材耗材免检制度，要求供应商对于线边不良包材耗材无条件及时补货退换；对于物料储存时限进行分析并设定不良物料处理时限。

第四部曲：储。物料进仓做到不落地或至少做到储放在栈板上，可随时移动，每一种物料只能有一个散数箱或散数箱集中在一个栈板上，暂存时限自动警示，尽量做到储位（Bin – Location）管制，做到No Pick List（工令备捡单），不能移动！

第五部曲：拣。拣料依据工令消耗顺序来做，能做到依灯号指示拣料则属上乘（又称Pick to Light），拣料时最好做到自动扫描到扣账动作，及时变更库存信息告知中央调度补货。

第六部曲：发。仓库发料依据工令备拣单发料，工令、备料单与拣料单应三合一为佳，做到现场工令耗用一目了然，使用自动扫描系统配合信息传递运作。

第七部曲：盘。整理打盘始终遵循散板散箱散数原则。例如，1种物料总数103个，是10箱（每箱10个）加3个零数，在盘点单上盘点数方法应写成10箱×10个+3个=103个。对于物料要进行分级分类，从而确定各类物料盘点时间，定期盘点可分为日盘/周盘/月盘；日盘点搭配Move List（库存移动单）盘点；每月1号中午12点结账完成的目标要设定。

第八部曲：退。以整包装退换为处理原则，处理时限与处理数量应做到整包装即退或每周五下午3点整批退光，做到Force Parts（线边仓自动补换货）制度取代RMA（退料确认：Return Material Authorization）做法，与VMI Hub退货暂存区共享原则，要求供应商做免费包装箱供应。

思考与训练

一、简答题

1. 根据物流业务流程说出各环节都应用了哪些单证控制?

2. 送货单和出库单有何区别?

二、技能训练题

资料一：见模块一任务一“思考与训练”中技能训练题的资料。

资料二：2014 年 2 月 15 日，辽河电器有限公司根据合同发货 100 件，由远航物流运输队承运，司机李海、齐阳等于当日将货物运抵仓库，仓库管理员王军协同辽河电器公司的技术员许佳负责接货、验货，并办理入库手续。

2014 年 2 月 18 日，接到公司订单发货，数量 10 件，价格 2218 元，发送地址：大连甘井子区 66 号，辽河家电专营商店，接货人：徐英，手机：×××××××××××。

任务：请根据所学，完成下述几项任务的操作流程，并填制相应单据。

要求：通过单据填制反映出货物的入库信息、仓储信息、配送信息。

评分标准：

1. 设计并填制一份验货单（20 分）;

2. 编制一份完整的入库单（30 分）;

3. 编制一份完整的送货单（30 分）;

4. 设计并填制一份配送单（20 分）。

任务三　货物运输与保险单证取得与缮制

知识目标

- 了解运输单据和保险单据的操作流程
- 掌握运输单据和保险单据的主要内容及缮制要求
- 掌握运输单据与保险单据的一般格式

能力目标

- 能够根据相关资料缮制运输单据
- 能够根据相关资料缮制报关单据

任务引入

2013年6月1日，山东艺佳纺织品进出口公司与加拿大Tallmans公司双方签订销售合同，销售确认书如下。

售货确认书

SALES CONFIRMATION

SCNO.: 13NTKB5201

Date: 2013/02/08

The Sellers:
SHANDONG YIJIA TEXTILES IMPORT AND EXPORT CORP., LTD.
ADD: YIJIA TEXTILES IMP/EXP CORP., LTD. 11 NORTH YUNNAN ROAD SHANDONG
FAX: (0532) ×××××××× TEL: (0532) ××××××××
TLX: ××××INTIE CN

The Buyers:
Tallmans (Canada) Ltd. 060 Sanve St. West Montreal, Quebec H5L 1Z3 CA

下列签字双方同意按以下条款达成交易

The undersigned Sellers and Buyers have agreed to close the following transactions according to the terms and conditions stipulated below:

品名及规格 COMMODITY & SPECIFICATION	数量 QUANTITY	单价及价格条款 UINT PRICE&TERMS	金额 AMOUNT
		FOB SHANDONG	C5
	pcs	USD /PC	USD
1 T03 - 17931U 100% cotton Women's Sweater	968	8.40	8131.20
2 A03 - 18014F 100% rayon Women's Sweater	3775	8.30	31332.50
3 T03 - 19578F 100% rayon Women's Sweater	1046	8.20	8577.20
4 T03 - 19580F 100% rayon Women's Sweater	700	8.50	5950.00
5 A03 - 18044F 70% rayon 30% nylon Women's Sweater	2925	11.00	32175.00
6 A03 - 18260F 70% rayon 30% nylon Women's Sweater	3800	8.80	33440.00
7 A03 - 18012F 76% rayon 24% nylon Women's Sweater	3750	8.35	31312.50
8 Q03 - 17111F 60% acrylic 20modal 30% nylon Women's Sweater	2100	9.00	18900.00
9 A03 - 18253F 100% rayon Women's Sweater	1655	12.10	20025.50
10 A03 - 18269F 100% rayon Women's Sweater	2730	11.30	30849.00

11 A03 – 19855F　100% acrylic　Women's Sweater	1365	10. 80	14742. 00
12 A03 – 18249F　100% cotton　Women's Sweater	1655	13. 20	21846. 00
13 A03 – 18019F　70% rayon 30% nylon　Women's Sweater	5090	8. 10	41229. 00
14 A03 – 18133F　80% cotton 20% nylon　Women's Sweater	2760	9. 90	27324. 00
15 J03 – 715F　80% rayon 20% nylon　Women's Sweater	8000	9. 40	75200. 00
16 R03 – 2074F　70% rayon 30% nylon　Women's Sweater	16960	9. 25	156880. 00
17 A03 – 18010F　70% rayon 30% nylon　Women's Sweater	1735	8. 25	14313. 75
TOTAL VALUE：	61. 014	572227. 65	

TOTAL VALUE：say U. S. dollars five hundred seven thousand nine hundred and seventy-five hundred only.

装运期限　SHIPMENT：201307 – 16　　　目的港 DESTINATION：Montreal，Canada

付款方式 PAYMENT

☑信用证 letter of credit	□其他方式
□议付 By Negotiation	□付款交单 D/P At Sight
□即期付款 By Sight Payment at	□承兑交单 D/P At Days sight
□承兑 By Acceptance（　Days）	□电汇 T/T
□延期付款 by deferred payment（　Days）	□其他 Other
L/C should be established（　）days before shipment	

保险 Insurance	转运 Transshipmen	分批装运 partial shipment
C&F to be effected by the buyers；	□允许 Allowed	□允许 Allowed
CIF to be effected by the seller at 110% of invoice value covering all risk and war risk as PICC clauses	□不允许 Not Allowed	□ 不允许 Not Allowed

一般条款　GENERAL TERMS：

1）质地、重量、尺寸、花型、数量均允许合理差异，对合理范围内差异提出索赔，概不受理。Reasonable tolerance in quality weight，measurements，designs and colors is allowed，for which no claims will be entertained.

2）买方对下列各点所造成的后果承担全部责任：（甲）使用买方的特定装潢、花形图案等；（乙）不及时提供生产所需的规格；（丙）不按时开信用证；（丁）信用证条款与售货确认书不相符而不及时修改。Buyers are to assumed full responsibilities for any consequences arising from：（a）the use of packing，designs or pattern made to order；（b）late submission of specifications or any other details necessary for the execution of this Sales Confirmation；（c）late establishment of L/C；（d）late amendment to L/C inconsistent with the provisions of this Sales Confirmation.

3）人力不可抗拒的事故造成延期或无法交货者，卖方不负任何责任。Sellers are not responsible for late or non-delivery in the event of force majeure or any contingencies beyond Sellers' control.

4）凡对装运的货物质量提出索赔者，必须在货到目的港后 30 天内提出。Claims，if any，concerning the goods shipped should be filed within 30 days after arrival at destination.

5）买方应在收到售货确认书后 10 天内签退一份给卖方，如在此期间内不提任何异议，本售货确认书即生效。凭买方订单或凭买方先前之确认而缮制的售货确认书，在发出后即生效。非经双方同意，不得更改或撤销。Buyers should sign one copy of this Sales Confirmation and return it to sellers within 10 days after receipt. If nothing is proposed to the contrary with that time，this Sales Confirmation will be effective. Sales Confirmation，issued on the strength of buyers order or earlier confirmation，is immediately on its issuance，and subjected to neither modification nor cancellation，unless agreed upon by effective both parties.

6）凡因执行本合约或有关本合约所发生的一切争执，双方应以友好方式协商解决；如果协商不能解决，应提交中国国际经济贸易仲裁委员会，根据该会的仲裁规则进行仲裁。仲裁裁决是终局的，对双方都有约束力。Arbitration：All disputes arising in connection with this Sales Contract or the execution thereof shall be settled by way of amicable negotiation. In case no settlement can be reached，the case at issue shall then be submitted for arbitration to the China International Economic and Trade Arbitration Commission in accordance with the provisions of the said Commission. The award by the said Commission shall be deemed as final and binding upon both parties.

The Buyers：（SHANDONG YIJIA TEXTILES IMPORT AND EXPORT CORP.LTD　山东艺佳纺织品进出口公司）　　The Sellers：（Tallmans (Canada)）

2013 年 7 月 5 日，山东艺佳纺织品进出口公司收到中国银行发出的如下信用证通知书。

信用证通知书

致：YIJIA TEXTILES IMPORT AND EXPORT CORP. LTD.　　　　通知编号：AD0713912004649

日期：2013 - 07 - 05

敬启者：

我行收到如下信用证一份：
开证行：BANK OF MONTREAL
开证日：2013 - 06 - 08
信用证号：BMTO712198IM
金额：USD 231846. 85

现随附通知。贵公司交单时，请将本通知书及正本信用证一并提示。其他注意事项如下：
本信用证之通知 4 遵循国际商会《跟单信用证统一惯例》第 600 号出版物。
如有任何问题及疑虑，请与中国银行股份有限公司联络。
电话：　　　　　　　　　　　　传真：
附言：BOFMCAT2 × × ×
BANK OF MONTREAL YORONTO，CANADA

中国银行股份有限公司

信用证电文如下。

Eximbills　Enterpriste　Incoming　Swift

Message Type：MT710
Send Bank：BOFMCAT2 × × ×
Recv Bank：BKCHCNBJ940
User Name：JS101037
Print Times：1
Print Date：2013 - 07 - 05　**MIR**：130704BOFMCAT2A × × ×4278195239

：**27**：［**Sequence of Total**］
1/1
：**40A**：［**Form of Documentary Credit**］
IRREVOCABLE
TRANSFERABLE
：**20**：［**Sender's Reference**］
BMT0712198IM
：**21**：［**Receiver's Reference**］
NONREF
：**31C**：［**Date of Issue**］
130608
：**30**：［ **Date of Amendment**］

130703

：26E：［Number of Amendment］

1

：40E：［Applicable Rules］

UCP　LATEST VERSION

：31D：［Date and Place of Expiry］

130815　in the country of beneficiary

：52A：［Issuing Bank］

YACYJPJT

：50：［Applicant］

Tallmans（Canada）Ltd.

060 Sanve St. West

Montreal，Quebec H5L 1Z3 CA

：59：［Beneficiary］

YIJIA TEXTILES IMP/EXP CORP.，LTD.

11 NORTH YUNNAN ROAD SHANDONG

210009，CHINA

：32B：［Currency Code，Amount］

USD231846. 85

：39A：［Percentage Credit Amount Tolerance］

05/05

：41D：［Available With…By…］

ANY BANK IN COUNTRY OF BENEFICIARY BY NEGOTIATION

：42C：［Drafts at…］

At sight

：42D：［Drawee］

BOFMCAT2

：43P：［Partial Shipments］

ALLOWED

：43T：［Transshipment］

ALLOWED

：44A：［Place of Taking in Charge /Dispatch from…/place of Receipt］

SHANDONG　CN

：44B：［PLACE OF FINAL DESTINATION/FOR TRANSPORTATION TO…/PLACE OF DELIVERY］

MONTREAL，QUEBEC，CNADA CA

：44C：［Latest Date of Shipment］

130731

：45A：［Description of Goods and/or Services］

COVERING 100 PERCENT OF INVOICE VALUE OF GOODS AND /OR SERVICES DESCRIBED AS QTY PCS DESCRPTION PONUM LATEST SHIP DATE

1105 PCS LADIES KNIT SWEATER 271390 2013 - 07 - 20

TRANS MODE OCEAN

1735 PCS LADIES KNIT SWEATER 271736 2013 – 07 – 24

TRANS MODE OCEAN

6000PCS LADIES KNITTED SWEATER 272151 2013 – 0731

TRANS MODE OCEAN

3900PCS LADIES KNITTED SWEATER 272163 2013 – 0724

TRANS MODE OCEAN

900 PCS LADIES KNITTED DRESS 274487 2013 – 07 – 20

TRANS MODE OCEAN

2986 PCS LADIES KNITTED SWEARTER 274862 2013 – 07 – 20

TRANS MODE OCEAN

252 PCS LADIES KNITTED SWEARTER 274863 2013 – 07 – 20

TRANS MODE OCEAN

2584 PCS LADIES KNITTED SWEARTER 274867 2013 – 07 – 20

TRANS MODE OCEAN

288 PCS LADIES KNITTED SWEARTER 274868 2013 – 07 – 20

TRANS MODE OCEAN

2000 PCS LADIES KNITTED SWEARTER 274875 2013 – 07 – 20

FOB SHANDONG , CHINA

: 46A:「Documents Required」

+1 COPY COMMERCIAL INVOICE

+1 COPY PACKING LIST

+1 COPY TEXTILE LABELLING ACT AND HAZARDOUS PRODUCTS ACT CERTIFICATE

+1 ORIGINAL INSPECTION AND DECLARATION CERTIFICATE ISSUED AND SIGNED BY MR. JAYSON YEH OF REITMANS (CANADA) LIMITED, HONGKONG BRANCH, STATING THAT ONE SET ORIGINAL DOCUMENTS HAVE BEEN RECEIVED BY THE BRANCH OR THE APPOINTED FORWARDER , INCLUDING OILLE ST, NE COPY PCR OR HAWB FOR SEA SHIPMENT OR AIR SHIPMENG RESPECTINELY.

+1 COPY CANADA CUSTOM INVOICE

+FOR SHIPMENT FROM SHANDONG

2/3 ORIGINAL FORWARDERS CARGO RECEIPT ISSUED BY RYDDER LOGISTICS (SHANDONG) CO. LTD FCR CONSIGNED TO REITMANS (CANADA) LIMITED,

5555HENRI BOURASSA W. , VILLE ST. LAURENT, QUEBEC, CANADAH4R 3E6, QUOTING OUR CREDIT NUMBER MARKED FREIGHT COLLECT AND NOTIFY APPLICANT INDICATING SHIPMENT EFFECTED VIA RYDER LOGISTICS (SHAGNHAI) CO. LTD

FOR SHIIPMENT FROM SHANDONG

2/3 ORIGIANL FORWAROERS CARGO RECEIPT ISSUED BY RYDER LOGISTICS (SHANDONG) CO. LIMITED, CONDIGNED TO REITMANS (CANADA) LIMITED, 5555HENRI BOURASSA W, M VILLE ST, LAURENT, QUEBEC, CANADA H4R3E6, QUOTING OUR CREDIT NUMBER MARKED FREIGHT COLLECT, NOTIFY APPLICANT INDICATING SHIPMENT EFFECTED VIA JIANGSU UNIWILL LOGISTICS CO. LTD.

: 47A:「Additional Conditions」

5PERCENT PLUS OR MINUS QUANTITY AND AMOUNT IS ALLOWED

PARTIAL SHIPMENT ALLOWED BY COMPLETE P. O. ONLY

THIRD PARTY SHIPPER AND DOCUMENTS ARE ACCEPTABLE

2/3 ORIGINAL FCR MUST INDICATING THAT 1/3 ORIGINAL FCR HAS BEEN SURRENDERED AT CRSA ORIGINAL OFFICE.

+ EACH SET OF DOCUMENTS PRESENTED WITH DISCREPANCIES UNDER THIS DOCUMENTARY CREDIT WILL BE SUBJECT TO A DISCREPANCY FEE OF USD75. 00 WHICH WILL BE DEDUCTED FROM THE PROCEEDS.

+NOTICE OF TRANSFER MUST BE SENT TO US AND SHALL INCLUDE THE NAME AND ADDRESS OF THE TRANDFEREE, IF DOCUMENTS PRESENTED BY A PARTY OTHER THAN THE FIRST BENEFICIARY , THE PRESENTING BANK MUST CERTIFY ON THEIR COVERING LETTER THAT SUCH PARTY IS THE SECOND BENEFICIARY AND THAT SUBSTITUTION OF DRAFTS AND INVOICES IS NOT REQUIRED.

+ FORWARDER'S CARGO RECEIPT MUST INDICATE PLACE OF ISSUE , DATE OF ISSUE (WHICH WOULD BE TREATED AS THE SHIPMENT DATE), AND TRANSPORTATION DETAILS AS PER L/C TERMS .

TRANS MODE OCEAN (AIR) IN FIELD 45A IS ONLY AN INDICATOR FOR THE BENEFICIARY TO SHIP THE GOODS BY OCEAN (OR BY AIR) AND IS NEO PART OF GOODS DESCRIOTION, IF THIS DESCRIPTION IS MISSING FROM THE SHIPPING DOCUMENT , IT WILL NOT BE CONSIDERED AS A DISCREPANCY.

THIS DOCUMENTARY CREDIT IS TRANSFERABLE . TRANSFER REQUEST (S) IF ANY , MAY ONLY BE EFFECTED BY THE ADVISING BANK OR BANK DESIGNED IN THIS DOCUMENTARY CREDIT.

ALL DOCUMENTS MUST BE ISSUED IN ENGLISH UNLESS OTHERWISE STIPULATED.

IF THE LETTER OF CREDIT CALLS FOR DRAFTS, IN CASE SINGLE PRESENTATION COVERING MULTIPLE SHIPMENTS, COMOLETE SET OF DOCUMENTS MUST BE ACCOMPANIED BY ITS OWN DRAFT FOR EACH SHIPMENT.

IF WE SEND A NOTICE OF DISCREPANCIES TO THE PRESENTING BANK OR OTHERWISE REFUSS DOCUMENTS PRESENTED TO US , NOTWITHSTAND ING THE PROVISIONS OF THE UCP IN EFFECT ON DATE OF ISSUE OF THE CREDIT , UPON OUR RECEIPT OF ACCEPTANCE /PAYMENT FROM APPLICANT FOR ANY WAIVER OF DISCREPANCIES, WE WILL RELEASE DOCUMENTS TO THE APPLICANT WITHOUT FURTHER NOTICE TO THE PRESENT BANK UNLESS PRIOR NOTICE IS RECEIVED BY US TO THE CONTRARY FROM THE PRESENTING BANK.

DRAFTS PRESENTED HEREUNDER MUST STATE THE FOLLOWING 'S DRAWN UNDER DOCUMENTARY CREDIT NP. BMT0712198IM DATED JUNE 08, 2013 ISSUED BY BANK OF MONTREAL, TORONTO ON M5T 1T4 CANADA.

: **71B**: 「**Charges**」

ALL BANKING CHARGES OTHERTHAN THE ISSUING BANK'S CHARGES

ARE FOR ACCOUNT OF BENEFICIARY

: **48**: [**Period for presentation**]

Documents must be presented within 15 days after the date of shipment and within the validity of the credit

: **49**: 「**Confirmation Instructions**」

WITHOUT

:**78**:［**Instructions to the Paying/Accepting/Negotiating Bank**］

ALL DOCUMENTS MUST BE SENT IN ONE LOT BY COURIER TO BANK OF MONTREAL, 234 SIMCOE ST, 3RD FL , TORONTO, ONTARIO, CANADA M5T 1T4 , ACCOMPANIED BY REIMBURSEMENT INSRUCTIONS.

UPON RECEIPT BY US OF DOCUMENTS DRAWN IN CONFORMITY WITH THE TERMS AND CONDITIONS OF THIS CREDIT, WE SHALL PAY THE NEGOTIATIONG /PRESENTING BANK IN ACCORDANCE WITH THEIR PAYMENT INSTRUCTIONS.

T TO U. C. P. 600 (2007)

:**79**:[**Narrative**]

UNDER ADDITIONAL CONDITIONS

ADD:

5 PERCENT PLUS OR MINUS QUANTITY AND AMOUNT IS NOT ALLOWED FOR P. O. 274868

ALL OTHER TERMS AND CONDITIONS REMAIN UNCHANGED.

:**72**:[**Sender to Receiver Information**]

PLS CONFIRM RECEIPT OF THIS L/C BY YOUR MT730

-}{5:{MAC : A3F6B3E6{CHK: OFFCB94E9670}}

山东艺佳纺织品进出口公司提供的商业发票如样单1-29所示。

山东艺佳纺织品进出口公司委托山东风华物流有限公司代理国际运输、报关业务、保险策略、仓库管理、运输管理、客户终端服务等业务，请以山东艺佳纺织品进出口公司制单员身份填制托运委托书办理托运；以山东风华物流有限公司制单员身份根据上述材料审核海运提单。

任务分析

山东艺佳纺织品进出口公司应编制好托运委托书送交外轮代理公司（船代公司），凭以托运货物。

在东海国际航运有限公司签发提单后，要审核提单的正确性，每家船公司都有自己不同的格式，但各项栏目、内容基本一致，提单要求“单证相符”。

【样单1-29】

商业发票

YIJIA TEXTILES IMPORT AND EXPORT CORP. , LTD.
ADD：11 NORTH YUNNAN ROAD SHANDONG 210009，CHINA
FAX：(0532) 83338888 TEL：(0532) 83338889 TLX：33223INTIE CN

COMMERCIAL
INVOICE

INVOICE NO： NBF2218S12M0016

TO：Tallmans (Canada) Ltd.
060 Sanve St. West
Montreal，Quebec H5L 1Z3 CA

S/C NO： 13NTKB5201

EXP REF NO： 82/7067115

BY L/C AT SIGHT L/C NO：
BMT0712198IM DATE： JUL 16 2013

MARKS	DESCRIPTION OF GOODS	QUANTITY	UNIT PRICE	AMOUNT
Reitmans PO#/Dept# CTN NO. Montreal Canada style# Made In C	STYLE：NO：A03-18133F PO NO：271390 BRAND：AE LADIES KNIT SWEATER 80% COTTON 20% NYLON	1105PCS	FOB	SHANDONG
	STYLE NO：A03-18010F PO NO：271390 BRAND：AE LADIES KNIT SWEATER 70% RAYON 30% NYLON	1737PCS	USD9. 90/PC	USD10939. 50
	THIS SHIPMENT CONTAINS NO SOLID WOOD PACKING MATERIAL		USD8. 25/PC	USD14330. 25
	Total 114 CTNS	2842PCS	USD10939. 50	

相关知识与拓展

一、国际海运出口货物托运程序

随着物流技术的发展，货主主要通过专业的物流公司或货代公司进行租船订舱，流程如图 1－9 所示。

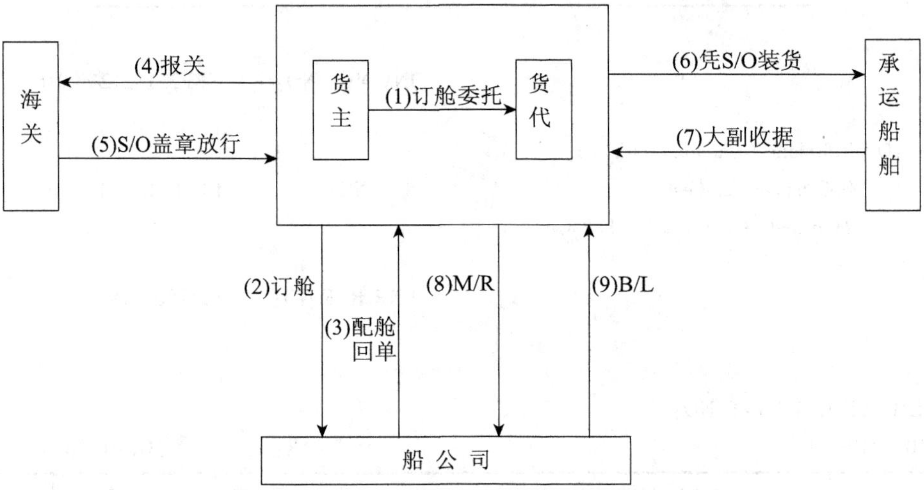

图 1－9　国际海运出口货物托运流程

（1）出口企业在货、证齐备后，填制订舱委托书（见样单 1－30），随附商业发票、装箱单等其他必要单据，委托货代代为订舱。

（2）货代接受订舱委托后，缮制集装箱货物托运单（见样单 1－31），随同商业发票、装箱单等其他必要单证一同向船公司办理订舱。

（3）船公司根据具体情况，如接受订舱则在托运单的几联单据上编上与 B/L 号码一致的编号，填上船名、航次，并签署，即表示已确认托运人的订舱，同时把配舱回单（见样单 1－32）、装货单（见样单 1－33）等与托运人有关的单据退还给托运人。

（4）托运人持船公司签署的装货单，填制出口货物报关单、商业发票、装箱单等连同其他有关的出口单证向海关办理出口货物报关手续。

（5）海关根据有关规定对出口货物进行查验，如同意出口，则在装货单上盖放行章，并将装货单退还给托运人。

（6）托运人持海关盖章的由船公司签署的装货单要求船长装货。

（7）装货后，由船长的大副签署 M/R（大副收据），交给托运人。

（8）托运人持 M/R，向船公司换取正本已装船提单。

（9）船公司凭 M/R，签发正本提单并交给托运人凭以结汇。

【样单1－30】

<table>
<tr><td colspan="8">中国外轮代理公司深圳公司
货物出口订舱委托书</td></tr>
<tr><td colspan="3">出口许可证号</td><td colspan="5">委托编号</td></tr>
<tr><td>合同号</td><td colspan="2">开证日期</td><td colspan="3">银行编号</td><td colspan="2" rowspan="2">提单号</td></tr>
<tr><td>信用证号</td><td colspan="2">收到日期</td><td colspan="3">海关商品编号</td></tr>
<tr><td colspan="3">船名　　航次</td><td colspan="5">卸货港（注明国名）</td></tr>
<tr><td colspan="8">发货人　　　　电话及联系人</td></tr>
<tr><td colspan="8">收货人</td></tr>
<tr><td colspan="8">通知人名称、详细地址、电话号码</td></tr>
<tr><td>标记及号码</td><td>件数</td><td colspan="2">货名</td><td>毛重（千克）</td><td>净重（千克）</td><td colspan="2">尺码（立方米）</td></tr>
<tr><td></td><td></td><td colspan="2"></td><td></td><td></td><td colspan="2"></td></tr>
<tr><td colspan="2">货物发运地/储运地</td><td>预计到达口岸日期</td><td>产地</td><td>单价</td><td colspan="3">总价</td></tr>
<tr><td colspan="2">可否分批</td><td>可否转船</td><td>贸易国别</td><td></td><td colspan="3"></td></tr>
<tr><td>装运期限</td><td></td><td>运费：到付/预付</td><td>消费国别</td><td></td><td colspan="3"></td></tr>
<tr><td>最后结汇期</td><td></td><td>正本__份、副本__份</td><td>收汇方式</td><td></td><td colspan="3"></td></tr>
<tr><td colspan="2" rowspan="2">开证行</td><td colspan="2">贸易（　）（　）（　）
方式　贸易　来补　退运</td><td></td><td colspan="3"></td></tr>
<tr><td colspan="2">价格（　）（　）（　）
条件 CIF　CFR　FOB</td><td colspan="4">每件尺码（立方米）
长　宽　高</td></tr>
<tr><td colspan="2">金额、币制</td><td colspan="2">装船电报地址、电挂、电传号：</td><td colspan="4">每件重量　　千克</td></tr>
</table>

<table>
<tr><td>随附单据</td><td>报关单</td><td>装箱重量单</td><td>发票</td><td>海关发票</td><td>商检证</td><td>品质证</td><td>重量证</td><td>普惠制产地证</td><td>卫生证</td><td>保险单</td><td>装船电报稿</td><td>提货单</td><td>寄单证明</td><td>汇票</td><td>码单</td><td>包装单</td><td>航行证</td><td>出口许可证</td><td></td><td colspan="2">海关放行日期</td></tr>
<tr><td>份数</td><td></td><td></td><td></td><td></td><td></td><td></td><td></td><td></td><td></td><td></td><td></td><td></td><td></td><td></td><td></td><td></td><td></td><td></td><td></td><td></td><td></td></tr>
</table>

<table>
<tr><td rowspan="4">特殊条款</td><td rowspan="3">保险</td><td>险别</td></tr>
<tr><td>保额</td></tr>
<tr><td>赔款地点</td></tr>
<tr><td colspan="2">FOB 成交价（供报关用）</td></tr>
<tr><td rowspan="2">备注</td><td colspan="2">单价</td></tr>
<tr><td colspan="2">总价</td></tr>
<tr><td colspan="3">委托单位盖章　　　　审核　　　制单员　　　制单日期</td></tr>
</table>

【样单1－31】

<table>
<tr><td colspan="3">Shipper（发货人）</td><td colspan="3">D/R No.（编号）</td></tr>
<tr><td colspan="3">Consignee（收货人）</td><td colspan="3" rowspan="4">集装箱货物托运单</td></tr>
<tr><td colspan="3">Notify Party（通知人）</td></tr>
<tr><td colspan="2">Pre－carriage by
（前程运输）</td><td>Place of Receipt
（收货地点）</td></tr>
<tr><td colspan="2">Ocean Vessel（船名）
Voy No.（航次）</td><td>Port of Loading
（装货港）</td></tr>
<tr><td colspan="2">Port of Discharge（卸货港）</td><td colspan="2">Place of Delivery（交货地点）</td><td colspan="2">Final Destination（目的地）</td></tr>
<tr><td>Container No.
（集装箱号）</td><td>Seal No.（封志号）Marks & No.
（标记与号码）</td><td>No. of Containers or Packages
（箱数或件数）</td><td>Kind of Packages; Description of Goods（包装种类与货名）</td><td>Gross Weight
（毛重/千克）</td><td>Measurement
（尺码/立方米）</td></tr>
<tr><td colspan="2">Total Number of containers or Packages（IN WORDS）集装箱数或件数合计（大写）</td><td colspan="4"></td></tr>
<tr><td colspan="2">Freight & Charges
（运费与附加费）</td><td>Revenue Tons
（运费吨）</td><td>Rate（运费率）</td><td>Prepaid
（运费预付）</td><td>Collect
（到付）</td></tr>
<tr><td rowspan="2">Ex Tate
（兑换率）</td><td>Prepaid at（预付地点）</td><td colspan="2">Payable at（到付地点）</td><td colspan="2">Place of Issue（签发地点）</td></tr>
<tr><td>Total Prepaid（预付总额）</td><td colspan="2">No. of Original B（S）/L
（正本提单份数）</td><td colspan="2"></td></tr>
<tr><td colspan="2">Service Type on Receiving
（收货的交接方式）
□CY □CFS □DOOR
堆场 货运站 门</td><td colspan="2">Service Type on Delivery
（交货的交接方式）
□CY □CFS □DOOR
堆场 货运站 门</td><td>Reefer－Temperature Required（冷藏温度）</td><td>F
华氏度 | ℃
摄氏度</td></tr>
<tr><td rowspan="2">Type of Goods
（种类）</td><td colspan="2">□Ordinary（普通） □Reefer（冷藏） □Dangerous（危险品）
□Auto.（裸装车辆）</td><td rowspan="2">Dangerous Goods（危险品）</td><td colspan="2" rowspan="2">Class（危险类别）：
Property（危险品性质）：
IMDG Code Page：
（国际海运危险货物代码页）
UN No.（联合国危险货物编号）</td></tr>
<tr><td colspan="2">□Liquid（液体） □Live Animal（活动物） □Bulk（散货）</td></tr>
<tr><td>可否转船
transhipment</td><td colspan="2">可否分批
partial shipment</td><td colspan="3" rowspan="4"></td></tr>
<tr><td>装期（Time of Shipment）</td><td colspan="2">有效期（Expiry Date）</td></tr>
<tr><td colspan="3">金额（Amount）</td></tr>
<tr><td colspan="3">制单日期（date of the system）</td></tr>
</table>

【样单 1 - 32】

<table>
<tr><td colspan="4">Shipper（发货人）</td><td colspan="2">D/R No.（编号）</td></tr>
<tr><td colspan="4">Consignee（收货人）</td><td colspan="2" rowspan="2">配舱回单</td></tr>
<tr><td colspan="4">Notify Party（通知人）</td></tr>
<tr><td colspan="2">Pre - carriage by（前程运输）</td><td colspan="2">Place of Receipt（收货地点）</td><td colspan="2" rowspan="2"></td></tr>
<tr><td colspan="2">Ocean Vessel Voy. No.
（船名 航次号）</td><td colspan="2">Port of Loading
（装货港）</td></tr>
<tr><td colspan="2">Port of Discharge（卸货港）</td><td colspan="2">Place of Delivery（交货地点）</td><td colspan="2">FINAL DESTINATION FOR THE MERCHANT'S RETERENCE（目的地）</td></tr>
<tr><td>Container No.
（集装箱号）
Seal No.
（封志号）</td><td>Marks&Nos.
（标记与号码）</td><td>No. of containers or Pkgs
（箱数或件数）</td><td>Kind of Packages. Description of Goods
（包装种类与货名）</td><td>Gross Weight
毛重（千克）</td><td>Measurement 尺码（立方米）</td></tr>
<tr><td></td><td></td><td></td><td></td><td></td><td></td></tr>
<tr><td></td><td></td><td></td><td></td><td></td><td></td></tr>
<tr><td colspan="2">TOTAL NUMBER OF CONTAINERS OR PACKAGES（IN WORDS）
集装箱数或件数合计（大写）</td><td colspan="4"></td></tr>
<tr><td colspan="4">FREIGHT & CHARGES
（运费与附加费）</td><td colspan="2">Prepaid（运费预付）
Collect（到付）</td></tr>
<tr><td colspan="2">Payable at（到付地点）</td><td colspan="2">Prepaid at（预付地点）</td><td colspan="2">Place of Issue
（签发地点）</td></tr>
<tr><td colspan="2">Total Prepaid
（预付总额）</td><td colspan="2">NO. of Original B（s）/
正本提单份数</td><td colspan="2">Owner of Container（箱主）</td></tr>
<tr><td colspan="4"></td><td colspan="2">Reefer Temperature Required（冷藏温度）</td></tr>
</table>

【样单1-33】

Shipper（发货人）		Forwarding agents（委托号）： Bill of Lading No.（提单号）： 装货单 **Shipping Order** Received by the Carrier the Total number of containers or other Packages or units stated below to be transported subject to the terms and conditions of the Carrier's regular form of B/L（for Combined Transport or Port to Port Shipment）which shall be deemed to be incorporated herein	
Consignee（收货人）			
Notify Party（通知人）			
Pre-carriage by （前程运输）	Place of Receipt （收货地点）		
Ocean Vessel（船名）	Voyage No.（航次）	Port of Loading（装货港）	Date（日期） Chapter Station（场站章）
Port of Discharge （卸货港）	Place of Delivery （交货地点）	Final Destination for the Merchant's Reference（目的地）	

Container No./Seal No.（集装箱号/封号）	Marks&No.（标记与号码）	No. of Containers/Packages（箱数与件数）	Kind of Packages Description of Goods（包装种类与货名）	Gross Weight（KGS）（毛重）	Measurement（m^3）（尺码）

Total number of containers or packages（in words） 集装箱或件数合计（大写）
Container No.（集装箱号） Seal No.（封号） Packages（件数） Container No.（集装箱号） Seal No.（封号） Packages（件数）

Received（实收）	By Terminal Clerk/Tally Clerk（场站员/理货员签字）

Freight & Charges（运费与附加费）	Prepaid at（预付地点）	Freight payable at（到付地点）	Place of Issue（签发地点）	Booking Approved by（订舱确认）
	Total Prepaid（预付总额）	No. of Original B/L（正本提单份数）	Amount（金额）	

Service Type on Receiving（收货交接方式） □CY □CFS □DOOR	Service Type on Delivery（交货交接方式） □CY □CFS □DOOR	Reefer Temperature Required（冷藏温度）	F（华氏度）	℃（摄氏度）

Type of Goods（货物种类）	□Ordinary（普通） □Reefer（冷藏） □Dangerous（危险品） □Auto（裸装车辆） □Liquid（液体） □Live Animal（活动物） □Bulk（散货）	危险品	Class（危险类别）： Property（危险品性质）： IMDG Code Page：（国际海运危险货物代码页） UN No.（联合国危险货物编号）

发货人或代理地址： （Address of the consignor or agent）			联系人： （Contact）	电话： （Phone number）
可否转船 （transhipment）	可否分批 （partial shipment）	装期 （Time of Shipment）	备注 （Notes）	装箱场站名称 （container yard）
有效期 （Expiry Date）		制单日期 （date of the system）		
海运费由 支付 Sea freight payment 如预付运费托收承付，请填准银行账号 Commitments such as prepaid freight collection, please fill in prospective bank account				

二、海运提单

海运提单是承运人或其代理人在收妥货物或货已装船后签发给托运人的，约定将货物运往指定目的地并交付给提单持有人的一种单据。

（一）海运提单的主要作用

1. 提单是证明承运人已接管货物和货物已装船的货物收据

对于将货物交给承运人运输的托运人，提单具有货物收据的功能。不仅对于已装船货物，承运人负有签发提单的义务，而且根据托运人的要求，即使货物尚未装船，只要货物已在承运人掌管之下，承运人也有签发一种被称为“收货待运提单”的义务。所以，提单一经承运人签发，即表明承运人已将货物装上船舶或已确认接管。

提单作为货物收据，不仅证明收到货物的种类、数量、标志、外表状况，而且还证明收到货物的时间，即货物装船的时间。

签发提单时，只要能证明已收到货物和货物的状况即可，并不一定要求已将货物装船。但是，将货物装船象征着卖方已将货物交付给买方，于是装船时间也就意味着卖方的交货时间。而按时交货是履行合同的必要条件，因此，用提单来证明货物的装船时间是非常重要的。

2. 提单是承运人保证凭以交付货物和可以转让的物权凭证

对于合法取得提单的持有人，提单具有物权凭证的功能。提单的合法持有人有权在目的港以提单相交换来提取货物，而承运人只要出于善意，凭提单发货，即使持有人不是真正货主，承运人也无责任。而且，除非在提单中指明，提单可以不经承运人的同意而转让给第三者，提单的转移就意味着物权的转移，连续背书可以连续转让。提单的合法受让人或提单持有人就是提单上所记载货物的合法持有人。

提单所代表的物权可以随提单的转移而转移，提单中所规定的权利和义务也随着提单的转移而转移。即使货物在运输过程中遭受损坏或灭失，也因货物的风险已随提单的转移而由卖方转移给买方，只能由买方向承运人提出赔偿要求。

3. 提单是海上货物运输合同成立的证明文件

提单上印就的条款规定了承运人与托运人之间的权利、义务，而且提单也是法律承认的处理有关货物运输的依据，因而常被人们认为提单本身就是运输合同。但是按照严格的法律概念，提单并不具备经济合同应具有的基本条件：它不是双方意思表示一致的产物，约束承托双方的提单条款是承运人单方拟定的；它履行在前，而签发在后，早在签发提单之前，承运人就开始接受托运人托运货物和将货物装船的有关货物运输的各项工作。所以，与其说提单本身就是运输合同，还不如说提单只是运输合同的证明更为合理。

如果在提单签发之前，承托双方之间已存在运输合同，则不论提单条款如何规定，双方都应按原先签订的合同约定行事；但如果事先没有任何约定，托运人接受提单时又未提出任何异议，这时提单就被视为合同本身。虽然由于海洋运输的特点，决定了托运人并没在提单上签字，但因提单毕竟不同于一般合同，所以不论提单持有人是否在提单上签字，提单条款对他们都具有约束力。

（二）海运提单的当事人

海运提单的当事人主要包括承运人、托运人、收货人和被通知人。

1. 承运人

承运人是指与托运人签订运输合同的关系人，也称船方。承运人对运送的货物及货物运送过程中的损坏和灭失负责。在实际工作中，承运人不一定是拥有运输工具（无船承运人）、实际执行货物运输业务的船舶的所有人，也可能是货运代理人。提单上一般都有承运人的名称，即将承运人事先印就在提单上。

2. 托运人

托运人是指与承运人签订运输合同的关系人，也称货主。在信用证业务中，通常是信用证的受益人。

3. 收货人

收货人是有权在目的港领取货物的当事人，通常是货物的买方。提单中这一栏怎样填写取决于信用证或合同的规定。提单收货人俗称提单的抬头，一般有三种写法：

（1）记名抬头“Consigned to ×××（指定收货人）”；

（2）不记名抬头“To Bearer”；

（3）指示抬头：

①空白抬头“to order”；

②托运人指示“to the order of shipper”；

③银行指示“to the order of bank”；

④收货人指示“to the order of buyer”。

4. 被通知人

被通知人不是提单的受益人，它无权提货，是承运人为方便收货人提货，在货到后免费通知的对象。被通知人往往是收货人的协议代理，受收货人的委托后可以提货。

（三）海运提单种类

随着世界经济的发展，国际海上运输中所遇到的海运提单越来越多，作为物流公司的操作员，在客户托运时就要弄清楚，客户需要签发的是哪一种提单，如果客户使用信用证结汇方式，信用证上都会详细列明需要签发什么样的提单，下面我们就介绍各种不同类型的提单。

1. 已装船提单和备运提单

按照货物是否已经装船可分为已装船提单和备运提单。

①已装船提单（On Board B/L）是指货物装船后，由承运人签发给托运人的提单，它必须载明装货船名和装船日期。由于这种提单对收货人按时收货有保障，因此，在买卖合同和信用证中一般都规定卖方需提供已装船提单。

②备运提单（Received for Shipment B/L）又称收讫待运提单，是承运人在收到托运货物等待装船期间向托运人签发的提单。由于这种提单没有确切的装船日期，且不注明装运船只的名称，因此，实际业务中较少使用这种提单。

2. 清洁提单和不清洁提单

按照对货物外表状况有无批注可分为清洁提单和不清洁提单。

（1）清洁提单（Clean B/L）指交运货物的外表状况良好，承运人未加有关货损或包装不良之类批注的提单。

（2）不清洁提单（Unclean B/L ）指凡承运人加注了表明货物外表状况不良或存在缺陷之类批注的提单。对于不清洁提单银行都拒绝接受。

3. 记名提单、不记名提单和指示提单

按照提单收货人一栏的记载可分为记名提单、不记名提单和指示提单。

（1）记名提单（Named Consignee B/L），也称直交式提单（Straight B/L）或收货人抬头提单，是指在提单收货人一栏只写指定收货人名称。这种提单只能由该指定的收货人提货，不可转让。该指定收货人可以是买主、开证行或代收行。收货人凭提单提货时，必须证明身份。

（2）不记名提单（Open B/L），即空白提单（Blank B/L，Bearer B/L），又称货交来人提单，是指在提单收货人一栏不填写具体收货人或指示人的提单，提单收货人一栏留空白，或填写“To Bearer”，这种提单，谁持有谁就可以提货，提单的转让也无须背书。

（3）指示提单（To Order B/L），即在提单收货人一栏内填写“To order of × × ”（凭某某人指示）的提单。在信用证项下，指示提单收货人栏填写的内容是按信用证的要求填写的。实务中使用最多的是填写“To Order”（凭指示），这种提单习惯上也称为“空白抬头”，需由托运人背书后才能凭以提货。在托收结算时，由于出口商在收货人栏目填写进口地银行，但又必须提交一份可转让的提单，还有控制货权，故“To Order”抬头很适用。

凭指示提单转让必须背书。背书可以是空白背书或记名背书。前者是指提单转让人仅在提单签字盖章，而不注明被背书人的名字。后者是除签章外，还需列明被背书人名字。以开证行为抬头的提单，需经开证行背书后转让给买方；以买主的指定人为抬头人的提单，需经进口商背书；以托运人的指定人为抬头人的提单，托运人若做成记名背书，必须以银行为被背书人，否则银行不能接受。国际贸易中大都使用空白抬头、空白背书提单。

4. 直达提单、转船提单利联运提单和联合运输单据

按照货物不同的运输方式可分为直达提单、转船提单和联运提单。

（1）直达提单（Direct B/L）是指货物从装运港直接运抵目的港的提单。

（2）转船提单（Transshipment B/L）是指货物需经中途转船才能到达目的港而由承运人在装运港签发的全程提单。

（3）联运提单（Through B/L）是指货物经过海运和其他运输方式联合运输时，由第一程承运人所签发的，包括全程运输并能在目的港或目的地凭以提货的提单。

（四）海运提单的主要内容和缮制要求

海运提单因船公司而异有着不同的格式，但其各栏目和内容大体一致，包括正面内容和背面内容。海运提单正面主要是提单的基本信息，包括货物的描述、当事人、运输事项等；海运提单背面内容主要是各种条款，它是处理承运人与托运人之间有关运输过程争议的依据。

海运提单缮制的主要依据是托运单、信用证。现以中国远洋运输总公司海运提单为样

本（见样单1－34），将海运提单主要栏目的内容及制单要点逐项加以说明。

第（1）项　提单号码（B/L No.）。提单号码一般由承运人或其代理人提供。提单上必须注明编号，以便核查，否则该提单无效。

第（2）项　托运人（Shipper）。一般即为出口商，也即信用证的受益人，特殊情况下收货人要求以第三方作为托运人（Third Party），只要信用证无特殊规定，可填受益人之外的第三方为托运人。

第（3）项　收货人（Consignee）。在信用证支付条件下，应严格按信用证规定填制收货人。按不同的抬头形式分别填列。

第（4）项　通知人（Notify Party）。这是货物到达目的港时船方发送到货通知的对象，通常为进口方或其代理人。但无论如何，应按信用证规定填写。如果信用证没有规定，可将开证人作为被通知人。

此栏填写需注意以下两项

①如“收货人”栏已填“TO ORDER OF ×××”，被通知人在信用证中又没有规定被通知人时，此栏可以空白。

②当来证要求两个或以上的公司作为被通知人时，应将两个或以上公司的名称全部填写在此栏中，若这一栏目太小填不下，可在结尾部分做上记号“*”，然后在提单栏中表示货物描述的空白地方做上同样的“*”记号，接着打上填写内容。这一方法对其他栏目的填写也适用。

第（5）项　前程运输工具（Pre－carriage by）。若货物需转运（Transshipment），此栏填写第一程船的船名，若货物不需转运，此栏空白不填。

第（6）项　收货地点（Place of Receipt）。若货物需转运，填写收货的港口名称或地点；若货物不需转运，此栏空白不填。

第（7）项　船名、航次（Vessel Voyage NO.）。填实际装运的船名。若系班轮，应加注航次号（Voy. No.）；若货物需转运，则填写第二程船名。

第（8）项　装运港（Port of Loading）。如果货物需转运，填写中转港口（Port of Transshipment）名称；如果货物不需转运，填写装运港口名称。若信用证对装运港的规定较笼统，如“China Port”（中国港口），填写时应按实际装运港名称填制。

第（9）项　卸货港（Port of Discharge）。信用证项下按信用证规定填写。若信用证规定有两个以上的选择港口，只能选择其中一个填写。若货物直达目的港，卸货港填最后目的港。

第（10）项　目的地（Place of Delivery）。按信用证规定的目的地填写。如果货物的目的地就是目的港，则这一栏空白。

第（11）项　集装箱号（Container Seal No.）及唛头号（Marks & Nos.）。如采用集装箱运输，则将所用集装箱号码填写在此栏。按信用证规定的唛头填写，且与其他单据上的唛头一致。一般情况下，采用集装箱（整箱）运输时不规定唛头，而有唛头时，则不是集装箱（整箱）运输。在既无集装箱号又无唛头时，填写“N/M”，但在实际业务中可能出现既有集装箱号又有唛头的情况（拼箱货时），这时两栏应按具体情况填写。

【样单1-34】

海运提单

<table>
<tr><td colspan="2">Shipper (2)
(托运人)</td><td rowspan="6">B/L No. (1)
提单号
中国远洋运输有限公司
CHINA OCEAN SHIPPING CO. , LTD
联运提单
Combined Transport
RECEIVED the foods in apparent good order and condition as specified below unless otherwise stated here in the Carrier, in accordance with the provisions contained in this document, undertakes to perform or to procure the performance of the entire transport form the place at which the goods are taken in charge to the place designated for delivery in this document, and assumes liability as prescribed in this document for such transport One of the bills of Lading must be surrendered duty indorsed in exchange for the goods or delivery order.</td></tr>
<tr><td colspan="2">Consignee (3)
(收货人)</td></tr>
<tr><td colspan="2">Notify Party (4)
(通知人)</td></tr>
<tr><td>Pre - carriage by (5)
(前程运输工具)</td><td>Place of Receipt (6)
(收货地点)</td></tr>
<tr><td>Vessel Voyage No. (7)
(船名 航次)</td><td>Port of Loading (8)
(装运港)</td></tr>
<tr><td>Port of Discharge (9)
(卸货港)</td><td>Place of Delivery (10)
(目的地)</td></tr>
</table>

Container Seal No. or Marks &Nos. (11)(集装箱封号或标记与唛头号码)	Number and Kind of Packages and Description of Goods (12)(件数、包装种类以及货物描述)	Gross Weight (KGS) (13)(毛重)	Measurement (m^3) (14)(体积)

Total Number of Container or Packages (In Words) (15)(集箱数或件数合计)	

Freight and Charges (16)(运费和其他费用)	Revenue Tons(运费吨数)	Rate(运费率)	Per(每)	Prepaid(运费预付)	Collect(运费到付)

Prepaid at (在某地已付)	Freight payable at(运费在某地支付)	Place and Date of Issue (17)(签发地点和时间)
Total Prepaid in(已付总额)	No. of Original B/L (18)(正本的签发份数)	Signed for the Carrier, COSCO (19) (承运人有效签章)

Laden on board vessel

Dated　　By (20)

第（12）项　件数、包装种类及货物描述（Number&Kind of Packages&Description of Goods）。件数、包装种类可按发票有关栏目内容填写，且与信用证要求和实际货物相符。散装货物件数栏只填“In Bulk”。货物描述栏目通常应填写货物大类名称，但不能与信用证规定的名称相抵触。

第（13）项　毛重（Gross Weight）。填货物总毛重，且与发票、装箱单、托运单等有关单据一致。一般以千克为计量单位，不足1千克四舍五入。除非信用证有特别规定，一般不填净重。

第（14）项　体积（Measurement）。此栏填货物的体积，且与托运单一致。除非信用证有特别规定，一般以立方米（m^3 或 CBM）为计量单位，且应保留小数点后三位数。

第（15）项　大写件数〔Total Number of Containers and/or Packages（In Words）〕。此栏用英语大写文字打出包装及件数，件数指本提单项下的商品总件数，必须与小写的件数和包装相一致。习惯上先填“SAY”字，末尾加填一个“ONLY”。散装货物此栏留空不填。如“SAY ONE HUNDRED CARTONS ONLY”。

第（16）项　运费（Freight&Charges）。此栏一般不填。若信用证条款对此有要求，可填运费率与运费总额。

第（17）项　提单签发地及提单签发日期（Place and Date of Issue）。此栏应填写提单的签发地点和日期。地点应为装运地点，日期不得迟于信用证或合同所规定的最迟装运日期。

第（18）项　正本提单份数（No. of Original B/L）。提单有正本（Original）和副本（Copy）之分。正本提单可以流通（Negotiable），用于交单议付，副本则不能流通转让（Non - Negotiable）。对正副本提单要求的权利在收货人一方。出口方应对来证中各种份数表示方法做出正确判断。如“FULL OF B/L”指全套正本提单，按习惯做两份正本解释。又如“FULL SET（3/3）PLUS 2 N/N COPIES OF ORIGINAL BILL OF LADING”，这里（3/3）中分子位置的数字指交银行的份数，分母位置的数字指应制作的份数，本证要求向议付行提交三份正本。N/N 意为不可议付（Non - Negotiable）的，即副本，这里要求提交两份副本。根据《UCP600》的规定，银行可接受只包含一份的全套正本提单。但习惯上我们把“FULL SET OF”理解为两份正本提单。提单正本份数应根据信用证条款要求出具并在本栏注明。每份正本提单的效力相同，若用其中一份提货，则其余备份立即失效。

第（19）项　有效的签章（Stamp &Signature）。海运提单必须经装载船只的船长签字才能生效，在没有规定非船长签字不可的情况下，船代可以代理签字。来证规定手签的必须手签。印度、斯里兰卡、黎巴嫩、阿根廷等国港口，信用证虽未规定手签，但当地海关规定必须手签。承运人或船长的任何签字或证实，必须标明“承运人”或“船长”身份。代理人代表承运人或船长签字或证实时，也必须标明所代表的委托人的名称和身份，即注明代理人是代表承运人或船长签字或证实的。按上述规定提单签字应根据签字人的不同情况批注不同内容，如：

承运人签字：如承运人为COSCO，则提单签字处显示：COSCO As Carrier or The Carrier.

代理人签字：如果承运人为COSCO，代理人为ABC SHIPPING CO.，则提单签字处显示：SHIPPING CO. As agent for the Carrier COSCO.

船长签字：COSCO As Master or The Master.

第（20）项 提单的背书。指示提单和不记名提单可背书转让。提单背书分记名背书与空白背书两种方式，记名背书即在提单背面批注“Endorsed to…”或“Deliver to…Co.”，再由背书人签字盖章；空白背书由背书人在提单背面签字盖章，不另作其他任何记载。若提单漏注背书，极易造成拒付的危险。

①信用证要求：“FULL SET OF CLEAN ON BORAD BILLS OF LADING ISSUEDTHE ORDER AND BLANK ENDORSED”，则制单时在提单背面进行空白背书。

②信用证要求：“FULL SET OF CLEAN ON BORAD BILLS OF LADING MADE OUTTO ORDER OF SHIPPER AND ENDORSED TO AMD CORP”，在制单时，由托运人记名背书，并在提单背面打上“TO ORDER OF AMD CORP”。

三、航空运单

航空运单（Airway Bill）是由承运的航空公司或其代理人签发的货运单据。它是货物的收据，也是托运人与承运人之间的运输契约的证明，但不具有物权凭证的性质，收货人不是凭航空运单提货，而是凭航空公司的提货通知单提货。

航空运单的正本一式三份，每份都印有背面条款，其中第一份交发货人，是承运人或其代理人接收货物的依据；第二份由承运人留存，作为记账凭证；最后一份随货同行，在货物到达目的地交付给收货人时作为核收货物的依据。

（一）航空运单的功能

1. 航空运单是发货人与航空承运人之间的运输合同

与海运提单不同，航空运单不仅证明航空运输合同的存在，而且航空运单本身就是发货人与航空运输承运人之间缔结的货物运输合同，在双方共同签署后产生效力，并在货物到达目的地交付给运单上所记载的收货人后失效。

2. 航空运单是承运人签发的已接收货物的证明

航空运单也是货物收据，在发货人将货物发运后，承运人或其代理人就会将其中一份交给发货人（发货人联），作为已经接收货物的证明。除非另外注明，它是承运人收到货物并在良好条件下装运的证明。

3. 航空运单是承运人据以核收运费的账单

航空运单分别记载着属于收货人负担的费用，属于应支付给承运人的费用和应支付给代理人的费用，并详细列明费用的种类、金额，因此可作为运费账单和发票。承运人往往也将其中的承运人联作为记账凭证。

4. 航空运单是报关单证之一

出口时航空运单是报关单证之一。在货物到达目的地机场进行进口报关时，航空运单也通常是海关查验放行的基本单证。

5. 航空运单同时可作为保险证书

如果承运人承办保险或发货人要求承运人代办保险，则航空运单也可用来作为保险证书。

6. 航空运单是承运人内部业务的依据

航空运单随货同行，证明了货物的身份。运单上载有有关该票货物发送、转运、交付的事项，承运人会据此对货物的运输做出相应安排。

（二）航空运单的分类

1. 航空主运单（Master Air Waybill，MAWB）

凡由航空运输公司签发的航空运单就称为主运单。它是航空运输公司据以办理货物运输和交付的依据，是航空公司和托运人订立的运输合同，每一批航空运输的货物都有自己相对应的航空主运单。

2. 航空分运单（House Air Waybill，HAWB）

集中托运人在办理集中托运业务时签发的航空运单被称作航空分运单。

（三）空运出口货物运输流程

（1）发货人（出口企业）填写《国际货物托运单》（见样单 1 - 35），作为委托航空货运代理承办航空货物出口托运的依据。

（2）货代缮制托运单，向航空公司办理出口订舱手续，确定航班（Flight）、日期（Day）、运价（Freight）后通知货主交货。

（3）航空公司向航空货运代理公司签发航空主运单（Master Air Waybill，MAWB）。

（4）航空货运代理将主运单和分运单（House Air Waybill，HAWB）寄给海外的分公司或代理机构。

（5）货到目的站之后，目的站航空货运代理公司分公司或代理机构凭主运单提货、报关。

（6）目的站航空货运代理公司分公司或代理机构凭分运单向不同的收货人交货。

小知识

航空托运单

航空托运单是出口公司向外运代办公司提供出口货物办理托运的必要单据，是外运公司向航空公司订机配舱的依据，是航空公司与出口仓库或生产厂家之间往来提货的依据，是出口货物装机过程中最重要的证明。

【样单1－35】

ENERAL ADMINISTRATION OF CIVIL AVIATION OF CHINA

中国民用航空局

SHIPPER'S LETTER OF INSTRUCTION

国际货物托运单

航空运单号码：

NO. OF AIR WAY BILL：

<table>
<tr><td colspan="3">始发站
AIRPORT OF DEPARTURE</td><td colspan="3">到达站
AIRPORT OF DESTINATION</td></tr>
<tr><td>航班/日期
FLIGHT/DAY</td><td colspan="3">路线及到达站
ROUTING AND DESTINATION</td><td colspan="2">运费
CHARGES</td></tr>
<tr><td colspan="6">收货人账号（CONSIGNEE'S ACCOUNT NO.）

收货人姓名及地址（CONSIGNEE'S NAME AND ADDRESS）</td></tr>
<tr><td colspan="6">另行通知人（ALSO NOTIFY）</td></tr>
<tr><td colspan="6">托运人账号（SHIPPER'S ACCOUNT NO.）托运人姓名及地址（SHIPPER'S NAME AND ADDRESS）</td></tr>
<tr><td colspan="4">托运人声明价值
SHIPPER'S DECLARED VALUE</td><td colspan="2" rowspan="2">保险金额
AMOUNT INSURED</td></tr>
<tr><td colspan="2">供运输用
FOR CARRIAGE</td><td colspan="2">供海关用
FOR CUSTOMS</td></tr>
<tr><td colspan="6">在货物不能交与收货人时，托运人指示的处理办法。
SHIPPER'S INSTRUCTION IN CASE OF INABILITY TO DELIVER SHIPMENT AS CONSIGNED.</td></tr>
<tr><td colspan="6">处理情况（包括包装方式、货物标志及号码等）
HANDLING INFORMATION（INCLUDING METHOD OF PACKING，MARKS AND NUMBERS ETC.）</td></tr>
<tr><td>件数
NO. OF
PACKAGES</td><td>实际毛重（千克）
ACTUAL GROSS
WEIGHT（KGS）</td><td>运价类别
RATE CLASS</td><td>收费重量
CHARGEABLE
WEIGHT</td><td>费率
RATE/
CHARGE</td><td>货物名称及数量
NAME AND
QUANTITY
OF GOODS</td></tr>
<tr><td></td><td></td><td></td><td></td><td></td><td></td></tr>
<tr><td colspan="6">储运注意事项</td></tr>
<tr><td colspan="6">托运人证实以上所填全部属实并愿意遵守承运人的一切载运章程。
THE SHIPPER CERTIFIES THAT THE PARTICULARS ON THE FACE ARE CORRECT AND AGREES TO THE CONDITIONS OF CARRIAGE OF THE CARRIER.</td></tr>
<tr><td colspan="6">托运人签字＿＿＿＿＿ 日期 承运人签字＿＿＿＿＿ 日期
（Signature of Shipper） Date （Signature of Carrier） Date</td></tr>
</table>

（四）航空运单的内容及缮制要求

航空运单不是物权凭证，在内容上比海运提单简单，没什么复杂的条款和项目。现就中国民航航空运单（见样单1-36）给大家介绍一下运单各栏目的内容及缮制要点。

第（1）项　航空运单号（NO. OF AIR WAYBILL）。在运单的右上角印有航空运单号码，其中前三位是航空公司的代号，如中国国际航空公司代号为999，东方航空公司代号为781，北方航空公司代号为782，南方航空公司代号为784，西南航空公司代号为785。后面的数码是由航空公司填入的该运单的编号，通常由7位数字组成，第8位是检查号。

第（2）项　航空公司的名称（AIR WAYBILL）。此栏印有航空公司的全称和简称。如中国民航（THE CIVIL AVIATION ADMINISTRATION OF CHINA），简称CAAC。除此之外，还印有“NOT NEGOTIABLE”字样，明确表示此航空运单是不可转让的。

第（3）项　托运人姓名、地址（SHIPPER'S NAME AND ADDRESS）及账号（SHIPPER'S ACCOUNT NUMBER）。填写托运人全称、国名及地址，需要时加注账号。托运人一般为信用证的受益人或合同卖方，但对其他人作为托运人的单据银行也无权拒收，除非信用证明确禁止。

第（4）项　收货人姓名、地址（CONSIGNEE'S NAME AND ADDRESS）及账号（CONSIGEE'S ACCOUNT NO.）。一般填收货人的全称及其地址。本栏不得填写“TO ORDER”或“TO ORDER OF SHIPPER”字样。

第（5）项　航班/日期（FLIGHT/DAY）。填写载货班机的航班编号和起航日期。

第（6）项　出具货运单的承运人代理人的名称和城市（ISSUING CARRIER'S AGENT NAME AND CITY）。一般填写货运代理人的名称及所在城市。

第（7）项　出具货运单的代理人的国际航空运输协会代号（AGENT'S IATA CODE）。按实际情况填写，亦可不填。

第（8）项　始发站（AIRPORT OF DEPARTURE）、到达站（AIRPORT OF DESTINATION）。与托运单相应栏目相同。

第（9）项　路线（REQUESTED ROUTING）。该栏填写预定的航空路线，实际运输时承运人可改变航行路线，但运费按规定的路线收取。

第（10）项　会计事项（ACCOUNTING INFORMATION）。填托运人账号、信用卡号、费用结算等有关会计事务方面的内容。

第（11）项　币别（CURRENCY）及运费支付方式（WT/NAL）。币别栏填写支付运费使用的货币代号，如CNY、HKD、USD。支付方式栏根据实际情况选填。其中，PPD = Prepaid，COLL = Collect，若为预付情况，则在“PPD”栏内注“×”号或填写“PP”；若属到付，则在“COLL”内注“×”号或填写“CC”。“其他费用支付方法栏”填写方法相同。

第（12）项　商品编号（COMMODITY ITEM NO.）。此栏由航空公司按品名类别编号填写。在使用指定商品运价时，填写指定商品品名代号。在使用等级货物运价时，填写附加（减）的比例。如果是集装箱货物，填写运价等级。

【样单 1-36】

中国民航航空运单

AIR WAYBILL　　　　航空运单号 AWB No.：

<table>
<tr><td colspan="2">托运人姓名及地址
SHIPPER'S NAME AND ADDRESS
（3）</td><td colspan="2">托运人账号
SHIPPER'S ACCOUNT NUMBER
（3）</td><td colspan="2">Not Negotiable
中国民航 CAAC （2）
AIR WAYBILL</td></tr>
<tr><td colspan="2">收货人姓名及地址
CONSIGNEE'S NAME
AND ADDRESS
（4）</td><td colspan="2">收货人账号
CONSIGNEE'S ACCOUNT NO.
（4）</td><td colspan="2">航班/日期
FLIGHT/DAY
（5）</td></tr>
<tr><td colspan="3">出具货运单的承运人代理人的名称和城市
ISSUING CARRIER'S AGENT NAME AND CITY
（6）</td><td colspan="3">出具货运单的代理人的国际航空运输协会代号
AGENT'S IATA CODE
（7）</td></tr>
<tr><td colspan="2">始发站（8）
AIRPORT OF DEPARTURE</td><td colspan="2">到达站（8）
AIRPORT OF DESTINATION</td><td colspan="2">路线（9）
REQUESTED ROUTING</td></tr>
<tr><td colspan="2">会计事项（10）
ACCOUNTING INFORMATION</td><td colspan="2">币别 CURRENCY（11）</td><td colspan="2">运费支付方式 WT/VAL（11）
PPD（预付）｜COLL（到付）｜Other（其他方式）</td></tr>
<tr><td colspan="2">商品编号
COMMODITY ITEMNO
（12）</td><td colspan="2">托运人声明价值 （13）
SHIPPER'S DELLARED VALVE
供运输用 FOR CARR IAGE ｜ 供海关用 FOR LUSTOMS</td><td colspan="2">保险金额 （14）
AMOUIVT INSURED</td></tr>
<tr><td colspan="6">处理情况（包括包装方式、货物标志及号码等） （15）
HANDLING INFORMATION（INCLUDINC METHOD OF PACKING，MARKS AND NUMBERS ETC.）</td></tr>
<tr><td>件数
NO. OF
PACKAGES</td><td>实际毛重（公斤）
ACTUAL GROSS
WEIGHT（KGS）</td><td>运价类别
RATE CLASS</td><td>收费重量
CHARGEABLE
WEIGHT</td><td>费率
RATE/
CHARGE</td><td>货物名称及数量
NAME AND
QUANTITY
OF GOODS</td></tr>
<tr><td>（16）</td><td>（16）</td><td>（17）</td><td>（18）</td><td>（19）</td><td>（20）</td></tr>
<tr><td colspan="3">预付费用
PREPAID （21）</td><td colspan="3">到付费用
COLLECT （22）</td></tr>
<tr><td colspan="6">托运人证实以上所填全部属实并愿遵守承运人的一切载运章程。
Shipper certifies that the particulars on the face hereof are correct and that insofar as any part of the consignment contains dangerous goods, such part is properly described by name and is in proper condition for carriage by air according to the applicable Dangerous Goods Regulation.

托运人签字＿＿（23）＿＿
Signature of Shipper or His Agent
日期　　地点　　承运人签字 （24）
Executed on （date） at （place） Signature of Issuing Carrier or Its Agent</td></tr>
</table>

第（13）项　托运人声明价值（SHIPPER'S DECLARED VALUE）。分为两栏，其中一栏为供运输用的声明价值（FORRIAGE），另一栏是供海关声明价值（FOR CUSTOMS）时填写。供运输用的声明价值是指航空公司过失使货物受损时航空公司相应的赔偿金额。声明价值时，应按所列货币填写价值总数（一般按发票价值计）。有时托运人不需办理声明价值，则在此栏填"N. V. D"（No Value Declared）。而供海关声明的价值（SHIPPER'S DECLARED VALUE FOR CUSTOMS），一般参照发票填写（As Per Invoice），一些非商品则不标明其价值即"N. C. V"（No Customs Value）。

第（14）项　保险金额（AMOUNT）。目前我国多数出口货物都办理一般货运保险，因此不必具体填写；可填"N. I. L."（No Insurance Line）。

第（15）项　处理情况（HANDLING INFORMATION）。此栏一般填写危险货物申报要点；另行通知人名称、地址、电话号码；随机文件名称；货物需要的特殊处理和海关的其他规定事项。

第（16）项　件数（NO. OF PACKAGES）、实际毛重（ACTUAL GROSS. WEIGHT.）。可按货物实际包装件数或实重填写，亦可不填，因为承运人收到货物后必须点数及过磅核实，如有差错以承运人数据为准。

第（17）项　运价类别（RATE CLASS）。由承运人填写，一般以英文代码表示，其中：

"M"（Minimum Charge）：最低运价；

"N"（Normal under 45kgs Rate）：货物在 45 千克以下普通运价；

"Q"（Quantity Over 45kgs Rate）：货物在 45 千克以上普通运价；

"C"（Special Commodity Rate）：特种商品运价；

"R"（Reduced Class Rate Less than Normal Rate）：表示折价运价，即低于 45 千克普通货价的等级运价；

"S"（Special Class Rate Less than Common Rate）：加费运价，即高于 45 千克普通运价的运价。

第（18）项　收费重量（CHARGEABLE WEIGHT）。由承运人根据货物的比重大小选择"实际重量"和"体积重量"作为收费重量。以实际重量计费时，收费重量等于实际重量（单位 kgs）；以体积重量计费时，收费重量等于体积重量（cm^3）/600。若按起码运价收费，该栏目可不填。

第（19）项　费率（RATE/CHARGE）。由承运人根据不同的运价类别及货物数量填写相应的运费费率。一般填写每千克运价。

第（20）项　货物名称及数量（NAME AND QUANTITY OF GOODS）。货物名称应注明其所属大类，贵重物品写明"VALUABLE"；货物的数量指体积与尺寸，尺寸填最长×最宽×最高，单位为（cm^3）。

第（21）项　预付费用（PREPAID）。指托运人在取得运单前已支付的各项费用，包括预付的重量运费（Weight Charges）、预付的价值运费（Valuation Charge）、预付的税款（Tax）、代理人要求预付的其他费用之和（Total other Charges Due Carrier）、预付的费用总额（Total Prepaid）、货币兑换率（Currency Exchange Rates）等。

第（22）项　到付费用（COLLECT）。指收货人在提货时支付的各项费用。

第（23）项　托运人或其代理人签字（Signature of Shipper or His Agent）。托运人关于所装货物为非危险品的保证。

第（24）项　航空运单的签发日期和地点（EXECUTED ON ... AT...）、承运人或其代理人签字（Signature of Issuing Carrier or Its Agent）。签发日期应与"起航日期"栏内容一致。若运单上未载明日期，则签发日期视为出口商交货日期，不得迟于合同或 L/C 规定的最迟交货期。签发地点为始发站所在地。承运人的任何签字或证实必须标明承运人身份。代理人代表承运人签字或证实也必须标明所代表的委托人的名称和身份，即表明代理是代表承运人签字或证实。

四、其他运输单据的内容及缮制要求

（一）国内水路运单

在国内水路货物运输中，水路货物运单是运输合同的证明，是承运人已经接收货物的收据。承运人接收货物后应当签发运单。当事人在实践中却常常不遵守该规则，从而引发大量纠纷。所以，国内水路货物运输的当事人双方应该严格遵照国内水路货物运输规则进行实务操作，规范水路货物运单的签发，以防范相应风险。

1. 水路运单的缮制要求

（1）一份运单填写一个托运人、收货人、起运港、到达港。

（2）货物名称填写具体品名，名称过繁的可以填写概括名称。

（3）规定按重量或体积择大计费的货物应当填写货物的重量和体积（长、宽、高）。

（4）填写的各项内容应当准确、完整、清晰。

（5）危险货物应填制专门的危险货物运单（红色运单）。国家禁止利用内河以及其他封闭水域等航运渠道运输剧毒化学品以及交通部门禁止运输的其他危险化学品。除上述以外的危险化学品，只能委托有危险化学品运输资质的运输企业承运。因此，托运人在托运危险货物时，必须确认水运企业的资质。

（6）货物的名称、件数、重量、体积、包装方式、识别标志等应当与运输合同的约定相符。

（7）对整船散装的货物，如果托运人在确定重量时有困难，则可要求承运人提供舶水尺计量数作为其确定重量的依据。

（8）对单件货物重量或者长度（沿海为 5 吨、12 米，长江、珠江、黑龙江干线为 3 吨、10 米）超过标准的，应当按照笨重、长大货物运输办理，在运单内载明总件数、重量和体积。

（9）托运人应当及时办理港口、检验、检疫、公安和其他货物运输所需的各项手续，并将相关单证送交承运人。

（10）已装船的货物，可由船长代表承运人签发运单。

水路货物运单一般为六联。第一联为起运港留存；第二联为解缴联，起运港船公司留存；第三联为货运收据联，起运港交托运人留存；第四联为船舶存查联，承运船舶留存；第五联为收货人存查联；第六联为货物运单联，在收货人交款、提货、签收后交目的港留存。

2. 水路运单的样本

【样单 1－37】

水路运单

<table>
<tr><td>船名</td><td></td><td>起运港</td><td></td><td>到达港</td><td></td><td rowspan="4">到达日期
承运人章</td><td rowspan="4">收货人章</td></tr>
<tr><td rowspan="3">托运人</td><td>全称</td><td></td><td rowspan="3">收货人</td><td>全称</td><td></td></tr>
<tr><td>地址 电话</td><td></td><td>地址 电话</td><td></td></tr>
<tr><td>银行 账号</td><td></td><td>银行 账号</td><td></td></tr>
</table>

<table>
<tr><td rowspan="3">发货符号</td><td rowspan="3">货号</td><td rowspan="3">件数</td><td rowspan="3">包装</td><td rowspan="3">价值</td><td colspan="2">托运人确定</td><td colspan="2">计费重量</td><td rowspan="3">等级</td><td rowspan="3">费率</td><td rowspan="3">金额</td><td colspan="3">应收费用</td></tr>
<tr><td rowspan="2">重量
/t</td><td rowspan="2">体积：
长/m：
宽/m：
高/m：</td><td rowspan="2">重量
/t</td><td rowspan="2">体积
/m³</td><td>项目</td><td>费率</td><td>金额</td></tr>
<tr><td>运费</td><td></td><td></td></tr>
<tr><td></td><td></td><td></td><td></td><td></td><td></td><td></td><td></td><td></td><td></td><td></td><td></td><td></td><td></td><td></td></tr>
<tr><td></td><td></td><td></td><td></td><td></td><td></td><td></td><td></td><td></td><td></td><td></td><td></td><td></td><td></td><td></td></tr>
<tr><td colspan="2">合计</td><td></td><td></td><td></td><td></td><td></td><td></td><td></td><td></td><td></td><td></td><td></td><td></td><td></td></tr>
<tr><td colspan="9" rowspan="3">运到期限或约定</td><td colspan="3" rowspan="3">托运人公章
日期</td><td></td><td></td><td rowspan="3"></td></tr>
<tr><td colspan="2">总计</td></tr>
<tr><td colspan="2">核算员</td></tr>
<tr><td colspan="2">特约事项</td><td colspan="7"></td><td colspan="3">承运日期
起运港承运人章</td><td colspan="2">复核员</td><td></td></tr>
</table>

小知识

中国重要港口

上海港、大连港、秦皇岛港、天津港、青岛港、黄埔港、湛江港、连云港港、烟台港、南通港、宁波港、温州港、北海港、海口港。

（二）铁路货物运单

铁路货物运单是托运人与承运人之间，为运输货物而签订的一种运输合同或运输合同的组成部分。它是确定托运人、承运人、收货人之间在铁路运输中的权利、义务和责任的原始依据。货物运单既是托运人向承运人托运货物的申请书，也是承运人承运货物和核收运费、填制货票以及编制记录和备查的依据。货物运单由货物运单和领货凭证两部分组成。

1. 铁路货物运单的传递过程

货物运单：托运人→发站→到站→收货人。

领货凭证：托运人→发站→托运人→收货人→到站。

2. 铁路运单种类

（1）现付运单：黑色印刷。

（2）到付或后付运单：红色印刷。

（3）快运货物运单：黑色印刷，将“货物运单”改为“快运货物运单”字样。

（4）剧毒品专用运单：黄色印刷，并有剧毒品图形标志。

3. 铁路运单的缮制要求

（1）运单填写的基本要求。

①正确：要求填记的内容和方法符合规定。

②完备：要求填记的事项，必须填写齐全，不得遗漏。如危险货物不但填写货物的名称，而且要填写其编号。

③真实：要求实事求是地填写，内容不得虚假隐瞒。如不能错报、匿报货物品名。

④详细：要求填写的品名应具体，有具体名称的不填概括名称，如双人床、沙发、立柜不能填写为家具。

⑤清楚：填写字迹清晰，应使用钢笔、毛笔、圆珠笔或加盖戳记、打字机打印或印刷等方法填写，不能用红色墨水填写，文字规范，以免造成办理上的错误。

＊更改盖章：运单内填写各栏有更改时，在更改处，属于托运人填记事项，应由托运人盖章证明；属于承运人记载事项，应由车站加盖站名戳记。

＊铁路规定，严禁中介部门代理（代办）国内危险货物运输。因此，在办理国内危险货物运输时，托运人应直接向铁路办理托运手续。在办理托运手续时，须出具《资质证书》、经办人身份证和业务培训合格证书。

（2）运单填写的具体要求。

①发站、到站（局）和到站所属省（市）自治区各栏。发站和到站应按《铁路货物运价里程表》中所载的名称填写，不得省略，不得简称。如沈阳北不得写成沈北。到达（局）名，填写到达站主管铁路局名的第一个字，如哈、沈、北等，同时，还必须注意到站营业限制；剧毒品按“全路剧毒品办理站名表”确定；其他货物按《铁路货物运价里程表》（上册）“站名索引表”的第9栏“营业办理限制”确定到站所属局名。到站所属省（市）、自治区，填写到站所在地的省（市）、自治区的名称。到站及到站所属铁路局、省（市）自治区，三者必须相符。

②托运人、收货人名称、地址及电话各栏。托运人、收货人名称，应填写托运单位、收货单位的全名；当为自然人时，应填写其姓名，对于危险货物，应是经资质认定的企业法人。

托运人地址和收货人地址，应详细填写其所在省、市、自治区城镇街道、门牌号码或乡、镇、村名称。托运人或收货人有电话时，应记明电话号码。如托运人要求到站于货物到达后用电话通知收货人时，必须将收货人电话号码填写清楚。

③货物名称栏。“货物名称”栏应填写《铁路货物运价规则》附件三“铁路货物运输名称检查表”内所列载的品名，危险货物应填写《铁路危险货物运输管理规则》附件一“铁路危险货物品名表”内所列载的品名并在品名后用括号注明危险货物的编号。对于“铁路货物运输名称检查表”或“铁路危险货物品名表”未列载品名的货物，应填写生产或贸易上通用的具体名称。

托运人如果一批托运的货物品名过多，不能在运单内逐一填记或同一包装内有两种以上的货物，须提交物品清单一式三份。加盖车站承运日期戳后，一份由发站存查；一份随同运输票据递交到站；一份退还托运人。

对危险货物、鲜活货物或使用集装箱运输的货物，除填记货物的完整名称外，并应按货物性质，在运单右上角用红色墨水书写或用加盖红色戳记的方法，注明“爆炸品”、“氧化剂”、“毒害品”、“腐蚀物品”、“易腐货物”等字样。

④包装栏。本栏填写包装种类，如“木箱”、“纸箱”、“麻袋”、“铁桶”等。按件承运的无包装的货物填写“无”字。使用集装箱运输的货物填写箱型。只按重量承运的货物，本栏可不填写。

⑤件数栏。按货物名称与包装种类，分别填写件数。按集装箱运输的货物填写箱数。只按重量承运的货物，本栏填写“散”、“堆”、“罐”字样。

⑥货物价格栏。按保价运输时，必须填写此栏。如果托运货物的种类为一种或多种货物时，按货物的名称分别填写，也可填写一个总数。

⑦托运人确定重量栏。按货物名称与包装种类，以千克为单位，分别填写货物的重量，也可填写一个总数。

⑧合计栏。“货物价格”、“托运人确定重量”各栏填写其合计数。“件数”栏填写其合计数或“散”、“堆”、“罐”字样。

⑨托运人记载事项栏。此栏填写需要由托运人记载的事项，如：

*货物本身有缺陷，但不致影响货物运输安全，应具体注明其缺陷。

*需要证明文件运输的货物，应填写证明文件名称、号码及填发日期。

*派有押运人的货物，应填写押运人姓名、证明文件名称以及证明文件与业务培训合格号码。

*整车货物，应填写要求使用的车种、吨位、是否苫盖篷布；在专用线卸车时，还应填写“在 ××专用线卸车”。

*委托承运人代封货车或集装箱时，应填写“委托承运人施封”。

*笨重货件或规格相同的零担货物，应注明货件的长、宽、高度，规格不同的零担货物应注明全批货物的体积。

*托运人使用自备帆布时，应填写“自备帆布×张”。

*整车分卸货物，应分别注明最终到站和各分卸站的站名、货物品名、件数、重量。

*发站由托运人组织装车，到站由承运人卸车，托运人要求到站会同收货人卸车时，应填写此要求事项。

*使用自备集装箱运输货物时，应填写“使用×吨自备箱”。

*集装箱内单件重量超过100千克时应注明。

*其他应注明的事项。

⑩领货凭证。领货凭证各栏的内容应与运单相应各栏保持一致。

托运人盖章或签字。托运人填写完运单和领货凭证并确认无误后，在此两栏内盖章或签字，还应在日期处填写日期。

铁路货运单如样单1-38所示。

小知识

各铁路局全称、简称对照

铁路局全称	铁路局简称	铁路局全称	铁路局简称
哈尔滨铁路局	哈	南昌铁路局	昌
沈阳铁路局	沈	广州铁路集团公司	广
北京铁路局	京	柳州铁路局	柳
呼和浩特铁路局	呼	成都铁路局	成
郑州铁路局	郑	兰州铁路局	兰
济南铁路局	济	乌鲁木齐铁路局	乌
上海铁路局	上	昆明铁路局	昆

【样单 1－38】

铁路货运单

承运人/托运人装车　货物指定于　月　日搬入　　××铁路局
承运人/托运人施封　货　位:　　　　　　　　　货物运单
计划号码或运输号码:
运到期限:　日　　　托运人　发站→到站→收货人　　　货票第　号

<table>
<tr><td colspan="6">托运人填写</td><td colspan="7">承运人填写</td></tr>
<tr><td>发站</td><td></td><td colspan="2">到站(局)</td><td colspan="2"></td><td>车种车号</td><td colspan="2"></td><td colspan="2">货车标重</td><td colspan="2"></td></tr>
<tr><td colspan="3">到站所属省(市)自治区</td><td colspan="3"></td><td>施封号码</td><td colspan="6"></td></tr>
<tr><td rowspan="2">托运人</td><td>名称</td><td colspan="4"></td><td>经由</td><td>铁路货车篷布号码</td><td colspan="5"></td></tr>
<tr><td>住址</td><td colspan="2"></td><td>电话</td><td></td><td></td><td></td><td colspan="5"></td></tr>
<tr><td rowspan="2">收运人</td><td>名称</td><td colspan="4"></td><td>运价里程</td><td>集装箱号码</td><td colspan="5"></td></tr>
<tr><td>住址</td><td colspan="2"></td><td>电话</td><td></td><td></td><td></td><td colspan="5"></td></tr>
<tr><td>货物名称</td><td>件数</td><td>包装</td><td>货物价格</td><td>托运人确定重量</td><td></td><td>承运人确定重量</td><td>计费重量</td><td>品名代码</td><td>运价号</td><td>运价率</td><td>运费</td><td></td></tr>
<tr><td></td><td></td><td></td><td></td><td></td><td></td><td></td><td></td><td></td><td></td><td></td><td></td><td></td></tr>
<tr><td></td><td></td><td></td><td></td><td></td><td></td><td></td><td></td><td></td><td></td><td></td><td></td><td></td></tr>
<tr><td>合计</td><td></td><td></td><td></td><td></td><td></td><td></td><td></td><td></td><td></td><td></td><td></td><td></td></tr>
<tr><td>托运人记载事项</td><td colspan="5"></td><td>承运人记载事项</td><td colspan="6"></td></tr>
<tr><td colspan="2">注:本单不用为收款凭证,托运人签约须知见背面</td><td colspan="4">托运人盖章或签字
年　月　日</td><td>到站交付日期戳</td><td colspan="2"></td><td colspan="2">发站承运日期戳</td><td colspan="2"></td></tr>
</table>

<table>
<tr><td colspan="2">领货凭证</td></tr>
<tr><td colspan="2">车种及车号</td></tr>
<tr><td colspan="2">货票第　号</td></tr>
<tr><td colspan="2">运到期限　日</td></tr>
<tr><td>发站</td><td></td></tr>
<tr><td>到站</td><td></td></tr>
<tr><td>托运人</td><td></td></tr>
<tr><td>收货人</td><td></td></tr>
<tr><td>货物名称</td><td></td></tr>
<tr><td></td><td></td></tr>
<tr><td></td><td></td></tr>
<tr><td></td><td></td></tr>
<tr><td colspan="2">托运人盖章或签字</td></tr>
<tr><td colspan="2">发站承运日期</td></tr>
<tr><td colspan="2">注:收货人领货须知见背面</td></tr>
</table>

（三）公路货运单

公路货运单是托运人根据贸易合同和信用证条款内容填制的，向承运人或其代理办理货物托运的单证。其实质是运货人和托运人之间对托运货物的合约，记载着有关托运人与送货人相互间的权利义务。公路货运单如样单 1－39 所示。

公路货运单缮制要求包括：填在一张运单内的货物必须属同一托运人。对拼装分卸货物，应将每一拼装或分卸情况在运单记事栏内注明。易腐蚀、易碎货物，易溢漏的液体，危险货物与普通货物，以及性质相抵触、运输条件不同的货物，不得使用同一张运单。托运人、承运人修改运单时，需签字盖章。本运单一式两份：受理存根；托运回执。

【样单 1－39】

公路货运单

托运人（单位）：　　　　　　　　　　经办人：

电话：　　　　　　　　　　　　　　　地址：　　　　　　　　　　运单编号：

<table>
<tr><td>发货人</td><td></td><td>地址</td><td></td><td>电话</td><td></td><td>装货地点</td><td colspan="2"></td><td>厂休日</td><td></td></tr>
<tr><td>收货人</td><td></td><td>地址</td><td></td><td>电话</td><td></td><td>卸货地点</td><td colspan="2"></td><td>厂休日</td><td></td></tr>
<tr><td>付款人</td><td></td><td>地址</td><td></td><td>电话</td><td></td><td>约定起运时间</td><td></td><td>约定到达时间</td><td>需要车种</td><td></td></tr>
<tr><td>货物名称及规格</td><td>包装形式</td><td>件数</td><td>体积长×宽×高（cm^3）</td><td>件重（千克）</td><td>重量（吨）</td><td>保险、保价价格</td><td>货物等级</td><td>计费项目</td><td>计费重量</td><td>单价</td></tr>
<tr><td></td><td></td><td></td><td></td><td></td><td></td><td></td><td></td><td>运费</td><td></td><td></td></tr>
<tr><td></td><td></td><td></td><td></td><td></td><td></td><td></td><td></td><td>装卸费</td><td></td><td></td></tr>
<tr><td></td><td></td><td></td><td></td><td></td><td></td><td></td><td></td><td></td><td></td><td></td></tr>
<tr><td>合计</td><td colspan="2"></td><td></td><td></td><td></td><td></td><td>计费里程</td><td></td><td></td><td></td></tr>
<tr><td colspan="2">托运人注意事项</td><td colspan="2"></td><td>付款人账号</td><td></td><td></td><td>承运人记载事项</td><td></td><td>承运人银行账号</td><td></td></tr>
<tr><td colspan="2">注意事项</td><td colspan="5">1. 货物名称应填写具体品名，如货物品名过多不能在运单内逐一填写须另附物品清单。
2. 保险或保价货物，在相应价格栏中填写货物声明价值。</td><td colspan="2">托运人签章
年　月　日</td><td colspan="2">承运人签章
年　月　日</td></tr>
</table>

（四）集装箱提单

集装箱提单是集装箱货物运输下主要的货运单据，负责集装箱运输的经营人或其代理人，在收到集装箱货物后而签发给托运人的提单。集装箱提单格式如样单 1－40 所示。

【样单 1-40】

集装箱提单

MAERSK SEALAND (马士基海陆有限公司)		COMBINED TRANSPORT BILL OF LADING (联运提单)		B/L No. (提单号)
Shipper/Exporter (Complete Name and Address) (托运人/出口商 (完整的姓名和地址))		Booking No. (订舱号) Export Reference (出口相关单证)		
Consignee (Complete Name and Address) (收货人 (完整的姓名和地址))		Forwarding Agent-references (货代情况) Point and Country of Origin (原产地证明)		
Notify Party (Complete Name and Address) (通知人 (完整的姓名和地址))		Domestic Routing/Export Instruction (国内路线/出口指令)		
Pre-carriage by (前程运输)	Place of Receipt (收货地点)			
Vessel Voy No. (船名) (航次)	Port of Loading (起运港)	Onward Inland Routing (内陆行程安排)		
Port of Dischange (卸货港)	Place of Delivery (交货地点)			
CARRIER'S RECEIPT (承运收据)	PARTICULARS FURNISHED BY SHIPPER CARRIER NOT RESPONSIBLE (托运人，承运人免费声明)			
Container No. / Seal No. Marks and Numbers (装箱号/封志号、标记和号码)	No. of Containers or Pkgs. No. of Goods (箱数或件数)	Kind of packages; Description of goods (包装的件数与货名)	Gross Weight (毛重)	Measurement (体积) (m^3)
Freight &Charges (运费)	Rate (费率)	Unit (单位)	Prepaid (预付)	Collect (到付)
Declared Value 声明价值	Total Prepaid 预付总额	Shipper in apparent good order and condition, unless otherwise stated herein, for transportation on board the ocean vessel or other means of transportation (mail of truck) if place of receipt is named in this Bill of Lading the goods or packages of containers said to contain goods. herein after called "the Goods", specified herein, on a voyage as described and agreed by this Bill of Lading and discharge at the port of discharge named herein or deliver at the place of delivery if mentioned herein, such carriage, discharge or delivery if named as the case may be, for delivery unto the Consignee mentioned herein or to his or their assigns where the Carrier's responsibilities shall in all cases and in all circumstances whatsoever finally cease. It is further agreed that Container may be stowed on deck without notice pursuant to Clause 16 on the reverse side of this Bill of Lading. IN WITNESS where of the number of original Bills of Lading stated on this side have been signed, one of which being accomplished the other (s) to be void. FOR Dampskibsselskabet of 1912, Altieselskab and Aktieselskabet Dampskibsselskabet Svendborg as carrier By ________ 签发 As Agent (s) only		
Number of Original B (s) /L 正本提单一般为三份	Total Collect 到付			
Place of Issue (签发地点)	Date (时间)			
* Applicable only when document used as a combined Transport Bill of Lading (只适用于当文件作为联合运输提单使用)				

五、海运货物保险单

保险单是保险人与被保险人之间订立保险合同的一种书面文件，又是保险人出具的承保证明。

（一）保险单据分类

1. 保险单

保险单俗称为“大保单”。一般由保险人根据投保人的投保申请而逐笔签发的，它是一种正规的保险合同，承保在保单中所指定的经由指定船舶承运的货物在运输途中的风险。货运险保险单可由被保险人背书随物权的转移而转让，货物安全抵达目的地或保险单规定的地点后，保险单的效力即告终止。进出口货运险保险单一般由三份正本和两份副本组成，也可根据投保人的要求增设正本或副本保单的份数。保险单是海上保险单据中最有代表性、承保形式最完整的一种。

2. 保险证明书

保险证明书俗称“小保单”，它是一种简化了的保险单，它同正式保险单具有同样的效力。保险证明书的正面依然载明了保险的基本项目，但背面未列保险条款。

3. 预约保险单和保险声明书

预约保险单是一种定期统保契约，也称预约合同或预保协议，是保险人与被保险人事先约定在一定时期内对指定范围内的货物进行统一承保的协议，这种形式适用于经常有大批货物进出口的投保人。被保险人在拥有预约保险单后，每批货物一经装运，就要将该批货物的名称、数量、保险金额、船名、航线等内容以投保声明书的形式及时通知保险人。

4. 联合凭证

联合凭证亦称联合发票，是一种发票和保险单相结合，较上述保险凭证更为简化的保险单据，与正式保险单具有同等的效力。此凭证只有我国采用，也仅适用于对港、澳地区中资银行的信用证项下的出口业务且不能转让。

（二）海运货物的投保流程

在国际贸易中，不同的贸易术语成交条件，在处理保险时相应的业务也不同，凡以CIF或CIP条件成交的出口货物，由出口商向当地保险公司办理投保手续。具体程序（见图1－10）是投保人备齐货物并确定开船期后（一般是在收到船公司的配舱回单后），在发运前向保险公司填制一式两份的“海运出口货物投保单”（见样单1－41），并提供信用证或合同、发票等有效单证申请投保。保险公司根据有关工作程序审核后如果同意承保则在投保单上签署“同意承保”字样，将其中一联退还给投保人并收取保险费用。

如果出口商同保险公司订有预约保险合同，则按约定时间收取保费（如一年、半年、三个月结算一次）。保险公司随后出具正式保险单，保险合同即告成立。有的保险公司要求出口商预制保险单然后送交保险公司确认签署。在保险期限内如发生航线变更或保险单所载明的货物、船名或航程有遗漏或错误时，投保人应在获悉后立即通知保险公司并在必要时加缴保险费用，该保险才继续有效。

图 1－10 海运货物的投保流程

（三）海运货物保险单的内容及缮制要求

保险单是各类保险单据中最为常见的一种，由保险公司制单员根据投保人提供的投保单以及合同、信用证、商业发票和运输单据进行缮制。投保人预制保险单，保险公司审核后填制险别及签字盖章，现以中国人民保险公司海洋货物运输保险单为样本，来说明保险单各栏目内容及缮制要点（见样单 1－42）。

第（1）项 发票号码（Invoice No.）。将被保险货物的商业发票编号转填此栏。一般填写为“As per invoice”或实际的发票号码。

第（2）项 保险单号次（Policy No.）。填保险公司指定的保单号码。

第（3）项 被保险人（Insured）。被保险人填在“Insured”或“At the request of”后。托收项下的保险单应填出口商名称。CIF 条件下的信用证支付应按信用证要求填制，如信用证规定“To order”，此栏转录，受益人并要在保险单背面作空白背书；信用证要求“To order of ... 或 in favor of ...”，此栏应写成 To order of 加上被保险人名称，并作记名背书；信用证对此无具体规定，受益人应视为被保险人，并作空白背书。

第（4）项 标记（Marks&Nos.）。保险单的标记即货物唛头，填写时应与运输单据、发票等单据上的标记一致。若信用证无特殊规定，也可只填“As Per Invoice No. × × ×”。

第（5）项 包装及数量（Quantity）。此栏填最大包装件数，并与运输单据、发票所载件数一致。若为散装货物，填写“In Bulk”及计价数量。

第（6）项 保险货物项目（Description of Goods）。此栏填商品名称。若品种较多，可填商品大类名称，但应与运输单据所载货名一致。

第（7）项 保险金额（Amount Insured）。一般按发票 CIF 总值的 110% 填写。保险金额由金额数目和币别两部分组成，金额数目只取整数（进位取整），如 USD950.60，应填 USD951.00；投保币别应与信用证、发票所载币别一致，除非信用证另有规定。

第（8）项 总保险金额（Total Amount Insured）。此栏填英文大写的保险金额及货币全称，并与上栏小写保险金额一致。

第（9）项 保费（Premium）、费率（Rate）。通常保险公司已在此栏印就“As arranged”字样，无须填写。若信用证要求详细列明，应按来证办理，删除“As arranged”字样，填上具体保险费额。

第（10）项 装载运输工具（Per Conveyance S. S.）。海运方式直接填写船名、航号。若需中途转船，应在第一程船名后加填第二程船名，如第一程船名为“DONG FENG”，第二程船名为“YIN HE”，则本栏目应填写“DONG FENG / YIN HE”。其他运输方式填写相应名称，如铁路运输填“By Railway”或“BY Train”，空运填“By Airplane”。

【样单 1-41】

海运出口货物投保单

PICC 中国人民保险公司

货物运输保险投保单

APPLICATION FORM FOR CARGO TRANSPORTATION INSURANCE

被保险人：

Insured：

发票号（INVOICE NO.）

合同号（CONTRACT NO.）

信用证号（L/C NO.）

发票金额（INVOICE AMOUNT） 投保加成（PLUS）

兹有下列物品向中国人民保险公司广东分公司投保（INSURANCE IS REQUESTED ON THE FOLLOWING COMMODITIES）：

标记号码 MARKS & NOS.	包装数量 QUANTITY	货物名称 DESCRIPTION OF GOODS	保险金额 AMOUNT INSURED

起运日期： 装载运输工具：

DATE OF COMMENCEMENT PER CONVEYANCE：

自 经 至

FROM VIA TO

提单号 赔款偿付地点

B/L NO.： CLAIM PAYABLE AT

投保险别：（PLEASE INDICATE THE CONDITIONS &/ OR SPECIAL COVERAGES）

请如实告知下列情况：（如"是"，打"√"，"不是"打"×"）

1. 货物种类：袋装 散装 冷藏 液体 活动物 机器/汽车 危险品等级
   GOODS BAG/JUMBO BULK REEFER LIQUID LIVE ANIMAL MACHINE/AUTO DANGEROUS CLASS
2. 集装箱种类： 普通 开顶 框架 平板 冷藏
   CONTAINER ORDINARY OPEN FRAME FLAT REEFERAGERATOR
3. 转运工具： 海轮 飞机 驳船 火车 汽车
   BY TRANSIT SHIP PLANE BARGE TRAIN TRUCK
4. 船舶资料： 船籍 船龄
   PARTICULAR OF SHIP REGISTRY AGE

备注：被保险人确认本保险合同条款和内容已经完全了解。
THE ASSURED CONFIRMS HEREWITH THE TERMS AND CONDITIONS OF THIS INSURANCE CONTRACT FULLY UNDERSTOOD.

投保日期（DATE）

投保人（签名盖章）APPLICANT'S SIGNATURE

电话：（TEL）

地址：（ADD）

本公司自用（FOR OFFICE USE ONLY）

费率 保费

RATE： PREMIUM

经办人 核保人： 负责人： 联系电话： 承保公司签章

BY TEL INSURANCE COMPANY'S SIGNATURE

【样单 1－42】

中保财产保险有限公司

The People's Insurance (Property) Company of China Ltd.

Head Office: BEIJING 发票号码 (1) Invoice No.	海洋货物运输保险单 MARINE CARGO INSURANCE POLICY	Established in 1949 保险单号次 (2) Policy No.

被保险人：(3)

Insured：

中国人民保险公司（以下简称本公司）根据被保险人的要求及其所缴付的保险费，按照本保险单承保险别和背面所载条款与下列特别条款承保下述货物运输保险，特签发本保单。

This Policy of Insurance witnesses that The People's Insurance Company of China (hereinafter called "The Company") at the request of the "Insured" and in consideration of the agreed premium paying to the Company by the Insured undertakes to insure the undermentioned goods in transportation subject to the conditions of this Policy as per the Clauses printed overleaf and other special clauses attached hereon.

标记及号码 Marks & Nos. (4)	包装数量 Quantity (5)	保险货物项目 Description of Goods (6)	保险金额 Amount Insured (7)

总保险金额 Total Amount Insured: ____(8)____

保费 Premium ____(9)____ 费率 Rate ____(9)____ 装载运输工具 Per Conveyance S. S. ____(10)____

开航日期 Slg. on or abt. ____(11)____ 起运港 From ____(12)____ 目的港 To ____(12)____

承保险别

Conditions (13)

(18)

所保货物，如发生本保单项下可能引起索赔的损失或损坏，应立即通知本公司下述代理人勘察。如有索赔，应向本公司提交保险单正本（本保险单共有____份正本）及有关部门文件。如一份正本已用于索赔，其余正本则自动失效。

In the event loss or damage which may result in a claim under this Policy, immediate notice applying for Survey must be given to the Company's Agent as mentioned hereunder. Claims, if any, one of the Original Policy which has been issued in ______Original (s) together with other relevant documents shall be surrendered to the Company. If one of the Original Policy has been accomplished, the others to be void. (14)

赔款偿付地点 (15) Claim Payable at	中保财产保险有限公司 THE PEOPLE'S INSURANCE (PROPERTY) COMPANY OF CHINA LTD (17)
日期 (16) Date	(19)

第（11）项　开航日期（Slg. on or abt.）。一般填运输单据签发日期，也允许填写运输单据签发日之前5天内的任何一天的日期。另外还可以填写“AS PER B/L”或“AS PER AIR WAY BILL”。

第（12）项　起讫地点（From…To…）。起讫地点按实际填写装运港和目的港名称，且与运输单据所载一致。若需要中途转船，则应加注转运港（Transhipment Port），如“FROM QINGDAO TO NEWYORK VIA HONGKONG”。如海运至目的港，保险承保到内陆城市，应在目的港后注明，如FROM SHANGHAI TO LIVERPOOL AND THENCE TO。有时信用证中未明确规定具体的起运港和目的港，如FROM ANY CHINESE PORT TO JAPANESE PORT，制单时应根据货物实际装运情况选定一个具体的港口，如FROM NINGBO TO YOKOAMA。

第（13）项　承保险别（Conditions）。严格按信用证规定填写，通常填保险险别的英文缩写并注明所依据的保险条款及颁布年份及“仓至仓条款”，如“COVERING FPA AS PER OCEAN E CARGO CLAUSES OF THE PEOPLE'S INSURANCE COMPANY OF CHINA DATED 1/1/1981 INCLUDING WAREHOUSE TO WAREHOUSE CLAUSE”。

第（14）项　保险勘查代理人（Insurance Survey Agent）。由保险公司指定并注明其勘察代理人的详细地址。

第（15）项　赔款偿付地点（Claim Payable at）。按信用证规定填制。若来证未明确，则填写目的港名称。

第（16）项　签发日期（Date）。保险单的签发日期应不迟于运输单据签发日期。根据《UCP600》第28条规定，保险单据日期不得迟于发运日期，除非保险单据表明保险责任不迟于发运日期生效。

第（17）项　保险公司签章（Authorized Signature）。保险单经保险公司签章后方为有效，其签章一般已事先印好在保险单的右下方。

公司出具的全套保险单一般包括正本（Original）一份，复本（Duplicate）一份和副本（Copy）三至四份。实际签发份数按信用证规定提供。

第（18）项　特殊条款（Special Conditions）。如L/C或合同对保险单据有特殊要求填在此栏。如信用证要求“L/C NO. MUST BE INDICATED IN ALL DOCUMENTS”，此时就应在此栏中注明“L/C No. ×××”。

第（19）项　背书（Endorsement）。海运保险单是可以经背书转让的单据。根据惯例，保险单经被保险人背书后，即随着被保险货物的所有权转移到受让人手中。背书无须通知保险公司，出口方在保险单上背书就完成了转让手续。

保险单的背书和提单的背书一样有空白背书和记名背书两种方式，具体采用何种方式根据信用证的有关规定。不管是空白背书还是记名背书，其方法和提单的背书一样。

六、其他运输方式保险单样本

其他运输方式保险单格式如样单1-43、样单1-44所示。

【样单 1 - 43】

<table>
<tr><td colspan="4">中保财产保险有限公司</td></tr>
<tr><td colspan="4">The People's Insurance（Property）Company of China Ltd.</td></tr>
<tr><td>Head Office：BEIJING</td><td colspan="2" rowspan="2">航空货物运输保险单
AIR CARGO INSURANCE POLICY</td><td>Established in 1949</td></tr>
<tr><td>发票号码
Invoice No.</td><td>保险单号次
Policy No.</td></tr>
<tr><td colspan="4">被保险人：
Insured：
中国人民保险公司（以下简称本公司）根据被保险人的要求及其所缴付的保险费，按照本保险单承保险别和背面所载条款与下列特别条款承保下述货物运输保险，特签发本保单。
This Policy of Insurance witnesses that The People's Insurance Company of China (hereinafter called "The Company") at the request of the "Insured" and in consideration of the agreed premium paying to the Company by the Insured undertakes to insure the undermentioned goods in transportation subject to the conditions of this Policy as per the Clauses printed overleaf and other special clauses attached hereon.</td></tr>
<tr><td>标记及号码
Marks & Nos.</td><td>包装数量
Quantity</td><td>保险货物项目
Description of Goods</td><td>保险金额
Amount Insured</td></tr>
<tr><td colspan="4">总保险金额
Total Amount Insured：________________</td></tr>
<tr><td colspan="4">保费 Premium ________　费率 Rate ________　装载运输工具 Per conveyance S. S. ________　航班号 Flight No. ________</td></tr>
<tr><td colspan="4">开航日期 Slg. on or abt. ____________　起运地 From ____________　目的地 To ____________</td></tr>
<tr><td colspan="4">承保险别
Conditions</td></tr>
<tr><td colspan="4">所保货物，如发生本保单项下可能引起索赔的损失或损坏，应立即通知本公司下述代理人勘察。如有索赔，应向本公司提交保险单正本（本保险单共有____份正本）及有关部门文件。如一份正本已用于索赔，其余正本则自动失效。
In the event loss or damage which may result in a claim under this Policy, immediate notice applying for Survey must be given to the Company's Agent as mentioned hereunder. Claims, if any, one of the Original Policy which has been issued in ______Original（s）together with other relevant documents shall be surrendered to the Company. If one of the Original Policy has been accomplished, the others to be void.</td></tr>
<tr><td>赔款偿付地点
Claim Payable at</td><td colspan="3">中保财产保险有限公司
THE PEOPLE'S INSURANCE（PROPERTY）COMPANY OF CHINA LTD.</td></tr>
<tr><td>日期
Date</td><td colspan="3"></td></tr>
<tr><td>地址
Address</td><td colspan="3"></td></tr>
</table>

【样单 1－44】

<table>
<tr><td colspan="4" align="center">中保财产保险有限公司</td></tr>
<tr><td colspan="4" align="center">The People's Insurance（Property）Company of China Ltd</td></tr>
<tr><td>Head Office：BEIJING</td><td colspan="2" rowspan="2" align="center">铁路货物运输保险单
RAILWAY CARGO INSURANCE POLICY</td><td>Established in 1949</td></tr>
<tr><td>发票号码
Invoice No.</td><td>保险单号次
Policy No.</td></tr>
<tr><td colspan="4">被保险人：
Insured：
中国人民保险公司（以下简称本公司）根据被保险人的要求及其所缴付的保险费，按照本保险单承保险别和背面所载条款与下列特别条款承保下述货物运输保险，特签发本保单。
This Policy of Insurance witnesses that The People's Insurance Company of China (hereinafter called "The Company") at the request of the "Insured" and in consideration of the agreed premium paying to the Company by the Insured undertakes to insure the undermentioned goods in transportation subject to the conditions of this Policy as per the Clauses printed overleaf and other special clauses attached hereon.</td></tr>
<tr><td align="center">标记及号码
Marks & Nos.</td><td align="center">包装数量
Quantity</td><td align="center">保险货物项目
Description of Goods</td><td align="center">保险金额
Amount Insured</td></tr>
<tr><td colspan="4">总保险金额
Total Amount Insured：________________</td></tr>
<tr><td colspan="4">保费 Premium ________ 费率 Rate ________ 装载运输工具 Per conveyance S. S. ________ 航班号 Flight No. ________</td></tr>
<tr><td colspan="4">开车日期 Slg. on or abt. ____________ 起运地 From ____________ 目的地 To ____________</td></tr>
<tr><td colspan="4">承保险别
Conditions</td></tr>
<tr><td colspan="4">所保货物，如发生本保单项下可能引起索赔的损失或损坏，应立即通知本公司下述代理人勘察。如有索赔，应向本公司提交保险单正本（本保险单共有____份正本）及有关部门文件。如一份正本已用于索赔，其余正本则自动失效。
In the event loss or damage which may result in a claim under this Policy, immediate notice applying for Survey must be given to the Company's Agent as mentioned hereunder. Claims, if any, one of the Original Policy which has been issued in ______Original (s) together with other relevant documents shall be surrendered to the Company. If one of the Original Policy has been accomplished, the others to be void.</td></tr>
<tr><td>赔款偿付地点
Claim Payable at</td><td colspan="3">中保财产保险有限公司
THE PEOPLE'S INSURANCE（PROPERTY）COMPANY OF CHINA LTD.</td></tr>
<tr><td>日期
Date</td><td colspan="3"></td></tr>
<tr><td>地址
Address</td><td colspan="3"></td></tr>
</table>

小知识

填单小提示

（1）承保险别是保险单的核心内容，是保险公司与被保险人责任划分的依据。依次缮制既要符合保险公司的要求，又要与信用证的规定相一致。

（2）承保险别的缮制应基本险在前，附加险在后。尽量用信用证有关原句。

（3）保险费金额的计算严格按信用证要求计算，不得有误，小数点后尾数要取整数。

任务实施

（1）山东艺佳纺织品进出口公司与货运代理确定运输价格及服务条款后，代理将给发货人一份空白的“货物托运委托书”，发货人如实填写委托书，盖章后交给代理人，山东艺佳纺织品进出口公司所作单据样单如样单 1－45 所示。填表时应注意：

①出口货物托运单实质是货主和货代之间逐笔的简式运输合同。

②出口货物托运单中内容全面，包括提单的内容以及报关所需填写的全部内容。比如，提单抬头人、提单通知人、贸易国别、合同号、成交方式、运费及运输方式、出运港、目的港、出运日期、结汇方式、唛头、货物品名、HS 编码、规格及货号、件数、数量、毛重、净重、单价、总价、体积等。

③货物规格的填写内容主要包括：款号、订单号、成分含量、数量、单价、总价等。

④备注中写明交付货代公司的单据清单。

⑤单价、品名不一致的货物分别填写。

⑥运费不是写数目，而是写 FREIGHT PREPAID 或者 FREIGHT COLLECT。

（2）山东艺佳纺织品进出口公司审核 SHIPPER、CONSIGNEE、NOTIFY PARTY、装运港、目的港、唛头、包装及数量、品名、毛重、体积、运费支付、单据出具日期、船期、签章、正本提单的份数。通过核对各项该显示的要素，检查该单据各项填制内容符合单据要求，见样单 1－46。

【样单 1－45】

出口托运委托书

填制日期：　　年　月　日

<table>
<tr><td colspan="2" rowspan="2"></td><td colspan="2">运编号 NBF2218S12M0016</td></tr>
<tr><td>信用证号 BMT0712198TM</td><td>合同号 13NTKB5201</td></tr>
<tr><td colspan="2" rowspan="3">提单抬头人：</td><td>成交方式：FOB</td><td>贸易方式：一般贸易</td></tr>
<tr><td>交易国别：CANADA</td><td>结汇方式：L/C</td></tr>
<tr><td colspan="2">付款期限 BY L/C AT SIGHT L/C NO. BMT0712198TM</td></tr>
<tr><td colspan="2">提单通知人：</td><td colspan="2" rowspan="6">唛头：
Reitmans
PO#/Dept#
CTN NO.
Montreal Canada
style#
Made In CHINA
Dimmensions：
G. W：
N. W：
Total QTY：</td></tr>
<tr><td>运费：FREIGHT COLLECT</td><td>运输方式：海运</td></tr>
<tr><td>出运港：QINGDAO</td><td>目的港：Montreal</td></tr>
<tr><td>可否转运 Y</td><td>可否分批 Y</td></tr>
<tr><td>出运日期：2013-7-20</td><td>有效期限：2013-7-20</td></tr>
<tr><td colspan="2">英文总品名：</td><td colspan="2">中文总品名：女式针织衫</td></tr>
</table>

货品规格	件数	数量	毛重	净重	单价	总价

6110200099 女士针织衫非起绒套头
STYLE NO：A03－18133F 45CTNS　1105PCS　303. 00KGs　288. 00KGs　USD9. 90/Pc USD10939. 50
P0 N0 271390
BRAND ：AE
L ADIES KNIT SWEATER
80% COTTON 20% NYLON
6110300099 女士针织衫非起绒套头
STYLE NO：A03－18010F 69CTNS　1737PCS　663. 00KGs 594. 00KGs　USD8. 25/Pc USD14330. 250
P0 N0 271736
BRAND ：AE
L ADIES KNIT SWEATER
70% COTTON 30% NYLON

Total　114CTNS 2842PCS 996KGs 882KGs　USD26269. 75

<table>
<tr><td rowspan="4">特别事项：
客人指定货代：
地址：
联系人：
电话：
运编号：NBF2218S12M0016</td><td>FOB 价
USD26269. 75</td><td>总体积
6. 040 CBM</td></tr>
<tr><td>业务员</td><td>核销单号 82/7067115</td></tr>
<tr><td>工厂</td><td>托运单日期
2013-7-16 下午 02:44:25</td></tr>
<tr><td>打印日期</td><td>2013-7-16 下午 04:15:24</td></tr>
</table>

【样单 1-46】

海运提单

<table>
<tr><td colspan="2">(1) Shipper
YIJIA TEXTILES IMPORT AND EXPORT CORP. , LTD.
ADD：11 NORTH YUNNAN ROAD SHANDONG 210009，CHINA
FAX：(0532) ×××××××× TEL：(0532) ××××××××
TLX：33223INTIE CN</td><td rowspan="5" colspan="2">BILNO. MOLU11016032978
SEA GOLD TRANSPORTATION , INC.
东海国际航运有限公司
Combined Transport BILL of LADING
RECIVED in apparent good order and condition except as otherwise noted the total number of containers or other packages or units enumerated below for transportation hereof . One of the bills of lading must be surrendered duty endorsed in exchange for the goods or deliver order. On presentation of this document duly endorsed to the Carrier by or on behalf of the holder of the bill of lading. the rights and liabilities arising in accordance with the terms and conditions herof shall, without prejudice to any rule of common law or statute rendering them binding on the Merchant, become binding in all respects between the Carrier and the Holder of the bill of lading as though the contract evidenced herby had be made between them.</td></tr>
<tr><td colspan="2">(2) Consignee
Tallmans (Canada) Ltd.
060 Sanve St. West
Montreal, Quebec H5L 1Z3 CA</td></tr>
<tr><td colspan="2">(3) Notify Party
Tallmans (Canada) Ltd.
060 Sanve St. West
Montreal, Quebec H5L 1Z3 CA</td></tr>
<tr><td>(4) Pre-carriage by</td><td>(5) Place of Receipt</td></tr>
<tr><td>(6) Ocean Vessel Voy. No.
HUAN QIU018</td><td>(7) Port of Loading
QINGDAO</td></tr>
<tr><td>(8) Port of Discharge
VANCOUVER，CANADA</td><td>(9) Place of Delivery
MONTREAL,
QUEBEC，CANADA</td><td colspan="2">REFERENCE NO.
NKGP120700024</td></tr>
<tr><td colspan="2">(10) TOTAL NO. OF CONTAINERS
OR PACKAGES (IN WORDS)</td><td colspan="2">PART OF ONE (1) ＊40GP CONTAINERONLY</td></tr>
<tr><td>Marks & Nos.</td><td>No of Containers</td><td colspan="2">Kind of Packages：Description of Goods</td></tr>
<tr><td rowspan="2">Container Seal No.
TALLMANS
PO NO. /DEPT.
CTN NO.
MONTREAL，CANADA
PACK R SIZES
STYLE NO.
COLOR
MADE IN CHINA
CARTON SIZE
G. W. /N. W.
TOTAL QTY

TGHU4484596/A048939/40'GP</td><td rowspan="2">No of
Containers
or P'kgs
114
CTNS</td><td colspan="2">CFS/CY
LADIES KNIT SWEATER
PO NO：271390
STYLE NO：A03-18133F
PO NO：271736
STYLE NO：A03-18010F
L/C NO：BMTO712198IM
SHIPMENT EFFECTED VIA JIANGSU UNIWILL LOGISTICS CO. , LTD
ISSUED BY RYDER CRSA LOGISTICS (HK) LIMITED
ON BOARD DATE：07/20/2013</td></tr>
<tr><td colspan="2">Declared Cargo value USD 6595. 30 per Clause 5 on the reverse of this bill of lading. If Merchant enters a value. Carrier's per package limitation of liability shall not apply and the ad valorem rate in Carrier's tariff will be charged.</td></tr>
<tr><td colspan="2">(11) FREIGHT & CHARGES：COLLECT</td><td>Per</td><td>Prepaid　　Collect</td></tr>
<tr><td rowspan="2">EX. Rate：</td><td>Prepaid at</td><td colspan="2">Payable at</td></tr>
<tr><td>Total Prepaid</td><td colspan="2">No. of Original B (s) /L：THREE</td></tr>
</table>

归纳总结

本任务归纳总结如图 1－11 所示。

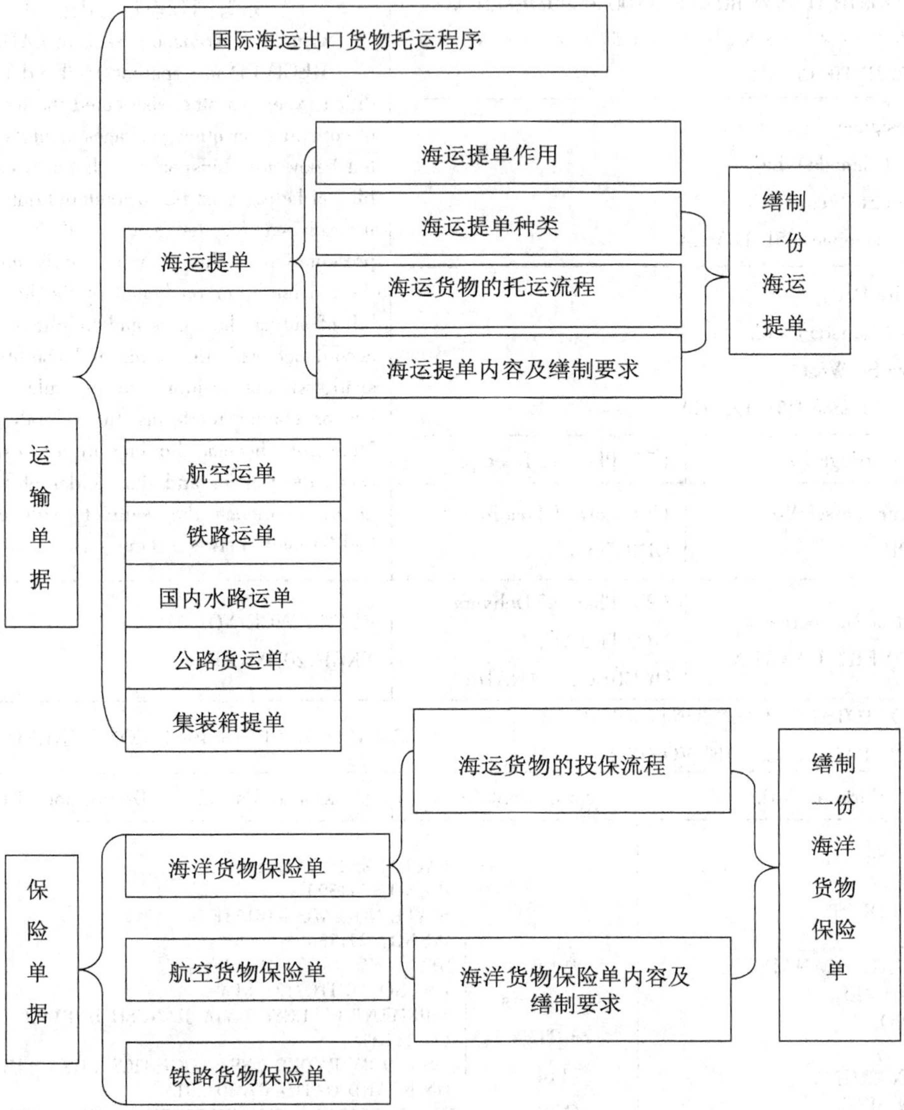

图 1－11　任务三归纳总结

小技巧

货运提单填制技巧

1. 托运人（SHIPPER）

一般为信用证中的受益人。如果开证人为了贸易上的需要，要求做第三者提单（THIRD PARTY B/L），也可照办。

2. 收货人（CONSIGNEE）

如要求记名提单，则可填上具体的收货公司或收货人名称；如属指示提单，则填为“指示”（ORDER）或“凭指示”（TO ORDER）；如需在提单上列明指示人，则可根据不同要求，作成“凭托运人指示”（TO ORDER OF SHIPPER），“凭收货人指示”（TO ORDER OF CONSIGNEE）或“凭银行指示”（TO ORDER OF XX BANK）。

3. 被通知人（NOTIFY PARTY）

这是船公司在货物到达目的港时发送到货通知的收件人，有时即为进口人。在信用证项下的提单，如信用证上对提单被通知人有权具体规定时，则必须严格按信用证要求填写。如果是记名提单或收货人指示提单，且收货人又有详细地址的，则此栏可以不填。如果是空白指示提单或托运人指示提单则此栏必须填列被通知人名称及详细地址，否则船方就无法与收货人联系，收货人也不能及时报关提货，甚至会因超过海关规定申报时间被没收。

4. 提单号码（B/L NO.）

一般列在提单右上角，以便于工作联系和查核。发货人向收货人发送装船通知（SHIPMENT ADVICE）时，也要列明船名和提单号码。

5. 船名（NAME OF VESSEL）

应填列货物所装的船名及航次。

6. 装货港（PORT OF LOADING）

应填列实际装船港口的具体名称。

7. 卸货港（PORT OF DISCHARGE）

填列货物实际卸下的港口名称。

如属转船，第一程提单上的卸货港填转船港，收货人填二程船公司；第二程提单装货港填上述转船港，卸货港填最后目的港。如由第一程船公司出联运提单（THROUGH B/L），则卸货港即可填最后目的港，提单上列明第一和第二程船名。如经某港转运，要显示“VIA XX”字样。在运用集装箱运输方式时，目前使用“联合运输提单”（COMBINED TRANSPORT B/L），提单上除列明装货港、卸货港外，还要列明“收货地”（PLACE OF RECEIPT）、“交货地”（PLACE OF DELIVERY）、“第一程运输工具”（PRE - CARRIAGE BY）以及“海运船名和航次”（OCEAN VESSEL，VOY. NO.）。填写卸货港，还要注意同名港口问题，如属选择港提单，就要在这栏中注明。

8. 货名（DISCRIPTION OF GOODS）

在信用证项下货名必须与信用证上规定的一致。

9. 件数和包装种类（NUMBER AND KIND OF PACKAGES）

要按箱子实际包装情况填列。

10. 唛头（SHIPPING MARKS）

信用证有规定的，必须按规定填列，否则可按发票上的唛头填列。

11. 毛重，尺码（GROSS WEIGHT，MEASUREMENT）

除信用证另有规定者外，一般以千克为单位列出货物的毛重，以立方米为单位列出货物体积。

12. 运费和费用（FREIGHT AND CHARGES）

一般为预付（FREIGHT PREPAID）或到付（FREIGHT COLLECT）。如 CIF 或 CFR 出口，一般均填上运费预付字样，千万不可漏列，否则收货人会因运费问题提不到货，虽可查清情况，但拖延提货时间，也将造成损失。如系 FOB 出口，则运费可制作“运费到付”字样，除非收货人委托发货人垫付运费。

13. 提单的签发，日期和份数

提单必须由承运人或船长或他们的代理签发，并应明确表明签发人身份。一般表示方法有：CARRIER，CAPTAIN，或“AS AGENT FOR THE CARRIER：×××”等。提单份数一般按信用证要求出具，如“FULL SET OF”一般理解成三份正本、若干份副本。等其中一份正本完成提货任务后，其余各份失效。提单还是结汇的必需单据，特别是在跟单信用证结汇时，银行要求所提供的单证必须一致，因此提单上所签的日期必须与信用证或合同上所要求的最后装船期一致或先于装期。如果卖方估计货物无法在信用证装期前装上船，应尽早通知买方，要求修改信用证，而不应利用“倒签提单”、“预借提单”等欺诈行为取得货款。

思考与训练

一、简答题

1. 运输单据有哪些？

2. 海洋货物保险单的内容是什么？

二、技能训练题

资料：（1）信用证资料：

FROM：MITSUBISHI BANK TOKYO

TO：BANK OF CHINA，NINGBO BR.

DD：Jan. 15，2013

L/C NO：MT888

DATE AND PLACE OF EXPIRY：FEB. 28，2013IN CHINA.

APPLICANT：ABC COMPANY

12－15 OHTEMACHI 5－CHOME CHIYADA－KU TOKYO

BENEFICIARY：EFG COMPANY

NO. 888 ZHONG SHAN LU，NINGBO，CHINA

CREDIT AMOUNT: USD

SHIPMENT FROM: NINGBO, CHINA

FOR TRANSPORTATION TO: TOKYO, JAPAN

LATEST DATE OF SHIPMENT: FEB 15, 2013

PARTIAL SHIPMENT AND TRANSHIPMENT ALLOWD

CONTRACT NO.: 10GB007

3000 PCS HOSPITAL UNIFORM, EF－152 T－XL, AT USD2/PC

750PCS HOSPITAL UNIFORM, EF－162 T－UNICA, AT USD1/PC

1500PCS HOSPITAL UNIFORM, EF－308 T－XL, AT USD4/PC

PRICE TERMS: CIF TOKYO

（2）航空公司于2013年2月14日对托运人的航空运单以下内容予以确认：

SHIPPER: EFG COMPANY

GOODS: HOSPITAL UNIFORM

FLIGHT: CA2001

ACTUAL FLIGHT DATE: FEB 15, 2013

FROM NINGBO AIRPORT FOR TRANSPORTATION TO TOKYO AIRPORT

G. W.: 1056KGS MEAS: 4.2CBM

PACKED IN 88 CARTONS

（3）空运单证由承运人（SINOTRANS AIR NINGBO COMPANY）代理人王林签发。签发日期：2013年2月13日。

任务：请根据以上资料按航空运单的式样（见样单1－47）认真填好各单据要项。

评分标准：航空运单共计25项，每小项4分。

【样单 1－47】

中国民航航空运单

AIR WAYBILL

航空运单号：No. OF AIR WAYBILL：(1)：

托运人姓名及地址 SHIPPER'S NAME AND ADDRESS	托运人账号 SHIPPER'S ACCOUNT NUMBER	Not Negotiable 中国民航 CAAC (2) ***AIR WAYBILL***
收货人姓名及地址 CONSIGNEE'S NAME AND ADDRESS	收货人账号 CONSIGNEE'S ACCOUNT NO.	航班/日期 FLIGHT/DAY

出具货运单的承运人代理人的名称和城市 ISSUING CARRIER'S AGENT NAME AND CITY	出具货运单的代理人的国际航空运输协会代号 AGENT'S IATA CODE

始发站 AIRPORT OF DEPARTURE	到达站 AIRPORT OF DESTINATION	路线 REQUESTED ROUTING		
会计事项 ACCOUNTING INFORMATION	币别 CURRENCY	运费支付方式 WT/VAL		
		PPD	COLL	Other

商品编号 COMMODITY ITEM NO.	托运人声明价值 SHIPPER'S DECLARED VALUE		保险金额 AMOUNT INSURED
	供运输用 FOR CARRIAGE	供海关用 FOR CUSTOMS	

处理情况（包括包装方式、货物标志及号码等）
HANDLING INFORMATION (INCLUDING METHOD OF PACKING, MARKS AND NUMBERS ETC.)

件数 NO. OF PACKAGES	实际毛重（千克） ACTUAL GROSS WEIGHT (KGS)	运价类别 RATE CLASS	收费重量 CHARGEABLE WEIGHT	费率 RATE/ CHARGE	货物名称及数量 NAME AND QUANTITY OF GOODS

预付费用 PREPAID	到付费用 COLLECT

托运人证实以上所填全部属实并愿遵守承运人的一切载运章程。

Shipper certifies that the particulars on the face hereof are correct and that insofar as any part of the consignment contains dangerous goods, such part is properly described by name and is in proper condition for carriage by air according to the applicable Dangerous Goods Regulation.

托运人签字__________

Signature of Shipper or His Agent

日期 地点 承运人签字

Executed on (date) at (place) Signature of Issuing Carrier or Its Agent

任务四　货物出入境单证取得与填制

知识目标

- 掌握货物进出境单证的内容
- 了解货物进出境单证的种类
- 掌握货物进出境单证一般格式

能力目标

- 能够熟悉如何取得各种进出境单证
- 能够结合进出口资料填写相关单证

任务引入

山东艺佳纺织品进出口公司为本次货物的托运人，委托山东风华物流有限公司负责代理此次出口报关。公司位于山东青岛，海关注册编码是：3201916666，公司出口加拿大蒙特利尔一批服装（商品编码为6110200099），集装箱号：TGHU4484596/40/3750。请协同风华物流公司操作人员填制报关单证办理报关。

任务分析

本任务是针对出口通关这一环节进行流程的设计和报关单的缮制。跟一般国内贸易相比，进出口贸易的程序复杂，涉及的单据式样繁多，填写规范也各不相同，还要考虑到一些进出口相关法律法规的限制，操作难度比较大，应注意以下问题。

（1）要详细了解货物特性。包括货物的中英文品名、规格型号、质量、体积、价格、包装、原产地、用途等基本情况。操作人员在接到全套单据之后，要确认货物的商品编码，查阅海关税则，确认出口税率、确认货物需要什么监管条件等。

（2）要熟悉国家相关规定。单证人员要熟悉我国的检验检疫制度、进出口许可管理制度、国家强制性产品认证制度等。

（3）流程设计要连贯、完整。在设计通关流程时，要按照国家规定，根据货物特点来计划、安排，要求连贯、完整、合理、可操作性强。

（4）通关单证要齐全、准确。

（5）报关单填制要认真、规范。必须按照相关规定填写，填制内容必须真实，做到“单证相符”和“单货相符”。报关单的填报要准确、齐全、完整、字迹清楚。

相关知识与拓展

报关与通关的联系和区别：报关，是从海关行政管理相对人的角度，仅指向海关办理有关手续，而通关不仅包括海关行政管理相对人向海关办理有关手续，还包括海关对进出境运输工具、货物、物品依法进行监督管理，核准其进出境的管理过程。

小知识

什么是电子钥匙

电子钥匙是一种物理存储设备，一般插在计算机的USB接口上，里面存储了用户的数字证书。电子钥匙相当于用户在系统中的身份证与通行证，即系统只允许拥有电子锁匙的用户登录系统并进行相关操作。

一、产品进出口许可证

进出口许可证管理是指由商务部或者会同国务院有关部门，依法制定并调整进出口许可管理目录，以签发进出口许可证的形式对该目录商品实行的行政许可管理。进出口许可管理制度是我国实行对外贸易管理的一种行政保护手段，其根据我国的对外贸易政策对进出口货物和物品实行全面管理。

进出口许可证是我国进出口许可证管理制度中具有法律效力，用来证明对外贸易经营者经营列入国家进出口许可管理目录商品合法进出口的证明文件，是海关验放该类货物的重要依据。商务部是全国进出口许可证的归口管理部门，负责制定进出口许可证管理办法及规章制度，监督、检查进出口许可证管理办法的执行情况，处罚违规行为。

（一）进口许可证管理

1. 进口许可证的申领

（1）管理范围和管理机构

2010年实施进口许可证管理的货物有消耗臭氧层物质和重点旧机电产品两种。其中，重点旧机电产品的进口许可证由商务部配额许可证事务局负责签发，消耗臭氧层物质的进口许可证由商务部授权的地方商务主管部门负责签发。

（2）应提交的书面材料

①加盖经营者公章相对应的《进口许可证申请表》；

②主管机关签发的进口批准文件；

③与申请表内容一致的进口合同正本复印件；

④如果是委托进口，须提交与委托方签订的委托协议正本复印件；

⑤首次申请者须提交《企业法人营业执照》、加盖对外贸易经营者备案登记专用章的《对外贸易经营者备案登记表》或《中华人民共和国进出口企业资格证书》；经营者为外商投资企业的，还应当提交《外商投资企业批准证书》；

⑥商务部规定的其他应当提交的材料。

（3）申领程序

收货人应当先到发证机构申领用于企业身份认证的电子钥匙。申请时，登录相关网站，进入相关申领系统，按要求如实在线填写《进口许可证申请表》等资料，审核通过后，向发证机构取证，并提交上述需提交的材料，详细流程如图 1－12 所示。

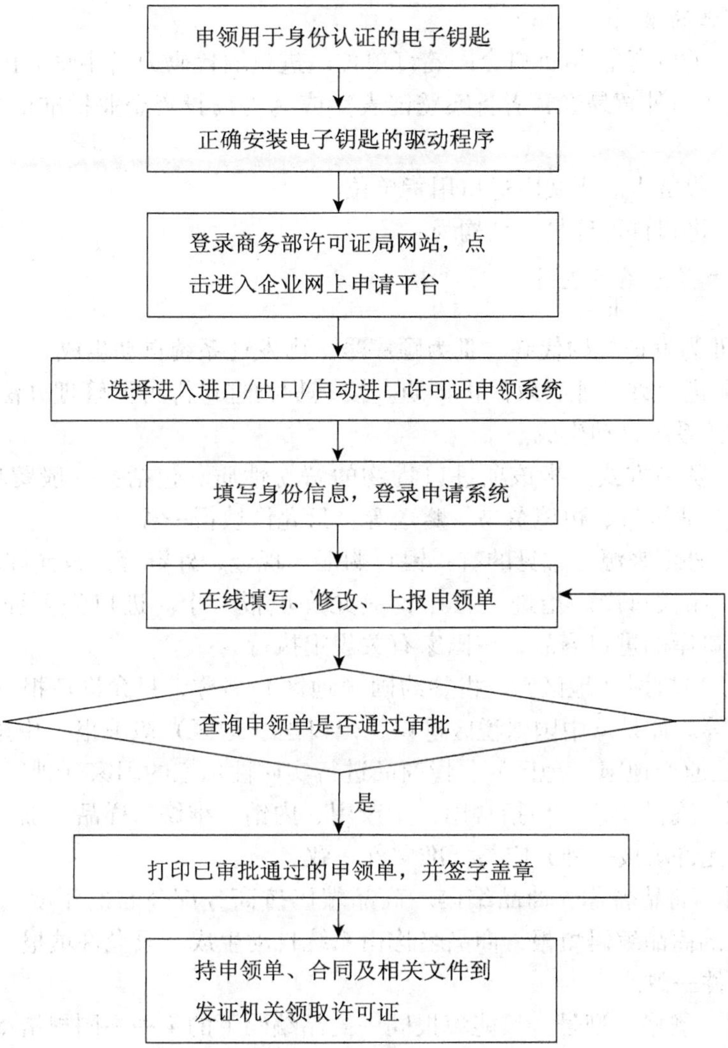

图 1－12　许可证网上申领流程

（4）进口许可证的有效期

进口许可证的有效期为 1 年，当年有效。特殊情况需要跨年度使用时，有效期最长不得超过次年 3 月 31 日，逾期自行失效。

进口许可证一经签发，不得擅自更改证面内容，如需更改，经营者应当在许可证有效期内提出更改申请，并将许可证交回原发证机构，由原发证机构重新换发许可证。

（5）进口许可证的使用

进口许可证管理商品实行“一证一关”（指许可证只能在一个海关报关）管理。一般情况下，进口许可证为“一批一证”（指许可证在有效期内只能一次报关使用）。如要实行“非一批一证”（指许可证在有效期内可多次报关使用），应当同时在进口许可证备注栏内打印“非一批一证”字样，但最多不超过12次，由海关在许可证背面“海关验放签注栏”内逐批核减进口数量。

2. 进口许可证的填制

第（1）项　进口商。指进口合同签订单位。进口商代码为《中华人民共和国进出口企业资格证书》、《对外贸易经营者备案登记表》或《外商投资企业批准证书》中的13位企业代码。

第（2）项　收货人。指实际进口用货单位。

第（3）项　进口许可证号。结构为：

$$\underbrace{\times\times}_{\text{Ⅰ}}-\underbrace{\times\times}_{\text{Ⅱ}}-\underbrace{\times\times\times\times\times\times}_{\text{Ⅲ}}$$

Ⅰ为年份；Ⅱ为发证机构代码；Ⅲ为顺序号，由发证系统自动生成。

第（4）项　进口许可证有效截止日期。按《货物进口许可证管理办法》确定的许可证有效期，由发证系统自动生成。

第（5）项　贸易方式。指该项进口货物的贸易性质。包括：一般贸易、进料加工、来料加工、外资企业进口、边境贸易、赠送等，只允许填报一种。

第（6）项　外汇来源。常见的有：银行购汇、现金、外资等，只允许填报一种。

第（7）项　报关口岸。指进口口岸，只允许填报一个。进口许可证实行“一证一关”制。对指定口岸的进口商品，按国家有关规定执行。

第（8）项　出口国（地区）。指签约国（地区）名称，只允许填报一个。不能使用区域名，如欧盟等。如是从中国保税区进口，出口国（地区）应填报“中国”。

第（9）项　原产地国（地区）。指商品进行实质性加工的国家（地区）。

第（10）项　商品用途。包括自用、生产用、内销、维修、样品、加工复出口、加工贸易内销等，只允许填报一种并应与批准文件一致。

第（11）项　商品名称、商品编码。商品编码按商务部公布的年度《进口许可证管理货物目录》中的商品编码填报，商品名称由系统自动生成。只允许填报一个商品编码并应与进口批准文件一致。

第（12）项　规格、型号。只能填报同一商品编码下的4种不同规格型号，超过4种规格型号的，另行申请许可证。

第（13）项　单位。指计量单位。按商务部公布的年度《进口许可证管理货物目录》中的计量单位执行，由发证系统自动生成。如合同使用的计量单位与规定的计量单位不一致，应换算成规定的计量单位。无法换算的，可在备注栏注明。

第（14）项　数量。指申请进口的商品数量，最大位数为9位阿拉伯数字，最小保留小数点后1位。如数量过小，可在备注栏内注明；如数量过大，可分证办理。计量单位为“批”的，此栏均为“1”。

第（15）项　单价（币别）。指与第十三项“单位”所使用的计量单位相应的单价和货币种类。计量单位为1批的，此栏为总金额。

第（16）、（17）、（18）项　总值（币别）、总值折美元、总计。由发证系统自动计算。

第（19）项　备注。用于注明其他需要说明的情况。例如，不是一批一证报关的进口许可证，在此栏注明“非一批一证”。

第（20）项 发证机关签章。发证机构在发放进口许可证前在此栏加盖《中华人民共和国进口许可证专用章》。

第（21）项 自动生成。

3. 进口许可证样本

进口许可证样本如样单 1－48 所示。

【样单 1－48】

中华人民共和国进口许可证

IMPORT LICENCE OF THE PEOPLE'S REPUBLIC OF CHINA NO.

<table>
<tr><td colspan="3">（1）进口商：
Importer</td><td colspan="3">（3）进口许可证号：
Import Licence No.</td></tr>
<tr><td colspan="3">（2）收货人：
Consignee</td><td colspan="3">（4）许可证有效截止日期：
Import Licence Expire Date</td></tr>
<tr><td colspan="3">（5）贸易方式：
Terms of Trade</td><td colspan="3">（8）出口国（地区）：
Country/Region of Exportation</td></tr>
<tr><td colspan="3">（6）外汇来源：
Terms of Foreign Exchange</td><td colspan="3">（9）原产地国（地区）：
Country/Region of Origin</td></tr>
<tr><td colspan="3">（7）报关口岸：
Place of Clearance</td><td colspan="3">（10）商品用途：
Use of Goods</td></tr>
<tr><td colspan="3">（11）商品名称：
Description of Goods</td><td colspan="3">商品编码：
Code of Goods</td></tr>
<tr><td>（12）规格、型号
Specification</td><td>（13）单位
Unit</td><td>（14）数量
Quantity</td><td>（15）单价（ ）
Unit Price</td><td>（16）总值（ ）
Amount</td><td>（17）总值折美元
Amount in USD</td></tr>
<tr><td></td><td></td><td></td><td></td><td></td><td></td></tr>
<tr><td></td><td></td><td></td><td></td><td></td><td></td></tr>
<tr><td></td><td></td><td></td><td></td><td></td><td></td></tr>
<tr><td></td><td></td><td></td><td></td><td></td><td></td></tr>
<tr><td>（18）总计
Total</td><td></td><td></td><td></td><td></td><td></td></tr>
<tr><td colspan="3">（19）备注
Supplementary Details</td><td colspan="3">（20）发证机关签章
Issuing Authority's Stamp & Signature
（21）发证日期
Licence Date</td></tr>
</table>

对外贸易经济合作部监制（2000）

（二）出口许可证管理

1. 出口许可证的申领

对外贸易经营者应当在出口前按规定向指定的发证机构申领出口许可证，海关凭出口许可证接受申报和验放。

（1）管理范围和管理机构

2010 年实行出口许可证管理的货物共 49 种。其中，由商务部配额许可证事务局负责签发玉米、小麦、棉花、煤炭、原油、成品油 6 类商品和在京中央管理企业的出口许可证，商务部驻各地特派员办事处负责签发大米、玉米粉、小麦粉、大米粉、锯材、活牛、活猪、活鸡、焦炭、稀土、锑及锑制品、钨及钨制品、锌矿砂等 32 类商品的出口许可证，商务部授权的地方商务主管部门负责签发消耗臭氧层物质、石蜡、锌及锌基合金、部分金属及制品等 11 类商品的出口许可证。

另外，为维护正常的经营秩序，对部分出口货物实行指定发证机构发证或指定口岸报关出口。企业如出口此类货物，须向指定发证机构申领出口许可证，并在指定口岸报关出口。例如，以陆运方式出口的对港澳地区的活牛、活猪、活鸡出口许可证由广州特办、深圳特办签发。

（2）应提交的书面材料

①加盖经营者公章的相对应的《出口许可证申请表》；

②主管机关签发的出口批准文件；

③与申请表内容一致的出口合同正本复印件；

④如果是委托出口，须提交与委托方签订的委托协议正本复印件；

⑤首次申请者须提交《企业法人营业执照》、加盖对外贸易经营者备案登记专用章的《对外贸易经营者备案登记表》或《中华人民共和国进出口企业资格证书》；经营者为外商投资企业的，还应当提交《外商投资企业批准证书》；

⑥商务部规定的其他应当提交的材料。

（3）申领程序

收货人应当先到发证机构申领用于企业身份认证的电子钥匙。申请时，登录相关网站，进入相关申领系统，按要求如实在线填写《出口许可证申请表》等资料，审核通过后，向发证机构取证，并提交上述需提交的材料，详细流程如图 1－12 所示。

（4）出口许可证的有效期

出口许可证的有效期最长不得超过 6 个月，且有效期截止时间不得超过当年的 12 月 31 日。商务部可视具体，情况调整某些货物出口许可证的有效期。出口许可证应当在有效期内使用，逾期自行失效。

出口许可证一经签发，不得擅自更改证面内容，如需更改，经营者应当在许可证有效期内提出更改申请，并将许可证交回原发证机构，由原发证机构重新换发许可证。

（5）出口许可证的使用

出口许可证管理商品实行“一证一关”管理。一般情况下，出口许可证为“一批一证”。如要实行“非一批一证”，应当同时在出口许可证备注栏内打印“非一批一证”字样，但最多不超过 12 次，由海关在许可证背面“海关验放签注栏”内逐批核减出口数量。

2. 出口许可证的填制

第（1）项 出口商。指出口合同签订单位，应与出口批准文件一致。出口商代码为《对外贸易经营者备案登记表》、《中华人民共和国进出口企业资格证书》或者《中华人民共和国外商投资企业批准证书》中的13位企业代码。

第（2）项 发货人。指具体执行合同发货的单位。配额以及配额招标商品的发货人应与出口商保持一致。

第（3）项 出口许可证号。同进口许可证填写规范。

第（4）项 出口许可证有效截止日期。按《货物出口许可证管理办法》确定的有效期，由发证系统自动生成。

第（5）项 贸易方式。指该项出口货物的贸易性质。包括：一般贸易、进料加工、来料加工、出料加工、外资企业出口、捐赠、赠送等，只能填报一种。

第（6）项 合同号。指申请出口许可证时提交出口合同的编号，只允许填报一个合同号。

第（7）项 报关口岸。指出口口岸，只允许填报一个关区。出口许可证实行“一证一关”制。对指定口岸的出口商品，按国家有关规定执行。

第（8）项 进口国（地区）。指合同目的地。只能填报一个国家（地区），不能使用地区名，如欧盟。如对中国保税区出口，进口国（地区）应打印“中国”。

第（9）项 收款方式。包括：信用证、托收、汇付等，只能填报一种。

第（10）项 运输方式。指货物离境时的运输方式。包括：海上运输、铁路运输、公路运输、航空运输等，只允许填报一种。

第（11）项 商品名称、商品编码。商品编码按商务部公布的年度《出口许可证管理货物目录》中的商品编码填报，商品名称由发证系统自动生成。只允许填报一个商品编码并应与出口批准文件一致。

第（12）项 规格、等级。只能填报同一商品编码下的4种不同规格等级，超过4种规格等级的，另行申请许可证。

第（13）项 单位。同进口许可证填写规范。

第（14）项 数量。指申请出口商品数量。具体填写规范同进口许可证。

第（15）项 单价（币别）。同进口许可证填写规范。

第（16）、（17）、（18）项 总值（币别）、总值折美元、总计。由发证系统自动计算。

第（19）项 备注。用于注明其他需要说明的情况。如不是一批一证报关的出口许可证，在此栏注明“非一批一证”。

第（20）项 发证机关签章。发证机构发放出口许可证前在此栏加盖《中华人民共和国出口许可证专用章》。

第（21）项 发证日期。由发证系统自动生成。

3. 出口许可证样本

出口许可证样本，如样单1－49所示。

【样单 1-49】

中华人民共和国出口许可证

EXPORT LICENCE OF THE PEOPLE'S REPUBLIC OF CHINA　　NO.

<table>
<tr><td colspan="3">(1) 出口商:
Exporter</td><td colspan="3">(3) 出口许可证号:
Export licence No.</td></tr>
<tr><td colspan="3">(2) 发货人:
Consignee</td><td colspan="3">(4) 许可证有效截止日期:
Export Licence Expire Date</td></tr>
<tr><td colspan="3">(5) 贸易方式:
Terms of Trade</td><td colspan="3">(8) 进口国(地区):
Country/Region of importation</td></tr>
<tr><td colspan="3">(6) 合同号:
Contract No.</td><td colspan="3">(9) 收款方式:
Terms of payment</td></tr>
<tr><td colspan="3">(7) 报关口岸:
Port of Clearance</td><td colspan="3">(10) 运输方式:
Means of transport</td></tr>
<tr><td colspan="4">(11) 商品名称:
Description of Goods</td><td colspan="2">商品编码:
Code of Goods</td></tr>
<tr><td>(12) 规格、型号
Specification</td><td>(13) 单位
Unit</td><td>(14) 数量
Quantity</td><td>(15) 单价
Unit Price</td><td>(16) 总值
Amount</td><td>(17) 总值折美元
Amount in USD</td></tr>
<tr><td></td><td></td><td></td><td></td><td></td><td></td></tr>
<tr><td></td><td></td><td></td><td></td><td></td><td></td></tr>
<tr><td></td><td></td><td></td><td></td><td></td><td></td></tr>
<tr><td></td><td></td><td></td><td></td><td></td><td></td></tr>
<tr><td>(18) 总计
Total</td><td></td><td></td><td></td><td></td><td></td></tr>
<tr><td colspan="3">(19) 备注
Supplementary Details</td><td colspan="3">(20) 发证机关签章
Issuing Authority's Stamp & Signature
(21) 发证日期
Licence Date</td></tr>
</table>

对外贸易经济合作部监制(2000)

(三) 自动进口许可证管理

1. 自动进口许可证的申领

(1) 管理范围和管理机构。2010 年自动进口许可管理商品包括一般商品、机电产品、重要工业品三个目录。

商务部授权配额许可证事务局,商务部驻各地特派员办事处,各省、自治区、直辖市、计划单列市商务（外经贸）主管部门和地方机电产品进出口机构负责自动进口许可货物的管理和《自动进口许可证》的签发工作。

（2）应提交的书面材料。根据《货物自动进口许可管理办法》的规定，申请自动进口许可证，应当提交以下材料：

①收货人从事货物进出口的资格证书、备案登记文件或者外商投资企业批准证书（以上证书、文件仅限公历年度内初次申领者提交）；

②自动进口许可证申请表；

③货物进口合同；

④属于委托代理进口的，须提交与委托方签订的委托代理协议（正本）；

⑤对进口货物用途或者最终用户法律法规有特定规定的，应当提交进口货物用途或者最终用户符合国家规定的证明材料；

⑥针对不同商品在《自动进口许可管理货物目录》中列明的应当提交的材料；

⑦商务部规定的其他应当提交的材料。

（3）申领程序。收货人应当先到发证机构申领用于企业身份认证的电子钥匙。申请时，登录相关网站，进入相关申领系统，按要求如实在线填写《自动进口许可证申请表》等资料，审核通过后，向发证机构取证，并提交上述需提交的材料，详细流程如图 1-12 所示。

（4）自动进口许可证的有效期。自动进口许可证自签发之日起 1 个月后未领证的，发证机构可予以收回并撤销。

自动进口许可证在公历年度内有效，有效期为 6 个月。自动进口许可证应当在有效期内使用，逾期自行失效。

自动进口许可证需要延期或者变更，一律在原发证机构重新办理，旧证同时撤销，并在新证备注栏中注明原证号。实行“非一批一证”的自动进口许可证需要延期或者变更，核减原证已报关数量后，按剩余数量发放新证。

（5）自动进口许可证的使用。商务部对《自动进口许可证》项下货物原则上实行“一批一证”管理，对部分货物也可实行“非一批一证”管理。实行“非一批一证”管理的，同一份《自动进口许可证》在有效期内可以分批次累计报关使用，但累计使用不得超过六次，每次使用海关在自动进口许可证原件“海关验放签注栏”内进行批注，并且留存复印件，最后一次使用后，海关留存正本。

2. 自动进口许可证样本

样单 1-50 是自动进口许可证的样本，其填制规范与进口许可证的相近，但要特别注意与进口许可证填制的不同之处。

【样单1-50】

中华人民共和国自动进口许可证
AUTOMATIC IMPORT LICENCE OF THE PEOPLE'S REPUBLIC OF CHINA

NO.

<table>
<tr><td colspan="3">(1) 进口商：
Importer</td><td colspan="3">(3) 自动进口许可证号：
Automatic Import Licence No.</td></tr>
<tr><td colspan="3">(2) 进口用户：
Consignee</td><td colspan="3">(4) 进口许可证有效截止日期：
Automatic Import Licence Expire Date</td></tr>
<tr><td colspan="3">(5) 贸易方式：
Terms of Trade</td><td colspan="3">(8) 出口国（地区）：
Country/Region of Exportation</td></tr>
<tr><td colspan="3">(6) 外汇来源：
Terms of Foreign Exchange</td><td colspan="3">(9) 原产地国（地区）：
Country/Region of Origin</td></tr>
<tr><td colspan="3">(7) 报关口岸：
Place of Clearance</td><td colspan="3">(10) 商品用途：
Use of Goods</td></tr>
<tr><td colspan="2">(11) 商品名称：
Description of Goods</td><td colspan="2">商品编码：
Code of goods</td><td colspan="2">商品状态：
Status of goods</td></tr>
<tr><td>(12) 规格、型号
Specification</td><td>(13) 单位
Unit</td><td>(14) 数量
Quantity</td><td>(15) 单价（ ）
Unit Price</td><td>(16) 总值（ ）
Amount</td><td>(17) 总值折美元
Amount in USD</td></tr>
<tr><td></td><td></td><td></td><td></td><td></td><td></td></tr>
<tr><td></td><td></td><td></td><td></td><td></td><td></td></tr>
<tr><td></td><td></td><td></td><td></td><td></td><td></td></tr>
<tr><td></td><td></td><td></td><td></td><td></td><td></td></tr>
<tr><td>(18) 总计
Total</td><td></td><td></td><td></td><td></td><td></td></tr>
<tr><td colspan="3">(19) 备注
Supplementary Details</td><td colspan="3">(20) 发证机关签章
Issuing Authority's Stamp & Signature
(21) 发证日期
Licence Date</td></tr>
</table>

对外贸易经济合作部监制（2000）

二、海关发票与领事发票

(一) 海关发票

海关发票（Customs Invoice）是根据某些国家海关的规定，由出口商填制的供进口商凭以报关用的特定格式的发票，要求由国外出口商填写，供本国进口商随附商业发票和其他有关单据办理进口报关手续。

在出口贸易中，国外进口商若来证要求提供海关发票，制单人员应根据信用证的规定填制相应格式的海关发票。如果进口商要求提供的海关发票式样在国内很少见，可以向进口商索取样单，制单人员按栏目填制即可。

1. 海关发票的作用

（1）供进口商向海关办理进口报关手续及估价征税；

（2）供进口国海关核定货物的原产地，以采取不同的国别政策；

（3）供进口国海关掌握进口商品在出口国市场的价格情况，以确定是否低价倾销，以便征收反倾销税；

（4）供进口国海关作为统计的依据。

2. 海关发票的填制

由于各国海关的规定不同，各国和各地区的海关发票有各自不同的格式。

常见的海关发票有如下几种形式：①CANADA CUSTOMS INVOICE（加拿大海关发票）；②SPECIAL CUSTOMS INVOICE（美国海关发票）；③FORM 59A（新西兰海关发票）；④FORM C（西非海关发票）；⑤CARICOM INVOICE（加勒比海共同体海关发票）；⑥FORM C23（牙买加海关发票）。

虽然海关发票的格式与具体内容因国而异，但是填写各国海关发票的一般内容和项目是相近的。下面以样单 1－52 所示的加拿大海关发票为例，介绍海关发票的填写规范。

第（1）项 卖方的名称与地址。填写出口商的名称及地址，包括城市和国家的名称。信用证支付条件下此栏填写受益人姓名和地址。

第（2）项 直接运往加拿大的装运日期。填写直接运往加拿大的装运日期，此日期应与提单日期相一致。如单据送银行预审，也可请银行按正本提单日期代为加注。

第（3）项 其他参考事项（包括买方订单号码）。填写有关合同、订单或商业发票号码。

第（4）项 收货人的名称及地址。填写加拿大收货人的名称和详细地址。信用证支付条件下一般为信用证的开证人。

第（5）项 买方的名称与地址。填写实际购货人的名称及地址。如与第四栏的收货人相同，则此栏可打上“THE SAME AS CONSIGNEE”。

第（6）项 转运国家。应填写转船地点。如从广州装船经中国香港转船到温哥华，可填写：“FROM GUANGZHOU TO VANCOVER WITH TRANSHIPMENT AT HONGKONG BY VESSEL”。如不转船，可填 N/A（即 NOT APPLICCABLE）。

第（7）项 生产国别。填写“CHINA”，若非纯粹国产货物，应在商品描述栏中逐一列明各项商品的原产地国名。

第（8）项　运输方式及直接运往加拿大的起讫地点。填写运输方式和起讫地两项内容。例如，使用海运方式从广州运往温哥华，应填写：FROM GUANGZHOU TO VANCOVER BY VESSEL。需注意的是不论是否转船，均填写起运地和目的地名称以及所用运载工具名称。

第（9）项　价格条件及支付方式，如销售、委托发运、租赁商品等。按商业发票的价格术语及支付方式填写。如 FOB VANCOUVER D/P AT SIGHT 或 C AND F MONTREAL BY L/C AT SIGHT。

第（10）项　货币名称。卖方要求买方支付货币的名称，须与商业发票使用的货币相一致。如 USD、HKD 等。

第（11）项　件数。填写该批商品的包装件数。如 600 CARTONS。

第（12）项　商品详细描述。应按商业发票中相同项目的描述填写，并将包装情况及唛头填写在此栏内（包括种类、唛头、品名和特性，即等级、品质）。

第（13）项　数量。本栏与第十一项不同，应填写商品的具体数量，而不是包装的件数。

第（14）项　单价。应按商业发票记载的每项单价填写，使用的货币应与信用证和商业发票的一致。

第（15）项　总值。按商业发票的总金额填写。

第（16）项　总净重及总毛重。填写整批货物的总毛重和总净重，应与其他单据的总毛重和总净重相一致。

第（17）项　发票总金额。按商业发票的总金额填写。

第（18）项　如果从第（1）～（17）栏所填内容都已填写在所附的商业发票中，则查对本栏。如果（1）～（17）栏的任何栏的内容均已包括在所随附的商业发票内，则在方框内填一个“√”记号，并将有关商业发票号填写在横线上。

第（19）项　出口商名称及地址（如不是卖方）。若出口商与第（1）栏的卖方不是同一名称，则列入实际出口商名称；若出口商与第（1）栏卖方为同一者，则在本栏打上“ THE SAME AS VENDOR”。

第（20）项　负责人的姓名及地址。此栏仍填写出口公司名称、地址、负责人姓名。

第（21）项　适用的主管当局现行管理条例。指加拿大海关和税务机关对该货物进口的相关规定。如有，则按实际填写；如无，则填“N/A”。

第（22）项　如果（23）～（25）三个栏目均不适用，查对本栏目。如（23）～（25）栏填上了内容（不一定全部填满），此栏方格不填；如（23）～（25）栏均不适用，可在方框内打“√”记号。

第（23）项　如果以下金额已包括在第（17）栏目内，则填写此栏。

Ⅰ. 从起运地至加拿大的运费和保险费。填运费和保险费的总和，允许以支付的原币填写。若不适用则在横线上方打上“N/A”。

Ⅱ. 货物进口到加拿大后因建造、安装及组装而产生的费用。按实际情况填写，如无此费用产生，在横线上方打上 N/A。

Ⅲ. 出口包装费用。按实际情况将包装费用的金额打在横线上，如无，则填“N/A”。

第（24）项 如果以下金额不包括在第（17）栏目内，则填写此栏。

Ⅰ. 从起运地至加拿大的运费和保险费。

Ⅱ. 购买佣金以外的佣金。

Ⅲ. 出口包装费。

此三项，一般填“N/A”。如果在 FOB 等价格条件下，卖方又替买方租船订舱时，其运费于货到时支付，则Ⅰ栏可填实际运费额。

第（25）项 核对。包括：

Ⅰ. 卖方已支付的专利费或售后支付的款项。一般情况下此栏空白或打上“N/A”。

Ⅱ. 卖方为这些货物的生产提供的货物或服务。若适用，在方格内打“√”记号。本栏为补偿贸易、来件、来料加工、装配等贸易方式专用；一般贸易不适用，可在方格内填“N/A”。

3. 填制海关发票应该注意的问题

（1）由于各国海关发票格式不尽相同，不同国家或地区有各自的专门格式，来证内一般有规定，切勿用错格式。

（2）凡与商业发票共有的项目，两者内容必须完全一致。（例如，数量、品名、唛头、金额等）。

（3）凡需列明国内市场价或成本价时，应注意要低于 FOB 价，否则将可能被视为倾销。

（4）正确核算运费、保险费以及包装费，若以 CIF 或 CFR 成交，要正确计算出运费或保险费，再求出 FOB 净值。

（5）海关发票应以收货人或提单的被通知人为抬头。

（6）海关发票可由出口单位负责人员签字，如格式上要求填写证明人，证明人不能为同一人，必须由其他人员签字，且该证明人的名字不能出现在其他出口单据上。

（7）各国海关发票填制的要求不同，填写时应该注意其特殊规定。例如，加勒比共同体海关发票，要以发票同样的币制列明包装费用、运费和保险费；加拿大海关发票要求逐栏填写，不可留空，如没有相应内容，则填写“N/A”等。

以上是填制海关发票应注意的事项，在实务操作中一定要多加注意。

4. 海关发票样本

海关发票样本如样单 1-51 所示。

【样单 1-51】

加拿大海关发票

Revenue Canada　　Revenue Canada

Customs and Excise　　Douanes et Accise

CANADA CUSTOMS INVOICE

Page	Of De

(1) Vendor (Name and Address) *Vendeur (Nom et adresse)* SHANDONG YIJIA TEXTILES IMPORT AND EXPORT CORP. , LTD. ADD: YIJIA TEXTILES IMP/EXP CORP. , LTD. 11 NORTH YUNNAN ROAD SHANDONG FAX: (0532) 83338888 TEL: (0532) 83338889 TLX: 33223INTIE CN	(2) Date of Direct Shipment to Canada/*Date d' expedition directe vers ie Canade* 07/20/2013 (3) Other References (include Purchasev's Order No.) Autres references (*inclure ie n de commande dei acheteur*) 271300 271736
(4) Consignee (Name and Address) *Destinataire* (Nom et adresse) SAMAN AL – ABDUL KARIM AND PARTNERS CO. POB 13552, RIYADH 44166, KSA TEL: 4577301/4577312/4577313 FAX: 4577461	(5) Purchaser's Name and Address (if other than Consignee) *Nom et adresse de ť acheteur (S'll differe du destinataire)* Tallmans (Canada) Ltd. 060 Sanve St. West Montreal, Quebec H5L 1Z3 CA (6) Country of Transhipment/Pays de transbordement
	(7) Country of Origin of Goods *pays d' origine des marchandises* CHINA — IF SHIPMENT INCLUDES GOODS OF DIFFERENT ORIGINS ENTER ORIGINS AGAINST ITEMA IN12 *SIL'EXPEDON COMPREND DES MARCHANDISES D' ORIGINES DIFFEREN TES PRECISER*
(8) Transportation Give Mode and Place of Direct Shipment to Canada Transport *Preciser mode et point d'expedition directe vercte vers ie canada* SHIPMENT FROM QINGDAOPORT TO Montreal, CANANDA SHPPED BAY SEA FCR # NKGB 120700240	(9) Conditions of Sale and Terms of Payment (i. e Saie. Consignment Shipment, Leased Goods, etd.) *Conditions de vente et modaitites de paiement* *(P. ex vente, expedition en consignation, location, de marchandises, etc)* L/C FOB SHANDONG (10) Currency of Settlement/*Devises du paiement* USD:

(11) No. of Pkgs *Nore de colis*	(12) Specification of Commodities (Kind of Packages, Marks, and Numbers, General Description and Characteristics, ie Grade, Quality) *Designation des articles (Nature des colis, marques et numeros, description ger erale et caracteristiques, , P ex classe, qualite)*	(13) Quantity (State Unit) *Quantite (Preciseri unite)*	Selling Price/*Prix de vente* (14) Unit Price *Prix unitaire* FOB	(15) Total SHANDONG
Total		1105PCS	USD9. 90/PC	USD10939. 50
DESCRIPTION	114CATONS			
	LADIES KNIT SWEATE			
PO	80% COTTON 20% NYLON			
	NO: 271390			
STYLE:	NO: A03 –18010F			
H. C CODE	8110. 20. 00. 92			
DEPT NO	2243			
QTY				
DESCRIPTION	LADIES KNIT SWEATE			
	70% RAYON 830% NYLON			
PO	NO: 271738			

STYLE: NO: A03 – 18010F
H. C CODE 8110. 20. 00. 92
DEPT NO 2243
QTV 1737PCS USD8. 25/PC USD14330. 25
L/C NO BMT0712198IM

TOTAL: 2842PCS USD25269. 75

PACKED IN: FOUR THOUSAND FOUR HUNDRED CARTONS ONLY.

(18) if any Of fields (1) to (17) are included on an attached commercial invoice, check this box ☐
si tout renseignement relatlvement aux zones (1) e (17) ligure sur une ou des tactures
commercial invoice No.
1 *N de la factre commerciaie* NBF2218S12M0016

(16) Total Weight/*Poids Total*

Net	Gross/*Brut*
882. 00KGS	996. 00KGS

(17) Invoice Total *de la facture*
USD25269. 75

(19) Exporter's Name and Address (if other than Vendor)
Nom et adresse de ť exportateur (s'll differe du vendeur)
YIJIA TEXTILES IMP/EXP CORP. , LTD. 11 NORTH YUNNAN ROAD SHANDONG

(20) Originator (Name and Address) /*Expediteur d' origine (Nom et adresse)*

(21) Departmental Rulikg (if applicable) /*Decision du Ministere (S' lly a lieu)*

(22) If fields (23) to (25) are not applicable, check this box ☐
Si ies zones 23 e 25 sont sans objet, cocher cette case

(23) if included in field (17) indicate amount
Si compris dans ie total a ia zone 17, preciser
(Ⅰ) Transportation charges, expenese and insurance from the place of direct shipment to Canada
Les frais de transport, depenses et assurances a partir du point of expedition directe vers is Canada.
USD154. 29
(Ⅱ) Costs for const: Construction and assembly incurred after importation into Canada
Les couts de construction, d'erection et d'assemblage, pres imporaation au. canada
(Ⅲ) Export packing
Le cout de ť emballage d'exportation
114. 00

(24) If not included in field (17) indicate amount
Si non compris dans le total a ie zone 17, Dreciser
(Ⅰ) Transportation charges, expense and insurance to the place of direct shipment to Canada
Les frais de transport, depenses et assurances Iusqu' au point d' of expedition directd vers ie Canada
(Ⅱ) Amounts for commissions other than buying commissions *Les commissions autres que celles versees Pour ť achat*
(Ⅲ) Export packing
Le cout de ť emballage d'exportation

(25) Check (if applicable)
Cochet (s'lly a liso)
(Ⅰ) Royalty payments or subsequent proceede are paid or payable by the purchaser
Des redevances ou prodults ont ete ou seront Verses par ť acheteur ☐
(Ⅱ) The purchaser has supplied goods or services for use in the production of these goods
L'acheteur a fouml des merchandises ou des Services pour ia production des merchandises ☐

Dans ce formulaire. loules les expressions designant des personnes visent a la fois les hommes et les femmes.

（二）领事发票

领事发票（Consular Invoice），是指经驻在出口国的进口国领事馆所签发的特定格式的发票。

1. 领事发票的取得

领事发票由进口国驻出口地领事馆提供。

对于领事发票各国有不同的规定，有些国家制定了固定的格式，也有一些国家规定在出口商的商业发票上由该国领事签证（Consular Visa）即可，即“领事签证发票”（Consular Legalized Invoice）。

如果进口国在出口地没有设立领事馆，出口商则无法提供此项单据，所以若国外进口商来证需由我方提供领事发票，我方应争取取消，或者要求开证人同意接受由出口地商会签证的发票。

2. 领事发票的作用

（1）作为课税的依据；

（2）审核有无低价倾销情况；

（3）证明出口商所填写的货物名称、数量与价格等是否属实；

（4）增加领事馆的收入，因为签证时领事馆一般要根据进口货物的价值收取一定费用。

3. 领事发票的内容

领事发票格式不一，主要内容一般包括以下几项：

（1）出口商与进口商的名称、地址。

（2）出口地（港）。

（3）目的地（港）。

（4）运输方式。

（5）品名、唛头与包装号。

（6）包装的数量、种类。

（7）货物的毛重、净重。

（8）货物的品质规格。

（9）货物的价值与产地。

4. 填制领事发票应该注意的问题

（1）当来证规定要提供这种发票时，受益人要考虑能否做到，还要商议好签证费用由何方承担，然后再决定是否接受；

（2）填制领事发票时，要注意相关内容应与商业发票、提单等单据相符；

（3）发票内必须注明所装运货物的制造地（或者出产地）；

（4）注意核发的领事馆是否与来证规定相符；

（5）领事发票的日期不应迟于汇票和提单的日期。

5. 领事发票样本

下面以巴西领事发票为例，说明领事发票的格式与内容，如样单 1－52 所示。

【样单 1 - 52】

领事发票式样

<table>
<tr><td colspan="4">THE GOVERNMENT of BRAZIL</td></tr>
<tr><td colspan="2">Date:
Invoice No. :
Issued At:</td><td colspan="2">Port of Loading
Port of Discharge
Date of Departure
Carrier</td></tr>
<tr><td colspan="2">EXPORTER</td><td colspan="2">CONSIGNEE</td></tr>
<tr><td>Marks and Numbers</td><td>Quantity</td><td>Description of Goods</td><td>Value of Shipment</td></tr>
<tr><td></td><td></td><td colspan="2">Total (FOB, C&F, or CIF)</td></tr>
<tr><td colspan="2">Other Charges
Certified Correct By:
Witnessed By:
Fee Paid: U. S. $</td><td colspan="2">Amount of Charges
Total　U. S. $</td></tr>
</table>

三、进出口货物产地证明书

产地证明书（Certificate of Origin），即原产地证书，是出口商应进口商要求而提供的由公证机构、政府或出口商出具的证明货物原产地或制造地的一种证明文件。在我国，申请原产地证书的单位须向签证机构办理注册登记手续并经签证机构审核合格后，才享有申办原产地证的资格。

根据签发者不同，原产地证书一般可分为以下三类：

第一类　商检机构出具的原产地证书，如中华人民共和国检验检疫局（CIQ）出具的普惠制产地证格式 A（GSP FORM A）、一般原产地证书等；

第二类　商会出具的产地证书，如中国国际贸易促进委员会（CCPIT）出具的一般原产地证书，简称贸促会产地证书（CCPIT CERTIFICATE OF ORIGIN）；

第三类　制造商或出口商出具的产地证书。

在国际贸易实务中，应该提供哪种产地证书，主要依据合同或信用证的规定。

（一）一般原产地证书

一般原产地证书，也称普通原产地证书，通常用于不使用海关发票或领事发票的国家和地区，以确定对货物征税的税率。它是在国际贸易中使用最多的产地证明。

1. 一般原产地证书的申领

（1）申领时间

根据我国有关原产地证书申领的规定，出口单位最迟于货物出运前三天向签证机构申请办理。

（2）申领所需文件

①规定格式并已制作的《一般原产地证明书申请单》一份；

②制作完毕的《中华人民共和国原产地证明书》一套（一正三副）；

③出口商业发票正本一份；

④发证机构所需的其他证明文件。

2. 一般原产地证书的填制

我国一般原产地证书的填制规范如下。

第（1）项　证书编号

一般原产地证书的编号为 16 位，例如：C093306002130001，其编排规则为：证书类型（1 位）＋年份（2 位）＋注册号（9 位）＋流水号（4 位）。

第（2）项　出口商

填写出口公司的详细地址、名称和国家（地区）名称。一般为托收业务中的托收人，信用证业务中的受益人。

第（3）项　收货人

填写最终收货人名称、地址和国家（地区）名称。通常是信用证业务的开证申请人、托收业务中的进口方。如果信用证规定所有单证收货人一栏留空，此栏应加注“TO WHOM IT MAY CONCERN”或“TO ORDER”，但此栏不得留空。若需填写转口商名称时，可在收货人后面加填英文“VIA”，然后再填写转口商名称、地址和国家名称。

第（4）项　运输方式和路线

填写装运港、中转港和目的港名称，并说明运输方式和运输路线。例如：通过海运，由大连港运至汉堡港，应填为：“FROM DALIAN TO HAMBURG BY SEA”。

第（5）项　目的地国家（地区）

填写货物最终到达的国家或地区。一般应与最终收货人或最终目的港国别相一致，不能填写中间商的国家名称。

第（6）项　签证机构用栏

本栏供签证当局填写。由签证机构发证、补发证书或加注其他声明时使用。证书申领单位应将此栏留空不填。

第（7）项　唛头和包装号

填写唛头应按信用证、合同及发票上所列唛头完整填写。如唛头过长，超出本栏目，可延续到第 8 栏内的空白处填写，如还是不够，可用附页填写。如无唛头，应填写“N/M”。此栏不得留空。

第（8）项　商品描述、包装数量及种类

填写商品描述时，要填写商品具体名称，不得用概括性表述，例如服装、食品等。包装数量及种类要按具体单位填写，应与信用证及其他单据严格一致。本栏的末行要打上表示结束的符号（＊＊＊＊＊＊＊＊＊＊＊＊＊＊），防止加添内容。

第（9）项　商品编码

此栏要求填写 HS 编码。若同一证书包含有几种商品，则应将相应的商品编号全部填写。此栏不得留有空白。

第（10）项　数量或重量

此栏要求填写出口货物的数量及其计量单位。如果计量单位为重量，要标明毛重和净重。例如：“G. W. 500kg” 或 “N. W. 480kg”。

第（11）项　发票号码及日期

填写商业发票号码及日期。此栏不得留空。为避免对月份、日期的误解，月份一律用英文表述，如 2009 年 4 月 15 日，则为：“APR. 15，2009”。

第（12）项　出口方声明

本栏由出口公司指派专人签字并签署地点和时间。此日期不能早于发票签发日期，不能迟于装运日期和第十三项签证机关的发证日期。

第（13）项　签证机构证明

此栏由签证当局填写机构的名称、地点、时间等，例如：“中华国际贸易促进委员会”，2010 年 1 月于上海。

3. 一般原产地证书样本

一般原产地证书如样单 1－53 所示。

【样单 1－53】

一般原产地证书样本

ORIGINAL

<table>
<tr><td colspan="3">(2) Exporter (full name and address)</td><td colspan="2" rowspan="2">(1) Certificate No.
CERTIFICATE OF ORIGIN OF THE PEOPLE'S REPUBLIC OF CHINA</td></tr>
<tr><td colspan="3">(3) Consignee (full name and address)</td></tr>
<tr><td colspan="3">(4) Means of transport and route</td><td colspan="2" rowspan="2">(6) For certifying authority use only</td></tr>
<tr><td colspan="3">(5) Country / region of destination</td></tr>
<tr><td>(7) Marks and numbers</td><td>(8) Number and kind of packages description of goods</td><td>(9) H. S. Code</td><td>(10) Quantity or Weight</td><td>(11) Number and date of invoices</td></tr>
<tr><td></td><td></td><td></td><td></td><td></td></tr>
<tr><td colspan="3">(12) Declaration by the exporter
The undersigned hereby declares that the above details and statements are correct; that all the goods were produced in China and that they comply with the Rules of Origin of the People's Republic of China.</td><td colspan="2">(13) Certification
it is hereby certified that the declaration by the exporter is correct.</td></tr>
<tr><td colspan="3">Place and date, signature and stamp of authorized signatory</td><td colspan="2">Place and date, signature and stamp of certifying authority</td></tr>
</table>

（二）普惠制原产地证书（FORM A）

又称 GSP 产地证，是享受普惠制关税待遇的国家出口受惠商品须提供的作为进口国海关减免关税依据的证明文件。

1. 普惠制原产地证明书的申领

（1）申领时间。根据我国检验检疫局相关规定，出口单位最迟于货物出运前五天向签证机构申请。

（2）申领所需文件：

①规定格式并已缮制的《普惠制原产地证明书申请单》一份；

②提供制作完毕的《普惠制原产地证明书 FORM A》一套（一正三副）；

③提供出口商业发票正本一份；

④发证机构所需的其他证明文件；

⑤如果出口商品含有进口成分，还应交纳《含进口成分受惠商品成本明细单》一式两份。

2. 普惠制原产地证书的填制

普惠制产地证书的填制规范如下。

第（1）项　证书编号

普惠制原产地证书的编号为 16 位，例如，G093306002130001，其编号规则为：证书类型（1 位）+年份（2 位）+注册号（9 位）+流水号（4 位）。

第（2）项　签发国别

填写“THE PEOPLE’S REPUBLIC OF CHINA”。一般来说，出入境检验检疫局在印刷证书时已印妥。

第（3）项　出口商

填写出口公司的详细地址、名称和国家（地区）名称。

第（4）项　收货人

填写给惠国最终收货人名称、地址和国家（地区）名称。通常是信用证业务的开证申请人。如果不明确最终收货人，可填写提单通知人或发票抬头人，也可加注“TO WHOM IT MAY CONCERN”。

第（5）项　运输方式和路线

填写装运港、中转港和目的港名称，并说明运输方式和运输路线。例如，通过海运，由大连港运至汉堡港，应填为：“FROM DALIAN TO HAMBURG BY SEA”。

第（6）项　签证机构用栏

由签证机构（出入境检验检疫局）在发证、补发证书或加注其他声明时使用。证书申领单位应将此栏留空不填。

第（7）项　项目号

如果同一批出口货物有不同种类商品，则按照每一项商品归类后，用数字“1”、“2”、“3”等编号填入此栏。

第（8）项　唛头和包装号

本栏目填写与一般原产地证书一致。

第（9）项 商品描述、包装数量及种类

本栏目填写与一般原产地证书一致。

第（10）项 原产地标准

此栏是本证书的核心栏，本栏填写正确与否，牵涉到产品是否可以享受普惠制待遇。本栏应按照普惠制原产地证申请书对货物原料成分比例的不同填写“W”、“P”、“F”等字母，具体填法如下。

（1）不含任何进口成分，完全自产的，到所有的给惠国一律填“P”。

（2）含有进口成分，经过国内实质性加工，符合原产地标准的，按下列方法填写：

①到欧盟、挪威、瑞士、土耳其以及日本的，填“W”，后面填明该产品的前四位商品编码，如“W”42.03；

② 到白俄罗斯、俄罗斯、乌克兰、哈萨克斯坦、捷克和斯洛伐克的，填“Y”，后面填明进口成分的价值在出口产品离岸价中所占的百分比，如“Y”45%；

③到加拿大的，填“F”；

④到澳大利亚和新西兰的，不必填写，留空。

第（11）项 毛量或其他数量

本栏目填写与一般原产地证基本一致。

第（12）项 发票号码及日期

本栏目填写与一般原产地证一致。

第（13）项 签证机构证明

此栏由签证当局填写机构的名称并由其代理人手签。一般由如下内容组成：①中华人民共和国出入境检验检疫局盖公章，只签一份正本；②检验检疫局授权人手签；③签证日期，不得早于发票日期，也不得晚于提单的装运日期；④签发地点，包括城市名称和国家名称。

第（14）项 出口商声明

本栏包括：产品原产国、进口国国名、出口公司名称、出口公司指派的专人签字、申报地点和申报时间。该日期不能早于发票签发日期，不能迟于装运日期和第十三项签证机关发证日期。

3. 普惠制原产地证书样本

普惠制原产地证书样本如样单 1 - 54 所示。

【样单 1 - 54】

普惠制原产地证书样本

ORIGINAL

<table>
<tr><td>(3) Goods consigned from (Exporter's business name, address, country)</td><td rowspan="2">(1) Reference No.
GENERALIZED SYSTEM OF PREFERENCES
CERTIFICATE OF ORIGIN
(Combined declaration and certificate)
FORM A
(2) Issued in THE PEOPLE'S REPUBLIC OF CHINA
(country)
See Notes, overleaf</td></tr>
<tr><td>(4) Goods consigned to (Consignee's name, address, country)</td></tr>
<tr><td>(5) Means of transport and route (as far as known)</td><td>(6) For official use</td></tr>
</table>

(7) Item number	(8) Marks and numbers of packages	(9) Number an kind of packages; description of goods	(10) Origin criterion (see Notes overleaf)	(11) Gross weight or other Quantity	(12) Number and date of invoices

<table>
<tr><td>(13) Certification
it is hereby certified, on basis of control carried out, that the declaration by the exporter is correct.

Place and date, signature and stamp of certifying authority</td><td>(14) Declaration by the exporter
The undersigned hereby declares that the above details and statements are correct; that all the goods were produced in CHINA
(country)
and that they comply with the origin requirements specified for those goods in the Generalized System of Preferences for goods exported to
----
(importing country)

Place and date, signature and of authorized signatory</td></tr>
</table>

小问答

原产地证更改、重发如何申请?

四、进出口商品检验检疫证书

（一）出入境货物报检单

报检是指有关当事人向检验检疫机构申请检验、检疫、鉴定，以获准出入境或取得销售使用的合法凭证及某种证明所必须履行的法定程序和手续。报检是检验检疫工作的一个重要环节，是对外贸易顺利进行和持续发展的保障，对保护我国农林牧副渔业的生产安全和人体健康也具有重要意义。

报检时必须使用国家质检总局统一印制的报检单，经常使用的报检单种类有：入境货物报检单、出境货物报检单。

小知识

报检员

报检员是指获得国家质量监督检验检疫总局规定的资格，在国家质检总局设在各地的出入境检验检疫机构注册，办理出入境检验检疫报检业务的人员。报检员是报检工作的主体，是报检单位与检验检疫部门的结合点。

1. 出入境货物报检程序

在实际业务中法定检验检疫的进出境货物由货主或其代理人向检验检疫机构报检，检验检疫机构受理后，由检验检疫部门实施必要的检验、检疫、消毒、熏蒸、卫生除害等措施。在货主或其代理人缴纳完相应的费用后，商检机构出具相应的通关单、换证凭单或不合格通知单。我们可以把出入境报检工作分为图 1－13 所示的 6 个环节。

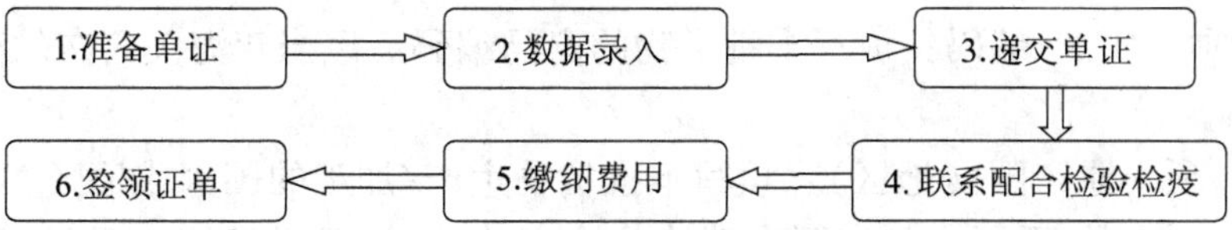

图 1－13　出入境报检程序

2. 出入境货物报检的时限和地点

出境货物最迟应在出口报关或装运前 7 天报检，对于个别检验检疫周期较长的货物，应留有相应的检验检疫时间。

对入境货物需对外索赔出证的，应在索赔有限期前不少于 20 天内向到货口岸或货物到达地的检验检疫机构报检。

入境货物报检地点有：①指定地点：审批、许可证等有关政府批文中规定了检验检疫地点的货物，应在规定的地点报检；②卸货口岸：大宗散装商品、易腐烂变质商品、可用作原料的固体废物以及在卸货时已发生残损或数量/重量短缺的商品等，必须在卸货口岸报检并检验；③收货人所在地：需结合安装调试进行检验的成套设备、机电仪产品以及在口岸开件后难以恢复包装的货物等，应在收货人所在地检验检疫机构报检并实施检验。④报关所在地：其他入境货物，应在入境前或入境时向报关地的检验检疫机构报检。

出境货物原则上实施产地检验检疫，在产地检验检疫机构报检。

3. 出入境货物报检应提供的单据

入境报检时应填写“入境货物报检单”（见样单1－55），并提供合同、发票、提单、装箱单等有关单证，同时根据不同的货物还要提供相关的证明文件。

出境报检时应填写“出境货物报检单”（见样单1－56），并提供合同、信用证、发票、装箱单等有关单证，同时根据不同的货物还要提供相关文件。

4. 出入境货物报检单的填制

（1）入境货物报检单的填制。如样单1－55所示，具体填制规范如下。

第（1）项　报检单位（加盖公章）：填写报检单位的全称，并加盖报检单位公章或已向检验检疫机构备案的“报检专用章”。

第（2）项　编号：由15位数字组成。前6位为检验检疫机构代码；第7位为入境货物报检类别代码“1”；第8、9位为年度代码，如2010年为“10”；第10～15位为流水号。本栏由电子报检受理后自动生成，在受理回执中自动反馈。

第（3）项　报检单位登记号：填写报检单位在检验检疫机构备案或注册登记的代码。

第（4）项　联系人、电话：填写报检人员的姓名和联系电话。

第（5）项　报检日期：检验检疫机构实际受理报检的日期，由检验检疫机构受理报检人员填写。

第（6）项　收货人：填写外贸合同的收货人。企业性质：根据收货人的企业性质，在对应的“□”内打“√”。

第（7）项　发货人：填写外贸合同的发货人。

第（8）项　货物名称（中/外文）：填写本批货物的品名及规格，应与进口合同、发票一致，如果为废旧货物应注明。

第（9）项　H.S.编码：填写本批货物的商品编码。以当年海关公布的商品税则编码分类为准。

第（10）项　原产国（地区）：填写本批货物生产/加工的国家或地区。

第（11）项　数/重量：按实际申请检验检疫的数量/重量填写，重量还应填写毛重/净重。

第（12）项　货物总值：填写本批货物的总值及币种，应与外贸合同、发票上所列的货物总值相同。

第（13）项　包装种类及数量：填写本批货物运输包装的种类及数量，还应注明包装的材质。

第（14）项　运输工具名称和号码：填写装运本批货物的运输工具的名称和号码。

第（15）项　合同号：填写对外贸易合同、订单的号码。

【样单1－55】

中华人民共和国出入境检验检疫
入境货物报检单

报检单位（加盖公章）：(1) *编 号 (2)

报检单位登记号：(3) 联系人：(4) 电话：(4)

报检日期： 年 月 日 (5)

收货人 (6)	（中文）	企业性质（画“√”）	□合资 □合作 □外资
	（外文）		
发货人 (7)	（中文）		
	（外文）		

货物名称（中/外）	H. S. 编码	原产国（地区）	数/重量	货物总值	包装种类及数量
(8)	(9)	(10)	(11)	(12)	(13)

运输工具名称和号码	(14)	合同号	(15)

贸易方式	(16)	贸易国别（地区）	(17)	提单/运单号	(18)
到货日期	(19)	起运国家（地区）	(20)	许可证/审批号	(21)
卸毕日期	(22)	起运口岸	(23)	入境口岸	(24)
索赔有效期至	(25)	经停口岸	(26)	目的地	(27)
集装箱规格、数量及号码	(28)				
合同订立特殊条款以及其他要求	(29)			货物存放地点	(30)
				用途	(31)

随附单据（画“√”或补填）(32)		标记及记号 (33)	*外商投资财产（画“√”）(34)	□是 □否
□合同	□到货通知		*检验检疫费 (36)	
□发票	□装箱单			
□提/运单	□质保书		总金额（人民币元）	
□兽医卫生证书	□理货清单			
□植物检疫证书	□磅码单			
□动物检疫证书	□验收报告		计费人	
□卫生证书	□			
□原产地证书	□		收费人	
□许可/审批文件	□			

报检人郑重声明：(35) 1. 本人被授权报检。 2. 上列填写内容正确属实。 签名：________	领取单证 (37)	
	日期	
	签名	

注：有“＊”号栏由出入境检验检疫机关填写 ◆国家出入境检验检疫局制

[1-1 (2000.1.1)]

第（16）项　贸易方式：填写本批货物的贸易方式，根据实际情况选择填写一般贸易、来料加工、进料加工、易货贸易、补偿贸易、边境贸易、无偿援助、外商投资、退运货物、过境货物、保税区进出境仓储、转口货物、保税区进出区货物、暂时进出口货物、展览品、样品、其他非贸易性物品、其他贸易性货物等。

第（17）项　贸易国别（地区）：填写本批货物的贸易国别（地区）。

第（18）项　提单/运单号：填写本批货物海运提单号、铁路运单号或空运单号，有二程提单的应同时填写。

第（19）项　到货日期：填写本批货物到达入境口岸的日期。

第（20）项　起运国家（地区）：填写装运本批货物交通工具的起运国家或地区，若从中国境内保税区、出口加工区入境的，填写保税区、出口加工区。

第（21）项　许可证/审批号：需办理进境许可证或审批的货物，应填写相关号码。

第（22）项　卸毕日期：填写本批货物在口岸卸货完毕的日期。

第（23）项　起运口岸：填写装运本批货物进境的交通工具的启运口岸，若从中国境内出口加工区、保税区入境的，填写出口加工区、保税区。

第（24）项　入境口岸：填写本批货物的入境口岸名称。

第（25）项　索赔有效期至：按外贸合同规定填写截止日期。

第（26）项　经停口岸：填写本批货物启运后、入境前中途曾经停靠的口岸名称。

第（27）项　目的地：填写本批货物预定最后到达的交货地。

第（28）项　集装箱规格、数量及号码：货物若以集装箱方式运输，应填写集装箱的数量、规格及号码。

第（29）项　合同订立的特殊条款以及其他要求：本栏填写在外贸合同中特别订立的有关质量、卫生等条款或报检单位对本批货物检验检疫的特别要求。

第（30）项　货物存放的地点：填写本批货物存放的地点。

第（31）项　用途：填写本批货物的用途。根据实际情况选填种用或繁殖、食用、奶用、观赏或演艺、伴侣动物、试验、药用、饲用等。

第（32）项　随附单据：根据实际向检验检疫机构提供的单据填写，在对应的“□”上打“√”或补填。

第（33）项　标记及号码：应与合同、发票等有关外贸单据保持一致。若没有则填“N/M”。

第（34）项　外商投资财产：由检验检疫机构受理人员填写，根据实际情况在对应的“□”上打“√”。

第（35）项　报检人郑重声明：必须由报检人员亲笔签名。

第（36）项　检验检疫费：由检验检疫机构计/收费人员填写。

第（37）项　领取证单：由报检人员在领取证单时填写领取日期并签名

（2）出境货物报检单的填制，如样单1-56所示，具体填制规范如下。

【样单 1 - 56】

中华人民共和国出入境检验检疫
出境货物报检单

报检单位（加盖公章）:（1） *编 号 （2）

报检单位登记号:（3） 联系人:（4） 电话:（4） 报检日期: 年 月 日（5）

收货人（6）	（中文）
	（外文）
发货人（7）	（中文）
	（外文）

货物名称（中/外文）	H. S. 编码	原产国（地区）	数/重量	货物总值	包装种类及数量
（8）	（9）	（10）	（11）	（12）	（13）

运输工具名称和号码	（14）	贸易方式	（15）	货物存放地点	（16）
合同号	（17）	信用证号	（18）	用途	（19）
发货日期	（20）	输往国家（地区）	（21）	许可证/审批号	（22）
起运地	（23）	到达口岸	（24）	生产单位注册号	（25）
集装箱规格、数量及号码	（26）				

合同订立的检验检疫条款或特殊要求	标记及号码	随附单据（画"√"或补填）（29）	
（27）	（28）	□合同 □信用证 □发票 □换证凭单 □装箱单 □厂检单	□包装性能结果单 □许可/审批文件 □ □ □ □

需要证单名称（画"√"或补填）（30）		*检验检疫费（31）	
□品质证书 _正_副 □重量证书 _正_副 □数量证书 _正_副 □兽医卫生证书 _正_副 □健康证书 _正_副 □卫生证书 _正_副 □动物卫生证书 _正_副	□植物检疫证书 _正_副 □熏蒸/消毒证书 _正_副 □出境货物换证凭单 □出境货物通关单	总金额（人民币元）	
		计费人	
		收费人	

报检人郑重声明:（32）	领取单证（33）	
1. 本人被授权报检。 2. 上列填写内容正确属实，货物无伪造或冒用他人的厂名、标志、认证标志，并承担货物质量责任。 签名: ______	日期	
	签名	

注：有" * "号栏由出入境检验检疫机关填写 ◆国家出入境检验检疫局制

［1 - 1（2000. 1. 1）］

第（1）项　报检单位（加盖公章）：填写报检单位的全称，并加盖报检单位公章或已向检验检疫机构备案的“报检专用章”。

第（2）项　编号：由15位数字组成，电子报检受理后自动生成，在受理回执中自动反馈。前6位为检验检疫机构代码；第7位为出境货物报检类别代码“2”；第8、9位为年度代码，如2010年为“10”；第10至15位为流水号。

第（3）项　报检单位登记号：填写报检单位在检验检疫机构备案或注册登记的代码。

第（4）项　联系人、电话：填写报检人员姓名和联系电话。

第（5）项　报检日期：检验检疫机构实际受理报检的日期，由检验检疫机构受理报检人员填写。

第（6）项　收货人：按外贸合同、信用证中所列买方名称填写。

第（7）项　发货人：填写根据不同情况填写。出口报检的，应填写外贸合同中的卖方或信用证受益人。预检报检的，可填写生产单位。

第（8）项　货物名称（中/外文）：按外贸合同、信用证上所列名称及规格填写。

第（9）项　H. S编码：填写本批货物的商品编码。以当年海关公布的商品税则编码分类为准。

第（10）项　产地：指货物的生产（加工）地，填写省、市、县名。

第（11）项　数/重量：按实际申请检验检疫的数量/重量填写。重量还应填写毛重/净重。

第（12）项　货物总值：填写本批货物的总值和币种，应与外贸合同、发票上货物总值一致。

第（13）项　包装种类及数量：填写本批货物运输包装的种类及数量，还应注明包装的材质。

第（14）项　运输工具名称和号码：填写出境装运本批货物的运输工具的名称和号码。

第（15）项　贸易方式：与进境货物报检单的填制规范一致。

第（16）项　货物存放地点：填写本批货物存放的具体地点。

第（17）项　合同号：填写对外贸易合同、订单或形式发票的号码。

第（18）项　信用证号：填写本批货物对应的信用证编号。

第（19）项　用途：填写货物的用途。根据实际情况选填、种用或繁殖、食用、奶用、观赏或演艺、药用、饲用等。

第（20）项　发货日期：填写出口装运日期，预报检可不填。

第（21）项　输往国家和地区：指外贸合同中买方（进口方）所在国家和地区，或合同注明的最终输往国家和地区，出口到中国境内出口加工区、保税区的，填写出口加工区、保税区。

第（22）项　许可证/审批号：对已实施许可/审批制度管理的货物，报检时填写相应编号。

第（23）项　起运地：填写装运本批货物离境的地区名称。

第（24）项　到达口岸：填写本批货物抵达目的地入境口岸的名称。

第（25）项　生产单位注册号：填写生产、加工本批货物的单位在检验检疫机构的注册登记编号。

第（26）项　集装箱规格、数量及号码：出境货物若以集装箱运输应填写集装箱的规格、数量及号码。

第（27）项　合同、信用证订立的检验检疫条款或特殊要求：填写在外贸合同中特别订立的有关卫生、质量等条款或报检单位对本批货物检验检疫的特别要求。

第（28）项　标记及号码：填写本批货物的标记号码，应与合同、发票等有关外贸单据一致。若没有则填“N/M”。

第（29）项　随附单据：根据实际向检验检疫机构提供的单据，在对应的“□”上打“√”或补填。

第（30）项　需要证单名称：根据所需由检验检疫机构出具的证单，在对应的“□”上打“√”或补填，并注明所需证单的正副本数量。

第（31）项　检验检疫费：由检验检疫机构计费人员填写。

第（32）项　报检人郑重声明：必须由报检人员亲笔签名。

第（33）项　领取证单：报检人在领取证单时填写领证日期并签名。

5. 填制出入境报检单填制应该注意的问题

（1）报检时，企业在提交书面报检单的同时，必须向检验检疫机构发送电子数据，且必须确保书面报检单与电子数据信息完全一致。

（2）报检单在发送数据和办理报检手续前，必须认真审核，确保所填写的各项内容必须与随附单证一致，填写必须完整、准确、清晰，不得涂改，对无法填写的栏目或无此内容的栏目，统一填写“＊　＊　＊”。

（3）原则上一批货物填制一份报检单。

（二）进出口商品检验检疫证书

出入境检验检疫证单（不含原产地证书）可分为证书类、凭单类、监管类、海峡两岸直航交通工具检验检疫专用证单等。商品检验检疫证书是指进出口商品经商品检验检疫机构检验、鉴定后出具的证明检验检疫结果的书面文件。

进出口商品检验检疫证书的种类及适用范围如下。

1. 出境货物检验类

出境货物检验类证书包括《检验证书》、《生丝品级及公量证书》、《捻线丝品级及公量证书》、《绢丝品质证书》、《双宫丝品级及公量证书》、《初级加工丝品质及重量证书》、《柞蚕丝品级及公量证书》和《啤酒花证书》，共8种。

2. 出境货物卫生类

出境货物检验类证书包括《卫生证书》和《健康证书》两种。

3. 出境兽医类

出境兽医类证书包括5种格式的《兽医卫生证书》。

4. 出境动物检疫类

出境动物检疫类证书包括《动物卫生证书》。

5. 植物检疫类

植物检疫类证书包括《植物检疫证书》和《植物转口检疫证书》两种。

6. 运输工具检疫类

运输工具检疫类证书包括《船舶入境卫生检疫证书》、《船舶入境检疫证书》、《交通工具卫生证书》、《交通工具出境卫生检疫证书》、《船舶免于卫生控制措施证书/船舶卫生控制措施证书》、《运输工具检疫证书》，共6种。

7. 检疫处理类

检疫处理类证书包括《熏蒸/消毒证书》和《运输工具检疫处理证书》两种。

8. 国际旅行健康类

国际旅行健康类证书包括《国际旅行健康检查证明书》和《疫苗接种或预防措施国际证书》两种。

9. 入境货物检验检疫类

入境货物检验检疫类证书包括《检验证书》、《卫生证书》、《兽医卫生证书》、《动物检疫证书》、《植物检疫证书》，共5种。

10. 空白证书类

空白证书类包括《空白证书》格式e-1、《空白证书》格式e-2、《空白证书》格式e-3，共3种。

11. 其他

其他包括《证书续页》（适用于多页证书的情况）。

商品检验检疫证书的种类很多，在实际进出口商品交易中，应按实际情况要求出具或按要求办理相应的检验检疫证书。

五、进出口货物报关单

报关是指进出境运输工具的负责人、货物和物品的收发货人或其代理人，在通过海关监管口岸时，依法进行申报并办理有关手续的过程，是履行海关进出境手续的必要环节之一。

小知识

我国海关标志的含义

关徽是中华人民共和国海关的专用标志，由金黄色钥匙与商神手杖交叉组成。其中两蛇相缠的商神手杖源于古希腊神话，是商神赫尔墨斯手持之物，被世人视为商业及国际贸易的象征，而钥匙则具有海关掌管国家经济大门的含义，象征海关为祖国把关。钥匙上的三个齿，分别代表海关的监管、征税、查私三大任务（后改为监管、征税、缉私、统计四项）。

进出口货物报关单是指进出口货物收发货人或其代理人，按照海关规定的格式对进出口货物的实际情况做出书面申明，以此要求海关对其货物按适用的海关制度办理通关手续的法律文书。报关单和报关委托书由进出口收发货人或其代理人向海关免费领取。

（一）一般进出口货物报关程序

1. 进出口申报

（1）申报地点

一般情况下，进口货物的收货人或其代理人应当在货物的入境地向海关申报，出口货物的发货人或其代理人应当向出境地海关申请。经收发货人申请，并且海关同意后，进口货物的收货人或其代理人可以在设有海关的货物指运地申报。

（2）申报期限

进境货物的申报期限为自装运货物的运输工具申报进境之日起 14 日内。出口货物的申报期限为货物运抵海关监管区后、装货的 24 小时以前。

（3）申报单证

①报关单：由报关员按照海关规定格式填制的申报单。

②基本单证：指进出口货物的货运单据和商业单据，主要有进口提货单据、出口装货单据、装箱单、商业发票等。

③特殊单证：主要是指进出口许可证件、加工贸易登记手册、减免税证明等。

④预备单证：主要是指原产地证明书、贸易合同等。

（4）进出口申报程序（如图 1－14 所示）

准备申报单证 ⟶ 申报前看货取样 ⟶ 申报 ⟶ 修改申报内容或撤销申报

图 1－14 进出口申报程序

2. 配合查验

（1）海关查验。这是指海关为确定进出境货物收发货人向海关申报的内容是否与进出口货物真实情况相符，或为确定商品的归类、价格、原产地等，依法对进出口货物进行实际核查的执法行为。

海关查验一般应当在海关监管区内实施，可分为彻底查验与抽查两种方法，查验操作可分为人工和设备查验两种。

（2）配合查验。海关查验货物时，进出口货物收货人或其代理人应当到场，并且配合海关查验。

3. 缴纳税费

进出口货物收发货人或其代理人将报关单和随附单据提交给货物进出境的指定海关，海关对报关单进行审核，对需要查验的货物先由海关查验，然后核对计算机计算的税费，开具税款缴款书和收费票据。进出口货物收发货人或其代理人在规定时间内，持缴款书或收费单据向指定银行办理税费交付手续；或者在试行中国电子口岸网上缴费和付费的海关，通过接收电子税款缴款书和收费票据，在网上指定银行进行电子支付税费。

4. 提取或装运货物

进出口货物收发货人或其代理人缴纳税费后，一旦收到银行缴款成功的信息，即可向海关申请办理货物放行手续。

（1）提取货物。进口货物收货人或其代理人签收加盖海关放行章戳记的进口提货凭证，凭以到货物进境地的港区、机场、车站、邮局等地的海关监管仓库，办理提取货物的手续。

（2）装运货物。出口货物发货人或其代理人签收加盖海关放行章戳记的出口提货凭证，凭以到货物出境地的港区、机场、车站、邮局等地的海关监管仓库，办理将货物装上运输工具离境的手续。

（二）进出口货物报关单的填制规范

进出口货物报关单如样单1－57、样单1－58所示。

第（1）项　预录入编号

这是指预录入单位录入报关单的编号，用于申报单位与海关之间引用其申报后尚未接受申报的报关单，由计算机自动打印。

第（2）项　海关编号

这是指海关接受申报时给予报关单的18位编号。一份报关单对应一个海关编号。一般来说海关编号就是预录入编号，由计算机自动打印，不需填写。

海关编号由18位数组成，其中前四位为接受海关的编号，第5～8位为海关接受申报的公历年份，第9位为进出口标志（“1”表示进口，“0”表示出口，集中申报清单“I”表示进口，“E”表示出口），第10～18位为报关单顺序编号。例如：

0202	2010	1	021714059
新港海关	年份	进口	报关单顺序编号

第（3）项　进口口岸/出口口岸

应填报货物实际进入或运出我国关境的口岸海关名称及代码。

第（4）项　备案号

本栏第1位填写备案或审批文件的标记，如加工贸易手册（来料加工）的标记为“B”，原产地证明的标记为“Y”等，后几位填写进出口货物收发货人或代理人办理报关手续时向海关递交的备案审批文件的编号。例如“B57707170022”、“C57205711700”。

第（5）项　进口日期/出口日期

进口日期指运载所申报货物的运输工具申报进境的日期。

出口日期指运载所申报货物的运输工具办结出境手续的日期，因供海关打印报关单证明联用，可免于填报。

本栏目由8位数字组成，顺序为年（4位）、月（2位）、日（2位）。例如，2009年9月9日进口一批货物，运输工具申报进境日期为9月9日，则“进口日期”填报为：“20090909”。

第（6）项　申报日期

填写海关接受进出口货物的收、发货人或其代理人申请办理货物进出口手续的日期，格式同上。

第（7）项　经营单位

本栏目应填报经营单位名称及经营单位在海关注册登记的10位编码。

第（8）项 运输方式

本栏目应根据实际运输方式按海关规定的《运输方式代码表》选择填报。

第（9）项 运输工具名称

填写载运货物进出境的运输工具名称或编号，以及载运货物进境的运输工具的航次编号。不同运输方式有不同的填报要求，应与载货清单所列内容一致。

第（10）项 提运单号

一份报关单只允许填写一个提运单号，应按不同运输方式的填报要求填写。

具体填报要求如下。

①水路运输：填报进出口提运单号。如有分提单，填进出口提单号 + “ * ” + 分提单号。

②公路运输：免于填报。

③铁路运输：填报运单号。

④航空运输：填报总运单号 + “ _ ” + 分运单号，无分运单的填写总运单号。

⑤邮政运输：填报邮运包裹单号。

第（11）项 收货单位/发货单位

收货单位是指已知的进口货物在境内的最终消费、使用单位，发货单位是指出口货物在境内的生产或销售单位。本栏目应填报收、发货单位的中文名称及其海关注册编码；没有编码的，只填中文名称。

第（12）项 贸易方式（监管方式）

本栏目应根据实际情况，并按海关规定的《贸易方式代码表》选择填报相应的贸易方式简称或代码，一份报关单只允许填报一种贸易方式。

第（13）项 征免性质

本栏目应按照海关核发的《征免税证明》中批注的征免性质填报，或根据实际情况按海关规定的《征免性质代码表》选择填报相应的征免性质简称或代码，一份报关单只允许填报一种征免性质。

第（14）项 征免比例/结汇方式

征免比例仅适用于原“进料非对口”贸易方式下进口料件的填报。

结汇方式是指出口货物的发货人或其代理人收结外汇的方式。应按海关规定的《结汇方式代码表》选择填报相应的结汇方式名称或代码。

第（15）项 许可证号

应申领进出口许可证的货物，必须在此栏目填报外经贸部及其授权发证机关签发的进出口货物许可证的编号，一份报关单只允许填报一个许可证号，非许可证管理商品本栏目为空。

第（16）项 起运国（地区）/运抵国（地区）

起运国（地区）指进口货物起始发出直接运抵我国的国家（地区），或者在运输中转国（地区）未发生任何商业性交易的情况下运抵我国的国家或地区。

运抵国（地区）指出口货物离开我国关境直接运抵的国家（地区），或者在运输中转国（地区）未发生任何商业性交易的情况下最后运抵的国家或地区。

本栏目应按海关规定的《国别（地区）代码表》选择填报相应的中英文名称或代码。

第（17）项　装货港/指运港

装货港填报：进口货物在运抵我国关境前最后一个境外装运港的中文名称或代码。

指运港填报：出口货物运往境外最终目的港的中文名称或代码。最终目的港不可预知的，可按尽可能预知的目的港填报。

第（18）项　境内目的地/境内货源地

境内目的地填报：已知进口货物在国内的消费地或最终运抵地名称或代码。

境内货源地填报：出口货物在国内的产地或原始发货地的名称和代码。

第（19）项　批准文号

本栏目仅用于填报实行出口收汇核销管理的出口收汇核销单上的编号，进口报关单免予填报。

第（20）项　成交方式

本栏目应根据实际成交的价格条款，按海关规定的《成交方式代码表》选择填报相应的成交方式代码，如 CIF、FOB 等。

第（21）项　运费

本栏目用于成交价格中不包含运费的进口货物或成交价格中含有运费的出口货物，应填报该份报关单所含全部货物的国际运输费用。可按运费单价、总价或运费率三种方式之一填报，同时注明运费标记（3 种，“1”表示运费率，“2”表示每吨货物的运费单价，“3”表示运费总价），并按海关规定的《货币代码表》选择填报相应的币种代码。例如：24 美元的运费单价填报为 502/24/2。

第（22）项　保费

本栏目用于成交价格中不包含保险费的进口货物或成交价格中含有保险费的出口货物，应填报该份报关单所含全部货物国际运输的保险费用。可按保险费总价或保险费率两种方式之一填报，同时注明保险费标记（“1”表示保险费率，“3”表示保险费总价），并按海关规定的《货币代码表》选择填报相应的币种代码。例如：20000 港元保险费总价填报为 110/20000/3。

第（23）项　杂费

指成交价格以外的、应计入完税价格或应从完税价格中扣除的费用，如手续费、佣金、回扣等，可按杂费总价或杂费率两种方式之一填报，同时注明杂费标记（“1”表示杂费率，“3”表示杂费总价），并按海关规定的《货币代码表》选择填报相应的币种代码。例如：应计入完税价格的 850 英镑杂费总价填报为 303/850/3。

应计入完税价格的杂费填报为正值或正率，应从完税价格中扣除的杂费填报为负值或负率。无杂费时，本栏免予填报。

第（24）项　合同协议号

本栏目应填报进出口货物合同（包括协议或订单）的编号。

第（25）项　件数

本栏目应填报有外包装的进出口货物的实际件数。特殊情况下填报要求如下。

①有关单据如仅列明集装箱个数，填报集装箱个数；②有关单据件数为托盘的，填报托盘数；③本栏目不得填报为零，裸装货物填报为 1。

第（26）项　包装种类

本栏目应根据进出口货物的实际外包装种类，选择填报相应的包装种类。

第（27）项　毛重（kg）

本栏目填报进出口货物的实际毛重，计量单位为 kg，不足 1kg 的填报为 1，毛重在 1kg 以上且非整数的，小数点后面保留 4 位，第 5 位及以后略去。

第（28）项　净重（kg）

本栏目填报进出口货物的实际净重，计量单位为 kg，不足 1kg 的填报为 1，净重在 1kg 以上且非整数的，小数点后面保留 4 位，第 5 位及以后略去。

第（29）项　集装箱号

本栏目用于填报装载货物集装箱的箱体信息，分别填报集装箱号、集装箱的规格和集装箱的自重。填报格式为：集装箱号 + “/” + 规格 + “/” + 自重。例如一个箱号为 TEXU7605732、自重 2275kg 的 20ft 集装箱，应填报：TEXU7605732/20/2275。

多个集装箱的，第一个集装箱号填报在“集装箱号”栏中，其余的依次填报在“标记唛码及备注”栏中。非集装箱货物填报为 0。

第（30）项　随附单据

本栏目填报监管证件的代码及编号，格式为：监管证件代码 + “:” + 监管证件编号。所申报货物涉及多个监管证件的，一个监管证件代码和编号填报在“随附单据”栏，其余监管证监代码填报在“标记唛码及备注”栏中。

第（31）项　用途/生产厂家

进口货物填报用途，应根据进口货物的实际用途按海关规定的《用途代码表》选择填报相应的用途名称或代码。

生产厂家指出口货物的境内的生产企业名称，本栏目仅供必要时填写。

第（32）项　标记唛码及备注

本栏目用于打印以下内容：

①标记唛码中除图形以外的所有文字和数字；

②受外商投资企业委托代理其进口投资设备、物品的外贸企业名称，格式为：“委托××××公司进口”；

③加工贸易结转货物及凭《征免税证明》转内销货物，其对应的备案号应填报在本栏目，即“转至（自）×××××××××××××手册”；

④其他申报时必须说明的事项。

第（33）项　项号

本栏目每项商品的“项号”分两行填报。第 1 行填报货物在报关单中的排列序号，第 2 行专用于加工贸易等已备案的货物，填报该项货物在加工贸易手册中的项号。

第（34）项　商品编号

本栏目应填报 8 位税则号列，以及 9、10 位附加编码。

第（35）项　商品名称、规格型号

本栏目分两行填报。第 1 行填报进出口货物规范的中文商品名称，第 2 行打印规格型号，必要时可加注原文。

第（36）项　数量及单位

填报进出口货物海关法定的计量单位和成交单位。

本栏目分三行填报。第 1 行填报法定第一计量单位及数量，第 2 行填报第二法定计量单位及数量（如无第二法定计量单位的，第 2 行为空），第 3 行填报成交计量单位及数量（如成交计量单位与法定计量单位一致时，第 3 行为空）。

第（37）项　原产国（地区）/最终目的国（地区）

原产国（地区）指进出口货物的生产、开采或加工制造国家（地区）。最终目的国（地区）指已知的出口货物的最终实际消费、使用或做进一步加工制造国家（地区）。

本栏目应按海关规定的《国别（地区）代码表》选择填报相应的国家（地区）名称或代码。

第（38）项　单价

本栏目填报同一项号下进出口货物实际成交的单位价格的数字部分。

第（39）项　总价

本栏目填报同一项号下进出口货物实际成交的总价的数字部分。

第（40）项　币制

本栏目应根据实际成交情况按海关规定的《货币代码表》选择填报相应的货币名称或代码，如《货币代码表》中无实际成交币种，需进行转换后填报。

第（41）项　征免

本栏目应按照海关核发的《征免税证明》或有关政策规定，对报关单所列每项商品选择填报海关规定的《征减免税方式代码表》中相应的方式名称。

第（42）项　税费征收情况

本栏由海关人员填写，主要批注对该份（批）进出口货物的税、费征收和减免情况，包括税额、税率的情况。

第（43）项　录入员及录入单位

录入员，由负责将该份报关单内容的数据录入并打印预录入报关单的实际操作人员签名确认。

录入单位，填报经海关核准，允许其将有关报关单内容输入海关计算机系统的单位。

第（44）项　申报单位、单位地址、报关员

申报单位填报向海关办理进出口货物报关手续的法人的中文名称及编码，并签印。

填制日期主要指该份报关单的填制日期，由经办的报关员负责填写。电子数据报关单的填制由计算机自动打印。

报关员是指具体负责该批货物向海关办理报关手续的人员。由该报关员在该栏中签印。

第（45）项　海关审单批注及放行日期（签章）

本栏目是海关内部作业时签注的总栏目，共分为审单、审计、征税、统计、查验、放行六项。由海关关员手工填写在预录入报关单上，其中，“放行”栏填写海关对接受申报货物作出放行决定的日期。

以上是报关单每栏的填报规范，填制时一定要严格按照要求填写，这样才能降低出错率，进而提高通关效率。

【样单1－57】

中华人民共和国海关进口货物报关单

预录入编号：(1)　　　　　　　　　　　　　　　　海关编号：(2)

进口口岸（3）	备案号（4）	进口日期（5）	申报日期（6）
经营单位（7）	运输方式（8）	运输工具名称（9）	提运单号（10）
收货单位（11）	贸易方式（12）	征免性质（13）	征税比例（14）
许可证号（15）	起运国（地区）（16）	装货港（17）	境内目的地（18）

批准文号（19）	成交方式（20）	运费（21）	保费（22）	杂费（23）
合同协议号（24）	件数（25）	包装种类（26）	毛重（千克）（27）	净重（千克）（28）
集装箱号（29）	随附单据（30）			用途（31）
标记唛码及备注（32）				

项号（33）	商品编码（34）	商品名称、规格型号（35）	数量及单位（36）	原产国（地区）（37）	单价（38）	总价（39）	币制（40）	征免（41）

税费征收情况（42）			
录入员（43） 录入单位（43）	兹声明以上申报无讹并承担法律责任		海关审单批注及放行日期（签章）（45） 审单　　　　审价
报关员（44）			
单位地址（44）	申报单位（签章）（44）		征税　　　　统计
邮编	电话	填制日期	查验　　　　放行

【样单1－58】

中华人民共和国海关出口货物报关单

预录入编号：(1)　　　　　　　　　　　　海关编号：(2)

进口口岸（3）	备案号（4）	进口日期（5）	申报日期（6）
经营单位（7）	运输方式（8）	运输工具名称（9）	提运单号（10）
收货单位（11）	贸易方式（12）	征免性质（13）	征税比例（14）
许可证号（15）	起运国（地区）（16）	装货港（17）	境内目的地（18）

批准文号（19）	成交方式（20）	运费（21）	保费（22）	杂费（23）
合同协议号（24）	件数（25）	包装种类（26）	毛重（千克）（27）	净重（千克）（28）
集装箱号（29）	随附单据（30）			用途（31）

标记唛码及备注（32）

项号（33）	商品编码（34）	商品名称、规格型号（35）	数量及单位（36）	原产国（地区）（37）	单价（38）	总价（39）	币制（40）	征免（41）

税费征收情况（42）

录入员 录入单位（43） 报关员（44）	兹声明以上申报无讹并承担法律责任	海关审单批注及放行日期（签章）（45） 审单　　审价
单位地址（44）	申报单位（签章）（44）	征税　　统计
邮编	电话　　填制日期	查验　　放行

小问答

报关单备案号栏的填报应注意哪些问题？

六、其他单证

（一）装箱单

装箱单（Packing List）是指记载或描述商品情况的单据，是发票的补充单据。它列明了信用证（或合同）中买卖双方约定的有关包装事宜的细节，便于买方在货物到达目的港时供海关检查和核对货物。

知识链接

IPPC 标识是什么？

IPPC 是国际植物保护公约的简称，是国际上通用的标识，意思是木质包装已经过处理。木质包装上加盖 IPPC 标识的目的是确保全球农业安全，防止有害生物随植物和植物产品传播和扩散。在进出口货物的木质包装上要加盖 IPPC 的专用标识，否则会被进口国海关要求退货。

装箱单由工厂或其代理出具，一般包括如下内容。

（1）出口企业名称地址。在装箱单上方的空白处填写出口企业的中文名称地址。

（2）买方名称地址。填写合同的卖方或信用证的开证申请人的名称和地址。

（3）编号。与发票编号一致。

（4）日期。一般来说，出单日期为发票日期。

（5）合同号或销售确认书号。填写此批货物的合同号或者销售合同书号。

（6）唛头。凡信用证有关于唛头的规定，必须依照规定填制，并且要与发票唛头保持严格一致。如果没有唛头，填写“N/M”。

（7）商品名称和规格。除非另有规定，否则必须与信用证、合同一致。不同规格、不同价格的货物应分别详细列出。

（8）数量、包装、毛重、净重、尺码。

（9）合计。在此栏注明数量、毛重、净重、尺码的累积总数。

（10）签名。应与发票相同，如信用证要求中性包装或规定中性包装单，则本栏空白，不能签章。

以上是装箱单制作的基本内容，装箱单参考格式如样单 1－59 所示。

【样单 1－59】

××贸易有限公司

×× ×× TRADING CO.，LTD.

（出口企业地址、联系方式等）

PACKING LIST

TO：________________　　　　INVOICE NO.：________

INVOICE DATE：________

S/C NO.：________

MARKS	DESCRIPTION OF GOODS & SPECIFICATION	QUANTITY	PACKAGE	G. W.	N. W.	MEAS.

TOTAL：

Authorized Signature（s）

（二）提货单

提货单（Delivery Order，D/O），又称小提单，是船公司交给收货人凭此向船上或仓库提领货物的凭证。一些情况下，收货人只备有提单仍无法办理提货，必须用提单换领提货单，再到海关办理海关纳税手续后方可提领货物。从货物保管人的角度，按照提货单上的箱号放货比较简单，也方便划分责任。

1. 提货单与提单的区别

提货单除加记货物到达目的港的日期和存放地点以便收货人提货外，其他内容与提单并无大区别，但是从法律性质上说，提货单与提单完全不同。

提单，是提单上所记载货物的物权凭证。记名提单能够流通转让。

提货单，只有提货凭证的作用，不具有物权凭证的作用，因此，不能流通转让。

2. 发放提货单时应注意的问题

（1）正本提单为合法持有人所持有。

（2）提单上的非清洁批注应转成小提单。

（3）当发生溢短残情况时，收货人有权向承运人或其代理获得相应的签证。

（4）运费未付的，应在收货人付清运费及有关费用后，方可放单。

3. 提货单样式

提货单由船公司提供，参考格式如样单 1－60 所示。

【样单 1－60】

××公司提货单

________地区、场站 收货人/通知方：			______年____月____日
船名	航次	起运港	目的港
提单号	交付条款	到付海运费	合同号
卸货地点	到达日期	进库场日期	第一程运输
货名		集装箱号/铅封号	
集装箱数			
件数			
重量			
体积			
标志			
请核对放货 凡属法定检验、检疫的进口商品，必须向有关监督机构申报　　（公司名称）			
收货人章	海关章		

小问答

提货单与提单有什么区别，什么情况下不需换取提货单？

任务实施

上述我们介绍了各类进出口单证的样式、填制规范以及在填制时应注意的问题，下面结合这些知识，我们来协助山东风华物流有限公司的操作人员完成出口报关单证的填制。

根据山东风华物流有限公司与山东艺佳纺织品进出口公司签订的合同，山东风华物流有限公司代理山东艺佳纺织品进出口公司申请报关。

步骤一：山东艺佳纺织品进出口公司填制好出口报关单（如样单 1－61 所示）。

【样单 1－61】

中华人民共和国海关出口
货物报关单

预录入编号：　　　　　　　　　　　　　　　　　　海关编号：

出口口岸 青岛海关 4201	备案号	出口日期 20－Jul－13	申报日期 19－Jul－13
经营单位 山东艺佳纺织品进出口股份有限公司 3201916666	运输方式 水路运输	运输工具名称 HUAN QIU018 V. 1229E	提运单号 NKGP 1207000240
发货单位 山东艺佳纺织品进出口股份有限公司 3201916666	贸易方式 一般贸易	征免性质 一般征免	结汇方式 信用证

许可证号	运抵国（地区）	指运港	境内货源地
	加拿大	蒙特利尔	青岛其他（37029）

批准文号 827067115	成交方式 FOB	运费 4232	保费	杂费
合同协议号 13NTKB5201	件数 114	包装种类 纸箱	毛重（千克） 996	净重（千克） 882
集装箱号 TGHU4484596/40/3750	随附单据			生产厂家

标记唛码及备注
N/M

项号	商品编号	商品名称、规格型号	数量及单位	最终目的国（地区）	单价	总价	币制	征免
1	6110200099	女士针织衫非起绒套头（80% 棉 20% 尼龙 无牌）	1105.00 件	加拿大	9.9	10939.5	美元	照章征税
2	6110300099	女士针织衫非起绒套头（70% 人造丝 30% 尼龙 无牌）	1737.00 件	加拿大	8.25	14330.25	美元	照章征税

税费征收情况

录入员　录入单位	兹声明以上申报无讹并承担法律责任	海关审单批注及放行日期（签章） 审单　　审价
报关员 赵明 单位地址 8TH FLOOR JIN DU BUILDING 277 WUXING ROAD，QINGDAO　CHINA 邮编 123456	申报 申报单位（签章） 电话 64331255 填制日期 55 11－AUG13	征税　　统计 查验　　放行

步骤二：山东艺佳纺织品进出口公司将报关所需的出口货物报关单（如样单 1－61 所示）、商业发票（如样单 1－62 所示）、装箱单（如样单 1－63 所示）、报关委托书（略）、外销合同（略）、加拿大纺织品出口许可证（略）寄给山东风华物流有限公司。

【样单 1－62】

商业发票

YIJIA TEXTILES IMPORT AND EXPORT CORP. , LTD.

ADD：11 NORTH YUNNAN ROAD SHANDONG 210009，CHINA

FAX：(0532) 83338888 TEL：(0532) 83338889 TLX：33223INTIE CN

COMMERCIAL INVOICE

INVOICE NO： NBF2218S12M001 6

TO：Tallmans (Canada) Ltd.
060 Sanve St. West
Montreal，Quebec H5L 1Z3 CA

S/C NO：12NTKB5201

EXP REF NO：82/7067115

BY L/C AT SIGHT L/C NO：
BMT0712198IM

DATE：JUL 16 2013

MARKS	DESCRIPTION OF GOODS	QUANTITY	UNIT PRICE	AMOUNT
Reitmans PO#/Dept# CTN NO. Montreal Canada style# Made In C	STYLE：NO：A03－18133F PO NO：271390 BRAND：AE LADIES KNIT SWEATER 80% COTTON 20% NYLON	1105PCS	FOB USD9. 90/PC	SHANDONG USD10939. 50
	STYLE NO：A03－18010F PO NO：271390 BRAND：AE LADIES KNIT SWEATER 70% RAYON 30% NYLON	1737PCS	USD8. 25/PC	USD14330. 25
	THIS SHIPMENT CONTAINS NO SOLID WOOD PACKING MATERIAL Total：114CTNS			
	Total	2842PCS	USD25269. 75	

【样单1－63】

装箱单

YIJIA TEXTILES IMPORT AND EXPORT CORP. , LTD.

ADD：11 NORTH YUNNAN ROAD SHANDONG 210009，CHINA

FAX：(0532) 83338888 TEL：(0532) 83338889 TLX：33223INTIE CN

PACKING LIST

PO#/Dept#

M CTN NO. INVOICE NO：NBF2218S12M0016

A Montreal Canada L/C NO：BMT0712198IM

R style#

K Made In China S/C NO：13NTKB5201

S Dimensions：

G. W. EXP REF NO：82/7067115

N. W.

Total QTY： DATE：JUL 16 2013

DESCRIPTION OF GOODS	QUANTITY	PACKAGE	GR. WEIGHT (KGS)	NT. WEIGHT (KGS)	MEAS. (M3)
STYLE：NO： A03－18133F PO NO：271390 BRAND：AE LADIES KNIT SWEATER 80% COTTON 20% NYLON	1105PCS	45CTNS	333. 00KGS	288. 00KGS	
STYLE NO： A03－18010F PO NO：271390 BRAND：AE LADIES KNIT SWEATER 70% RAYON 30% NYLON	1737PCS	69CTNS	663. 000KGS	594. 00KGS	
THIS SHIPMENT CONTAINS NO SOLID WOOD PACKING MATERIAL					
Total	2842PCS	114CTNS	996. 00KGS	882. 00KGS	

YIJIA TEXTILES IMPORT AND EXPORT CORP. , LTD

步骤三：山东风华物流有限公司代理向海关申请报关。

归纳总结

本任务归纳如图 1－15 所示。

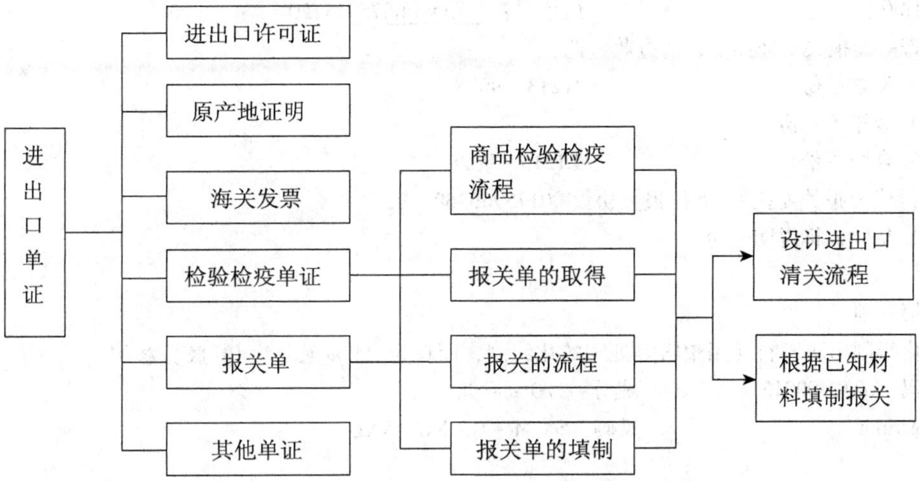

图 1－15 任务四的归纳总结

小技巧

出口报关技巧

出口报关，一般都是委托给报关行。而外贸公司首要的工作就是要准备报关文件，目前，报关需要提供给报关行的文件如下：

(1) 发票（盖公章）；

(2) 装箱单（盖公章）；

(3) 合同（盖公章）；

(4) 报关委托书（盖公章及法人代表章）；

(5) 通关单（只针对有需要做商检的货物）；

(6) 商标证明（只针对有品牌的货物，盖公章）。

除了上述规定的必需的正本文件，为了确保报关的顺利，一般还会附上一份便笺给报关行，说明如下内容，报关行就能得到相对比较完整的信息来报关了。

货物商品编码

货物商品名称

申报要素货物产地（境内货源地）

出口单位的海关代码

另外列明所提供的报关文件的明细，报关行便可一目了然，如样单 1－64 所示。

【样单 1-64】

<table>
<tr><th>海运报关资料</th></tr>
<tr><td>Re：2012—09—03 福州至 HAMBURG GERMANY（最终目的地“THUN SWITZERLAND）海运 1×20 GP 报关资料
小杨，你好！　　　　提单号：<u>COSU6075915720</u>
今寄一套报关单证如下，请查收，谢！
（1）发票一份　　　　I1213-9028
（2）装箱单一份
（3）合同一份　　　　E1213-9028
（4）代理报关委托书/委托报关协议 00175966768
（5）货物商标说明一份

发票中第一项
品名：化纤制男防风衣（用塑料等处理的化纤制，面料为 100% 尼龙涂 PU 胶）梭织
海关编码：6210400012　　　　成分：100% 尼龙
商标：Atrium　　　　尺码：S-M-L-XL-XXL

发票中第二项
品名：化纤制男防风衣（用塑料等处理的化纤制，面料为 100% 尼龙涂 PU 胶）梭织
海关编码：6210400012　　　　成分：100% 尼龙
商标：Atrium　　　　尺码：S-M-L-XL-XXL

发票中第三项
品名：男装长裤（用塑料等处理的化纤制，面料为 100% 尼龙涂 PU 胶）梭织
海关编码：6210400013　　　　成分：100% 尼龙
商标：Atrium　　　　尺码：S-M-L-XL-XXL

所有货物产地：福州其他（35019）

重要提醒：福州金阳光服装有限公司 <u>海关代码为 3501968935</u>，烦请提醒报关行，谢！</td></tr>
</table>

思考与训练

一、简答题

（1）进出口单证都有哪些？

（2）绘出报关的操作流程。

二、技能训练题

资料：上海长兴股份有限公司（NANJING CHANGXING CO.，LTD）地址为中山路 27 号，电话号码为：86-21-76348937，传真号码为：86-21-76348933，出口 200 桶润滑油（英文品名：LUBE），毛重 12 吨，净重 11 吨，通过海运出口日本，收货人为日本 JJK

有限公司（Japan JJK CO.，LTD），合同号为 31SSG－054，商业发票号为：TPS003843，商业发票日期为 2010 年 1 月 14 日，MODE NO.：SAE 5W－50，唛头填写如下：

Japan JJK CO.，LTD

SAE 5W－50

ORGIN：CHINA

任务：根据资料四中的信息，按着装箱单的式样制作一份装箱单。

评分标准：按教材中介绍的装箱单的十项内容，每项 10 分。

任务五 物流结算中的单证填制

知识目标

- 了解汇票、本票、支票的格式
- 掌握信用证项下汇票的填制
- 掌握商业发票的填制
- 掌握信用证的审核
- 掌握国内结算票据和结算凭证的填写

能力目标

- 能够结合物流企业实际编制和填写各类单证

任务引入

2014 年 2 月 10 日，普源公司与风华物流签订 200 箱 AVAYB 产品在中国的物流外包业务的合同后，发生了一系列国内、国际物流费用。

1. 经汇总，风华物流为普源公司提供物流外包服务，发生的国内货款包括产品的收货、仓储、出货费用合计 40200 元、运输费用合计 122231 元。

（1）双方约定共计 40200 元的产品收货、仓储、出货费用采用银行承兑汇票结算，那么结算中涉及哪些单证，该如何填写才能顺利收回款项？

（2）双方约定共计 122231 元的产品运输费用采用委托收款的结算方式，那么结算中又涉及哪些单证？这些单证该如何规范地填写才能顺利收回款项？

2. 经汇总，风华物流为普源公司提供物流外包服务，发生的国际货款包括产品在国际段的运输费用，以及产品的仓储、报关费用，其中，国际运输费用占国际结算的主要部分，合计 185248 元。

（1）如果采用托收方式结算货款，风华物流有限公司该如何填写托收申请书？

（2）双方最终决定采用信用证方式结算款项，如果普源公司开出信用证，风华物流该如何审核信用证与运输合同是否一致？

请以物流单证员应具备的能力，完成本次结算中单证设计、填制及审核工作。

任务分析

本任务中涉及了风华物流与普源公司国内、国外物流结算。在国内结算中，票据和结算凭证是由中国人民银行统一印制的，所以不需要单证员再去设计结算中使用的单证，只需要把单证填写全面和规范。

国内票据和结算凭证的填写需要注意如下内容。

（1）内容填写全面。如汇票的填写中，必须填写出表明“汇票”的字样、无条件支付的命令或委托、确定的金额、付款人名称、收款人名称、出票日期及出票人签章等必要事项。

（2）填写规范。如果涉及出票日期的填写必须使用中文大写，同时在月、日前面要注意什么时候该加“零”或“壹”，金额的填写中小写数字中有“0”，大写时也要注意合理加“零”，而填写收款人名称时必须填写规范化全称。

（3）要特别注意填写后不得涂改的项目，可以涂改的项目要注意在涂改处签章。出票日期、出票金额、收款人名称一经填写不得修改，其他票据和结算凭证上的记载事项，可以更改的部分必须在更改处签章证明。

（4）签章。单位、银行签章时也要注意，必须为该单位、银行的盖章加其法定代表人或者其授权的代理人的签名或者盖章。

国际结算中可以选择的方式有汇款、托收和信用证等。需要注意如下内容。

（1）选择汇款结算方式时，汇款人（进口方）必须填写“汇款申请书”。

汇款人委托汇出行汇款时，首先要决定选用“电汇”、“信汇”或“票汇”方式，无论哪种方式，办理汇款前，汇款人必须向银行递交“汇款申请书”。

（2）选择托收结算方式时，委托方（出口方）必须填写“托收申请书”。

委托方委托托收行办理托收业务时，必须填写“托收申请书”，形成委托方与托收行的委托代理关系，托收行则要根据“托收申请书”缮制“托收委托书”。

（3）选择信用证结算方式时，作为开证申请人（进口方）要向开证行提交“开证申请书”，作为信用证的受益人则要全面审核信用证。

相关知识与拓展

物流结算单证是指在物流结算过程中使用的票据、结算凭证及其他单据的总称。

结算中的单证是物流活动中资金结算的关键环节之一。一方面，单证的设计必须合理。单证是结算的核心，单证的设计也就显得尤为重要，单证设计必须注意必要事项的齐全，在事项齐全的基础上要注意格式的美观；另一方面，单证的填写也必须规范。结算的过程中必然涉及单证的传递。传递过程中，相关主体必然会对单证认真审核，审核的内容主要是单证的填写是否齐全和规范。因单证填写而带来的损失只能自己承担。

一、资金单据的填制

资金单据（Financial Document）又称金融单据，是国际结算中必不可少的两类单据（即资金单据和商业单据）之一。资金单据是指汇票、本票、支票等票据，以及其他代表一定货币债权的凭证，如债券、息票、银行存单、存折等。本书只介绍结算中使用的票据的填制。

（一）汇票的填制（Bill of Exchange or Draft）

1. 汇票的含义

国际结算中很少使用现金结算，基本都是用票据结算。票据是出票人签发的、无条件约定自己或要求另一个人支付一定金额，经背书可以流通转让的书面支付凭证，一般包括汇票、本票和支票。而汇票是国际货款结算最为重要、使用最为广泛的结算工具。

国际结算中的汇票与国内《支付结算办法》中的汇票稍有不同。最常见的对汇票的定义为“汇票（Bill of Exchange/Postal Order/Draft）是由出票人签发的，要求付款人在见票时或在一定期限内或在可以确定的将来某一时间，向收款人或持票人无条件支付一定款项的书面命令”。

2. 汇票的内容

根据《日内瓦统一法》规定，汇票生效要求具备以下的必要项目：

（1）标明其为“汇票”字样；

（2）无条件的支付命令；

（3）付款人名称和付款地点；

（4）付款时间；

（5）出票地点和日期；

（6）出票人名称和签字；

（7）一定金额的货币；

（8）收款人名称。

汇票样本格式如样单 1－65 所示。

【样单 1－65】

汇票

BILL OF EXCHANGE

Drawn under（开证行名称）________

L/C No（信用证号码）________

Dated（信用证开证日期）________

Payable with interest @________%（利息）Per annum.

No（号码）________ Exchange for（小写金额）________

At（汇票期限）________sight of this FIRST of Exchange（Second of exchange being unpaid）

Pay to the order of（收款人）________

The sum of（大写金额）________

To（受票人）________

DRAWER

（出票人名称与签字）

3. 汇票的填制

汇票的填制必须符合汇票的规范要求，具备汇票的必要项目。采用信用证结算需要汇票时，汇票的填制还必须同时要符合信用证的要求。下面参见样单 1－63 汇票的格式，逐项分析。

（1）汇票（BILL OF EXCHANGE）字样。这是为了防止汇票与其他的结算工具混淆而设计的。根据《日内瓦统一法》的规定，必须标明“汇票”的字样，否则该汇票无效。但个别国家的法律也无此要求，如英国的票据法就没有明确规定。但为了防止发生任何损失，尽可能标明这一字样。

（2）出票依据（DRAWN UNDER）。一般内容有三项：即开证行名称、信用证号码和开证日期。出票依据是说明开证行在一定的期限内对汇票的金额履行保证付款责任的法律根据，是信用证项下汇票不可缺少的重要内容之一。

（3）利息（INTEREST）。此栏填写合同或信用证规定的利息率。若没有规定，此栏留空。

Payable with interest @ ____________% Per annum 按××息付款

（4）号码（NUMBER/NO）。一般填写商业发票的号码。

（5）小写汇款金额（EXCHANGE FOR）。一般填写确切的金额数目，除非信用证另规定。如果信用证金额有“大约”等字样，则该金额可以有10%的增减幅度。

（6）付款期限（TENOR）。汇票期限的填写应按照信用证的规定。即期汇票，要打上“AT SIGHT”。在汇票“AT”与“SIGHT”之间不需要填写期限。如果远期汇票，应在“AT”与“SIGHT”之间填上信用证规定的期限。

At …… sight of this FIRST of Exchange (Second of exchange being unpaid)

见票……日后付（本汇票之副本未付）

（7）收款人（PAYEE）。汇票的收款人（汇票的抬头）为进出口双方结算的主要债权方，通常为出口商或其指定的第三方。一般，汇票的抬头有以下几种写法。

①记名式抬头，也叫指示性抬头，即在收款人栏目中填写：“付给×××的指定人”（PAY TO THE ORDER OF ×××），这种类型的抬头是最普遍使用的一种。同时，记名式抬头的汇票一经抬头人背书即可自由转让。

②限制性抬头，即在收款人栏目中填写“仅付给×××人”（PAY TO ××× ONLY）或“限付给×××人，不许转让”（PAY TO ××× ONLY，NOT TRANSFERABLE）。这种汇票只能由指定收款人使用，而不能自由转让给第三人。

③持票人抬头，即在收款人栏目中填写“付给持票人”（PAY TO BEARER）。这种汇票最为灵活，无须抬头人背书即可自由转让。

（8）大写金额（The sum of）。用大写英语文字表示，并在文字金额后面加上“ONLY”，以防止涂改。如：“SAY UNITED STATES DOLLARS EIGHTY THOUSAND ONE HUNDRED ONLY”。注意，汇票上大小写金额必须一致。

（9）受票人（TO DRAWEE）。受票人也即信用证的付款人（payer）。信用证结算中，开证行承担第一性付款责任。所以，如果没有其他特殊规定和特别指定，一般的受票人为开证行。

（10）出票人名称与签字（SIGNATURE OF DRAWER）。出票人为签发汇票并交付汇票的当事人。在进出口方采用信用证结算的业务中，汇票的出票人一般为信用证的受益人（出口方）。所以，汇票底端还必须有出口方的全称及出口方的签字或盖章。

4. 汇票的使用

（1）出票（ISSUE）。出票主要是出票人签发票据，然后将票据交付给收款人。签发票据即做成票据，将票据的项目填写全面，然后在其上面签章；交付过程可以直接将票据交给票据上指定的收款人。这样，就完成了出票的过程。

（2）背书（ENDORSEMENT）。背书是在票据背面或者粘单上记载有关事项并签章的票据行为，主要是汇票上的抬头人（收款人）把票据转给第三方（被背书人）的过程。背书可以连续下去，背书后，最后的被背书人享有票据的权利。

除非票据上写明“禁止转让”字样，或有不可转让的意旨以外，持票人以正当手段取得票据后，都有权将其转让他人。一般背书有记名背书、不记名背书、指示背书。记名背书即背书人在票据背面将被背书人写明，然后由背书人签字。此背书后，票据权利转让给了票据上的被背书人。不记名背书即做成一张空白背书，票据上不需要写明被背书人是谁，只需要背书人签名即可。指示背书即背书时不写明具体的被背书人，但要指明“凭×××”指示，然后由背书人签名。

(3) 提示（PRESENTATION)。提示是指持票人将汇票提交给受票人或付款人，要求付款和承兑的行为。付款人看到汇票叫做见票（SIGHT)。如果持票人提交的是即期汇票，受票人或付款人见票后要立即付款；如果持票人提交的是远期汇票，受票人或付款人见票后要先办理承兑手续，到期立即付款。

(4) 承兑（ACCEPTANCE)。承兑主要是针对远期汇票而言的票据行为，是指票据的付款人在票据上记载一定的承诺事项，承诺该远期汇票到期即向持票人履行付款责任。票据一旦被承兑，承兑人即取代出票人成为最主要的付款人。

(5) 付款（PAYMENT)。付款是在汇票到期时，持有即期汇票的付款人见票付款，持有远期汇票的付款人先承兑后付款，最终将款项支付给票据持有人的行为。

（二）本票的填制（Promissory Note)

根据《日内瓦统一法》规定，本票生效要求具备以下的必要项目：

(1) 标明其为“本票”字样；

(2) 无条件支付承诺；

(3) 出票人签字；

(4) 出票日期和地点；

(5) 付款地点；

(6) 付款期限（未载明，视见票即付)；

(7) 一定金额；

(8) 收款人或其指定人。

本票样本格式如样单 1-66 所示。

【样单 1-66】

Promissory Note		
Promissory	Note for ×××	×××，×××
(本票)	(一定金额)	(出票日期和地点)
At ×××	we promise to pay	×××. or order
(付款期限)	(无条件支付承诺)	(收款人)
The sum of U. S. DOLLARS ××× ONLY		
(一定金额)		
		For Bank of ×××
		(出票人签字)

本票的填制与汇票类似，这里不再阐述。

（三）支票的填制（Cheque）

根据《日内瓦统一法》规定，支票生效要求具备以下的必要项目：

（1）标明其为“支票”字样；

（2）无条件支付命令；

（3）付款银行的名称和地址；

（4）付款的地点；

（5）收款人或其指定人；

（6）出票地点和日期；

（7）一定金额；

（8）出票人签字。

支票样本格式如样单 1－67 所示。

【样单 1－67】

Cheque	
Cheque No. ×××××× （支票）	×××，××× （出票地点和日期）
pay to the order of （无条件支付命令）	××× （收款人）
The sum of U. S. DOLLARS ××× ONLY （一定金额）	
To ×× Bank　　For: （付款银行） （付款地点）	
	(signature of drawer) 出票人签字

支票的填制也与汇票类似，这里不再阐述。

二、商业发票的填制（Commercial Invoice）

（一）商业发票的含义及作用

发票有很多种类，如海关发票、领事发票、厂商发票、形式发票、商业发票等，商业发票是其中最为重要和使用最为广泛的一种。进出口业务中，商业发票必不可少，是出口商必须提供的基本单据之一，在交易中起着非常重要的作用。因此，在国际贸易中直接把商业发票称为“发票”。

商业发票主要是指出口商在发运货物时向进口商开立的发货价目清单，据此实现进出口双方交接货物和货款的结算。商业发票包括的内容很多，主要希望通过发票上的事项向进口方描述商品的质量、规格、重量、单价和金额等。

商业发票在进出口交易中发挥了重要的作用，主要体现在：

（1）商业发票是出口商履约的证明文件，是进口商提取货物的凭证；

（2）商业发票的正副本是进出口双方收发货、记账及收付款的重要凭证；

（3）商业发票是基本单据，是银行单据审核中重点审核的部分；

（4）进出口双方交易不使用汇票的前提下，商业发票是对汇票的替代，付款方要凭票支付一定的金额；

（5）商业发票是报关纳税的重要依据。

（二）商业发票的内容及填制

商业发票是进出口业务中必不可少的单据之一，它的制作和审核是进出口双方都必须掌握的。国际结算中没有统一固定的商业发票格式，但不同国家的商业发票都可以全面地反映出进出口双方交易的内容，也可以对交易的货物做出全面的说明。一般，商业发票至少包括以下三个部分。

1. 首文（Heading）

首文部分主要是对发票本身的内容进行列示，如出票人名称与地址、发票名称、发票地址、发票号码和日期、合同号码、信用证编号以及运输细节的描述等。这部分一般都是印刷好的项目，无须设计，重要的是将后面留有的空格填写完全。

（1）出票人名称与地址。出票人主要就是开立发票的出口方，制作发票时必须首先表明出口方的中英文名称、地址、联系方式及其他相关信息。

（2）发票名称。至少应该有“INVOICE ”字样，如果信用证要求提供商业发票，就必须在发票上注明“COMMERCIAL INVOICE ”。

（3）发票抬头人。发票抬头人即收货的进口方，一般需要写明名称、地址及相关信息。必须注意，信用证结算方式下，发票抬头人必须是开证申请人。

（4）发票号码和日期。发票号码是出口商为了日后需要，制作的发票的编号，这是发票中不可缺少的内容之一。发票日期，即出口商签发商业发票的日期。一般而言，发票日期不得迟于信用证有效期和信用证规定的提示单据的日期。

（5）合同号码。主要是进出口双方订立交易合同的号码。

（6）信用证编号。如果进出口双方采用信用证付款必须将信用证编号也列在发票上。

（7）运输细节描述。主要描述运输的起运港、目的港以及运输区间选择的运输工具名称。

（8）支付方式。如果以信用证结算，必须注明“BY L/C”。

2. 正文（Body）

正文部分是商业发票的主体部分，主要是对出口方发运的货物的详细描述，包括唛头号码、货物的数量及规格品名、单价及总价、总金额。

（1）唛头号码。唛头即通常所说的运输标志，主要为了防止货物在运输途中发生问题而设计的。发票中必须注明唛头及号码，且要与其他单据及货物本身完全一致。如果没有唛头，必须在发票中注明“N/M”（No Mark，没有唛头）。

（2）货物的数量及规格品名。这部分是发票的重要部分，是对货物的完全描述，需要列明货物的名称、规格及数量。发票上对货物的描述要严格遵循信用证的规定。

（3）单价及总金额。单价的表示要注意包括以下几个部分：货币符号、金额、计价单位及价格术语。总金额是各种商品单价和货物数量的乘积之和。

（4）商品的包装及件数。

3. 结文（Complementary Clause）

结文部分主要包括出口商的签章，是发票生效的必要条件。同时还要有证明货物属实的声明文句。

商业发票格式如样单 1－68 所示。

【样单 1－68】

×××公司

×××CO.，LTD.

ADRESS：×××

TEL：×××　FAX：×××

商业发票

COMMERCIAL INVOICE

TO：收货人的信息

INVOICE No.．：发票编号

INVOICE DATE：发票日期

S/C No.．：合同号码

L/C No.：信用证编号

Transport details：

Terms of payment：支付方式

FROM：起运港　　TO：目的港

唛头号码 MARKS & No.	货物的数量及规格品名 QUANTITES& DESCRIPTIONS	单价 UNIT PRICE	总价 AMOUNT

TOTAL　QUANTITES：(总数量)　　PACKING：(包装物数量)

TOTAL　WEIGHT (NET WT　GROSS WT)：总重量（净重　毛重）

TOTAL　AMOUNT (总金额)：

WE CERTIFY THAT ALL THE SHIPPED GOODS ARE OF　×××.

声明文句：我声明所有已发运的货物都是×××

×××　CO：×××公司

三、信用证的填制及审核

关于信用证的详细内容，国际物流结算部分已有详细介绍，这里重点介绍信用证的填制及对信用证的审核。

（一）信用证的含义

信用证是开证银行根据申请人的要求和指示，向受益人开立的，有一定金额的，在一定期限内，凭规定的单据，在指定的地点支付（即付款、承兑或议付汇票）的书面保证。

（二）信用证的形式

信开本信用证（Mail L/C）是开立信用证最传统的形式，一般采用信函的格式开立一式两份或两份以上，然后用航空挂号的形式寄给受益人或通知行的信用证。银行一般都有事先印制好的信开本信用证。申请人申请开立信用证时，开证行只需要按照信用证申请书的要求填制好即可邮寄。但是，因为传递速度较慢，信开本信用证在国际结算中的使用趋向于减少。

电开本信用证（Cable L/C）是银行以电文格式开立的，然后以电报、电传和Swift等电信方式传递的信用证。根据电文内容的简单与否，电开本信用证一般又可分为简电开信用证和全电开信用证。需要注意，简电开信用证内容简单扼要，但并不是信用证的有效形式。目前，Swift信用证因其格式标准，传递速度快且更加安全而被广泛使用。

（三）信用证的内容

（1）信用证类型。

（2）信用证号码。

（3）开证行名称和开证日期。

（4）有效日期和交单地点。

（5）开证申请人、受益人、通知行的名称和详细地址。

（6）信用证金额。信用证金额应用大写和小写表示，如果金额前加上about、approximately等词语，允许有10%的增减幅度。同时，必须使用国际标准化组织指定的货币代号如：USD，GBP，RMB表示。

（7）付款方式。如果选择承兑方式，信用证要求提供的单据中还必须包括汇票。这时，信用证中就必须标明汇票的出票人、付款人以及付款期限等项目。

（8）货物的描述。主要包括货物的名称、规格、数量、单价、贸易术语、包装及唛头等。

（9）港口名称、转运与分批装运、装运期限等。

（10）单据描述。信用证结算中需要买方提供的单据主要有商业发票、运输单据、保险单据及其他单据，如：产地证明书、分析证明书、包装单、重量单等，在信用证中要准确地说明单据名称、正本还是副本。

（11）交单期限。

（12）其他项目。

Swift信用证格式如样单1－69所示。

【样单 1－69】

Swift 信用证的格式

MT 700 ISSUE OF A DOCUMENTARY CREDIT		
SEQUENCE OF TOTAL	27：	1／1
FORM OF DOC. CREDIT	40A：	IRREVOCABLE
DOC. CREDIT NUMBER	20：	WLQ－ZY119
DATE OF ISSUE	31C：	081125
DATE AND PLACE OF EXPIRY.	31D：	DATE 090115 PLACE MALAYSIA
APPLICANT	50：	FOODWAY TRADING CO.，LTD ROOM 1605，16FLOOR，FINANCE BUILDING， KUALA LUMPUR，MALAYSIA
ISSUING BANK	52A：	MAY BANK 11. BLK 10. JLN 31C/31B. R/PANJANG SRI SEGMAMBUT 52000 KUALA LUMPUR MALAYSIA
BENEFICIARY	59：	QINHUANGDAO GOLDEN SEA IMP & EXP CO.，LTD NO. 256 HAINING ROAD，BEIDAIHE ZONE QINHUANGDAO，CHINA
AMOUNT	32B：	CURRENCY USD AMOUNT1，200，000.00
AVAILABLE WITH/BY	41D：	BANK OF COMMUNICATIONS BY NEGOTIATION
DRAFTS AT .	42C：	30 DAYS AFTER SIGHT FOR FULL INVOICE VALUE
DRAWEE	42A：	MAY BANK 11. BLK 10. JLN 31C/31B. R/PANJANG SRI SEGMAMBUT 52000 KUALA LUMPUR MALAYSIA
PARTIAL SHIPMTS	43P：	NOT ALLOWED
TRANSSHIP-MENT	43T：	ALLOWED
PORT OF LOADING	44E：	QINHUANGDAO
PORT OF DIS-CHARGE	44F：	SINGAPORE
LATEST DATE OF SHIPMENT	44C：	081230
DESCRIPTION OF GOODS	45A：	500 METRIC TONS CUMIN SEEDS AT USD2500 PER M/T CIF SINGAPORE

DOCUMENTS REQUIRED	46A:	+ SIGNED COMMERCIAL INVOICE IN TRIPLICATE SHOWING FOB VALUE AND FREIGHT CHARGES, TOGETHER WITH BENEFICIARIES'DECARATION CONFIRMING THAT ONE SET OF NON – NEGOTIABLE DOCS. HAS TO BE SENT TO THE APPLICANT.
		+ PACKING LIST/WEIGHT MEMO IN TRIPLICATE.
		+ G. SP FORM A CERTIFIED IN DUPICATE ISSUED AND SIGNED BY COMPETENT AUTHORITIES .
		+ FULL SET (3/3) OF CLEAN 'ON BOARD' OCEAN BILLS OF LADING MADE OUT TO ORDER OF FOODWAY TRADING CO. LTD MARKED FREIGHT COLLECT AND NOTIFY ACCOUNTEE.
		+ MARINE INSURANCE POLICY IN DUPLICATE, ENDORSED IN BLANK FOR 120% OF THE INVOICE VALUE AGAINST ALL RISKS & WAR RISKS SUBJECT TO THE OCEAN MARINE CARGO CLAUSES OF P. I. C. C DATED 1/1/1981 CLAIMS TO BE PAYABLE IN U. S. A IN CURRENCY OF THE DRAFT. + SHIPMENT ADVICE SHOWING THE NAME OF THE CARRYING VESSEL, DATE OF SHIPMENT, MARKS, QUANTITY, NET WEIGHT AND GROSS WEIGHT OF THE SHIPMENT TO APPLICANT WITHIN 3 DAYS AFTER THE DATE OF BILL OF LADING.
ADDITIONAL CONDITION	47A:	+ THE NUMBER AND THE DATE OF THIS CREDIT AND THE NAME OF ISSUING BANK MUST BE QUOTED ON ALL DOCUMENTS.
		+ SHIPMENT MUST BE EFFECTED BY FULL CONTAINER LOAD. B/L TO SHOW EVIDENCE OF THIS EFFECT IS REQUIRED.
		+ ALL PRESENTATIONS CONTAINING DISCREPANCIES WILL ATTRACT A DISCREPANCY FEE OF GBP40. 00 PLUS TELEX COSTS OR ORTHER CURRENCY EQUIVALENT. THIS CHARGE WILL BE DEDUCTED FROM THE BILL AMOUNT WHETHER OR NOT WE ELECT TO CONSULT THE APPLICANT FOR A WAIVER
CHARGES		ALL CHARGES AND COMMISSIONS ARE FOR ACCOUNT OF BENEFICIARY INCLUDING REIMBURSING FEE.
PERIOD FOR PRESENTATION	71B:	DOCUMENTS MUST BE PRESENTED WITHIN 15 DAYS AFTER THE DATE OF SHIPMENT, BUT WITHIN THE VALIDITY OF THIS CREDIT.
CONFIRMATION	48:	WITHOUT

（四）信用证的审核

信用证结算方式中开证行是第一性付款人，它以自己的银行信用，解决了采用汇款、托收方式结算进出口双方面临的风险，保证了进口商付款后能够获得需要的货物，出口商发货后也可以按期收到货款。但信用证也是一项独立于贸易合同的文件，信用证一旦开出后，它的效力将独立于合同而存在。因此，如果开出的信用证与合同不符，买卖双方，尤其是卖方可能在交易中仍然会处在不利地位。所以，信用证开出后，买卖双方必须对信用证严格审核，达到保障自己的利益的目的。尤其是卖方在发运货物前，必须严格审核信用证条款与贸易合同是否一致。若不一致，要尽快要求开证行修改信用证。审核的要点包括如下内容。

（1）申请人、受益人名称和地址是否准确。

（2）信用证是否生效。信用证未生效，受益人不能装船出货。

（3）信用证是否是不可撤销的。对于可撤销信用证，开证行可以不经过受益人和其他当事人的同意，随时做出修改或撤销，对于受益人有较大的风险，在我国一般不被接受。作为受益人审核信用证时就要注意信用证是否标明了“revocable”。

（4）信用证中货物名称、数量、规格、价格及贸易术语等是否与合同一致。

（5）货物的装运期限是否合理，是否可分批装运、转运，启运港、目的港是否与合同一致或可接受。

（6）信用证的有效期限及到期地点。这将直接关系到出口方能否按期交单。信用证规定的有效期内应尽快备货、发运货物和取得单据。到期地应为受益人所在地。

（7）信用证金额是否准确，是否满足合同支付。

（8）是否有其他佣金及手续费用，由谁承担，可否接受。

（9）信用证规定的单据的种类、份数能否出具或能否取得。

（10）对信用证特别条款的审核，尤其要注意是否存在“软条款”。

信用证审核后，审核结果填写在下表中。

信用证审核结果

信用证审核结果	
信用证号	
合同号	
审证结果	

（五）信用证的修改

受益人对信用证审核后，一旦发现与合同不一致，要及时决定是否接受修改。修改时，必须注意要一次性提出，避免出现多次修改，对于不可撤销信用证的修改必须征得相关当事人的同意。物流企业采用信用证结算，主要审核信用证是否与双方签订的物流合同一致（如采购合同、运输合同、保险合同等，格式参见前物流合同的编制）。对于其他企业则主要审核信用证与交易双方贸易合同是否一致。

进出口双方的贸易合同格式如样单 1－70 所示。

【样单 1-70】

销售合同 SALES CONTRACT			
卖方 SELLER:		编号 NO.:	
		日期 DATE:	
		地点 SIGNED IN:	
买方 BUYER:			

买卖双方同意以下条款达成交易：
This contract Is made by and agreed between the BUYER and SELLER, in accordance with the terms and conditions stipulated below.

1. 品名及规格 Commodity & Specification	2. 数量 Quantity	3. 单价及价格条款 Unit Price & Trade Terms	4. 金额 Amount
Total:			

允许 With		溢短装，由卖方决定 More or less of shipment allowed at the sellers' option

5. 总值 Total Value	
6. 包装 Packing	
7. 唛头 Shipping Marks	
8. 装运期及运输方式 Time of Shipment & means of Transportation	
9. 装运港及目的地 Port of Loading & Destination	
10. 保险 Insurance	
11. 付款方式 Terms of Payment	
12. 备注 Remarks	

The Buyer	The Seller
(signature)	(signature)

四、其他结算单证的编制

这部分主要就上述没有提到的物流结算中的单证做一介绍。主要包括三大部分：国内物流结算涉及的票据和结算凭证、国际物流结算涉及的单证、网上物流结算涉及的单证。

（一）国内物流结算涉及的票据和结算凭证

国内对结算时使用的结算工具做了严格的要求。单位、个人和银行办理结算，必须使用按中国人民银行统一规定印制的票据和统一规定的结算凭证。未使用按中国人民银行统一规定印制的票据，票据无效；未使用中国人民银行统一规定格式的结算凭证，银行不予受理。所以，对于一个企业的单证员，在涉及国内企业结算时，不需要去思考如何编制结算中的票据和结算凭证，重要的是思考这些票据和凭证如何填写才能更加规范。填写时注意要项全面，也要注意填写规范、符合要求。关于票据和结算凭证的填写要求在国内物流结算部分有详细介绍。

下面就国内物流结算中规范的票据和结算凭证格式列示如下。

1. 银行汇票结算时使用的单据及凭证

（1）“银行汇票申请书”一式三联。企业采用银行汇票方式结算时，首先需要向开户银行提出申请，此时需要填写“银行汇票申请书”。在“银行汇票申请书”上，申请人要详细填明申请人名称、申请人账号或住址、用途、汇票金额、收款人名称、收款人账号或住址、代理付款行等各项内容，并将款项交存银行。

银行汇票申请书一式三联，第一联为存根联，由申请人或汇款人留存，作为记账依据；第二联为借方凭证联，由出票行留存，作为支款凭证；第三联为贷方凭证联，由出票行留存，作为收入凭证。具体格式如样单 1－71 所示。

【样单1 71】

中国××银行汇票申请书（存根） **1**

申请日期 年 月 日 第 号

<table>
<tr><td>申请人</td><td></td><td>收款人</td><td colspan="10"></td></tr>
<tr><td>账号或住址</td><td></td><td>账号或住址</td><td colspan="10"></td></tr>
<tr><td>用途</td><td></td><td>代理付款行</td><td colspan="10"></td></tr>
<tr><td rowspan="2">汇票金额</td><td colspan="2" rowspan="2">人民币（大写）</td><td>千</td><td>百</td><td>十</td><td>万</td><td>千</td><td>百</td><td>十</td><td>元</td><td>角</td><td>分</td></tr>
<tr><td></td><td></td><td></td><td></td><td></td><td></td><td></td><td></td><td></td><td></td></tr>
<tr><td colspan="2">备注</td><td colspan="11">科　目＿＿＿＿＿＿＿＿
对方科目＿＿＿＿＿＿＿＿

财务主管　　复核　　经办</td></tr>
</table>

此联申请人留存

（2）“银行汇票”一式四联。开户行认真审核银行汇票申请书填写的内容没有错误后，收妥企业交存的款项，签发银行汇票。

银行汇票一式四联。第一联为卡片联，由签发行结清银行汇票时作汇出汇款付出传票；第二联为银行汇票正联；第三联为解讫通知联，兑付行兑付后随报单寄签发行，由签发行作余款收入传票；第四联为多余款项通知联，签发行结清票款后交汇款人。具体格式如样单 1－72 所示。

【样单 1－72】

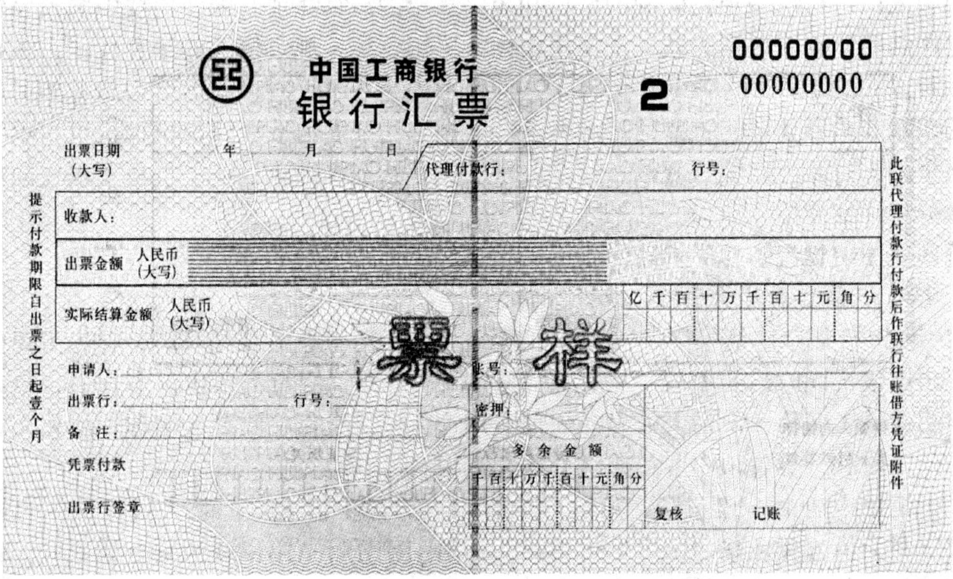

中国工商银行
银行汇票　2　00000000 00000000

出票日期（大写）　年　月　日　代理付款行：　行号：
收款人：
出票金额　人民币（大写）
实际结算金额　人民币（大写）　亿 千 百 十 万 千 百 十 元 角 分
申请人：　账号：
出票行：　行号：
备　注：　密押：
凭票付款　多余金额　千 百 十 万 千 百 十 元 角 分
出票行签章　复核　记账
提示付款期限自出票之日起壹个月
此联代理付款行付款后作联行往账借方凭证附件
票样

（3）“进账单”一式三联。银行进账单是收款人将汇票款项存入其开户行的凭证，也是银行将汇票款项记入收款人账户的凭证。持票人填写银行进账单时，必须清楚地填写票据种类、票据张数、收款人名称、收款人开户行及账号、付款人名称、付款人开户行及账号、票据金额等栏目，并连同相关票据一并交给银行经办人员。

银行进账单一式三联，第一联为回单联，是收款人开户行交给收款人的回单；第二联为贷方凭证联，由收款人开户行作贷方凭证，第三联为收账通知联，是收款人开户行交给收款人的收账通知。具体格式如样单 1－73 所示。

2. 银行承兑汇票结算时使用的单据及凭证

（1）“银行承兑汇票”一式三联。买卖双方约定采用银行承兑汇票结算时，首先应由出票人签发并由银行承兑该汇票。

银行承兑汇票一式三联，第一联为卡片联，由承兑银行支付票款时作付出传票；第二联由收款人开户行向承兑银行收取票款时作联行往来账付出传票；第三联为存根联，由签发单位编制有关凭证。具体格式如样单 1－74 所示。

【样单 1-73】

中国××银行 **进账单** （回单） 1

年 月 日 第 号

付款人	全称		收款人	全称	
	账号			账号	
	开户银行			开户银行	

人民币（大写）		千	百	十	万	千	百	十	元	角	分

票据种类		收款人开户行签章
票据张数		
单位主管 会计 复 核 记账		

此联是收款人开户银行交给收款人的回单

【样单 1-74】

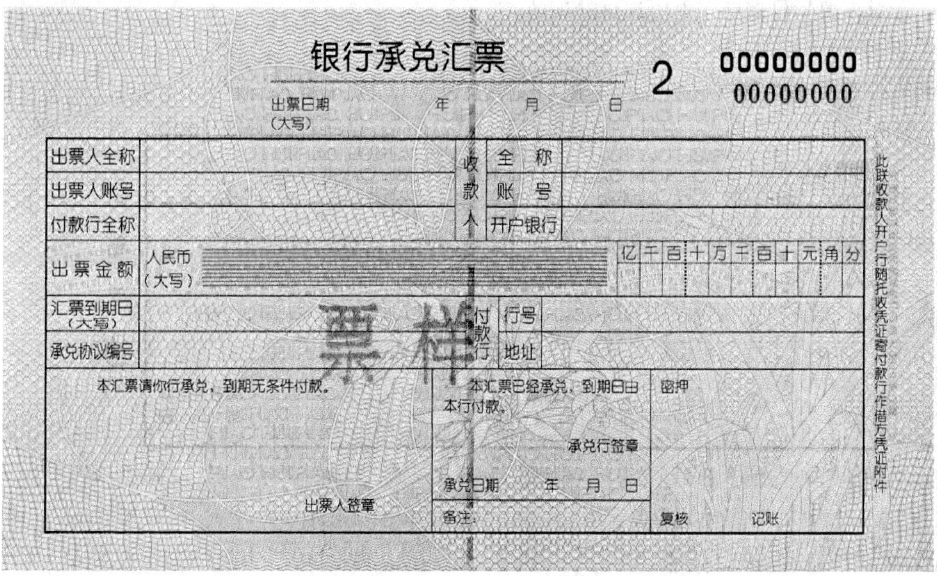
银行承兑汇票 2 00000000 00000000

出票日期（大写） 年 月 日

出票人全称		收款人	全 称	
出票人账号			账 号	
付款行全称			开户银行	
出票金额	人民币（大写）	亿 千 百 十 万 千 百 十 元 角 分		
汇票到期日（大写）		付款行	行号	
承兑协议编号			地址	
本汇票请你行承兑，到期无条件付款。 出票人签章		本汇票已经承兑，到期日由本行付款。 承兑行签章 承兑日期 年 月 日 备注：	密押 复核 记账	

此联收款人开户行随托收凭证寄付款行作借方凭证附件

票样

（2）银行承兑协议。买卖双方约定采用银行承兑汇票结算时，承兑人主要为银行。银行一经承兑就必须承担到期付款的责任。所以，银行会对承兑汇票的申请人进行严格审查决定是否承兑。审查合格后，银行会与汇票的申请人签订银行承兑协议。银行承兑协议中主要是汇票的基本内容和汇票经银行承兑后承兑申请人应遵守的基本条款。待银行审核完毕之后，在银行承兑协议上加盖银行公章或合同章，在银行承兑汇票上加盖汇票专用章，并至少加盖一个经办人私章。

银行承兑协议一般为一式三联，第一联由银行信贷部门留存，第二联由银行会计部门留存，第三联由付款单位留存。银行承兑协议的格式如样单 1－75 所示。

【样单 1－75】

银行承兑协议　　**1**　　编号：________

银行承总汇票内容：

出票人全称________________　　收款人全称__________________

开 户 银 行________________　　开 户 银 行__________________

账　　　号________________　　账　　　号__________________

汇票号码__________________　　汇票金额（大写）______________

出票日期_______年___月___日　　到期日_______年___月___日

以上汇票经银行承兑，出票人愿遵守《支付结算办法》的规定及下列条款：

一、出票人于汇票到期日前将应付票款足额交存承兑银行。

二、承兑手续费按票面金额的万分之五计算，在银行承兑时一次付清。

三、出票人与持票人如发生任何交易纠纷，均由其双方自行处理，票款于到期前仍按第一条办理不误。

四、承兑汇票到期日，承兑银行凭票无条件支付票款。如到期日之前出票人不能足额交付票款时，承兑银行对不足部分的票款转作出票申请人逾期贷款，并按照有关规定计收罚息。

五、承兑汇票款付清后，本协议自动失效。

承兑银行签章　　　　出票人签章

订立承兑协议日期____年____月____日

• 此联出票人存执一联，在“银行承兑协议”之后，第二联加印 2，第三联加印（副本）字样

（3）“委托收款”凭证一式五联。采用银行承兑汇票结算，对即将到期的汇票，收款人会提示其开户行付款，收款人开户行代理付款后，会与承兑银行传递委托收款凭证，办理结算。

根据划回款项的方式不同，委托收款分为邮划和电划。采取邮寄方式划转款项的，应填制邮划委托收款凭证。邮划委托收款凭证一式五联，第一联回单，第二联贷方凭证，第三联借方凭证，第四联收账通知，第五联付款通知。采取电报方式划转款项的，应填制电划委托收款凭证。电划委托收款凭证一式五联，第一联回单，第二联贷方凭证，第三联借方凭证，第四联发电依据，第五联付款通知。

邮划委托收款凭证如样单 1－76 所示，电划委托收款凭证如样单 1－77 所示。

【样单1-76】

委托收款凭证（回单） 1

委托号码 第 号

委邮

委托日期 年 月 日

付款人	全称			收款人	全称		
	账号或地址				账号		
	开户银行		行号		开户银行		行号

委托金额	人民币（大写）		千	百	十	万	千	百	十	元	角	分

款项内容		委托收款凭据名称		附寄单证张数	
备注：		款项收妥日期 年 月 日		收款人开户银行盖章 年 月 日	

此联是收款人开户银行给收款人的回单

单位主管 会计 复核 记账

【样单1-77】

委托收款凭证（回单） 1

委托号码 第 号

委电

委托日期 年 月 日

付款人	全称			收款人	全称		
	账号或地址				账号		
	开户银行		行号		开户银行		行号

委托金额	人民币（大写）		千	百	十	万	千	百	十	元	角	分

款项内容		委托收款凭据名称		附寄单证张数	
备注： 电划		款项收妥日期 年 月 日		收款人开户银行盖章 年 月 日	

此联是收款人开户银行给收款人的回单

单位主管 会计 复核 记账

3. 商业承兑汇票结算时使用的单据及凭证

（1）“商业承兑汇票”一式三联。买卖双方约定采用商业承兑汇票方式结算时，第一步就是出票人出票，承兑人承兑，然后将票据交付给收款人。

商业承兑汇票一式三联，第一联为卡片联，由承兑人（付款人）留存；第二联为商业承兑汇票正联，由收款人开户银行随委托收款凭证寄给付款人开户银行作借方凭证附件；

第三联为存根联，由签发人留存。具体格式如样单 1－78 所示。

【样单 1－78】

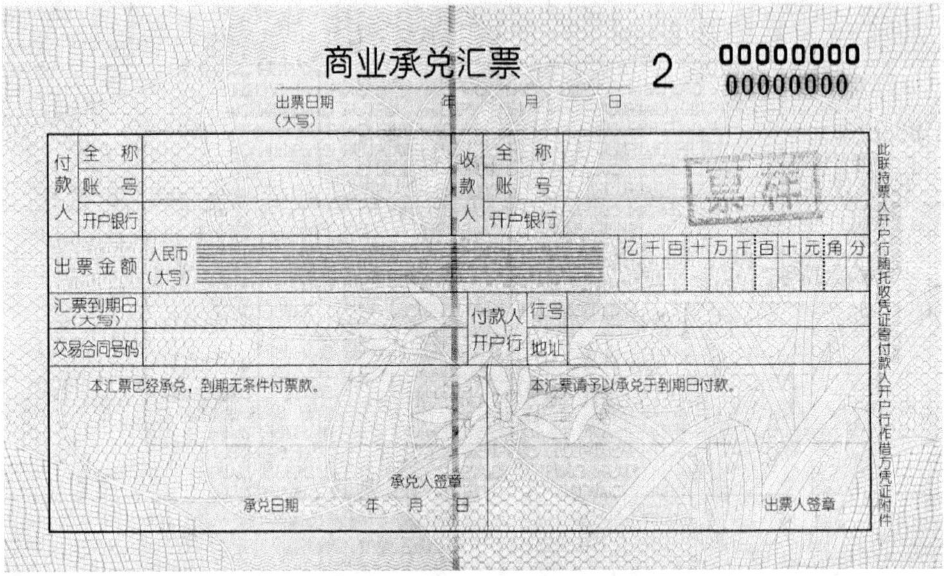

商业承兑汇票　2　00000000 00000000

出票日期（大写）　年　月　日

付款人	全称		收款人	全称	
	账号			账号	
	开户银行			开户银行	
出票金额	人民币（大写）		亿千百十万千百十元角分		
汇票到期日（大写）			付款人开户行	行号	
交易合同号码				地址	

本汇票已经承兑，到期无条件付票款。

承兑人签章

承兑日期　年　月　日

本汇票请予以承兑于到期日付款。

出票人签章

此联持票人开户行随托收凭证寄付款人开户行作借方凭证附件

（2）“委托收款”凭证一式五联。采用商业承兑汇票结算，收款单位也应将到期的商业承兑汇票连同填制的邮划或电划委托收款凭证，一并送交银行办理收款，在收到银行的收账通知时，编制收款凭证。委托收款凭证格式如样单 1－76、样单 1－77 所示。

4. 银行本票结算时使用的单据及凭证

（1）银行本票申请书一式三联。和银行汇票结算一样，采用本票结算，申请人也需要向银行填写“银行本票申请书”。申请人需在申请书中填明申请人名称、账号及住址、收款人名称、账号及住址、本票金额、用途、申请日期等事项并签章。申请人和收款人均为个人需要支取现金的，应在“支付金额”栏先填写“现金”字样，后填写支付金额。申请人或收款人为单位的，不得申请签发现金银行本票。

“银行本票申请书”一式三联，第一联为存根联，由申请人留存；第二联由出票行作为借方凭证；第三联由出票行作为贷方凭证。具体格式如样单 1－79 所示。

（2）银行本票。出票行对申请人审查后，会签发银行本票，银行本票有定额本票和不定额本票之分。

银行本票一般有两联，第一联由出票行留存，结清本票时作借方凭证附件；第二联由出票行结清本票时作借方凭证。具体格式如样单 1－80 所示。

【样单 1－79】

××银行本票申请书（存根）　**1**

申请日期　　年　　月　　日　　　　　　第　　号

申请人		收款人	
账号或住址		账号或住址	
用途		代理付款行	
本票金额	人民币（大写）	千 百 十 万 十 百 十 元 角 分	
备注 申请人签单		财务主管　　复核　　经办	

此联申请人留存

【样单 1－80】

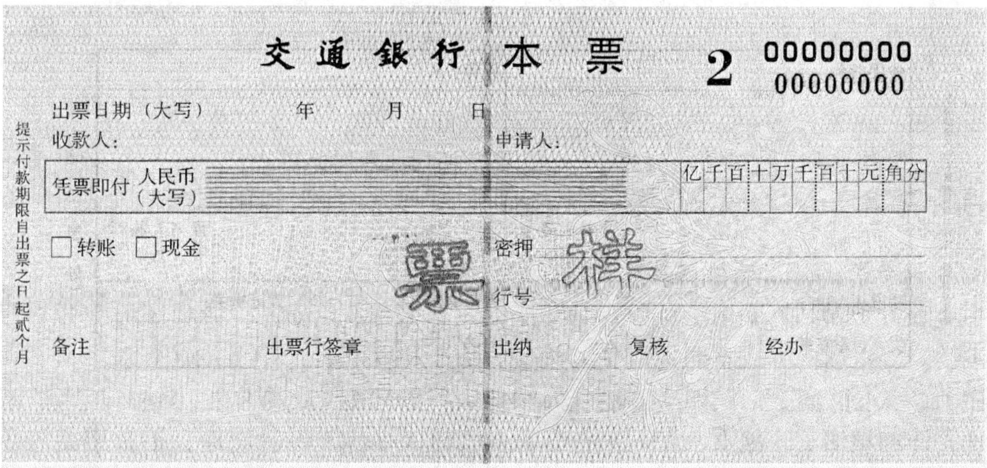
交通银行　本票　2　00000000 00000000

出票日期（大写）　年　月　日

收款人：　　申请人：

凭票即付　人民币（大写）　亿 千 百 十 万 千 百 十 元 角 分

□转账　□现金　密押

行号

备注　出票行签章　出纳　复核　经办

提示付款期限自出票之日起贰个月

5. 支票结算时使用的单据及凭证

买卖双方采用支票结算时，通常手续非常简便，签发支票是第一步，签发的支票有现金支票、转账支票和普通支票三种。现金支票的格式如样单 1－81 所示，转账支票的格式如样单 1－82 所示。

【样单 1－81】

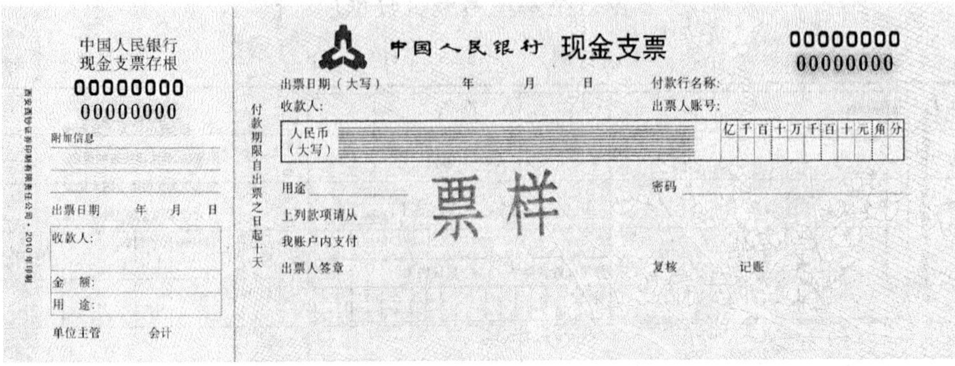
中国人民银行
现金支票存根
00000000
00000000
附加信息
出票日期　年　月　日
收款人：
金　额：
用　途：
单位主管　会计

中国人民银行　现金支票　00000000 00000000
出票日期（大写）　年　月　日　付款行名称：
收款人：　出票人账号：
人民币（大写）　亿 千 百 十 万 千 百 十 元 角 分
付款期限自出票之日起十天
用途　密码
上列款项请从
我账户内支付
出票人签章　复核　记账
票样

【样单 1－82】

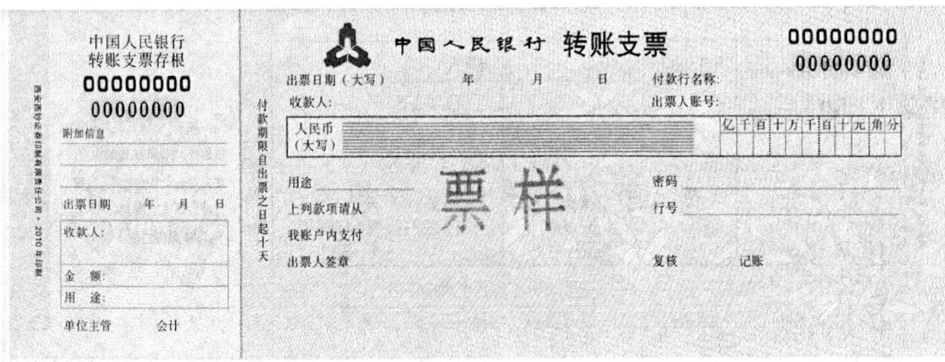
中国人民银行
转账支票存根
00000000
00000000
附加信息
出票日期　年　月　日
收款人：
金　额：
用　途：
单位主管　会计

中国人民银行　转账支票　00000000 00000000
出票日期（大写）　年　月　日　付款行名称：
收款人：　出票人账号：
人民币（大写）　亿 千 百 十 万 千 百 十 元 角 分
付款期限自出票之日起十天
用途　密码
上列款项请从　行号
我账户内支付
出票人签章　复核　记账
票样

6. 汇兑结算时使用的单据及凭证

买卖双方货款结算采用汇兑方式时，汇款人需填写汇兑凭证，持凭证提交开户行办理汇出汇款。因汇款的方式不同，汇兑结算分为信汇和电汇。

（1）“信汇凭证”一式四联。汇款人委托银行办理汇兑，应向汇出银行填写信汇或电汇凭证，详细填明汇入地点、汇入银行名称、收款人名称、汇款金额、汇款用途等各项内容，并在信汇、电汇凭证第二联上加盖预留银行印鉴。

采用信汇方式汇款的，汇款单位应填制一式四联“信汇凭证”。信汇凭证第一联为回单联，是汇出行受理信汇凭证后给汇款人的回单；第二联为借方凭证联，由汇出行作支出凭证；第三联为贷方凭证联，由汇入行作收入凭证；第四联为收账通知联，是在直接记入收款人账户后通知收款人的收款通知，或不直接记入收款人账户时收款人凭以领取款项的取款收据。具体格式如样单 1－83 所示。

【样单 1-83】

中国××银行 信汇 凭证（回单） **1**

委托号码 第　　号

委托日期　　　年　　月　　日

<table>
<tr><td rowspan="3">汇款人</td><td>全称</td><td colspan="3"></td><td rowspan="3">收款人</td><td>全称</td><td colspan="10"></td><td rowspan="6">此联是汇出行给汇款人的回单</td></tr>
<tr><td>账号或地址</td><td colspan="3"></td><td>账号或地址</td><td colspan="10"></td></tr>
<tr><td>汇出地点</td><td>省　市　县</td><td>汇出行名称</td><td></td><td>汇入地点</td><td colspan="3">省　市　县</td><td colspan="4">汇入行名称</td><td colspan="3"></td></tr>
<tr><td>金额</td><td>人民币（大写）</td><td colspan="5"></td><td>千</td><td>百</td><td>十</td><td>万</td><td>千</td><td>百</td><td>十</td><td>元</td><td>角</td><td>分</td></tr>
<tr><td colspan="7">汇款用途</td><td colspan="10" rowspan="2">汇出行盖章

年　月　日</td></tr>
<tr><td colspan="7">上列款项已根据委托办理，如需查询，请持此回单来行面洽

单位主管　会计　复核　记账</td></tr>
</table>

（2）“电汇凭证”一式三联。采用电汇方式汇款的，汇款单位应填制一式三联“电汇凭证”。第一联为回单联，是汇出行给汇款人的回单；第二联为借方凭证联，为汇出银行办理转账付款的支出凭证；第三联为发电依据联，由汇入行作收入凭证。具体格式如样单 1-84 所示。

【样单 1-84】

中国××银行电汇凭证（回单） **1**

委托号码 第　　号

委托日期　　　年　　月　　日

<table>
<tr><td rowspan="3">汇款人</td><td>全称</td><td colspan="3"></td><td rowspan="3">收款人</td><td>全称</td><td colspan="10"></td><td rowspan="6">此联是汇出行给汇款人的回单</td></tr>
<tr><td>账号或地址</td><td colspan="3"></td><td>账号或地址</td><td colspan="10"></td></tr>
<tr><td>汇出地点</td><td>省　市　县</td><td>汇出行名称</td><td></td><td>汇入地点</td><td colspan="3">省　市　县</td><td colspan="4">汇入行名称</td><td colspan="3"></td></tr>
<tr><td>金额</td><td>人民币（大写）</td><td colspan="5"></td><td>千</td><td>百</td><td>十</td><td>万</td><td>千</td><td>百</td><td>十</td><td>元</td><td>角</td><td>分</td></tr>
<tr><td colspan="7">汇款用途</td><td colspan="10" rowspan="2">汇出行盖章

年　月　日</td></tr>
<tr><td colspan="7">上列款项已根据委托办理，如需查询，请持此回单来行面洽

单位主管　会计　复核　记账</td></tr>
</table>

7. 委托收款结算时使用的单据及凭证

委托收款结算方式通常是收款人委托银行收款，办理时收款人需填写委托收款凭证。因款项划回的方式不同，委托收款分为电划和邮划。

（1）邮划（委邮）凭证一式五联。具体格式如样单 1－76 所示。

（2）电划（委电）凭证一式五联。具体格式如样单 1－77 所示。

8. 托收承付结算时使用的单据及凭证

托收承付结算方式下，必须凭借双方的贸易合同，由收款人托收，付款人承付。款项收回方式不同也可分为邮划和电划两种方式。收款人办理托收时，需要填写托收承付凭证（邮划/电划）。

邮划托收承付结算凭证和邮划托收承付结算凭证均为一式五联。第一联为回单联，是收款人开户行给收款人的回单；第二联为贷方凭证联，由收款人开户行作收入证；第三联借方凭证联，由付款人开户行作支出凭证。第四联为收款通知联，是收款人开户行在款项收妥后给收款人的收款通知；第五联为承付通知联，是付款人开户行通知付款人按期承付货款的承付通知。

（1）托收承付凭证（邮）一式五联。具体格式如样单 1－85 所示。

【样单 1－85】

邮　　**托收承付凭证（回单）**　　**1**

托收号码　　第　　号

委托日期　　年　　月　　日

<table>
<tr><td rowspan="3">付款人</td><td>全称</td><td colspan="3"></td><td rowspan="3">收款人</td><td>全称</td><td colspan="3"></td></tr>
<tr><td>账号或地址</td><td colspan="3"></td><td>账号或地址</td><td colspan="3"></td></tr>
<tr><td>开户银行</td><td></td><td>行号</td><td></td><td>开户银行</td><td></td><td>行号</td><td></td></tr>
<tr><td>托收金额</td><td>人民币（大写）</td><td colspan="8"></td></tr>
</table>

千	百	十	万	千	百	十	元	角	分

<table>
<tr><td colspan="2">附件</td><td>商品发运情况</td><td>合同名称号码</td></tr>
<tr><td>附寄单证张数或册数</td><td></td><td></td><td></td></tr>
<tr><td colspan="2">备注</td><td>款项收妥日期
年　月　日</td><td>收款人开户银行盖章　月　日</td></tr>
</table>

此联是收款人开户银行给收款人的回单

单位主管　　会计　　复核　　记账

（2）托收承付凭证（电）一式五联。具体格式如样单1－86所示。

【样单1－86】

托收承付凭证（回单） **1**

托收号码　第　　号

电

委托日期　　　年　　月　　日

<table>
<tr><td rowspan="3">付款人</td><td>全称</td><td colspan="3"></td><td rowspan="3">收款人</td><td>全称</td><td colspan="3"></td></tr>
<tr><td>账号或地址</td><td colspan="3"></td><td>账号或地址</td><td colspan="3"></td></tr>
<tr><td>开户银行</td><td></td><td>行号</td><td></td><td>开户银行</td><td></td><td>行号</td><td></td></tr>
<tr><td>托收金额</td><td>人民币（大写）</td><td colspan="5"></td><td colspan="3">千 百 十 万 千 百 十 元 角 分</td></tr>
<tr><td colspan="3">附件</td><td colspan="4">商品发运情况</td><td colspan="3">合同名称号码</td></tr>
<tr><td>附寄单证张数或册数</td><td colspan="2"></td><td colspan="4"></td><td colspan="3"></td></tr>
<tr><td colspan="4">备注</td><td colspan="3">款项收妥日期
年　月　日</td><td colspan="3">收款人开户银行盖章　月　日</td></tr>
</table>

此联是收款人开户银行给收款人的回单

单位主管　　　　会计　　　　复核　　　　记账

（二）国际物流结算涉及的单证

1. 汇款申请书

汇款结算时，汇款人需要向其开户行填写汇款申请书，汇款申请书（招商银行）的格式如样单1－87所示。

可以办理汇款业务的银行都有各自的“汇款申请书”格式，但汇款申请书的填写基本一致，主要包括以下事项。

（1）申请汇款的日期。

（2）汇款方式：电汇、信汇或票汇。

（3）汇款币种及金额大小写。

（4）汇款人名称及地址。

（5）收款人开户银行（代理行）名称及地址。

（6）收款人名称及地址。

（7）收款人常驻国家（地区）名称及代码。

（8）汇款附言。

（9）汇款发生费用的承担方式。

（10）申请人签章及联系方式。

【样单 1 - 87】

招商银行
zhaoshangyinhang

汇款申请书

APPLICATION FOR OUTWARD REMITTANCE OR

汇往境外，汇款申请书请以**英文**填写（For cross-border payment by T/T. please complete this form in English.）.

<table>
<tr><td>汇款方式
Means Of Payment</td><td colspan="3">如未在□内“√”选，则默认为电汇（if not spocificd, the mclhod of payment defanlts to T/T）
□电汇（T/T） □信汇（M/T） □票汇，付款地点 D/D. drawn on ________，取票人姓名 person designated to colect . 身份证件名称 type of ID ，身份证件号码 ID number</td></tr>
<tr><td rowspan="2">汇款人
Remitter</td><td colspan="3">账号（A/C No.）OSA</td></tr>
<tr><td colspan="3">户名（Name）</td></tr>
<tr><td colspan="2">币种及金额（小写）Currency & Amount in figures</td><td colspan="2">币种及金额（大写）Currency & Amount in Words</td></tr>
<tr><td>收款行之代理行
Correspondent of
Bendficiary's Bank</td><td colspan="3">名称（Name）</td></tr>
<tr><td rowspan="3">收款人
Beneficiary's Bank
收款人类型
□公司 □个人</td><td colspan="3">账号（A/C NO.）</td></tr>
<tr><td colspan="3">户名（Name）</td></tr>
<tr><td colspan="3">地址（Address）</td></tr>
<tr><td colspan="2">汇款附言（限 105 个字符）Remittance Information（not to exceod 105 letters）</td><td colspan="2">银行费用承担方式 AB Bank Changcs Are To Bc Bornc By:
□汇款人 Renitter □全额到账（仅供美元）Without any deduction (for USD only)
□收款人 Beneficiary
□共同承担（默认）Shane（Default）
如未在□内“√”选，则默认为“共同承担”</td></tr>
<tr><td colspan="3" rowspan="3">本人（等）已订阅，了解和同意贵行离岸汇款相关规则以及背面条款，特委托贵行依此指令办理离岸款项汇出事宜。

汇款人印鉴 Remitter's Signature（s）:</td><td>密押/支付密码 Test Key</td></tr>
<tr><td>联系人姓名及电话 Contact Person & Tel. No.</td></tr>
<tr><td>备注 Special In structions</td></tr>
</table>

2. 托收申请书/托收指示书

办理托收结算时，出口商首先需要填写“托收申请书”。托收申请书是委托方与托收行之间关于托收业务的契约性文件，也是银行进行托收业务的依据。托收行一旦接受了托收申请书，委托方与托收行的委托代理关系也就正式成立。托收申请书中要包括以下内容。

（1）托收的交单条件。

（2）票款收妥后代收行汇交托收款的方式：信汇（M/T）或电汇（T/T）。

（3）关于远期付款交单是否委托国外代收行代为存仓、保险。

（4）银行费用如何处理。

（5）如果付款人拒绝付款或承兑，是否要做成拒绝证书。

（6）付款交单条件下，货款被拒付时，对于货物的处理办法。

（7）付款时间的附加规定。

（8）关于指定代收行的意见。

托收行根据出口商填写的“托收申请书”缮制好“托收指示书”。狭义的托收指示书也即托收委托书，是托收行根据托收申请书缮制的，授权代收行处理单据完全和准确的条款，表明了托收行与代收行在该笔托收业务中的委托代理关系。所有托收单据都必须附带托收指示，除非托收指示另有授权，代收行将不理会除向其发出托收的一方/银行以外的任何一方/银行的任何指示。托收指示书最后要交由出口商认真填写。无论是出口商或托收行，填写和缮制时必须注意托收指示书与托收申请书的内容要严格一致，并应包括以下各项适用的内容。

（1）托收银行、委托人、付款人、提示行（如有）的情况，包括全称、邮政地址、电传、电话和传真号码等。

（2）托收的金额和货币种类。

（3）单据清单和每项单据的份数。

（4）A. 取得付款或承兑的条款和条件。B. 交单条款。

（5）要求收取的费用是否可以放弃。

（6）要求收取的利息（如有），是否可以放弃。

（7）付款的方式和付款通知书的形式。

（8）发生不付款、不承兑或未执行其他指示情况时的指示。

托收行在缮制托收指示书时，还应将收款指示明确、清楚地表达出来。

托收指示书的具体格式如样单1－88所示。

【样单1-88】

托收指示书
COLLECTION ORDER

致：________　　　　　　　　　　　　日期：

<table>
<tr><td>托收行（Remitting Bank）：</td><td>代收行（Collecting Bank）：
名称：
地址：</td></tr>
<tr><td>委托人（Principal）：</td><td>付款人（Drawee）：
名称：
地址：
电话：</td></tr>
</table>

<table>
<tr><td>付款交单 D/P（　）承兑交单 D/A（　）
无偿交单 FREE OF PAYMENT（　）</td><td>期限/到期日：</td></tr>
<tr><td>发票号码/票据编号：</td><td>国外费用承担人：□ 付款人　□ 委托人</td></tr>
<tr><td>金额：</td><td>国内费用承担人：□ 付款人　□ 委托人</td></tr>
</table>

单据种类	汇票	发票	提单	空运单	保险单	装箱单	重量单	产地证	FORM A	检验证	公司证明	船证明
份数												

特别指示：

(1) 邮寄方式：□ 快邮　□ 普邮　□ 指定快邮________

(2) 托收如遇拒付，是否须代收行作成拒绝证书（PROTEST）：□ 是　□ 否

(3) 货物抵港时是否代办存仓保险：□ 是　□ 否

(4) 如付款人拒付费用及/或利息，是否可以放弃：　□ 是　□ 否

(5) ____________________________________

(6) ____________________________________

付款指示：　　　　　　　　　　　　核销单编号：______________

请将收汇款原币（　）人民币（　）划入我司下列账上：

开户行：____________ 账号：______________

联系人姓名：________

电话：________　　传真：________　　　　公司签章

注：本委托书一式3份，一份于交单时银行签收后退公司，一份于结汇时作回单退公司，一份交银行留底

3. 开证申请书

采用信用证结算时，申请人首先需要向开证行申请开立信用证。不可撤销跟单信用证

申请书如样单 1－89 所示。

【样单 1－89】

不可撤销跟单信用证申请书

IRREVOCABLE DOCUMENTARY CREDIT APPLICATION

TO: Date:

<table>
<tr><td colspan="2">☐Issue by airmail ☐With brief advice by teletransmission
☐Issue by express delivery
☐Issue by teletransmission (which shall be the operative instrument)</td><td>Credit No.

Date and place of expiry</td></tr>
<tr><td colspan="2">Applicant</td><td>Beneficiary (Full name and address)</td></tr>
<tr><td colspan="2">Advising Bank</td><td>Amount</td></tr>
<tr><td>Parital shipments
☐allowed ☐not allowed</td><td>Transhipment
☐allowed ☐not allowed</td><td rowspan="3">Credit available with

By
☐sight payment ☐acceptance ☐negotiation
☐deferred payment at
against the documents detailed herein
☐ and beneficiary's draft(s) for ____ % of invoice value
at__________ sight
drawn on</td></tr>
<tr><td colspan="2">Loading on board/dispatch/taking in charge at/from

not later than
For transportation to:</td></tr>
<tr><td colspan="2">☐ FOB ☐CFR ☐CIF
☐ or other terms</td></tr>
<tr><td colspan="3">Documents required: (marked with X)
1. ( ) Signed commercial invoice in _______ copies indicating L/C No. ____________ and Contract No. ______________.
2. ( ) Full set of clean on board Bills of Lading made out to order and blank endorsed, marked "freight [ ] to collect / [ ] prepaid [ ] showing freight amount" notifying ______________________________.
( ) Airway bills/cargo receipt/copy of railway bills issued by ____________ showing "freight [ ] to collect/ [ ] prepaid [ ] indicating freight amount" and consigned to__________________________.
3. ( ) Insurance Policy/Certificate in ____ copies for ____ % of the invoice value showing claims payable in ______________ in currency of the draft, blank endorsed, covering All Risks, War Risks and __________________________________.
4. ( ) Packing List/Weight Memo in _____ copies indicating quantity, gross and weights of each package.
5. ( ) Certificate of Quantity/Weight in _______ copies issued by _______________.
6. ( ) Certificate of Quality in ____ copies issued by [ ] manufacturer/[ ] public recognized surveyor_______________.
7. ( ) Certificate of Origin in _____ copies issued by _______________.
8. ( ) Beneficiary's certified copy of fax / telex dispatched to the applicant within ____ hours after shipment advising L/C No., name of vessel, date of shipment, name, quantity, weight and value of goods.
Other documents, if any

Description of goods:

Additional instructions:
1. ( ) All banking charges outside the opening bank are for beneficiary's account.
2. ( ) Documents must be presented within ____ days after date of issuance of the transport documents but within the validity of this credit.
3. ( ) Third party as shipper is not acceptable, Short Form/Blank back B/L is not acceptable.
4. ( ) Both quantity and credit amount ______ % more or less are allowed.
5. ( ) All documents must be forwarded in________________.
( ) Other terms, if any</td></tr>
</table>

具体填写开证申请书时要注意以下几点：

（1）申请书所列内容应与买卖合同条款一致；

（2）申请书所列条款内容与《UCP500》规定不符的，一定在特殊指示中加以说明，即要利用特别条款；

（3）申请书所要求的其他（项目中没有的）单据的名称，制单方法及传递方式等，要本着简单、适用、准确的原则书写；

（4）不得将与信用证无关的内容和合同中过细的条款写入开证申请书中；

（5）不能将模糊的、模棱两可的、可作弹性解释的或有争议的内容写入申请书；

（6）不能要求出口商提供无法获得的单据，所需的单据以能够保证买卖合同顺利完成为准。

（三）网上物流结算涉及的单证

网上物流，就是基于互联网技术，旨在创造性的推动物流行业发展的新商业模式。和网上贸易一样，网上物流需要真正通过互联网对传统物流方式进行改变，帮助数以百万、千万计的需要物流和提供物流的企业和个人创造出更大的财富。

网上物流是一种机会。通过互联网，物流公司能够被更大范围内的货主客户主动找到，能够在全国乃至世界范围内拓展业务；贸易公司和工厂能够更加快捷地找到性价比最适合的物流公司；网上物流致力于把世界范围内最大数量的有物流需求的货主企业和提供物流服务的物流公司都吸引到一起，提供中立、诚信、自由的网上物流交易市场，帮助物流供需双方高效达成交易。目前已经有越来越多的客户通过网上物流交易市场找到了客户，找到了合作伙伴，找到了海外代理。网上物流提供的最大价值，就是更多的机会；越来越多的物流公司、贸易公司、船公司、港口等企业都开始参与到了网上物流的发展中，通过互联网推广企业，拓展业务。随着更多资源的汇集和整合，在不久的将来，网上物流将会成为社会经济的重要组成部分。

网上物流是一种无纸化物流，其单证的形成和作用与传统物流的单证是不尽相同的。

1. 网上单证的概念

所谓网上单证，就是在电子交易中使用的表格和单证。它是计算机网络的数据库与用户之间的联系界面，是电子交易信息流的逻辑载体。它可以通过网页的形式来表现和传播，向用户收集和传递必要的商务信息。从表面形式上看，它与纸质单证没有区别，但实际上，它通过计算机程序与数据库紧密相连，根据不同的需求，进行不同的处理，从而实现交易的自动化。

2. 网上单证的功能分类

网上单证分为身份注册类、普通信息交流类、信息发布类。

身份注册类型网上单证一般用于各网站收集用户信息和确认用户身份，如在进行网站会员注册、申请电子邮件或个人主页空间时，网站都需要用户的个人信息，以确认用户身份，赋予用户相应的角色和权限。

普通信息交流类型网上单证的内容包括：姓名、主题、电子邮件、地址、电话、留言信息等。

信息发布类型网上单证一般用于网站提供给用户发布信息的工具。信息发布类型网上单证的内容包括：单位名称、邮编、电子邮件、地址、电话、联系人、信息主题、信息内容（主要是和产品相关的信息，如产品规格、数量及价格等）。

3. 网上单证设计与管理

下面以“电子商务师实验室”软件为操作平台，来演示网上单证的设计过程。

启动“电子商务师实验室”系统，选“网上单证处理”。

（1）网上单证前台、后台设计。

进入网上单证前台设计。

第一步：点击网上单证，进入如图 1－16 所示界面。

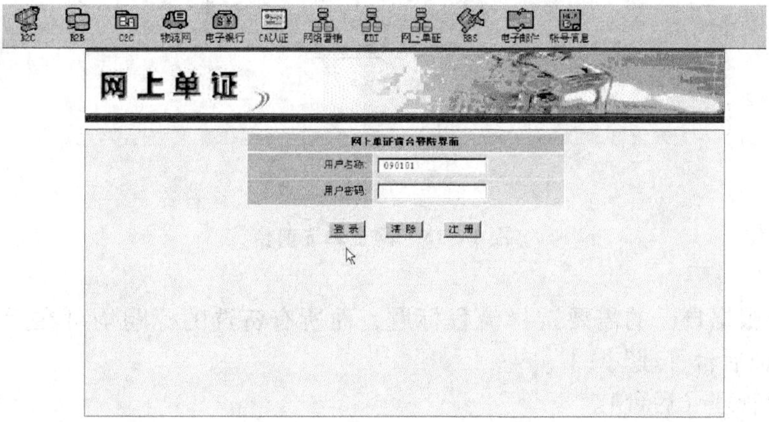

图 1－16　网上单证首页

第二步：输入用户名和用户密码登录网上单证前台（如果是首次使用网上单证模块，必须首先注册一个网上单证的用户）。

第三步：注册网上单证用户。点击“注册”进入如图 1－17 所示界面，输入用户名、密码等，进行注册。

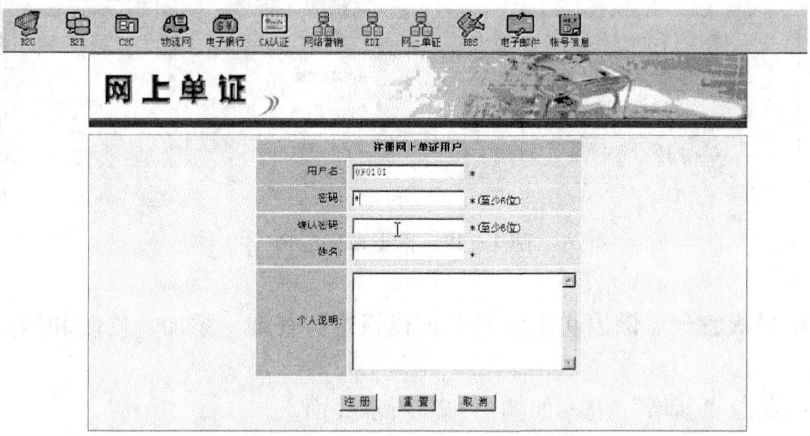

图 1－17　网上单证注册

第四步：注册成功，点击返回，显示如1-18所示为网上单证前台。

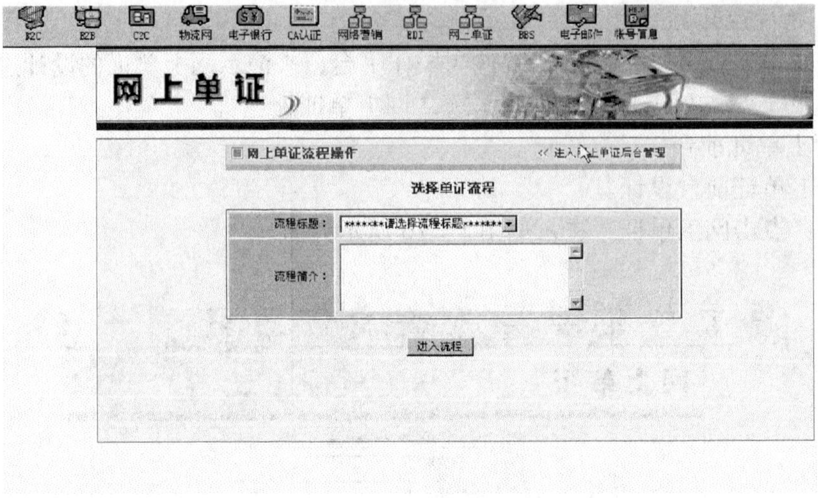

图1-18　网上单证前台

第五步：根据自己的需要选择流程标题，而所有备选的标题均可在后台设计，点击“进入网上单证后台管理”。

单证设计管理（后台）。

后台主要进行单证格式和步骤的设计。点击进入网上单证后台管理，进入如图1-19所示界面。

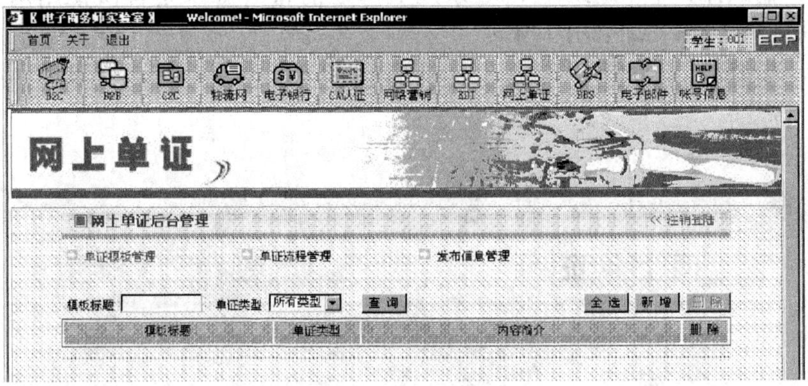

图1-19　网上单证后台

（2）单证模板管理。该模块主要对单证模板进行查询、添加、修改和删除，操作步骤如下。

第一步：点击“新增”进入如图1-20所示界面。

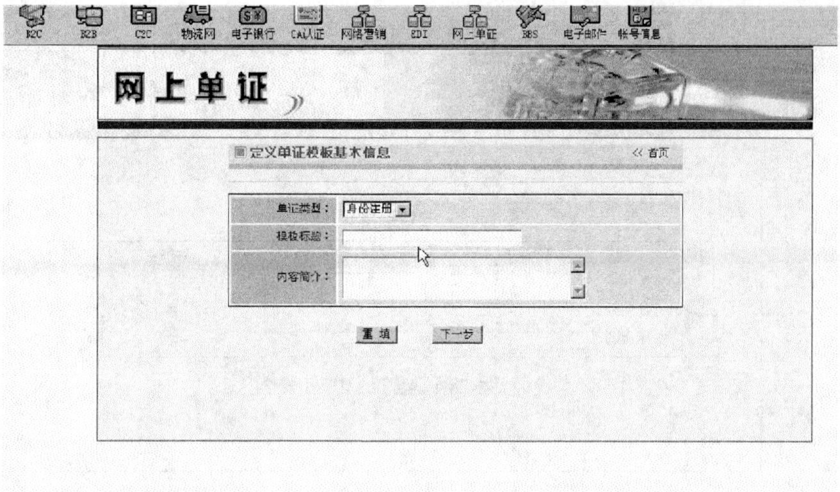

图 1-20　网上单证模板管理界面

第二步：选择单证类型，若设计“身份注册”的单证格式，可以选择类型为身份注册，填写模板标题和内容简介，点击“下一步”，进入如图 1-21 所示界面。

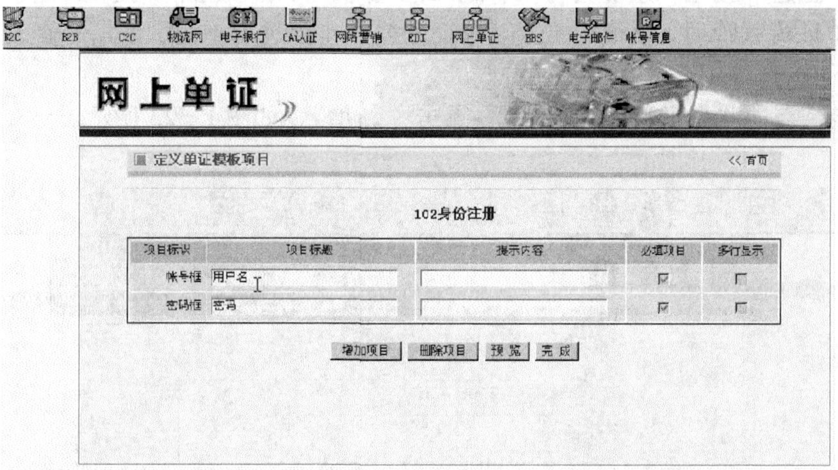

图 1-21　网上单证身份注册界面

第三步：要设计身份注册的模板，首先需要定义账号框和密码框位置显示的文字，一般都定义为“用户名”和“密码”，若有需要可以输入提示内容，如必须为六位文本或者数字等，也可以增加新的项目，如在进行身份注册的同时，需要输入用户的邮箱、地址等。

第四步：点击“预览”，可以看到设计的模板，若满意则点击“完成”。

第五步：按以上设计方法，完成身份验证、信息发布模板的设计。

注意：在“信息发布”模板设计时，可以按图 1-22 所示进行设计。

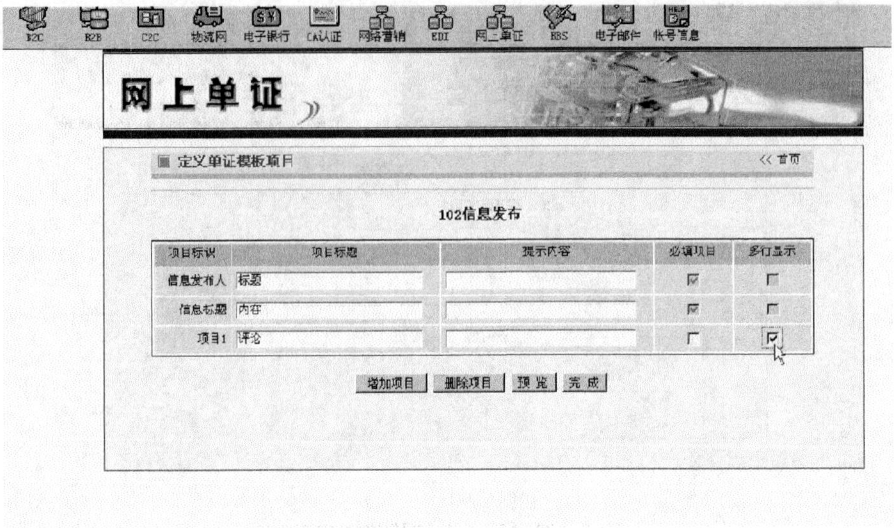

图 1－22　网上单证信息发布

第六步：可以按模板标题和单证类型进行查询，输入查询条件后按“查询”按钮，系统将显示搜索结果。选定删除栏的选择框，按“删除”按钮将该模板清除；若需全部删除，点击“全选”按钮，系统会将所有删除框选定，再按“删除”按钮即可。

（3）单证流程管理。该模块主要对单证的操作步骤进行查询、添加、修改和删除，操作步骤如下。

第一步：点击“单证流程管理”，再点击“新增”，如图 1－23 所示。

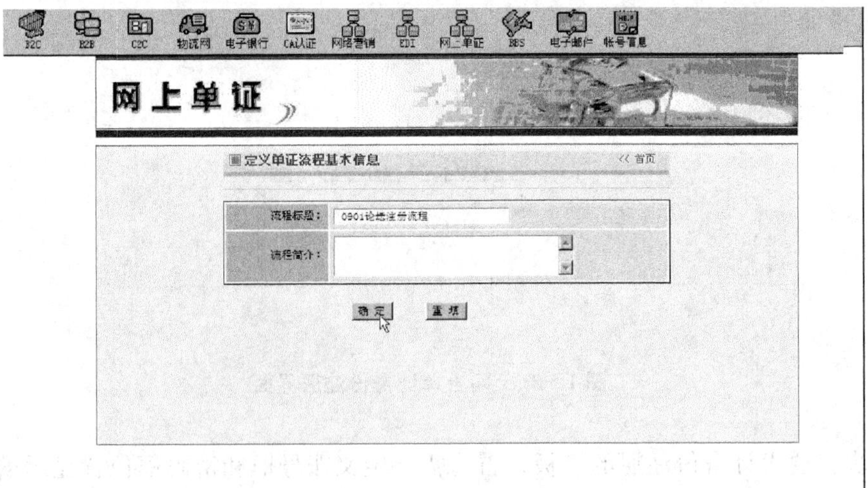

图 1－23　网上单证流程管理

第二步：输入流程标题和内容简介后，点击“确定”按钮。以论坛注册为例，论坛注册首先需进行身份注册，每个步骤称为一个节点，那么填写注册信息为第一个节点，显示注册信息为第二个节点，身份验证为第三个节点，发布信息为第四个节点，显示信息为第五个节点。设计好各个节点的内容，就可以进行流程设计了。

第三步：点击“添加节点”，选择第一个节点的类型为“身份注册”，填写模板标题和模板简介后点击下一步，进入如图 1－24 所示界面，可以按此图填写内容，信息状态为填写信息。

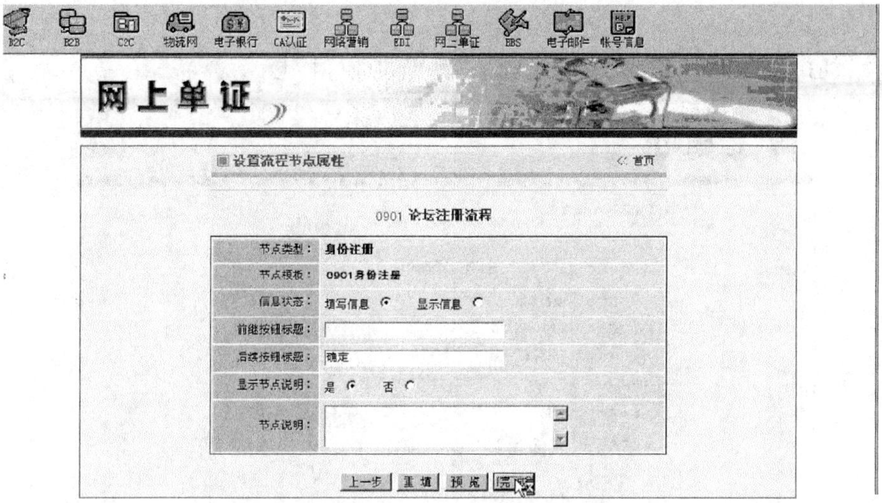

图 1－24　流程设计第一个节点界面

第四步：点击“添加节点”，选择第二个节点的类型为“身份注册”，填写模板标题和模板简介后点击下一步，进入如图 1－25 所示界面，填写内容，信息状态为显示信息。如果需要修改上一步的内容，点击“上一步”，返回修改所填写的内容；点击“重填”回到初始状态重新填写；点击“预览”查看编辑界面；编辑完毕点击“完成”按钮，系统提示增加节点成功。回到添加节点界面继续增加新的节点或按“删除节点”，对节点进行删除。

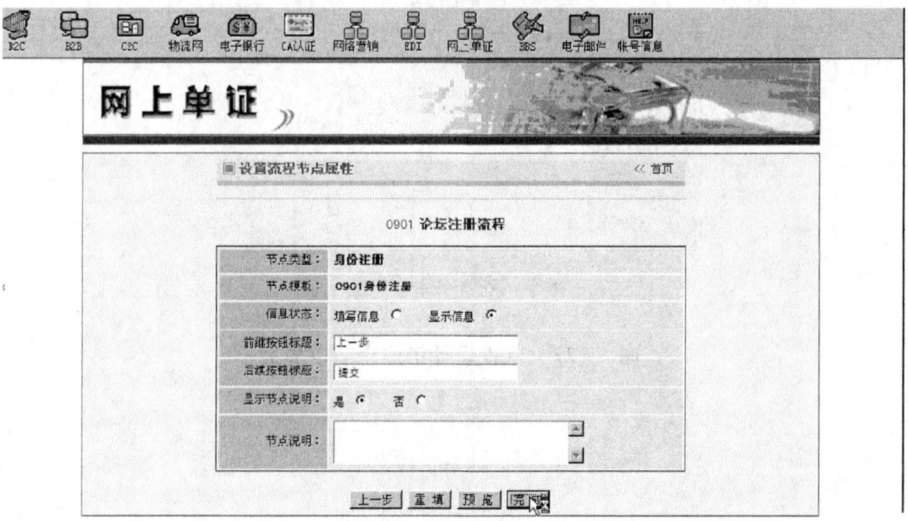

图 1－25　流程设计第二个节点界面

第五步：按以上方法，继续增加第三节点（类型为身份验证）、第四节点（类型为信息发布，状态为填写信息）和第五节点（类型为信息发布，状态为显示信息，后续按钮标题为完成），填写内容可以参考如图 1－26、图 1－27 和图 1－28 所示界面。

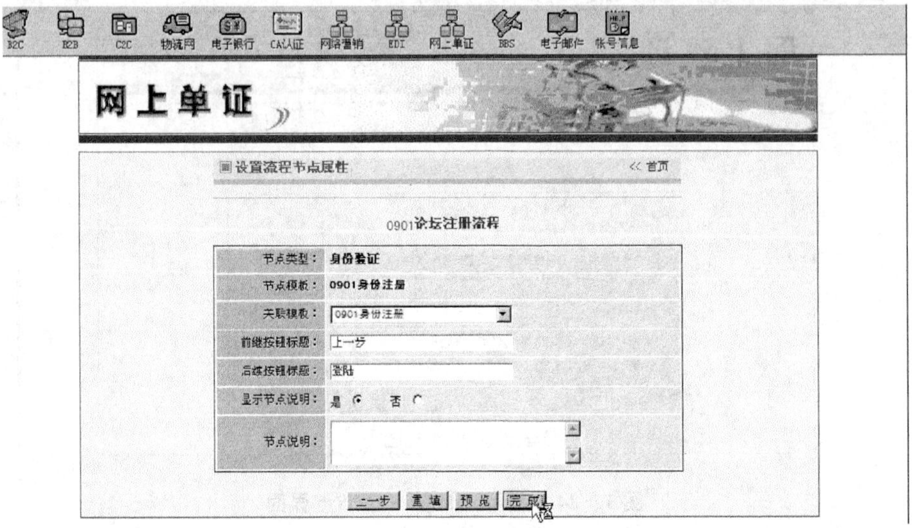

图 1－26　流程设计第三个节点界面

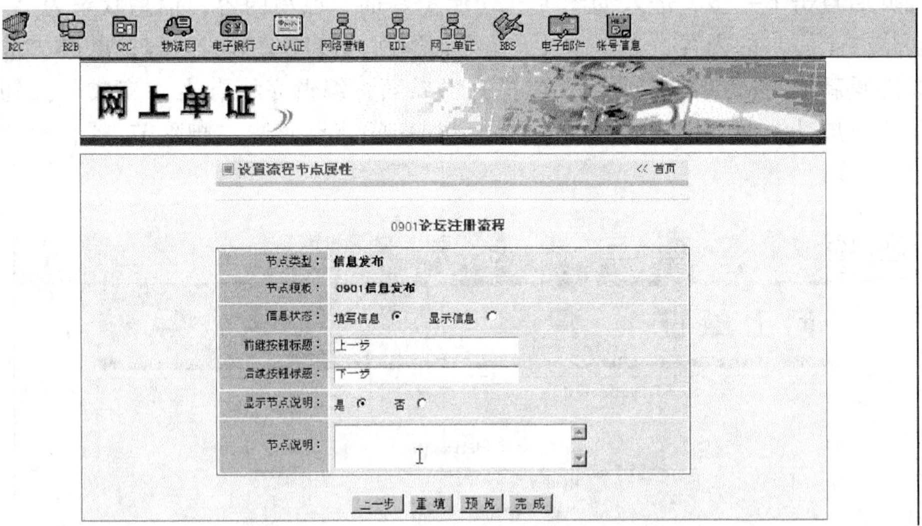

图 1－27　流程设计第四个节点界面

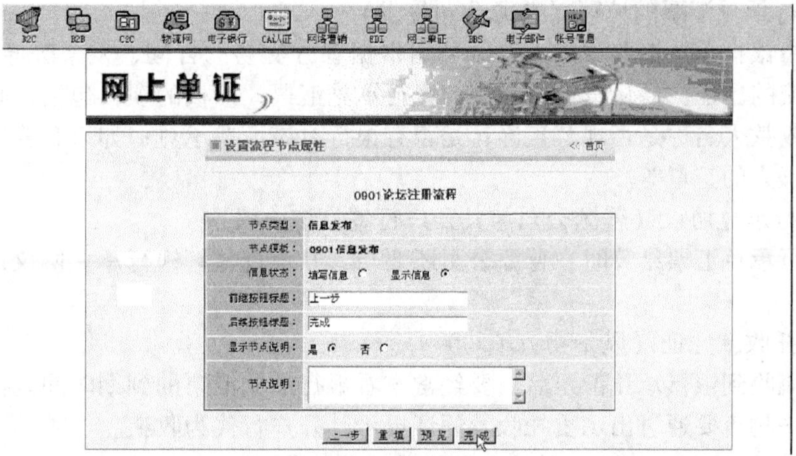

图 1－28　流程设计第五个节点界面

提示：删除节点的操作只能从最后一个节点往前，一个一个地进行删除，若要删除第一个节点，则需全部删除完毕。添加或删除完毕，点击右上角的“首页”返回。

第六步：点击右上角“首页”，可以按流程标题对流程进行查询，输入查询条件后按“查询”按钮，系统将显示搜索结果。

第七步：点击右上角“注销登录”，回到网上单证前台登录界面，输入用户名和密码，登录后选择刚刚在后台建立的“论坛注册流程”，按步骤填写内容，到如图 1－29 所示界面结束。

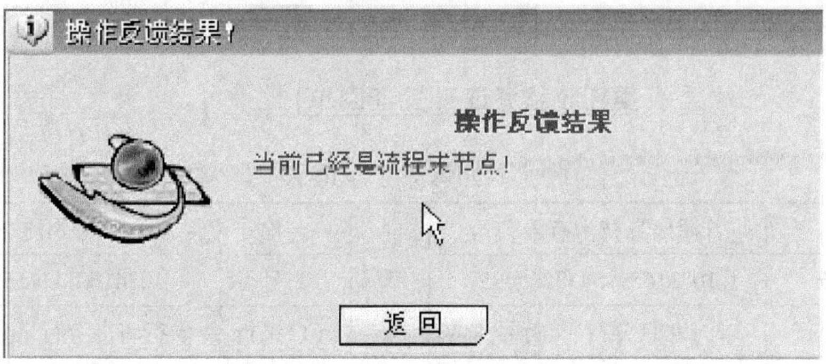

图 1－29　成功完成

任务实施

在以上理论基础及技能掌握的基础上，让我们协助单证员一起来完成风华物流有限公司和普源信息有限公司国内、国外物流费用结算时单证的填制及审核。

1. 对任务 1 中的收货、仓储、出货费用合计 40200 元的结算

双方约定采用银行承兑汇票的方式结算 40200 元的产品收货、仓储、出货费用时，主要涉及银行承兑汇票、银行承兑协议、委托收款凭证等需要编制和审核的单证。

（1）银行承兑汇票的填写（普源公司签发）

本任务中银行承兑汇票主要由普源公司根据双方交易的合同、发票等原始凭证填写，作为风华物流的单证员要认真审核收到的银行承兑汇票，审核的项目包括：必要记载事项是否全面；收款人名称是否规范正确；是否有银行对该汇票承兑；如果有背书，背书是否连续且有背书人的签章等。

（2）银行承兑协议（普源公司与其开户行签订该协议）

申请银行承兑汇票结算时，普源公司还要与其开户行签订银行承兑协议，约定双方的权利和义务。

（3）委托收款凭证（风华物流填写）

风华物流收到银行承兑汇票后，要经常查看银行承兑汇票的到期时间。银行承兑汇票到期时，风华物流要通过出示委托收款凭证提示其开户行代为收款。

2. 对任务1中的122231元的产品运输费用的结算

双方约定以委托收款的方式结算122231元的产品运输费用，主要涉及风华物流一式五联的委托收款凭证的填写。填写好的委托收款凭证如样单1－90所示。

填写需要注意：

（1）委托日期要填写委托开户行代为收款的时间；

（2）收款人、付款人名称、账号、开户行填写完全；

（3）委托金额要用中文大写，与后面小写金额要完全一致；

（4）收款人签章为风华物流有限公司的盖章；

（5）委托收款凭据名称为银行承兑汇票，附寄单证张数要准确填写。

【样单1－90】

委电

委托收款凭证（凭证回单） 1

委托号码：第1号

委托日期 2014年2月10日

<table>
<tr><td rowspan="3">付款人</td><td>全称</td><td colspan="3">普源信息技术有限公司</td><td rowspan="3">收款人</td><td>全称</td><td colspan="3">青岛风华物流有限公司</td></tr>
<tr><td>账号</td><td colspan="3">1023165995453265695</td><td>账号</td><td colspan="3">1034160111155296985</td></tr>
<tr><td>开户银行</td><td>农行北京分行</td><td>行号</td><td>380</td><td>开户银行</td><td>农行青岛分行</td><td>行号</td><td>507</td></tr>
<tr><td rowspan="2">委托金额</td><td rowspan="2">人民币（大写）</td><td rowspan="2" colspan="3">壹拾贰万贰仟贰佰叁拾壹元整</td><td colspan="5">千 百 十 万 千 百 十 元 角 分</td></tr>
<tr><td colspan="5">¥ 1 2 2 2 3 1 0 0</td></tr>
<tr><td>款项内容</td><td colspan="2">运输费用</td><td>委托收款凭据名称</td><td colspan="3">银行承兑汇票</td><td>附寄单证张数</td><td colspan="2">1</td></tr>
<tr><td colspan="4">备注： 电划</td><td colspan="3">款项收妥日期
年 月 日</td><td colspan="3">收款人开户行盖章
年 月 日</td></tr>
</table>

此联是收款人开户银行给收款人的回单

单位主管 会计 复核 记账

3. 任务2中的185248元国际运输费用的结算

（1）如果采用托收方式结算货款，风华物流有限公司该如何填写托收申请书？

假设以托收方式结算国际运输费用185248元。委托方风华物流委托其开户行办理托收时，首先需要填写“托收申请书”，形成委托方与托收方的委托代理关系，然后托收行根据“托收申请书”缮制“托收委托书/托收指示书”。一般，银行已经设计好托收申请书和托收委托书。作为委托方的风华物流只需要把托收申请书相关的项目填好，如：相关当事人的名称、地址及联系方式；托收的资金数目；托收的交单条件；相应的托收指示；托收时需要邮寄的单据等。托收行则要在接受委托后缮制“托收委托书/托收指示”。

（2）双方最终决定采用信用证方式结算款项，如果普源公司开出信用证，风华物流该如何审核信用证与运输合同是否一致？

假设以信用证方式结算国际运输费用185248元。风华物流要严格审核普源公司的信用证。信用证的审核主要是作为受益人的风华物流收到普源公司申请、开证行开立的信用证时，要对信用证的内容与双方签订的物流外包合同审核。审核的要点包括：申请人、受益人名称和地址、信用证是否生效、信用证是不是不可撤销的、信用证中关于外包货物描述及贸易术语等是否与合同一致、货物的装运是否合理、信用证的有效期限及到期地点、信用证金额、其他佣金及手续费用、信用证规定的单据、信用证中的“软条款”。

归纳总结

本任务归纳如图1－30所示。

- 资金单据
  - 汇票
  - 本票
  - 支票
- 商业发票
- 信用证
- 其他结算单证
  - 国内结算中的单证
    - 票据
    - 结算凭证
  - 国际结算中的单证
    - 汇款申请书
    - 托收指示书
    - 信用证申请书
  - 网上物流结算中的单证

图1－30　物流结算中的单证总结

小技巧

正确填写票据和结算凭证的基本规定

银行、单位和个人填写的各种票据和结算凭证是办理支付结算和现金收付的重要依据，直接关系到支付结算的准确、及时和安全。票据和结算凭证是银行、单位和个人凭以记载账务的会计凭证，是记载经济业务和明确经济责任的一种书面证明。因此，填写票据和结算凭证，必须做到标准化、规范化，要素齐全、数字正确、字迹清晰、不错漏、不潦草，防止涂改。

（1）中文大写金额数字应用正楷或行书填写，如壹、贰、叁、肆、伍、陆、柒、捌、玖、拾、佰、仟、万、亿、元、角、分、零、整（正）等字样。不得用一、二（两）、三、四、五、六、七、八、九、十、毛、另（或0）填写，不得自造简化字。如果金额数字书写中使用繁体字，也应受理。

（2）中文大写金额数字到“元”为止的，在“元”之后，应写“整”（或“正”）字，在“角”之后可以不写“整”（或“正”）字。大写金额数字有“分”的，“分”后面不写“整”（或“正”）字。

（3）中文大写金额数字前应标明“人民币”字样，大写金额数字有“分”的，“分”后面不写“整”（或“正”）字。

（4）中文大写金额数字前应标明“人民币”字样，大写金额数字应紧挨“人民币”字样填写，不得留有空白。大写金额数字前未印“人民币”字样的，应加填“人民币”三字。在票据和结算凭证大写金额栏内不得预印固定的“仟、佰、拾、万、仟、佰、拾、元、角、分”字样。

（5）阿拉伯小写金额数字中有“0”时，中文大写应按照汉语语言规律、金额数字构成和防止涂改的要求进行书写。举例如下：

①阿拉伯数字中间有“0”时，中文大写金额要写“零”字。如￥1409.50，应写成人民币壹仟肆佰零玖元伍角；

②阿拉伯数字中间连续有几个“0”时，中文大写金额中间可以只写一个“零”字。如￥6007.14，应写成人民币陆仟零柒元壹角肆分；

③阿拉伯金额数字万位或元位是“0”，或者数字中间连续有几个“0”，万位、元位也是“0”，但千位、角位不是“0”时，中文大写金额中可以只写一个“零”字，也可以不写“零”字。如￥1680.32，应写成人民币壹仟陆佰捌拾元零叁角贰分，或者写成人民币壹仟陆佰捌拾元叁角贰分；又如￥107000.53，应写成人民币壹拾万柒仟元零伍角叁分，或者写成人民币壹拾万零柒仟元伍角叁分；

④阿拉伯金额数字角位是“0”，而分位不是“0”时，中文大写金额“元”后面应写“零”字。如￥16409.02，应写成人民币壹万陆仟肆佰零玖元零贰分；又如￥325.04，应写成人民币叁佰贰拾伍元零肆分。

（6）阿拉伯小写金额数字前面，均应填写人民币符号“￥”。阿拉伯小写金额数字要认真填写，不得连写导致分辨不清。

（7）票据的出票日期必须使用中文大写。为防止变造票据的出票日期，在填写月、日时，月为壹、贰和壹拾的，日为壹至玖和壹拾、贰拾和叁拾的，应在其前加“零”；日为拾壹至拾玖的，应在其前加“壹”。如1月15日，应写成零壹月壹拾伍日。再如10月20日，应写成零壹拾月零贰拾日。

（8）票据出票日期使用小写填写的，银行不予受理。大写日期未按要求规范填写的，银行可予受理，但由此造成损失的，由出票人自行承担。

思考与训练

一、简答题

1. 汇票有哪些票据要项?
2. 信用证的审核要项有哪些?
3. 设计制作一个电子邮箱注册和身份验证的网上单证。

二、技能训练题

资料：我国山东风华物流公司从美国苏威尔设备制造公司购买大型运输设备一批，货款为200000美元，与此同时山东风华物流公司为美国普源信息有限公司提供物流外包服务，服务费用恰巧也是200000美元，山东风华物流公司为节省结算时间，同时也是因为资金短缺，在与美国苏威尔设备制造公司结算时，采用汇票进行，即签发以美国苏威尔设备制造公司或其指定人为收款人、以美国普源信息有限公司为付款人、见票后30天付款的汇票给美国苏威尔设备制造公司。试按照上述要求签发该张汇票（未明确项目，可合理自定)。参考格式如样单1－91、样单1－92所示。

【样单1－91】

票据正面

BILL OF EXCHANGE
No ________ Exchange for ________
At ________ sight of this FIRST of Exchange (Second of exchange being unpaid) Pay to the order of ________
The sum of ________
To ________
DRAWER

在上面汇票的基础上进行背书，由收款人——美国苏威尔设备制造公司把汇票特别背书转让给A公司或其指定人；之后，再由A公司限制性背书转让给B公司。

【样单1－92】

票据背面

Pay to ________ For ________	Pay to ________ For ________	Pay to ________ For ________

在上面汇票的正面由付款人——美国普源信息有限公司进行承兑，以表明汇票到期承

担付款责任。

____

For ______________________________________

任务：请根据以下资料，按汇票的式样设计一张汇票，注意正面与背面的书写内容。

评分标准：

（1）根据资料正确填写汇票正文（40 分）；

（2）根据资料正确填写汇票背书（40 分）；

（3）按汇票上的承兑格式，正确书写承兑语句（20 分）。

模块二　物流结算

内容简介

本模块主要介绍进行交易双方因商品或劳务交易发生的货款的结算，主要包括国内物流结算、国际物流结算及网上物流结算各种结算方式的使用及具体业务操作，为物流企业发生货款结算提供指导。

一、认知物流结算

（一）物流结算的含义与作用

结算一般是指对单位或个人在社会经济活动中因商品交易、劳务供应、资金调拨及其他款项往来而产生的债权债务关系进行清偿的行为。物流结算是指在物流活动过程中，通过使用结算工具及一定的结算方式，结清由于采购物资、货物运输、货物仓储、货物配送等环节发生的资金往来及货币给付的行为。

目前，随着社会商品化程度的增强，通过票据和结算凭证的转账结算形式成为物流企业结算的主要形式。这一结算形式有利于加强银行对企业资金的监督；有利于实现企业资金周转，提高资金效益；有利于维护交易双方的正当权益，及时结清款项。

（二）物流结算的种类

1. 国内物流结算

国内结算是指在中华人民共和国境内的当事人在社会经济活动中使用票据、信用卡、汇兑、托收承付、委托收款、国内信用证等结算方式进行货币给付及其资金清算的行为。国内物流结算是指在中华人民共和国境内的物流企业与另一方本国当事人通过一定的结算工具结清双方在物流活动中发生的交易款项的行为。

现行国内物流结算方式主要有汇票、本票、支票、信用卡、汇兑、委托收款、托收承付等几种基本方式，通常概括为“三票一卡三方式”。

2. 国际物流结算

国际结算一般是指对两个不同国家的当事人在社会经济活动中因商品交易、劳务供应、资金调拨及其他款项往来而产生的债权债务关系进行清偿的行为。国际物流结算一般是指对某物流企业与不同国家的当事人在物流经济活动中因提供服务、资金调拨及其他款项往来而产生的债权债务关系进行清偿的行为。

现行国际物流结算主要有汇款、托收、信用证三种基本方式。

3. 网上物流结算

目前，基于 Internet 的普及应用和客户对结算功能的高要求，一种新型的结算方式兴起。网上物流结算主要是以电子商务为基础，以商业银行为主体，使用安全的、主要基于 Internet 平台的运作，通过网络进行的，为交易的物流企业提供货币给付的现代化结算手段。

现行网上物流结算主要有电子现金支付与结算、电子信用卡支付与结算、电子支票支付与结算三种基本方式。

二、物流结算操作流程

国内物流结算较为简单，主要由商业银行这一中介机构代为完成。办理结算的单位、个人或其他组织需要在银行开立存款账户，账户内保留足够的结算资金，或者直接向银行交付结算资金和相关费用，不需要在银行开立存款账户。按照银行的指示，缴纳一定的手续费后，可以快速地完成结算过程。

国际物流结算中，货款的结算主要由跟单员来完成。外贸跟单员对出口货物的跟单工作主要有：接单，跟进生产，出货跟踪，制单结汇等。结汇是跟单的最后一个环节。信用证结算方式下，受益人只要提交符合规定的单据，就可以及时收到货款。

网上物流结算较其他结算方式更为便捷，服务功能更加强大。办理结算的单位、个人或其他组织需要拥有一台上网的个人电脑，然后上网注册、开户、支付等，一般几分钟内即可按照操作步骤完成结算业务。

任务一　国内物流结算

知识目标

- 熟悉国内物流结算的概念和种类
- 掌握各类票据结算方式的流程及实际操作
- 掌握各类非票据结算方式的流程及实际操作
- 熟悉基本的结算技能和填写规范

能力目标

- 会运用所学的理论及业务知识进行实际的物流企业结算

任务引入

2014 年 2 月 10 日，普源公司与风华物流签订了关于负责 200 箱 AVAYB 产品在中国的物流外包业务的合同。风华物流针对 AVAYB 项目的需求，提供以下业务流程模块：国际货运、报关业务、保险策略、仓库管理、订单执行、运输管理、客户终端服务。其中，除“国际货运”和“报关业务”为国际物流作业外，其余模块均为国内物流作业。

（1）国内物流段中，风华物流负责 AVAYB 产品的收货过程、仓储过程、出货过程。收货过程包括了从机场仓库提货到仓库上架完毕全过程，发生了如下费用：文件费、提货及运费、进验费、上架费。收货过程合计费用为 11200 元（56 元/箱 ×200 箱）。仓储过程中主要使用立体货架和备件货位。仓储中还会涉及验收区的折旧费用。仓储过程合计费用为 20000 元（100 元/箱 ×200 箱）。出货过程包括了普源公司订单下达后仓库分拣，制作配送单，出货送货，其间的费用包括配送单制作费、运费及中间费用（包括叉车装卸和第三地暂存等费用）等。出货过程合计费用 9000 元（45 元/箱 ×200 箱）。经计算，风华物流对 AVAYB 产品的收货、仓储、出货费用合计 40200 元。

双方约定采用票据结算方式来完成国内收货费用的结算，但风华物流拟采用汇票的方式收回货款，而普源公司希望使用支票的方式划转款项。经协商，双方约定采用银行汇票的方式进行结算。

那么票据结算所涉及的票据主要有哪几种？各种票据结算的主要业务流程是怎样的？采用银行汇票的方式该如何结算？

（2）提供运输服务是风华物流的主要职能。风华物流提供空运门到门、汽运专运、零担汽运三种方式，其中带机柜的产品的长途运输以专车和空运为主要方式，备件产品长途以空运、零担为主要方式。国内物流段中，风华物流为普源公司运输的产品包括数字产品机柜箱数 32 箱、语音产品机柜箱数 53 箱和备件件数 2420 件，运输费用总计 122231 元。

双方约定采用非票据结算方式结算。经综合考虑决定采用汇兑中的电汇方式。那么非票据结算方式主要有哪几种？各种非票据结算方式的主要业务流程是怎样的？采用电汇方式又该如何结算？

假如你是风华物流的跟单员，请以跟单员应具备的职业能力，完成本物流公司中属于国内物流结算的工作。

任务分析

要完成国内结算，必须严格遵循《支付结算办法》中的规定。

普源公司与风华物流发生了劳务交易，必然要通过资金的清算来结清双方的债权债务关系。这种资金清算的行为可以通过现金结算，也可以通过转账结算。现金结算，是指直接使用现金进行货币收付的行为。这种结算方式较不方便，也不灵活，还容易造成资金丢失的风险，一般适用于小额、零星交易，如日用消费品的买卖以及与个人有关的货币收付活动，不适用于单位与单位之间的大额交易。所以，两公司之间的交易适宜采取转账结算。转账结算是指不直接通过现金完成交易，而是采用票据和结算凭证，通过商业银行这一中介，将款项从付款人（普源公司）账户转到收款人（风华物流）账户。两个企业之间的结算需要遵循以下步骤。

一、选择结算方式

两个企业之间进行资金的结算首先在于选择一种合适的结算方式。国内企业发生交易，通常可以选择的结算方式有汇票、本票、支票、信用卡、汇兑、委托收款、托收承付及国内信用证等。企业合理选择结算方式有利于加速资金周转，抑制货款拖欠，防范风险。然而，从近几年的结算实践看，各种结算方式的推广使用不够均衡，如支票、银行汇票、汇兑及委托收款使用最多，银行承兑汇票、信用卡及托收承付的使用居其次，比较差的为银行本票、商业承兑汇票，而国内信用证结算方式至今几乎没有使用的前例。

那么，企业该选择哪种结算方式结清双方的债权债务关系，这就需要交易双方考虑很多因素。

（一）结算方式的选择要考虑各种结算方式的适用范围及其优缺点

各种结算方式有各自的特点和适用范围，这就要求企业合理选择结算方式。如银行汇票由银行作为付款人，付款保证性强，但只适用于异地结算，且有结算金额起点的限制；银行本票的特点之一是见票即无条件支付，付款保证性很高，但只适用于单位或个人在同一票据交换区域支付款项时结算，且手续相对繁杂；支票有现金支票、普通支票和转账支票，手续简便，可满足多种用途，但支票结算一般也适用于单位或个人在同一票据交换区域支付款项时结算，同时这种结算方式有签发空头支票的可能；信用卡结算正越来越被企业和个人接受和使用，具有交易方便灵活、可以在一定额度内透支的特点，且适合同城和异地结算，但目前使用该方式结算时仍然受信用卡网络的完善程度及信用卡功能开发程度等因素的限制；汇兑结算具有结算手续简便、结算方式灵活且没有金额起点限制等特点，但该结算方式适用于异地结算，且只适用汇款人向收款人主动汇款；委托收款结算方式一般适用于水费、电费、电话费等付款人众多及分散的事业性收费结算；使用托收承付结算方式有比其他结算方式更多的限制，如对收付款单位的要求，对金额起点的限制，对款项来源的要求等；国内信用证方式结算适用于国内企业商品交易的款项结算，一般不用于劳务款项的结算，目前国内款项结算较少使用这种方式。

（二）结算方式的选择要与企业经营管理要求相结合

各种结算方式都有优缺点，企业选择何种结算方式除了需要考虑结算本身的适用范围外，还必须结合企业实际选择。企业一般需要考虑以下因素，如企业产品的特点、企业款项收回的迫切性、对方的信用情况等，从而选择合适的结算方式。

二、结算操作

不同的结算方式有不同的操作流程。当企业选择好某种结算方式进行实际操作时，仍然需要考虑多种因素。

（一）结算当事人及当事人之间的关系

转账结算主要借助于商业银行将款项从付款人转到收款人账户，所以，结算中一般都会涉及付款人、收款人、付款人开户行、收款人开户行等当事人。无论采用哪种结算方式，都需要了解有哪些当事人参与其中，当事人之间有何关系。这样将会方便款项迅速转到收款人账户中。

（二）结算涉及的票据或结算凭证的种类及填写规范

票据和结算凭证是办理结算的基本工具。对票据和结算凭证的填写，《支付结算办法》中有明确的规定。

（三）票据或结算凭证的传递

实际结算工作中，涉及的票据和结算凭证都有不同的联次，而且分别具有不同的用途。因此，结算中要按照用途的不同在不同的环节将票据和结算凭证传递给不同的单位和个人。

（四）款项的划拨

只有款项从付款人转到收款人账户中，结算才算完成。在款项划拨过程中，需要注意的是对方单位名称、账户及金额等的填写一定要完全准确。

相关知识与拓展

结算一般是指对单位或个人在社会经济活动中因商品交易、劳务供应、资金调拨及其他款项往来而产生的债权债务关系进行清偿的行为。物流结算是指在物流活动过程中使用结算工具并通过一定的结算方式进行货币给付及其资金清算的行为。目前，随着社会商品化程度的增强，通过票据和结算凭证的转账结算成为结算的主要形式。

我国结算目前使用的票据和结算凭证主要有：汇票、本票、支票、信用卡、汇兑、委托收款、托收承付，通常概括为“三票一卡三方式”，此外还包括少量的国内信用证结算。

一、票据结算

（一）票据结算的基础理论知识

1. 票据及票据结算的含义

票据有狭义和广义概念之分。

（1）广义的票据：是指商业上使用的各种记载一定文字、代表一定权利的书面凭证。如股票、债券、车船票、发票、提单、汇票、栈单、仓单、保单等。

（2）狭义的票据：是指《中华人民共和国票据法》（以下简称《票据法》）所规定的、由出票人签发的、具有一定格式的、约定自己或委托付款人在见票时或指定的日期向收款人或持票人无条件支付一定金额的可流通转让的有价证券，一般包括汇票、本票和支票。在我国，票据主要指狭义的票据，有银行汇票、银行承兑汇票、商业承兑汇票、银行本票和支票等几种类型。

那么，票据结算就是交易主体发生债权债务关系时采用票据来对债权、债务清偿和结算的行为。

2. 票据当事人

由于票据行为而产生了双方的债权债务关系，那么就形成了票据关系。在票据关系中享有票据权利和承担票据义务的人为票据当事人，是票据法律关系的主体。在票据关系下，一般涉及以下两类票据当事人。

（1）基本当事人：是指在发行票据时就已经存在的当事人，主要包括出票人、收款人和付款人。其中，出票人是指依法定方式签发票据并将票据交付给收款人的人。收款人是指票据正面记载的到期后有权收取票据所载金额的人。付款人是指由出票人委托付款或自行承担付款责任的人。他们是票据法律关系的必要主体。一旦这几类主体不完全或不存在，票据上的权利、义务关系就不能成立，票据也就成为无效票据。不同种类票据的基本当事人如表2－1所示。

表2－1　不同种类票据的基本当事人

<table>
<tr><th>票据</th><th>出票人</th><th>收款人</th><th>付款人</th></tr>
<tr><td>银行汇票</td><td>银行</td><td rowspan="5">不得更改事项</td><td>银行（出票人）</td></tr>
<tr><td>银行承兑汇票</td><td>单位</td><td>承兑人（银行）</td></tr>
<tr><td>商业承兑汇票</td><td>单位</td><td>承兑人（单位）</td></tr>
<tr><td>银行本票</td><td>银行</td><td>银行（出票人）</td></tr>
<tr><td>支票</td><td>单位、个人</td><td>出票人的开户行</td></tr>
</table>

（2）非基本当事人：是指票据发行时并不存在，而在票据交付后通过一定的票据行为加入到票据关系中的当事人，一般包括承兑人、背书人、保证人等。其中，承兑人是指接受汇票出票人的付款委托，同意承担支付票款义务的人，是汇票主债务人。背书人是指在

转让票据时，在票据背面或粘单上签字或盖章，并将该票据交付给受让人的票据收款人或持有人。保证人是指为票据债务提供担保的人，由票据债务人以外的第三人担当。这几类当事人是否存在，主要取决于与之相适应的票据行为是否成立。

3. 票据行为

（1）出票（Issue）：是指出票人按照法定款式做成票据并将其交付给收款人的票据行为（如图 2－1 所示）。由于现在各种票据都由一定机关印制，因而所谓“做成”只是在原始票据上记载法定事项并签章，即对票据的签发。交付票据是指将做成的票据交付给他人占用。要形成出票行为，二者缺一不可。

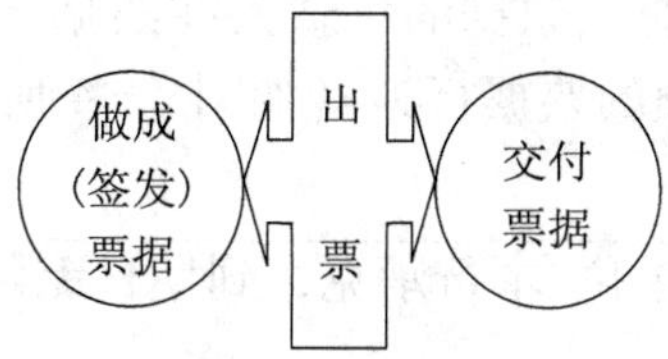

图 2－1　出票行为

（2）背书（Endorsement）：是指票据持有人将票据转让他人时，需在票据背面或者粘单上记载有关事项并签章的票据行为（如图 2－2 所示）。根据《票据法》的规定，以背书转让的票据，背书应当连续（如图 2－3 所示）。

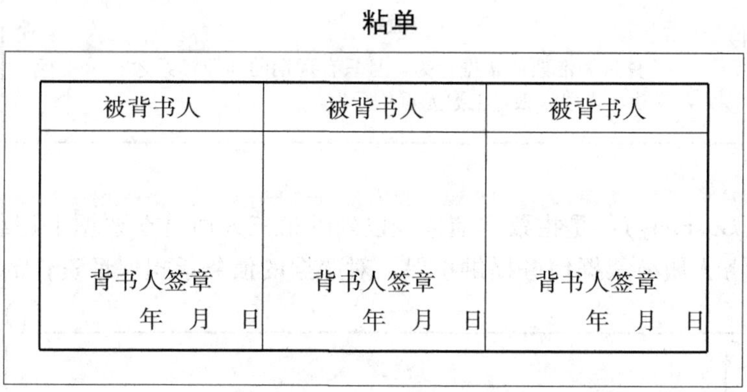

图 2－2　背书行为

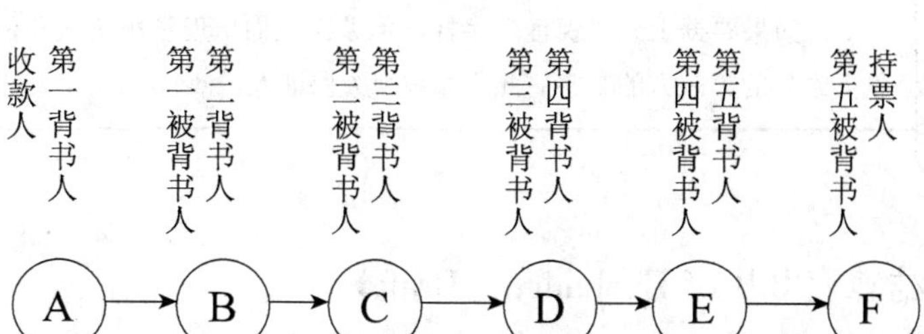

图 2－3　背书的连续性

小知识

背书必须连续

(1) 第一次背书的背书人永远是票据上记载的收款人;

(2) 从第二次转让背书起，每次背书的背书人必须是前一次背书的被背书人;

(3) 最后一次背书的被背书人永远是票据的最后持票人。

(3) 承兑（Acceptance）：是指票据的付款人在票据上记载一定的事项，以承诺在票据到期日向持票人支付票据金额的票据行为（如图2-4所示）。

本汇票已经本单位/本行承兑，到期日无条件支付票款。 此致 承兑人签名/盖章 年　　月　　日

图2-4　承兑行为

注意

承兑只为汇票的票据行为，且只有远期的商业汇票才有承兑行为，支票、本票和银行汇票无承兑行为。

(4) 保证（Guaranty）：是指票据债务人以外的第三人通过在票据上记载一定的事项，为特定的票据债务人履行票据债务提供担保，对票据的债务承担保证责任的票据行为。

注意

(1) 保证为无条件保证，不得附有任何条件;

(2) 有第三方保证须在票据上注明“保证”字样;

(3) 如果票据上无“保证”字样，但票据正面出现了出票人和付款人之外的第三方的签字，此人即被视为保证人。

(二) 汇票结算（Bill of Exchange, Draft）

汇票是出票人签发的，委托付款人在见票时或者在指定日期无条件支付确定的金额给收款人或者持票人的票据。汇票结算中有基本当事人和非基本当事人两类（如图2-5所示）。

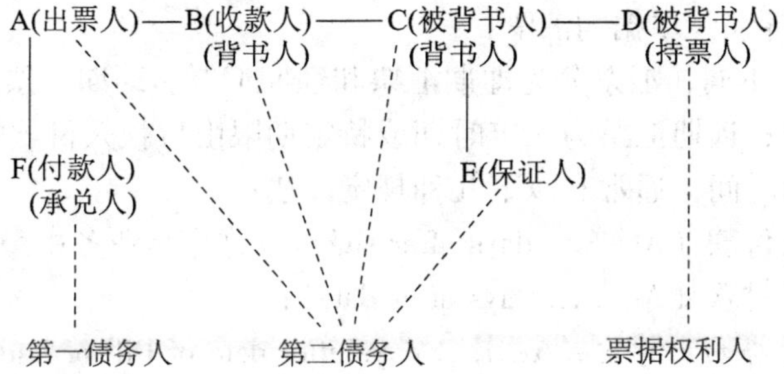

图 2-5 汇票的当事人

1. 汇票的内容

（1）绝对必要的记载项目，属于汇票中缺一不可的项目，必须在汇票中注明。

①表明“汇票”的字样；

②无条件支付的命令或委托；

③确定的金额；

④付款人名称；

⑤收款人名称；

⑥出票日期；

⑦出票人签章。

汇票上欠缺上列记载事项之一的，汇票无效。

（2）相对必要的记载项目，属于汇票中十分重要的项目，一般都需在汇票中注明。

①出票地点；

②付款地点；

③付款期限；

未在汇票上记载上列事项的，由法律另作相应规定予以明确，并不影响票据的效力。

注意

（1）无出票地点者为出票人营业地、住所或常居地；

（2）无付款地点者为付款人营业地、住所或常居地；

（3）无付款期限者为见票即付。

2. 汇票的种类

（1）按出票人不同，汇票分为银行汇票和商业汇票。银行汇票为银行签发的汇票；商业汇票为银行或其他金融机构以外的单位和个人签发的汇票。

（2）按承兑人不同，汇票分为银行承兑汇票和商业承兑汇票。银行承兑汇票为银行承兑的汇票；商业承兑汇票为银行或其他金融机构以外的单位和个人承兑的汇票。两者都属于远期的商业汇票。

（3）按是否有货运单据，汇票分为跟单汇票和光票汇票。跟单汇票为附带货运单据的汇票；光票汇票为不附带货运单据的汇票。

（4）按付款期限不同，汇票分为即期汇票和远期汇票。即期汇票为持票人提示即由付款人立即付款的汇票；远期汇票为一定时期或特定期限由付款人付款的汇票。

远期汇票的付款时间，通常有以下几种规定办法：

①见票后若干天付款（At …… days after sight），这也是业务中最常见的付款办法；

②出票后若干天付款（At …… days after date）；

③提单签发日后若干天付款（At …… days after date of Bill of Lading）；

④指定日期付款（Fixed date）。

3. 银行汇票结算

（1）银行汇票的含义。银行汇票是出票银行签发的，由其在见票时按照实际结算金额无条件支付给收款人或者持票人的票据。

（2）银行汇票结算的相关规定如下：

①银行汇票适用于单位或个人异地款项的结算；

②银行汇票可以用于转账，填明“现金”字样的银行汇票也可以用于支取现金；

注意

只有申请人或者收款人为个人时，才能签发带有“现金”字样的银行汇票。

③签发银行汇票必须记载：表明“银行汇票”的字样、无条件支付的承诺、出票金额、付款人名称、收款人名称、出票日期、出票人签章；

④银行汇票的提示付款期限自出票日起1个月，持票人超过付款期限提示付款的，代理付款银行不予受理；

⑤银行汇票的实际结算金额低于出票金额的，其多余金额由出票银行退交给申请人。

（3）银行汇票结算的业务流程（如图2-6所示）。

①申请人向开户银行申请签发银行汇票；

②申请人开户行审核后签发银行汇票；

③申请人持银行汇票前往异地结算；

④收款人提示收款人开户行付款；

⑤收款人开户行代理付款入账；

⑥银行间资金清算；

⑦结清汇票票款，退回多余款项。

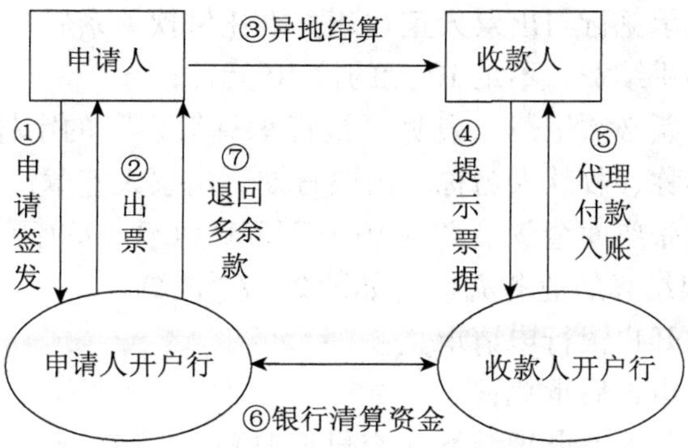

图 2－6　银行汇票结算的业务流程

4. 银行承兑汇票结算

银行承兑汇票属于商业汇票的一种。商业汇票是出票人签发的，委托付款人在指定日期无条件支付确定的金额给收款人或者持票人的票据。按照承兑人的不同，商业汇票分为商业承兑汇票和银行承兑汇票。商业承兑汇票由银行和其他金融机构以外的付款人承兑；银行承兑汇票由银行承兑。承兑人为商业汇票的付款人。

注意

商业汇票的结算不适用于自然人，必须是在银行开立存款账户的法人以及其他组织之间，且必须具有真实的交易关系或债权债务关系才能使用。

注意

商业汇票中的几个期限：

（1）付款期限：最长不得超过6个月；

（2）提示付款期限：自汇票到期日起10日内；

（3）提示承兑期：见票后定期付款的汇票，持票人应当自出票日起一个月内向付款人提示承兑。

（1）银行承兑汇票的含义。银行承兑汇票是指由付款人（或承兑申请人）签发，并由付款人（或承兑申请人）向其开户银行申请承兑，经开户银行审查同意承担承兑责任的商业汇票。

（2）银行承兑汇票结算的相关规定如下：

①银行承兑汇票的签发主要由在承兑银行开立存款账户的法人及其他组织完成，且汇票必须经过承兑行承兑才具有法律效力；

②银行承兑汇票的承兑行与出票人正式建立委托付款关系后，承兑行应按票面金额向出票人收取万分之五的手续费，不足10元的按10元计；

③签发银行承兑汇票必须记载：表明“银行承兑汇票”的字样、无条件支付的委托、确定的金额、付款人名称、收款人名称、出票日期、出票人签章；

④银行承兑汇票每张票面金额最高达1000万元整（含1000万元）。

（3）银行承兑汇票结算的业务流程（如图2－7所示）。

①出票人出票并向开户银行申请承兑；

②出票人开户银行审查后承兑；

③出票人持银行承兑汇票办理结算（交付汇票）；

④收款人向其开户行提示票据；

⑤收款人开户银行向出票人开户行发出委托收款凭证；

⑥出票人交存票款至开户行；

⑦出票人开户银行承付货款给收款人开户行；

⑧收款人开户行将款项收妥并通知收款人入账。

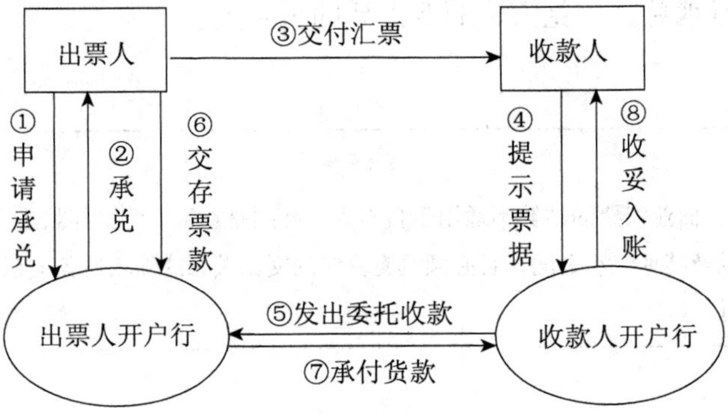

图2－7　银行承兑汇票结算的业务流程

5. 商业承兑汇票结算

（1）商业承兑汇票的含义。商业承兑汇票是指由付款人签发并承兑，或者由收款人签发交由付款人承兑的商业汇票。

（2）商业承兑汇票结算的相关规定如下：

①商业承兑汇票可以由付款人签发，也可以由收款人签发，最终交由付款人承兑；

②签发商业承兑汇票必须记载：表明“商业承兑汇票”的字样、无条件支付的委托、确定的金额、付款人名称、收款人名称、出票日期、出票人签章。

（3）商业承兑汇票结算的业务流程（如图2－8所示）。

①出票人签发、承兑人承兑，并将承兑后的商业汇票交给收款人；

②收款人提示票据委托其开户银行收款；

③收款人开户行向承兑人开户行传送委托收款凭证；

④承兑人开户行通知承兑人付款；

⑤承兑人付款；

⑥承兑人开户行划转汇票票款给收款人开户行；

⑦收款人开户行将票款收妥并通知收款人入账。

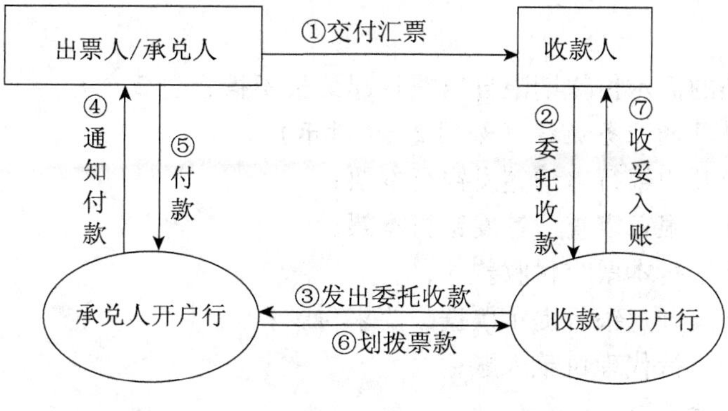

图2-8 商业承兑汇票结算的业务流程

（三）本票结算（Promissory Notes）

本票是出票人签发的、承诺自己在见票时无条件支付确定金额给收款人或持票人的票据。按其出票人不同，本票可以分为银行本票和商业本票。银行或其他金融机构签发的本票为银行本票。银行或其他金融机构以外的法人或自然人签发的本票为商业本票。我国结算工具所用本票主要指银行本票，即是由银行或其他金融机构签发的，承诺自己在见票时无条件支付确定的金额给收款人或者持票人的票据。

1. 银行本票的内容

签发银行本票必须记载以下必要事项。

（1）表明“银行本票”的字样；

（2）无条件支付的承诺；

（3）确定的金额；

（4）收款人名称；

（5）出票日期；

（6）出票人签章。

银行本票上欠缺上列记载事项之一的，票据无效。

2. 银行本票结算的相关规定

（1）银行本票由银行签发且见票即无条件支付，信用度高。

（2）银行本票适用于单位或个人在同一票据交换区域支付款项时结算。

（3）银行本票有定额本票和不定额本票两种，其中定额本票的面额分别为1000元、5000元、10000元和50000元。

（4）银行本票可以用于转账，也可以用于提取现金。但是，用于提取现金的必须在银行本票上注明“现金”字样。

注意

只有申请人或者收款人为个人时，才能签发带有“现金”字样的银行本票。

（5）银行本票的提示付款期限自出票日起最长不得超过2个月。

3. 银行本票结算的业务流程（如图2－9所示）

（1）申请人向开户银行申请签发银行本票；

（2）申请人开户银行审查后签发银行本票；

（3）申请人将银行本票交付收款人；

（4）收款人向其开户银行提示票据，要求付款；

（5）收款人开户行代理付款入账；

（6）银行间资金清算。

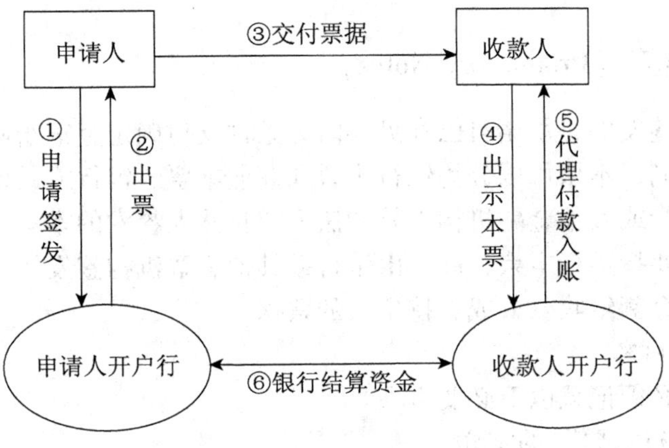

图2－9　银行本票结算的业务流程

（四）支票结算（Cheque，Check）

支票是出票人签发的，委托办理支票存款业务的银行在见票时无条件支付确定的金额给收款人或者持票人的票据。

支票主要有三大类：

现金支票：支票上印有“现金”字样的为现金支票，只能用于提取现金；

转账支票：支票上印有“转账”字样的为转账支票，只能用于转账；

普通支票：支票上未印有“现金”或“转账”字样的为普通支票，可以用于提现或转账。

但是，如果普通支票左上角画有两条平行线，即为画线支票。这种画线支票不得提现，只能用于转账结算。

1. 支票的内容

（1）必须记载的事项：

①表明“支票”的字样；

②无条件支付的委托；

③确定的金额；

④付款人名称；

⑤出票日期；

⑥出票人签章。

支票上欠缺上列记载事项之一的，票据无效。

（2）相对记载的事项：

①出票地；

②付款地。

支票上欠缺上列记载事项，票据仍然有效。其中，未记载出票地的支票，以出票人的营业场所、住所或者经常居住地为出票地点。未记载付款地的支票，以付款人（出票人开户银行）的营业场所为付款地。

（3）授权补记的事项：

支票的金额、收款人名称，可以由出票人授权补记。未补记前不得背书转让和提示付款。

2. 支票结算的相关规定

（1）支票适用于单位或个人在同一票据交换区域支付款项时结算；

（2）签发支票应使用碳素墨水或墨汁填写（除非中国人民银行另有规定），且填写必须规范、准确；

（3）禁止出票人签发空头支票；

（4）支票的提示付款期限自出票日起10日；

（5）出票人在付款人处的存款足以支付支票金额时，付款人应在见票当日足额付款。

小知识

空头支票≠空白支票

空白支票是指单位签发的没有填写收款单位名称，没有付款日期，没有付款金额，而已经加盖了印鉴的支票，有时也包括未经签章的支票。只有无法提前确定购货单位或购货金额的情况下才会使用空白支票。

空头支票是指出票人签发的支票票面金额，超过其付款时在付款人处实有的存款金额而不能生效的支票。签发空头支票是套用银行信用、破坏结算纪律的行为，在我国，签发空头支票需要承担法律责任。

3. 支票结算的业务流程

（1）借记支票结算的业务流程（如图2－10所示）。

①出票人交存款项开出支票；

②出票人将支票交给收款人；

③收款人向其开户行提示支票要求付款；

④付款人开户行与收款人开户行之间清算资金；
⑤收款人开户行收妥款项并通知收款人款项入账。

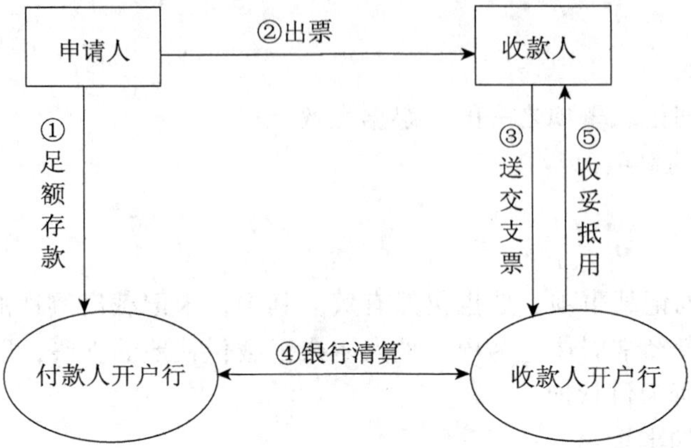

图 2－10　借记支票结算的业务流程

（2）贷记支票结算的业务流程（如图 2－11 所示）。
①出票人开出支票后提示其开户行付款；
②付款人开户行与收款人开户行之间清算资金；
③收款人开户行收妥款项并通知收款人款项入账。

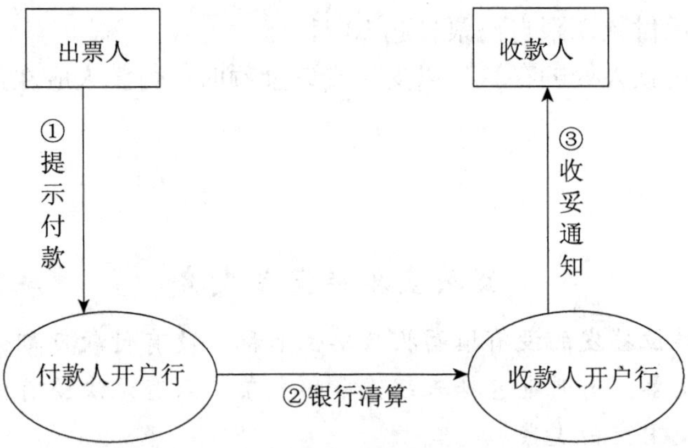

图 2－11　贷记支票结算的业务流程

小知识

借记支票和贷记支票

借记支票：持票人或收款人向收款人开户行提示付款的支票。
贷记支票：出票人或付款人向付款人开户行提示付款的支票。

4. 支票结算的特点

支票是我国长期使用的票据和最基本的同城结算方式，主要源于支票具有简便、灵活、迅速和可靠的特点。

（1）简便。这主要是指使用支票办理结算手续非常简便。只要付款人在银行有足够的存款，他就可以签发支票给收款人，银行凭支票就可以办理款项的划拨或现金的支付。

（2）灵活。这主要体现在两方面：一是指借记支票和贷记支票的灵活性。按照规定，借记支票可以由付款人向收款人签发，收款人向其开户行提示支票办理结算，贷记支票也可以由付款人出票，委托银行主动付款给收款人；二是指转账支票的灵活性，它可以在指定的城市中背书转让。

（3）迅速。这主要是指使用支票办理结算时，收款人可以尽快收到款项。如果使用转账支票，收款人将转账支票和进账单送交银行，一般当天或次日即可入账，而如果使用现金支票，收款人当时即可取得现金。

（4）可靠。这主要是因为目前各大银行严禁签发空头支票，使用支票结算的单位必须在银行存款余额内才能签发支票，因而收款人凭支票收取款项的把握性较大，得不到正常支付的情况较少。

小结

汇票、本票和支票的区别与联系（如表2－2所示）。

表2－2　汇票、本票和支票的区别和联系

<table>
<tr><th>票据种类</th><th>适用地域</th><th colspan="2">出票人</th><th>提示付款期</th><th>金额限制</th><th>用途</th></tr>
<tr><td>银行汇票</td><td>异地</td><td colspan="2">银行</td><td>出票日起1个月</td><td>无金额限制</td><td>可用于转账，填明“现金”字样也可提现</td></tr>
<tr><td rowspan="2">商业汇票</td><td rowspan="2">异地、同城</td><td colspan="2">单位</td><td rowspan="2">汇票到期日起10日</td><td rowspan="2">银行承兑汇票每张票面最高为1000万元（含）</td><td rowspan="2">转账、贴现</td></tr>
<tr><td>商业承兑汇票</td><td>银行承兑汇票</td></tr>
<tr><td>银行本票</td><td>同一票据交换区域</td><td colspan="2">银行</td><td>出票日起最长不得超过2个月</td><td>定额本票为1千元、5千元、1万元、5万元</td><td>可用于转账，填明“现金”字样也可提现</td></tr>
<tr><td>支票</td><td>同一票据交换区域</td><td colspan="2">单位、个人</td><td>出票日起10日内</td><td>无金额限制</td><td>普通支票可用于提现，也可用于转账</td></tr>
</table>

二、信用卡结算

(一) 信用卡结算的含义及特点

信用卡是商业银行向信誉良好的单位、个人发行的，能在指定的银行提取现金，或在指定的商店、饭店、宾馆等特约单位购物和享受劳务时进行结算的一种具有消费信用的特制卡片。其基本形式是一张正面有发卡银行名称、卡名、卡号、持卡人姓名、有效期和防伪标志，背面有信息磁条和签名条等内容的卡片。

使用信用卡结算非常方便，可以凭卡在指定银行提取现金或在指定商店、饭店、宾馆购物和消费。同时，信用卡不仅适用于同城结算，异地的各类结算也可以使用信用卡，它可以代替票据执行结算功能。当持卡人的信用卡内资金不足时，还可以在一定限度内善意透支。

近年来随着信用卡业务的发展，可供选择的信用卡种类更加多样，功能更加齐全。信用卡按使用对象可以分为单位卡和个人卡；按信誉等级可以分为金卡和普通卡；按照信用卡的从属关系又可以分为主卡和附属卡；按是否向发卡银行交存备用金可以分为贷记卡和准贷记卡等。

小知识

银行卡的种类

按是否具有透支功能，银行卡可分为借记卡和信用卡。

(1) 借记卡

借记卡是指先存款后消费（或取现），没有透支功能的银行卡。消费或提款时资金直接从储蓄账户划出。按功能不同，借记卡分为转账卡（含储蓄卡）、专用卡和储值卡。

(2) 信用卡

按是否向发卡银行交存备用金，信用卡可分为贷记卡和准贷记卡。贷记卡是指发卡银行给予持卡人一定的信用额度，持卡人可在信用额度内先消费，后还款的信用卡。准贷记卡是指持卡人须先按发卡银行的要求交存一定金额的备用金，当备用金账户金额不足以支付时，可在发卡银行规定的信用额度内透支的信用卡。

(二) 信用卡结算的相关规定

(1) 申领单位卡的企业必须是在中国境内金融机构开立基本存款账户的单位。企业可以申领若干张单位卡；

(2) 企业需要办理信用卡的，应先向发卡银行提出申请，填写“信用卡申请书”，经银行审查符合条件后，企业交存信用卡备用金和手续费，银行为申请人开立信用卡存款账户，发给信用卡；

（3）单位卡账户的资金一律从其基本存款账户上转账存入，不得交存现金，不得将销售货物取得的收入款项存入其单位卡账户；

（4）企业采用单位卡进行商品、劳务交易的结算金额不得超过 10 万元，且不得提取现金；

（5）企业如不需要继续使用信用卡结算时，可持信用卡到发卡银行办理销户，银行应把单位卡账户存款余额转入其基本存款账户。

小知识

信用卡的透支

1. 信用卡透支是有额度和期限限制的

（1）金卡的透支额最高不得超过 10000 元；

（2）普通卡的透支额最高不得超过 5000 元；

（3）信用卡透支期限最长为 60 天。

2. 信用卡透支是有成本的

（1）透支金额超过规定限额的，按日息 1.5‰计算；

（2）自签单日或银行记账日起，透支 15 日内按日息 0.5‰计算；

（3）透支超过 15 日，按日息 1‰计算；

（4）透支超过 30 日，按日息 1.5‰计算。

（三）信用卡结算的业务流程

（1）企业申请领用单位卡；

（2）发卡银行发给企业单位卡；

（3）企业采用信用卡办理结算；

结算步骤如下：

①企业在单位卡特约单位购物消费；

②企业用单位卡办理结算，刷卡、输入密码后，在签购单上签字；

③特约单位审核签购单上的签名和信用卡背面的签名，审核无误后将签购单回单联和信用卡交给办理结算的企业；

④特约单位开户行向特约单位付款，即自动将款项划转至特约单位账户；

⑤单位卡发卡行审核各项内容，无误后办理款项的划转；

⑥单位卡发卡行每月向企业寄送对账单，发给付款通知；

⑦企业向单位卡发卡行归还消费款项。

（4）单位注销信用卡。

小知识

我国四大国有商业银行发行的信用卡

中国工商银行：牡丹卡

中国银行：长城卡

中国农业银行：金穗卡

中国建设银行：龙卡

三、汇兑结算

（一）汇兑结算的含义及特点

汇兑结算，简称“汇兑”，是汇款人委托银行将其款项支付给收款人的结算方式。作为一种传统的结算方式，汇兑结算便于汇款人向收款人主动汇款，具有结算手续简便、结算方式灵活且没有金额起点限制等特点。单位和个人各种款项的结算，均可使用汇兑结算方式。

汇兑因汇款方式的不同可分为信汇和电汇两种，由汇款人选择使用。目前用得最多的是电汇。

（二）汇兑结算凭证的内容

汇款人委托银行办理汇兑结算，应向汇出银行填写信汇、电汇凭证。签发汇兑凭证时，必须记载以下必要事项。

（1）表明“信汇”或“电汇”的字样；

（2）无条件支付的委托；

（3）确定的金额；

（4）收款人名称；

（5）汇款人名称；

（6）汇入地点、汇入行名称；

（7）汇出地点、汇出行名称；

（8）委托日期；

（9）汇款人签章。

汇兑结算凭证上欠缺上列记载事项之一的，银行不予受理。

（三）汇兑结算的业务流程（如图2－12所示）

（1）汇款人委托其开户行汇款；

（2）汇款人开户行审核后受理汇款，并向汇款人签发汇款回单；

（3）汇款人开户行将款项划转给收款人开户行；

（4）收款人开户行将款项打到收款人的账户中并通知收款。

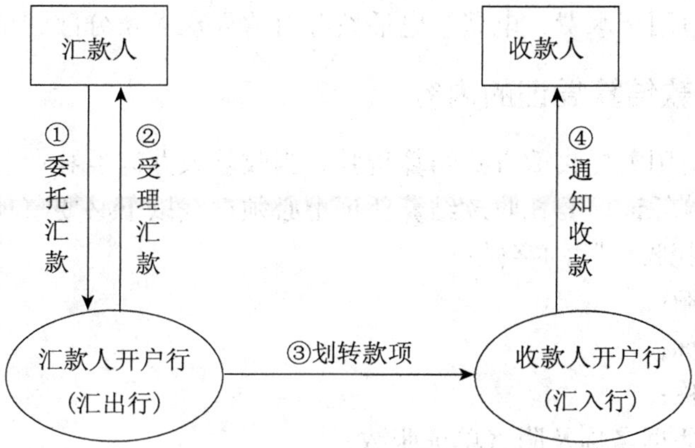

图 2－12　汇兑结算的业务流程

（四）退汇

1. 退汇的含义

汇出行已经汇出，但汇入行尚未将汇款解付给收款人时，这笔汇款可以在汇款人申请或汇入行的要求下退回给汇款人，即为退汇。

2. 退汇的两种情况

（1）汇款人申请退汇。汇款人对汇出银行已经汇出的款项可以申请退汇。只有汇款人与收款人达成退款协议，或经汇入银行核实汇款确未支付出，才可以办理退汇。办理退汇流程如下：

①汇款人向汇出行申请办理退汇；

②汇出行受理退汇申请；

③汇出行将退汇通知书交给汇入行；

④汇入行办理退汇；

⑤汇入行将汇款退回给汇出行；

⑥汇款人将款项打入原汇款人账户。

（2）汇入行主动退汇。当汇入行无法将款项寄给收款人时，汇入行可以主动退汇。主要表现在：①收款人拒绝接收汇款；②汇入行向收款人发出取款通知，因某些原因，收款人在 2 个月内或规定的期限内不来取款。这时的退汇手续较为简单。首先，汇入行办理退汇，将款项寄给汇出行；其次，汇出行将款项汇入到原汇款人的账户并通知入账。

四、委托收款结算

（一）委托收款结算的含义及特点

委托收款结算，简称“委托收款”，是指收款人向银行提供收款依据，委托银行向付款人收取款项的结算方式。委托收款结算较为方便，适用于同城和异地使用。单位和个人凭已承兑商业汇票、债券、存单等付款人债务证明办理款项的结算，均可以使用委托收款结算方式，但一般适用于水费、电费、电话费等付款人众多及分散的事业性收费结算。

（二）委托收款结算凭证的内容

交易双方约定使用委托收款方式结算货款，当收款人办理委托收款时，需要填写一式五联的委托收款结算凭证。委托收款结算凭证上必须记载以下必要事项。

（1）表明“委托收款”的字样；
（2）确定的金额；
（3）付款人名称；
（4）收款人名称；
（5）委托收款凭据名称及附寄单证张数；
（6）委托日期；
（7）收款人签章。
委托收款结算凭证上欠缺上列记载事项之一的，银行不予受理。

（三）委托收款结算的业务流程（如图2－13所示）

（1）卖方（收款人）提供商品或劳务给买方（付款人）；
（2）收款人委托其开户银行代理收款；
（3）收款人开户行审核后受理委托；
（4）收款人开户行向付款人开户行传送委托收款凭证；
（5）付款人开户行出示凭证通知付款人付款；
（6）付款人承认付款；
（7）付款人开户行将款项划给收款人开户行；
（8）收款人开户行将款项收妥入账并通知收款人。

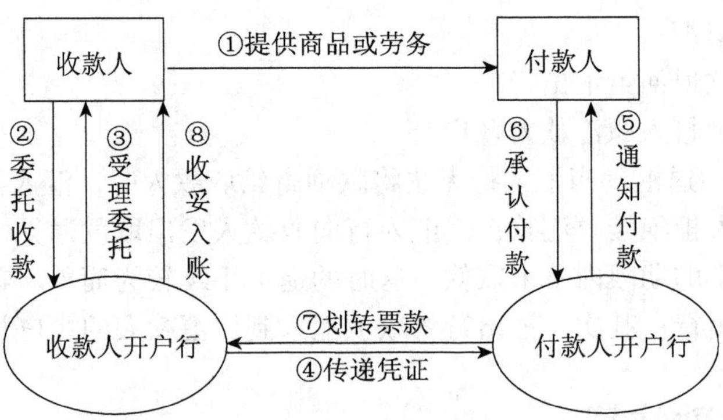

图2－13　委托收款结算的业务流程

五、托收承付结算

（一）托收承付结算的含义

托收承付结算，简称“托收承付”，是根据购销合同由收款人发货后委托银行向异地付款人收取款项，并由付款人向银行承认付款的结算方式。

（二）托收承付结算凭证的内容

交易双方约定使用托收承付方式结算，需要签发托收承付结算凭证。托收承付结算凭证上必须记载以下必要事项。

（1）表明“托收承付”的字样；

（2）确定的金额；

（3）付款人名称、付款人开户行名称及账号；

（4）收款人名称、收款人开户行名称及账号；

（5）托收附寄单证张数或册数；

（6）合同名称、号码；

（7）委托日期；

（8）收款人签章。

托收承付结算凭证上欠缺上列记载事项之一的，银行不予受理。

（三）托收承付结算的相关规定

相对于其他结算方式，托收承付结算方式有较多限制。

（1）使用托收承付结算方式的收款单位和付款单位，必须是国有企业、供销合作社以及经营管理较好，并经开户银行审查同意的城乡集体所有制工业企业，个人及个体工商户不得使用此结算方式；

（2）办理托收承付结算的款项，必须是商品交易，以及因商品交易而产生的劳务供应的款项。代销、寄销、赊销商品的款项，不得办理托收承付结算；

（3）办理托收承付结算前必须有购销合同，并在合同上注明货款结算采用托收承付结算方式；

（4）办理托收承付的买卖双方，必须重合同、守信用；

（5）托收承付的结算有金额起点的限制，每笔至少10000元，新华书店系统每笔金额至少1000元；

（6）托收承付结算适用于异地使用，不适用于同城结算；

（7）托收承付分托收和承付两个环节。收款人办理托收，必须具有商品已经发出的证明，付款人承付时，有验单付款和验货付款两种可供选择。

（四）托收承付结算的业务流程（如图2－14所示）

（1）收款人向付款人发运货物；

（2）收款人委托其开户行托收货款；

（3）收款人开户行受理托收；

（4）收款人开户行向付款人开户行传送托收承付凭证；

（5）付款人开户行通知付款人付款；

（6）付款人承认付款；

（7）付款人开户行将款项划给收款人开户行；

（8）收款人开户行将款项收妥入账并通知收款人。

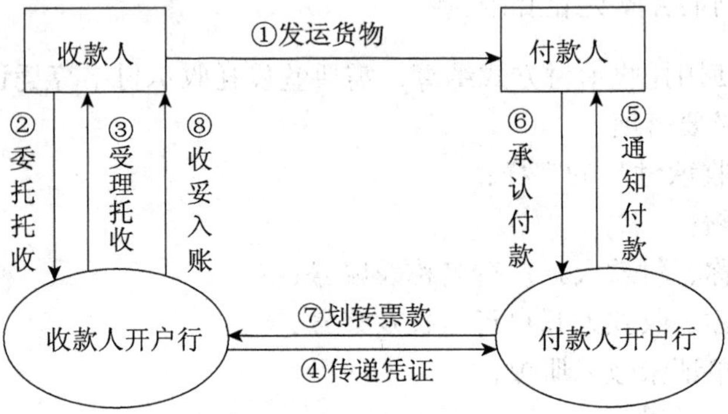

图2－14　托收承付结算的业务流程

六、国内信用证结算

（一）国内信用证的含义及特点

国内信用证，主要是指开证行依照申请人（买方）的申请向受益人（卖方）开出的，具有一定金额的，在一定期限内可以凭符合信用证条款的单据支付款项的付款承诺。我国开出的信用证属于不可撤销、不可转让的跟单信用证。这里的不可撤销信用证，是指信用证开具后在有效期内，非经信用证各有关当事人（开证银行、开证申请人和受益人）的同意，开证银行不得修改或者撤销的信用证。不可转让信用证，是指受益人不能将信用证的权利转让给他人的信用证。但是该信用证结算方式只能用于转账结算，不得支取现金，只适用于国内企业之间商品交易产生的货款结算。然而，目前较少使用国内信用证结清买卖双方的债权债务关系。

特点：①信用证是一项独立于购销合同的文件；②信用证处理的只是单据，而不是与单据有关的货物或劳务。

（二）国内信用证的基本条款

（1）开证行名称及地址。

（2）开证日期。

（3）信用证编号。

（4）不可撤销、不可转让信用证。

（5）开证申请人名称及地址。

（6）受益人名称及地址；受益人为有权收取信用证款项的人，一般为购销合同的卖方。

（7）通知行名称；通知行为受开证行委托向受益人通知信用证的银行。

（8）信用证有效期及有效地点；有效期最长不得超过6个月；信用证的有效地点为议付行或开证行所在地。

（9）交单期；交单期为提交运输单据的信用证所注明的货物装运后必须交单的特定日期。未规定该期限，银行不接受迟于装运日后15天提交的单据。

（10）信用证金额。

（11）付款方式：包括即期付款、延期付款或议付。

（12）运输条款。

（13）货物描述：包括货物名称、数量、价格等。

（14）单据条款：必须注明据以付款或议付的单据，至少包括发票、运输单据或货物收据。

（15）其他条款。

（16）开证行保证文句。

（三）国内信用证结算业务流程（如图2－15所示）

（1）买卖双方签订购货合同，约定采用国内信用证结算；

（2）申请人（买方）向开证行申请开立国内信用证；

（3）开证行受理开出信用证；

（4）通知行收到国内信用证后向受益人（卖方）通知信用证；

（5）卖方收到国内信用证后按信用证规定发货；

（6）卖方发货后向指定行（通知行/议付行）交单；

（7）指定行根据自己的义务付款，如果是延期付款信用证，卖方可向议付行申请议付；

（8）指定行向开证行寄单索汇或向开证行寄单并向偿付行索偿；

（9）开证行收到全套单据、审查单证相符后，向指定行付款；

（10）开证行通知申请人（买方）付款赎单；

（11）申请人付款赎单；

（12）申请人提货。

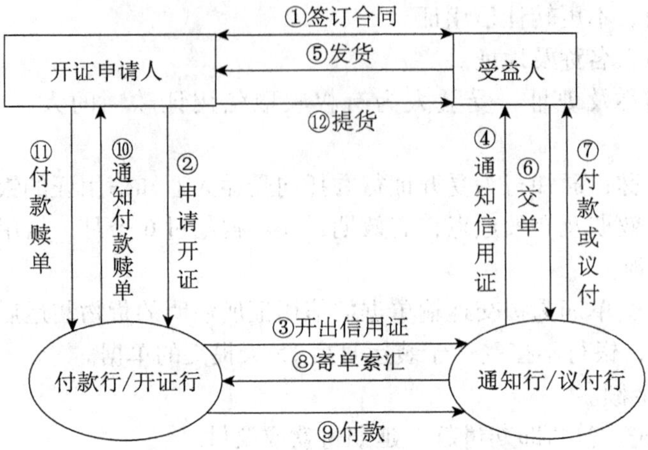

图 2－15　国内信用证结算业务流程

七、结算的基本要求

采用票据和结算凭证结算是我国国内企业最常用的结算工具。为此，必须了解结算的一些基本要求、规则和技能。

（一）办理结算的基本原则

（1）对付款人而言，遵循“恪守信用，履约付款”的基本原则；
（2）对收款人而言，遵循“谁的钱进谁的账，由谁支配”的基本原则；
（3）对银行而言，遵循“银行不垫款”的基本原则。

（二）办理结算的基本要求

（1）单位、银行和个人办理结算必须遵守国家的法律、行政法规和《支付结算办法》的各项规定，不得损害社会公共利益；

（2）单位、个人和银行办理支付结算，必须使用按中国人民银行统一规定印制的票据凭证和统一规定的结算凭证（基本格式参见模块一物流单证部分）；

（3）票据和结算凭证上的签章和其他记载事项应当真实，不得伪造、变造；

（4）填写票据和结算凭证应当规范，做到要素齐全、数字正确、字迹清晰、不错不漏、不潦草，防止涂改。

（三）票据和结算凭证的基本要求

1. 不得更改的票据项目

（1）票据和结算凭证上的金额；
（2）出票日期（或者签发日期）；
（3）收款人名称。

以上项目更改后，票据无效。

2. 可以更改的项目

对票据和结算凭证上的其他记载事项，原记载人可以更改，更改时应当由原记载人在更改处签章证明。

3. 签章

①单位、银行在票据上的签章和单位在结算凭证上的签章，为该单位、银行的盖章加其法定代表人或者其授权的代理人的签名或者盖章；

②个人在票据和结算凭证上的签章，为个人本名的签名或盖章。

（四）票据填写规范

1. 收款人名称应当记载全称或规范化简称

2. 出票日期规范填写

（1）票据的出票日期必须使用中文大写；

（2）为防止编造票据的出票日期，在填写月、日时，参照表2－3。

表2－3　出票日期填写的特殊规定

	实际日期	票据日期
月	1、2、10	前加“零”
日	1～9、10、20、30	前加“零”
日	10、11～19	前加“壹”
日	21～29、31	不加

小问答

填写票据时，涉及如下数据，该怎样填写？

（1）2009年10月20日；

（2）2013年2月15日；

（3）2014年3月25日。

很简单吧！知道为什么有时候需要加“零”或“壹”吗？

注意

如果使用阿拉伯小写数字填写票据的出票日期，银行是不予受理的！

如果使用中文大写填写票据的出票日期，但填写不规范，银行可以受理，但受理后发生的一切损失，由出票人自行承担。

所以，出票日期一定要按照中文大写规范填写！

切记！切记！

小问答

中文大写数字1～10。千万不要不会哦！

3. 金额规范填写

①金额大写必须使用正确的中文大写数字；

②阿拉伯小写金额数字前面，均应填写人民币符号￥；

③当小写金额中有“0”时，要注意“零”的填写；

④票据和结算凭证金额以中文大写和阿拉伯数字同时记载，两者必须一致，两者不一致的票据无效；两者不一致的结算凭证，银行不予受理。

小知识

无效票据

符合下列条件的票据即被视为无效票据，银行不予受理。

（1）更改了不得更改的票据的出票日期、金额、收款人名称；

（2）票据签章不符合规定；

（3）票据金额大小写不一致。

任务实施

在以上理论基础及技能掌握的基础上，让我们协助跟单员一起来完成风华物流和普源公司国内物流费用的结算，下面就双方约定的方式进行结算。

双方开户行及账号如下：

青岛风华物流有限公司

开户银行：中国农业银行青岛分行，账号 103416011155296985

普源信息技术有限公司

开户银行：中国农业银行北京分行，账号 102316599545326569

任务1中双方约定以银行汇票的方式结算收货、仓储及出货费用40200元。

具体的操作流程如下：

1. 申请人向开户银行申请签发银行汇票

申请人或汇款人首先需要向开户行申请签发银行汇票。办理银行汇票结算时，申请人还必须填制“银行汇票申请书”一式三联，填写内容必须全面，同时将所汇款金额交由开户行。但不是所有的商业银行可以办理银行汇票的结算，必须是参加了“全国联行往来”的商业银行机构才能办理。如果企业需要使用银行汇票，但其开户行又不能签发时，企业应到附近能够签发银行汇票的银行去办理。但是款项也要交到该银行。

本任务中，普源公司作为汇款人，需要向其开户行申请使用银行汇票（普源公司开户行是参加“全国联行往来”的商业银行），申请过程中，普源公司需要填写“银行汇票申请书”一式三联，然后交存款项40200元或者多于40200元。假设普源公司申请银行汇票时交存款项50000元。

2. 开户银行签发银行汇票

开户行要对“银行汇票申请书”进行仔细、全面审核后才能签发银行汇票。开户行审核的内容包括要素填写是否全面规范、签章是否符合要求、申请人现金是否交存等。签发的“银行汇票”一式四联，七大必要事项记载全面。

本任务中，普源公司开户行首先要对普源公司填写的“银行汇票申请书”进行检查，检查没有问题后，将会签发一式四联的“银行汇票”。对汇票填写的内容审核后，普源公司开户行会将第一联加盖经办、复核名章后连同第四联一并保管，然后交给普源公司第二联和第三联。

3. 申请人持银行汇票前往异地结算

开户行签发银行汇票后交给汇款人的是银行汇票的第二联正联和第三联解讫通知联，由汇款人前往异地办理结算。

本任务中，普源公司持有第二联和第三联银行汇票前往风华物流办理结算。这个过程中，普源公司会将银行汇票交给票面上记载的收款人风华物流。风华物流收到银行汇票时必须审核汇票是否规范和真实。一方面，要审核该银行汇票上的收款人名称是否为山东风华物流有限公司；另一方面，还要审核普源公司和其开户行是否符合规定，不得更改的事项是否有被更改，其他金额、签章等填写是否规范。

4. 收款人提示开户银行付款

银行汇票正联和解讫通知审核无误，且在有效期内，收款人就可以提示其开户行付款了。

本任务中，风华物流由于为普源公司提供了AVAYB产品的收货、仓储及出货服务，才有货款的结算。所以，在向其开户行中国农业银行青岛分行提示付款的过程中，风华物流还需要填写一式三联的“进账单”，其中第一联留存，第二联、第三联连同银行汇票第二联、第三联交由其开户行中国农业银行青岛分行提示付款。

5. 代理付款行付款入账

开户行收到银行汇票第二联、第三联和进账单第二联、第三联后，审核无误，代理付款。

本任务中，中国农业银行青岛分行收到银行汇票第二联正联、第三联解讫通知联和两联进账单后，要认真审核汇票的真实性和规范性。审核的内容包括汇票的记载事项是否全面、汇票的联次是否正确、该汇票是否超过付款期限、结算的金额是否超过500元、大写出票日期和金额是否正确等。审核无误，中国农业银行青岛分行办理转账，将交易款项40200元记到风华物流账户。同时，将第三联进账单加盖章后交给风华物流，第三联银行汇票解讫联加盖章后寄给普源公司开户行。

6. 银行间资金清算

出票行（申请人开户行）与收款人开户行之间进行银行汇票实际资金的清算。

本任务中，普源开户行收到银行汇票解讫联加盖章后，与本行保管的银行汇票第一联、第四联核对，两者完全一致，普源公司开户行结算汇票款项。但是，汇票金额为50000元，实际结算金额为40200元。普源公司开户行应将实际发生的款项40200元转账给风华物流开户行中国农业银行青岛分行。

7. 多余款项退回

结算金额小于汇票金额时，即汇票有剩余款项，出票行要将款项退回给申请人。

本任务中，普源公司与风华物流发生劳务交易款项为40200元，而申请的银行汇票金额为50000元，即汇票有剩余款项。此时，双方银行之间已经结算完毕，多余款项9800元应由普源公司开户行退回给普源公司。

任务2中，双方约定以汇兑中的电汇方式结清运输费用122231元。

具体的操作流程如下：

1. 汇款人委托银行办理电汇业务

本任务中计划采用汇兑方式结算，那么作为汇款人的普源公司首先需要向其开户行中国农业银行北京分行填制一式三联的电汇凭证，其中第一联作为普源公司的回单，第二联开户行留存，第三联作为银行办理电汇的凭证联。电汇凭证填写完全且内容规范后，普源公司委托其开户行办理汇款。

2. 汇款人开户行受理电汇业务

本任务中，普源公司开户行需要对提交的电汇凭证认真审核，审核无误后为其委托方——普源公司通过电汇的方式办理汇款。接下来，主要的任务就是双方银行之间划转款项。

3. 汇款人开户行（汇出行）汇出汇款

普源公司开户行受理委托后需要将款项汇给汇入行，即风华物流的开户行（中国农业银行青岛分行）。但此过程中，普源公司开户行需要认真对凭证审查，如电汇凭证内容是否齐全，普源公司账户资金能否支付122231元款项等。审核凭证无误后，普源公司开户行向普源公司收取一定的邮电费和手续费，即可以将款项划拨至风华物流开户行账户中。

4. 收款人开户行（汇入行）汇入汇款

要完成本次汇款，风华物流开户行（中国农业银行青岛分行）还需要将122231元款项直接入账到风华物流在本行的账户中，然后通知风华物流款项已经入账。

归纳总结

本任务归纳如图 2－16 所示。

- 国内物流结算工具
  - 票据结算
    - 汇票
      - 商业汇票
        - 银行承兑汇票
        - 商业承兑汇票
      - 银行汇票
    - 本票：银行本票
    - 支票
      - 现金支票
      - 转账支票
      - 普通支票
  - 信用卡结算
  - 汇兑结算
    - 信汇
    - 电汇
  - 委托收款结算
  - 托收承付结算
  - 国内信用证结算

图 2－16　国内物流结算工具归纳总结

小技巧

信用卡安全使用技巧大全

1. 明确自己的用卡数量

一般来说，一张储蓄卡（借记卡）、一张准贷记卡、一张信用卡（贷记卡）就足够。借记卡可以承担储蓄功能；准贷记卡可储蓄有利息，也可以适当消费；信用卡在购买大件物品时进行贷款以备不时之需。这样的搭配，完全可以满足一般人的生活需要。

2. 信用卡利息较高，尽可能在免息期还款

3. 明确分期付款不一定最划算

分期付款不计利息，但是银行要收取一定的手续费。作为信用卡持卡人在消费前别忘了先查清楚自己卡中的可用余额和分期付款额度。

4. 尽可能使用签名而不是密码

以签名作为信用卡的消费凭证是国际银行业的主流，从安全性角度来讲，这种信用卡不用设密码，仅凭签字就可消费，尤其是通过网上银行消费，一般只要知道持卡人姓名、卡号、信用卡到期日以及查询密码就有可能被盗用。但很多国内持卡人认为，密码比签名更安全。然而使用密码的缺点就是保管密码的责任转嫁到了持卡人身上，也就意味着“损失自负”，一旦发生信用卡被冒用的事件，使用签名的持卡人的权益往往能得到更好的保护和补偿。

5. 尽可能不用信用卡取现

信用卡一般都不能全额取现，但可以全额或超额消费。用信用卡消费可以选择最低还款，但是用信用卡到银行取现一般都要全额还款。取现是没有免息期的。到银行取现，银行会怀疑你的经济能力。

6. 尽可能减少信用卡丢失或被盗的风险

申请信用卡前应该先了解银行的信用卡风险条款，不要申请一些高风险银行的信用卡，这些银行通常将信用卡风险转嫁至持卡人身上，将信用卡丢失、被盗后的损失让持卡人承担。而好的银行则承诺会承担挂失前48小时内的被盗损失。

思考与训练

一、选择题

1. 下列哪些不属于国内结算中使用的票据（　　）。

A. 汇票　　B. 本票　　C. 支票　　D. 发票

2. 国内结算使用的票据和结算凭证，哪些项目可以更改（　　）。

A. 出票日期　　B. 出票金额　　C. 收款人名称　　D. 付款人名称

3. 根据《票据法》的规定，票据持票人应在法定期限内向付款人提示付款。关于票据提示付款期限的下列表述中，正确的有（　　）。

A. 商业汇票自到期日起15日内提示付款

B. 银行汇票自出票日起1个月内提示付款

C. 银行本票自出票日起2个月内提示付款

D. 支票自出票日起10日内提示付款

4. 银行汇票结算适用于（　　）。

A. 同城结算　　B. 异地结算　　C. 同城和异地结算　　D. 不用于结算

5. 根据购销合同由收款人发货后委托银行向异地付款人收取款项，并由付款人向银行承认付款的结算方式是（　　）。

A. 汇兑　　B. 委托收款　　C. 托收承付　　D. 国内信用证

二、简答题

1. 票据的当事人有哪些？

2. 支票哪些项目必须记载？哪些项目可以授权补记？

3. 银行汇票结算的基本流程怎样完成？

4. 什么是退汇？退汇包括哪几种情况？

5. 委托收款结算和托收承付结算有何异同？

6. 汇票、本票和支票有何异同？

三、技能训练题

资料1：西安金鑫制造有限公司计划赊销一批价值500000元的运输设备给上海兴华物流有限公司，并且约定在1个月内由上海兴华物流有限公司向西安金鑫制造有限公司付款，这样就形成了以西安金鑫制造有限公司为债权人、上海兴华物流有限公司为债务人的债权债务关系。

任务1：思考一下未来西安金鑫制造有限公司和上海兴华物流有限公司可以采用哪几种结算方式来结清他们之间的债权债务关系？

资料2：2014年2月，西安金鑫制造有限公司将运输设备销售给上海兴华物流有限公司，销售金额为500000元，西安金鑫制造有限公司希望使用支票结算的方式收回货款。

任务2：针对资料2，写出采用支票结算的业务流程。

资料3：上海兴华物流有限公司为沈阳大东区沃尔玛分店提供彩电运输服务，运输费用为30000元，沃尔玛公司收到彩电并验收入库后，向上海兴华物流有限公司支付30000元运输费用。上海兴华物流有限公司要求沈阳沃尔玛以汇兑方式将这笔款项支付给其开户银行。

任务3：针对资料3，写出汇兑业务和退汇业务的处理流程。

资料4：上海兴华物流有限公司于2014年8月15日，填写一式五联的委托收款凭证及由深圳申达电器有限公司签发并承兑、8月20日到期、金额为35000元的商业承兑汇票，提交其开户银行甲行（中国建设银行上海分行，账号为1005446466446）办理委托收款。深圳申达电器有限公司的开户银行为乙行（中国建设银行深圳分行，账号为3456445657754）。

任务4：利用委托收款方式完成本业务的结算。

评分标准：

（1）正确回答任务1中提出的西安金鑫制造有限公司和上海兴华物流有限公司债权债务关系结算方法。（30分）

（2）针对资料2，正确写出支票结算的业务流程。（20分）

（3）针对资料3，分别正确写出汇兑业务和退汇业务的操作流程。（30分）

（4）利用委托收款方式完成资料4中的结算业务。（20分）

任务二 国际物流结算

知识目标

- 了解办理国际物流结算的基本问题
- 掌握汇款结算方式及实际操作
- 掌握托收结算方式及实际操作
- 掌握信用证结算方式及实际操作

能力目标

- 能够运用汇款、托收、信用证方式进行实际的国际物流结算操作
- 能发现、分析并解决国际物流结算活动中常见的问题

任务引入

2014年2月20日，青岛风华物流有限公司与中美合资普源信息技术有限公司就AVAYB项目合作举行签字仪式，在合作项目协议中，涉及国际物流结算的部分条款摘录如下：

青岛风华物流有限公司

QINGDAO FENGHUA LOGISTICS CO.，LTD.

委托代理协议书

协议编号：________

受托方（以下称甲方）：青岛风华物流有限公司

委托方（以下称乙方）：普源信息技术有限公司

经友好协商，乙方委托甲方以甲方的名义代理出口业务，达成如下协议：

一、委托事项

乙方委托甲方负责代理全球范围内的进出口业务，甲方按照乙方委托，为乙方代理进出口业务合同的签订，……结汇等业务，以及其他经双方协商确认的代理业务。

二、甲方的权利和义务

……

※ 及时做好货款在各种方式下的结汇工作，按约定的结算方式同乙方进行结算，并按约定的比例收取代理费。

※ 作好货款的核销工作……

※ 若货物需退税的，在收到乙方提供的按退税机关规定的完整的退税凭证后应及时完成退税工作，按协议的结算款项同乙方结算。

……

三、乙方的权利和义务

※ 应积极催促外方在指定的期限内将货款汇入甲方指定的账户……

※ 按协议规定与甲方进行货款计算和支付出口代理费。

四、结算约定条款

……

※ 具体资金支付：

在 T/T 方式下：甲方在收到外方的外汇货款后，按汇率折算成人民币后，在符合上述结算条件下，在两个工作日内将货款支付给乙方。

在 L/C 和托收的方式下，甲方将全套准确有效单据交到指定的银行，在外汇货款进账后，按汇率折算成人民币两个工作日内，扣除代理费后汇入乙方指定账户。

五、其他约定条款

……

受托方（盖章）：青岛风华物流有限公司　委托方（盖章）：普源信息技术有限公司

2014 年 2 月 20 日　2014 年 2 月 20 日

2014 年 2 月 20 日，澳大利亚 VORLL 公司和青岛风华物流有限公司就有关普源信息技术有限公司生产的某 IT 产品的进出口进行了初步洽谈，并表示订货，同时希望能够建立长期合作关系。此业务中的结算环节主要由财务部经理陈影及其团队负责。

（1）2014 年 2 月 25 日，澳大利亚 VORLL 公司向青岛风华物流有限公司发出 IT 产品采购订单，总价 50000 美元，商定采用汇款的方式结算，货款由澳大利亚 VORLL 公司通过澳大利亚西太平洋银行汇到青岛风华物流有限公司指定账户（中国银行青岛市分行，账号 408573355638093001）上。那么汇款结算有哪几种方式可供选择，分别应该怎样操作，应注意哪些事项？

要求学生按上述当事人分组，并按业务要求，完成结算。学生可以根据汇款业务流程扮演汇款结算的各个当事人，在模拟扮演过程中，每个角色的扮演者都必须描述一下他所担任的当事人在汇款结算中的权利和义务。

（2）2014 年 3 月 20 日，青岛风华物流有限公司代理普源信息技术有限公司向澳大利亚 VORLL 公司销售一批 IT 产品，总价 300000 美元，货物按合同装上了 NEWPORT BRIDGE 号船后开往悉尼，根据合同规定采用托收方式支付，公司结算人员持编号为 6932 的即期汇票一式两份，编号为 023 的清洁提单一式三份，编号为 S652 的商业发票一式三份，保险单据一式四份到中国银行青岛分行申请托收，代收行为澳大利亚西太平洋银行。那么托收结算有哪几种方式可供选择，分别应该怎样操作，应注意哪些事项？

要求学生分组模拟托收结算的各个当事人，描述托收结算业务流程。在模拟扮演过程中，每个角色的扮演者都必须明确他所担任的当事人在托收结算中的权利和义务。

（3）2014 年 3 月 28 日，青岛风华物流有限公司代理普源信息有限公司向澳大利亚 VORLL 公司销售一批 IT 产品，总价 420000 美元，双方合同约定通过 SWIFT 开立不可撤销即期信用证的方式结算。那么澳大利亚 VORLL 公司如何申请开立信用证，信用证结算有哪些种类，应该怎样操作？

要求学生分组扮演信用证结算的各个当事人，模拟信用证业务流程。在模拟扮演过程中，每个角色的扮演者都必须描述一下他所担任的当事人在信用证结算中的权利和义务。

任务分析

近年来，国际贸易往来不断呈现出扩大化、多样化的趋势，贸易活动中的不确定因素越来越多，进出口企业面临的贸易风险也相应增加。在诸多的风险中，能否顺利结汇，是每个企业首要考虑的也是最现实相关的问题。那么，如何降低这种现实的和潜在的风险，其中一种方法就是审慎的选择一种相对来说较好的结算方式，并进行有效的监控。

一、明确国际结算中常用的结算方式

国际结算中主要有汇款、托收、信用证和银行保证函等几种结算方式。这几种结算方式各有利弊，在具体应用时要从宏观和微观角度全面透析环境，及时发现危机，既能达成交易的目的，又能维护企业的权益，最终达到确保资金安全、加速资金周转、扩大贸易往来的目的。

二、影响结算方式选择的几个因素

（一）相关当事人

首先，了解进口商（此任务中指澳大利亚 VORLL 公司）的基本情况，获得保证开展业务必需的基本资料，从而判断应收款项成为坏账的可能性，为防范坏账提供决策依据，可通过金融机构、银行或利用专业资信调查机构对其进行调查，了解参与结算银行的信誉、规模、效率等，降低结算的成本和风险；其次，了解生产厂商（此任务中指普源信息技术有限公司）产品的基本情况，如质量、规格、包装、档次、品牌等影响产品价格的因素；最后，熟悉进出口业务中参与结算的银行。

（二）结算的环境

考虑结算双方所在地的政治、经济、技术、法律、文化、地理等因素对结算的影响。

（三）贸易术语

贸易术语是进出口商品价格的重要组成部分，包含了买卖双方有关费用、风险和责任的划分，确定卖方交货和买方收货方面的权利和义务（如表 2-4 所示）。合理的贸易术语能够促进双方贸易的进展，简化交易手续、缩短洽商时间和节约费用开支。

表 2－4　　十三种常用贸易术语

组别	电码缩写	术语英文名称	中文名称
E 组发货	EXW	EX works	工厂交货（……指定地点）
F 组主要运费未付	FCA	Free Carrier	交至承运人（……指定地点）
	FAS	Free Along Side Ship	船边交货（……指定装运港）
	FOB	Free On Board	船上交货（……指定装运港）
C 组主要运费已付	CFR	Cost and Freight	成本加运费（……指定目的港）
	CIF	Cost，Insurance and Freight	成本、保险加运费付至（……指定目的港）
	CPT	Carriage Paid to	运费付至（……指定目的港）
	CIP	Carriage and Insurance Paid to	运费、保险费付至（……指定目的地）
D 组货到	DAF	Delivered at Frontier	边境交货（……指定地点）
	DES	Delivered EX Ship	目的港船上交货（……指定目的港）
	DEQ	Delivered EX Quay	目的港码头交货（……指定目的港）
	DDU	Delivered Duty Unpaid	未完税交货（……指定目的地）
	DDP	Delivered Duty Paid	完税后交货（……指定目的地）

（四）货币及汇率

在国际贸易实践中，进出口双方对货币主要有三种选择：进口国货币、出口国货币、第三国货币。除特殊情况外，币种的选择通常由进出口双方自愿协商决定，在选择结算货币时，应考虑到货币的稳定性和可兑换性。但在汇率不稳定的情况下，出口方倾向于选用汇率看涨、货币币值坚挺的货币——硬币，而进口方则倾向于选用币值疲软、汇率看跌的货币——软币，当然，软硬币还可以结合使用，并在不得已选择了软币或硬币时，通过调整价格的方式解决币值不稳带来的问题。

汇率即两国货币主币的兑换比率，在进出口贸易中，一国货币的对外贬值有利于产品的出口，反之，则有利于进口。人民币对主要货币汇率如表 2－5 所示。

表 2－5　　北京时间 2014 年 2 月 16 日 10 点 30 分中国银行人民币汇率牌价

货币名称	交易单位	现汇买入价	现钞买入价	现汇卖出价	现钞卖出价
澳大利亚元	100	545.75	528.91	549.59	549.59
瑞士法郎	100	676.91	656.01	682.35	682.35
欧元	100	827.28	801.74	833.92	833.92
英镑	100	1010.92	979.71	1019.04	1019.04
港元	100	78.05	77.43	78.35	78.35

续 表

货币名称	交易单位	现汇买入价	现钞买入价	现汇卖出价	现钞卖出价
日元	100	5.9346	5.7514	5.9762	5.9762
新西兰元	100	505.43	489.83	509.49	512.53
新加坡元	100	479.73	464.92	483.59	483.59
泰国铢	100	18.58	18	18.72	19.3
美元	100	605.29	600.44	607.71	607.71

(五) 结算方式的风险

由于结算双方地处不同的国家，进行结算的程序十分复杂，风险总是伴随在每一个交易周期和诸多环节中。单就国际结算方式的选择而言，从信用角度看，汇款和托收是基于商业信用，而信用证结算是基于银行信用，在实际的结算方式选择中，银行信用尚且存在问题和陷阱，何况商业信用，为此在进行国际贸易结算的过程中，必须充分考虑选择每种结算方式所面临的风险，并采取有效的措施来进行防范。

相关知识与拓展

一、办理国际结算的基本问题

(一) 国际结算的含义及种类

国际结算是指为清偿国际间的债权债务关系而发生的货币收付活动。

根据国际间债权债务关系的发生原因不同，国际结算分为国际贸易结算和国际非贸易结算。国际贸易结算是指由有形贸易（Visible Trade）活动（即由商品的进出口）引起的货币收付活动，是国际结算的主要内容。其项目单一，但在国际收支中占有特殊地位，并具有结算方式多样性的特点。国际非贸易结算是指由有形贸易以外（Invisible Trade）的活动（包括国际资本流动、国际资金借贷、技术转让、劳务输出、侨民汇款、捐赠、利润与利息收支、国际旅游、运输、保险、银行业等活动）引起的货币收付活动。它的项目繁多，但结算方式简单，只涉及一部分的结算方式内容。

(二) 国际结算的特点

(1) 国际结算是跨国结算。结算双方处在不同的国度，由于语言、结算习惯、法律规定等的不同，相比国内结算，国际结算要复杂得多。

(2) 国际结算必须采用进出口双方都能接受的货币。国际贸易实践中，从收付方便和交易安全角度考虑，大家不约而同地选择币值稳定、可自由兑换的国际通用货币，如美元、英镑、欧元等。

（3）进出口双方要以国际结算统一惯例为法律准则。由于各自国际主权的限制，进出口双方处在不同的法律制度下，但任意一方不能认为自己的做法符合本国法律和通行做法而将其做法强加给另一方，只能以国际结算统一惯例为法律准则，协调双方之间的关系，如国际商会《跟单信用证统一惯例》、国际商会《见索即付保函统一规则》、《托收统一规则》等。

（4）国际结算是建立在商业信用和银行信用基础之上的，通过各种信用工具和支付手段进行，如信用证、汇票、本票等。

（5）国际结算需要以银行作为中介，通过银行进行结算，以确保支付迅速、快捷、准确。

（6）国际结算中进出口双方很少使用本币进行结算，在结算过程中有一定的汇兑风险。

（7）国际结算可能会受到国际政治局面，经济形势等诸多因素的干扰。

（三）国际结算的内容

国际结算主要包括三方面的内容。

1. 信用工具

信用工具是指证明债权人权利和债务人义务的书面契约凭证。它的主要特点是可以流通转让，如国库券、公司及政府债券、银行券和票据等，主要用以明确债权人的权利，将贸易的商业信用关系票据化，进一步保障债权人的权利到期或者提前兑现。国际贸易结算所使用的信用工具主要是票据（Notes 或 Bills）。票据是具有一定格式、由付款人到期对持票人或者其指定人无条件支付确定金额的信用凭证。

2. 国际结算方式

国际结算方式是指货币收付的手段和渠道，是国际贸易结算的中心内容，包括汇款、托收、信用证、银行保函、备用信用证。其中，信用证是使用最广泛的结算方式。

3. 国际结算单据

国际结算单据主要是指国际结算中涉及的单据，如发票、装箱单、货运单据、保险单、产地证与汇票等单据。

二、国际结算中的汇款方式

（一）顺汇和逆汇

根据资金的流向和结算工具传递的方向不同，国际结算方式可以分为顺汇和逆汇两种类型。

1. 顺汇

顺汇又称汇付，是由汇出汇款的人主动将款项交给银行，委托银行使用某种结算工具，交付一定金额给收款人的结算方法，即指资金从付款一方转移到收款一方，是国际间通过银行进行资金转移的一种方式。其特点是资金的流动方向和支付工具的流动方向一致，如图 2－17 所示。顺汇主要应用于国际结算中的汇款方式。

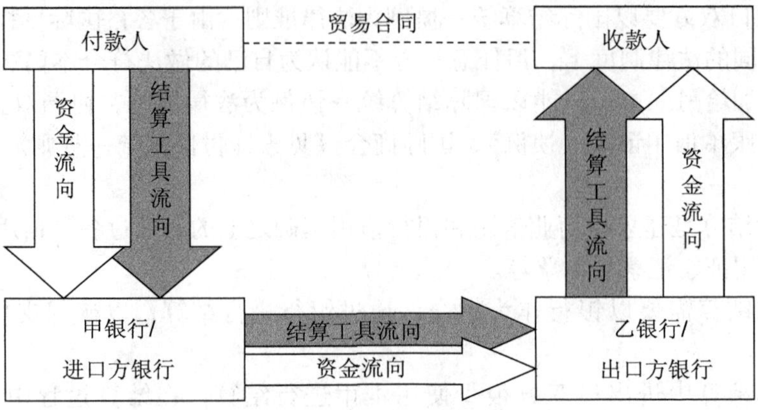

图 2－17　顺汇的操作流程

2. 逆汇

逆汇是由债权人开出汇票，委托银行向国外债务人索取一定金额的结算方式。其特点是资金的流动方向和支付工具的流动方向相反，如图 2－18 所示。逆汇主要应用于国际结算中的托收方式和信用证方式。

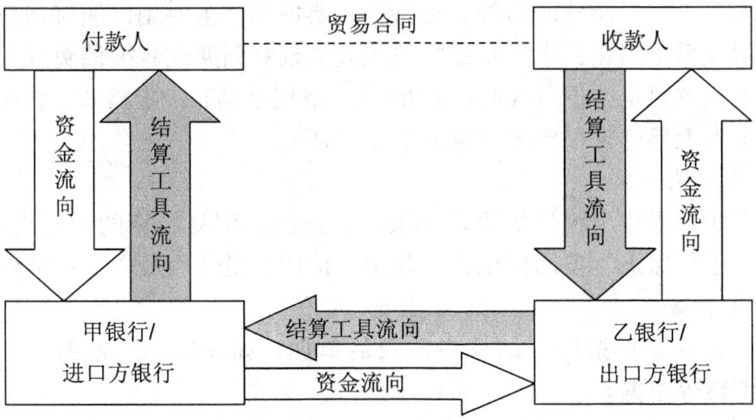

图 2－18　逆汇的操作流程

（二）汇款的种类及业务流程

1. 汇款的含义及其当事人

汇款又称汇付，是汇款人应收款人的要求，通过银行使用各种结算工具，将一定的金额通过其国外联行或代理行付给收款人（债权人）的一种结算方式。由此，我们可以看出国际结算汇款业务中，涉及四个基本当事人，即汇款人、收款人、汇出行和汇入行。

汇款人（Remitter）：指汇出款项的人，一般是进口商或债务人。

收款人（Payee or Beneficiary）：指收到款项的人，一般是出口商或债权人。

汇出行（Remitting Bank）：指办理汇出款项的银行，一般是进口商所在地的银行。

汇入行（Paying Bank）：指汇出行委托支付汇款的银行，一般是出口商所在地的银行。

2. 汇款的种类及业务流程

根据汇出行委托汇入行付款的方式不同或发出付款委托书的方式不同，汇款方式分为电汇、信汇和票汇三种。

（1）电汇（Telegraphic Transfer，T/T）。电汇是汇出行应汇款人的申请，拍发加押电报或电传给在另一国家的分行或代理行，指示其解付一定金额给收款人的一种汇款方式。具体做法如下。

汇款人在汇出款项时，要先填写电汇申请书，并在申请书中注明采用电汇 T/T 方式，同时，将所汇款项及所需费用交汇出行，取得电汇回执。

汇出行在承接该项业务后，为防止因申请书中出现的差错而耽误或引起汇出资金的意外损失，应仔细审核申请书。汇出行办理电汇时，根据汇款申请书内容以电报或电传向汇入行发出解付指示。电文内容主要有：汇款金额及币种、收款人名称、地址或账号、汇款人名称、地址、附言、头寸拨付办法、汇出行名称或 SWIFT 地址等。为了使汇入行证实电文内容确实是由汇出行发出的，汇出行在正文前要加列双方银行所约定使用的密押（Test key）。

汇入行收到电报或电传后，即核对密押是不是相符，若不符，应立即拟电文向汇出行查询。若相符，即缮制电汇通知书，通知收款人取款。收款人持通知书一式两联向汇入行取款，并在收款人收据上签章后，汇入行即凭以解付汇款。

电汇中的电报费用由汇款人承担，银行对电汇业务一般均当天处理，不占用邮递过程的汇款资金，所以，对于金额较大的汇款或通过 SWIFT 或银行间的汇划，多采用电汇方式。

电汇业务流程如图 2－19 所示。

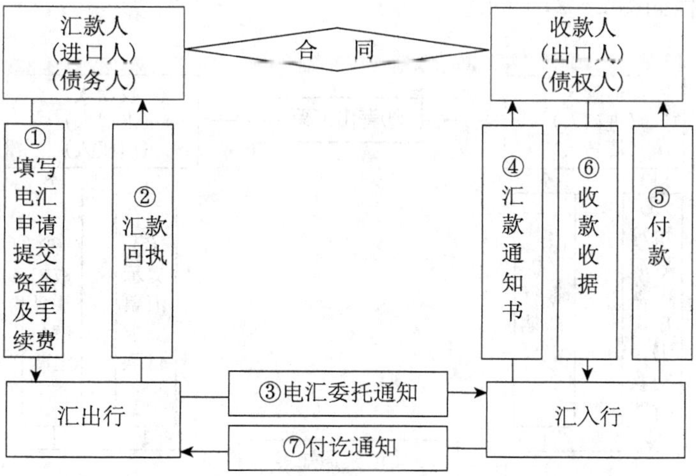

图 2－19　电汇业务流程

（2）信汇（Mail Transfer，M/T）。信汇是汇出行应汇款人的申请，将信汇委托书寄给汇入行，授权解付一定金额给收款人的一种汇款方式。信汇的做法与电汇大致相同，不同的是，汇出行应汇款人申请，不使用电报，而是以信汇委托书或支付委托书作为结算工具，通过邮寄的方式给汇入行，委托其解付汇款给收款人。

信汇业务流程如图 2－20 所示。

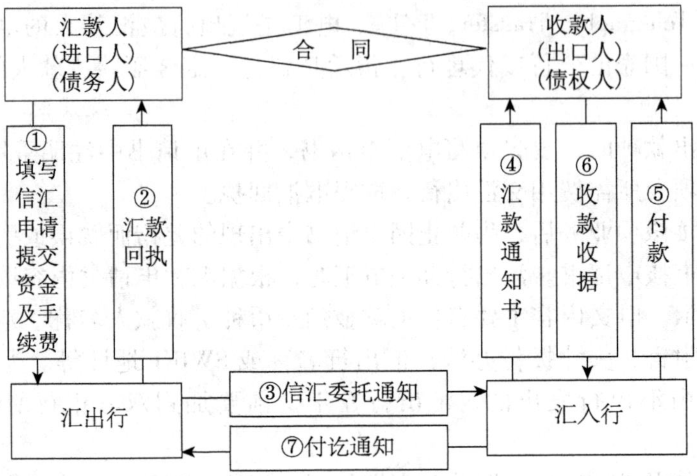

图 2－20　信汇业务流程

（3）票汇（Remittance by Banker's Demand Draft，D/D）。票汇是汇出行应汇款人的申请，代汇款人开立以其分行或代理行为付款行的银行即期汇票，支付一定金额给收款人的一种汇款方式。具体做法是：汇出行开立银行即期汇票的同时将汇票通知寄给汇入行，收款人凭汇票向汇入行提示付款时，汇入行在核对汇票与票根无差错后，方才解付票款给收款人，并将付讫事实通知汇出行。

票汇业务流程如图 2－21 所示。

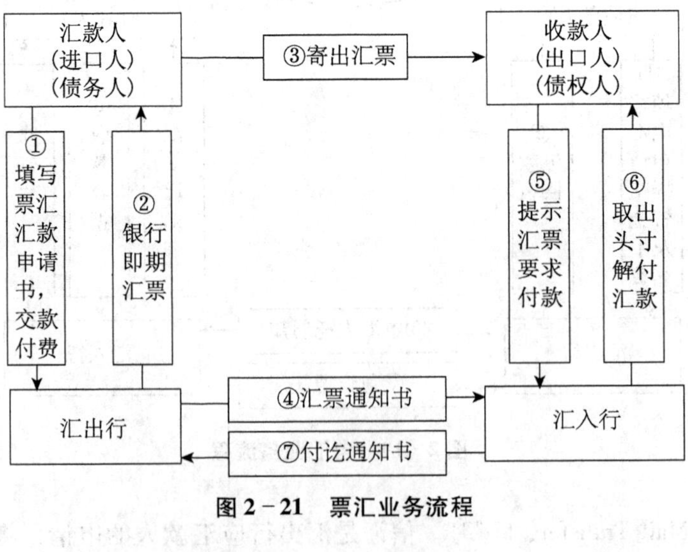

图 2－21　票汇业务流程

（4）电汇、信汇、票汇的比较，如表 2－6 所示。

表 2－6　三种汇款方式的比较

种类	速度快慢	费用高低	安全性	灵活性
电 汇	最 快	最 高	最安全	不灵活
信 汇	次 之	次 之	次 之	不灵活
票 汇	次 之	次 之	次 之	最灵活

（三）汇款的偿付和退汇

1. 汇款的偿付

汇出行办理汇出汇款业务，应及时将汇款资金拨交给其委托解付汇款的汇入行，即为汇款的偿付，俗称拨头寸（如图 2－22 所示）。

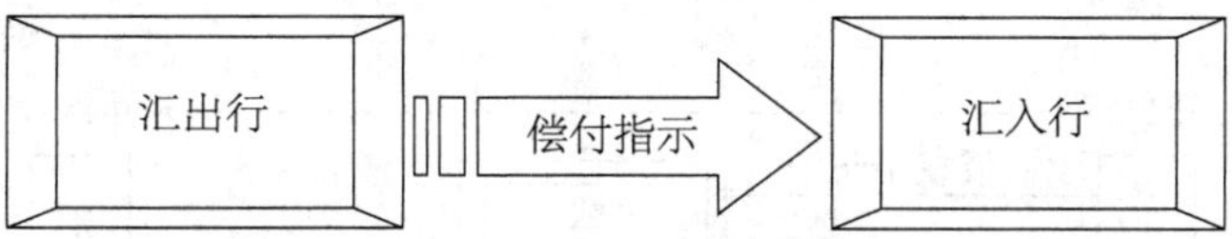

图 2－22　汇款的偿付

一般在进行汇款时，在汇款通知书上须写明偿付指示。

（1）汇出行与汇入行之间有账户关系。如汇出行和汇入行之间相互开有账户，则偿付较简单。

①汇出行在汇入行有账户，则汇出行只需授权汇入行借记其账户。此时，汇出行应在支付委托中明确偿付的指示："in cover，please debit our A/C with you"（请借记我行在贵行账户），汇入行按照指示将资金解付给收款人后，即借记汇出行账户，并向汇出行发出借记报单。如图 2－23 所示。

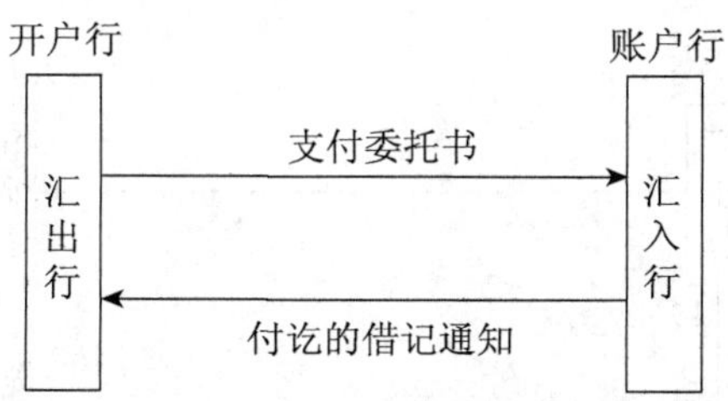

图 2－23　汇出行在汇入行有账户的偿付

②汇入行在汇出行有账户，则汇出行在发出汇款通知书时须先贷记汇入行在汇出行的账户。此时，汇出行应在支付委托中明确："in cover，we have credited your A/C with us"（我已贷记你行在我行账户），并向汇入行发出贷记报单。汇入行收到支付委托，确认汇款头寸已拨入自己账户，即可使用头寸将汇款解付给收款人。如图 2－24 所示。

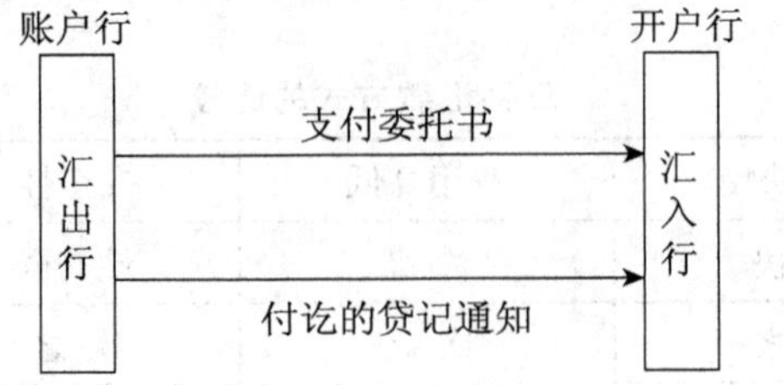

2－24　汇入行在汇出行有账户的偿付

（2）汇出行与汇入行之间无账户关系。如果汇出行和汇入行之间没有建立直接的账户往来关系，则需要其他银行的加入，以便代汇入行拨付或偿付资金给解付行，及代解付行将资金解付给收款人账户。

①如果汇出行与汇入行双方在同一个代理行开立了往来账户，则款项直接通过该代理行转账完成。此时，该代理行借记汇出行账户，贷记汇入行账户。款项转账之后，代理行向汇出行发出借记报单，向汇入行发出贷记报单。如图 2－25 所示。

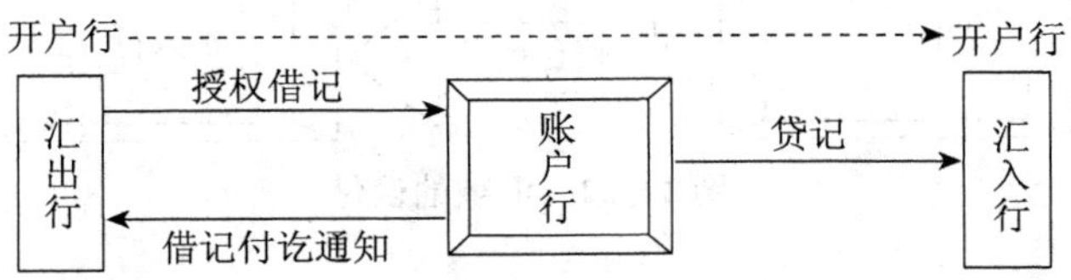

图 2－25　汇出行与汇入行在同一代理行开立往来账户的偿付

②当汇出行与汇入行双方在不同银行开立往来账户，汇出行可将款项通过双方账户行的同一代理行偿付给汇入行。汇出行和汇入行无共同账户，汇出行需要授权其账户行甲将款项解付给汇入行。这就变成了账户行甲借记汇出行账户，账户行丙将账户行甲的款项转账给账户行乙，账户行乙再将款项贷记到汇入行账户的过程。此时，该共同代理行借记汇出行账户行甲账户，贷记汇入行账户行乙账户。如图 2－26 所示。

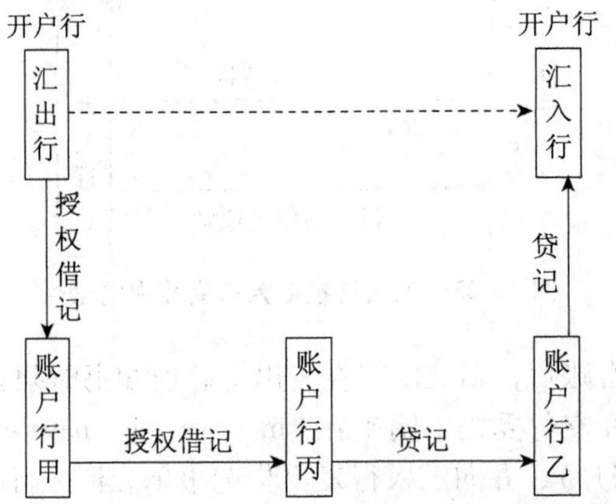

图 2－26　汇出行与汇入行在不同银行开立往来账户的偿付

2. 汇款的退汇

汇款的退汇，是指汇款解付之前的撤销。退汇可能由收款人提出，也可能由汇款人提出。

（1）收款人退汇。收款人退汇的手续比较简便，可视作收款人拒收款项处理。在信汇或电汇方式下，只要收款人通知汇入行，汇入行与汇出行联系，汇入行即可按照汇出行指示的方式将汇款委托书退回汇出行，由汇出行通知汇款人办理退汇手续，取回款项；在票汇方式下，收款人只要将汇票寄还给汇款人，由汇款人到汇出行办理退汇手续，注销汇票即可。

（2）汇款人退汇。汇款人退汇的手续比较复杂。在信汇或电汇方式下，汇款人应出具关于退汇的书面申请，汇出行接受申请后，即以信函或电讯方式通知汇入行撤销汇款。撤销汇款的通知到达时，如果汇款尚未解付，汇入行可办理退汇，汇出行就可以通知汇款人办理退汇手续了。如果汇款已经解付，办理退汇有以下两种做法：第一种做法是由汇入行直接与收款人联系，收款人如果同意退汇，汇入行受托后即可办理退汇；如果收款人不同意退汇，汇入行应及时通知汇出行。第二种做法是汇入行告知汇出行已将款项解付给收款人，请汇款人直接与收款人联系退汇事宜。

在票汇方式下，如果汇款人还未将汇票寄出，则应对汇票进行背书，并出具书面申请，连同汇票一起交给出票人，经银行核对无误后即可注销汇票，办理退汇手续。如果汇款人已经将汇票寄出，则汇出行可应汇款人的要求，通知汇入行止付，但这种情况会影响汇出行未来的声誉，应谨慎处理。

如果因为某种原因将汇票遗失，应及时向汇出行申请挂失止付，并出具认赔证明，万一银行因持票人申请付款发生重付时，汇款人应当承担因此给银行带来的损失。汇出行应通知汇入行停止支付，当收到汇入行以书面形式确认后，汇出行补办汇票手续。

（四）汇款在国际贸易中的应用

汇款在国际贸易中的应用有预付货款、货到付款和凭单付款三种类型。

1. 预付货款（Payment in Advance）

预付货款是指进口方先将货款的全部或一部分用汇款的方式通过银行汇交给出口方，出口方收到货款后立即或在一定时间内发运货物。预付货款的做法主要是出口方对进口方不大信任，或是买卖的商品在国际市场上是抢手货，所以要预收货款作为担保。这种做法对出口方有利而对进口方不利。进口方不仅因为先行付款而占压了资金，而且还要承担出口方不交货或迟交货的风险。在这种情况下，进口方一般会压低货价，并在汇款上规定解付条件，例如，收款人或付款银行提供书面担保，保证出口人在一定时间内履行交货义务，否则退还已收货款，并加付利息。所以，预付货款的方式通常只适用于两种情况：一是进出口双方关系密切，相互比较信任；二是买卖的商品在市场上属于紧俏商品，在供给量有限时，进口方为了保证购买到货物而不得不答应出口方提出的预付货款条件。

根据支付款项的多少，预付货款通常有全部预付和部分预付两种情况。全部预付即进口方将全部货款通过汇款的方式支付给出口方后才能收到运输单据或货物的方式。出口方不需要垫付任何资金，对其最有利。部分预付是在进口方将部分货款通过汇款的方式支付给出口方后收到运输单据或货物，之后再支付剩余货款的方式。资金由进出口双方共同承担，容易为进口方接受，国际贸易中也最常使用。

2. 货到付款（Payment After Arrival of the Goods）

货到付款是指在进出口双方签订合同后，出口方先行发货，进口方在收到出口方发出的货物或货物单据后再按规定支付货款的结算方式。这种方式是先交货、后付款，因此也属于赊销（Open Account Transaction）交易，或延期付款（Deferred Payment）交易。这种方式下对出口商不利，对进口商有利。进口商不需要承担资金风险，还可以收到货物后付款，在交易中处于主动地位。出口商的风险在于，进口商收货后可能以各种理由拒绝付款；货款不能及时收回，资金被他们占用，造成一定的损失。

在国际贸易中，进口商倾向于采用货到付款的方式，而出口商更偏好于预付货款的方式。在实际的贸易中，到底采用哪种方式是由进出口双方力量对比决定的。为了避开这种明显不利于一方的结果，贸易结算方式向托收结算演进。

3. 凭单付款（Cash Against Documents）

凭单付款是指进口商将货款汇给出口商所在地的银行，并指示该银行，凭出口商提供的指定单据向出口商付款的汇款结算方式。

凭单付款，进口商在银行解付后就可以收到有关单据，在一定程度上减少了出口商收款后不交货的风险；而出口商只要提交符合要求的单据，即可安全收汇。但因为这种汇款是有条件的，在汇款尚未被支取前，汇款人随时可以通知银行将款项退回，而银行因此也要承担额外的审单责任，因此银行一般不愿接受此种汇款类型。目前这种类型汇款使用较少。

（五）汇款结算方式的特点

1. 风险较大

汇款的结算基础是商业信用，卖方担心货物发运后，买方能否按期付款；买方则担心预付货款后，卖方能否按期交货，货物是否符合合同规定等。这些担心能否发生主要取决于买卖双方的信誉。而银行在汇款方式中只负责按委托方要求办理业务，从中收取手续费，对货物的质量和款项收付的风险不承担任何责任。

2. 资金负担不平衡

在国际贸易中，使用汇款作为结算方式主要有预付货款和货到付款。这两种方式中，资金的承担主体是不同的。如果采取货到付款的方式，则资金完成由出口商负担；如果采取预付全部货款，则资金完成由进口商承担。只有采取预付部分货款，资金才由进出口双方共同承担，承担的多少由预付货款的多少决定。而且在国际结算的过程中，银行不会为进出口双方提供贸易融资。

3. 结算简单、迅速，费用低

汇款结算方式手续简单，费用较低，结算迅速。采用不同种类的结算方式，可以体会到不同的优点。如电汇速度较快，信汇价格低廉，票汇最为灵活。所以，如果进出口双方信誉较好，双方之间相互信任，汇款结算方式是国际结算方式中十分理想的结算方式。

（六）汇款结算中的商业欺诈及防范措施

汇款诈骗是指诈骗者表面是正常贸易，实际上蓄意伪造、涂改信汇或电汇凭证，谎称已支付或汇出货款，企图诱使出口企业发货，以骗取其出口货物的不法行为。

1. 汇款结算中的商业欺诈手段

汇款结算中一般有以下几种欺诈手段：

（1）项庄舞剑。其基本操作方法是：

第一步：同我方签订大额商品买卖合同，让我方误以为是一位大客户；

第二步：要求我方寄送货物样品；

第三步：要求我方寄送更多的样品，甚至得寸进尺索要贵重物品，其根本目的是骗取我方钱财。

（2）狼狈为奸。其基本操作方法是：

第一步：同我方签订一份紧急购货合同，承诺预付货款；

第二步：到所在地银行办理汇款手续，随即将银行出具的汇款单传真给我企业，并要求我企业立即发货；

第三步：与银行职员勾结，抢在银行调拨资金之前将其账户内的资金转移；

第四步：编造各种理由欺骗我企业的催款要求，并设法诱骗我出口企业发运货物和邮寄提单，一旦得手，便遁迹潜行。

（3）瞒天过海。这一招数的流程与狼狈为奸大致相同，其唯一的区别是买方根本就没有到银行办理汇款手续，其提供的银行汇款单据纯属伪造。

（4）引君入瓮。这一招数主要是在签订了产品采购合同之后，进口商预付小额定金，以取得出口商的信任，待货物到达目的地后，以各种理由拒绝付款或要求降低价格。由于出口商对进口商拒绝付款没有充分的准备，最后只能自尝苦果。

小问答

该如何防范汇款结算中的诈骗行为？

2. 防范汇款结算中欺诈的措施

针对汇款结算中的欺诈行为主要有以下几条防范措施：

（1）坚持按照国际贸易惯例行事，时刻保持警惕，切不可轻信对方提出的各种非常规做法以及所谓的当地特殊规定；

（2）在洽谈出口合同时应坚持对中方有利的付款条件，应始终把握主动权和控制能力，尽量要求对方以电汇方式付款，且必须坚持款到发货；

（3）同意向进口商免费提供样品，也应要求对方先垫付所有费用或预付样品费，待将来成交付款时再抵扣相关费用；

（4）不可支付进口商以任何名义索要的哪怕是很小金额的款项；

（5）提前寻找出口地代理销售商。一旦产品到达目的地，而进口商拒绝付款，可以寻求代理商帮助，减小遭受欺诈或巨额运费或产品破坏等的损失；

（6）同银行和驻外商业机构密切合作，认真核对进口方提供的信息和单据的真实性。

三、国际结算中的托收方式

(一) 托收的含义及其当事人

1. 托收的含义

托收是指收款人或债权人为了取得因劳务、商品及其他交易引起的应收款项，将有关单据交与本地银行，委托该银行通过其国外代理行向付款人或债务人交单取款的结算方式。

2. 托收业务的当事人

一般地，托收业务中涉及以下主要的当事人：

(1) 委托人 (Principal)。委托人一般是出口商，是托收业务中委托银行办理托收业务的主债权人。其在托收业务中一方面担负与进口商签订贸易合同的责任，另一方面需要履行与托收行签订的委托代理合同的责任。在委托人委托银行办理托收业务时，必须编制“托收申请书”。

(2) 托收行 (Remitting Bank)。托收行是接受出口商委托的银行，通常是出口商在其所在地开立账户的银行，又称寄单行。

(3) 代收行 (Collecting Bank)。代收行是接受托收行委托向付款人收款的银行。

(4) 付款人 (Payer)。付款人是商务合同中的债务人，也称受票人，通常是进口商。

(5) 提示行 (Presenting Bank)。提示行是向付款人提示单据的银行。

(6) 需要时的代理 (Principal' s representative in case of need)。如果发生拒付的情况，委托人就可能需要有一个代理人为其办理在货物运出目的港时所有有关货物存储、保险、重新议价、转售或运回等事宜。这个代理人必须由委托人在委托书中写明，称作“需要时的代理”。

托收中的基本当事人及其联系，如图 2 - 27 所示。

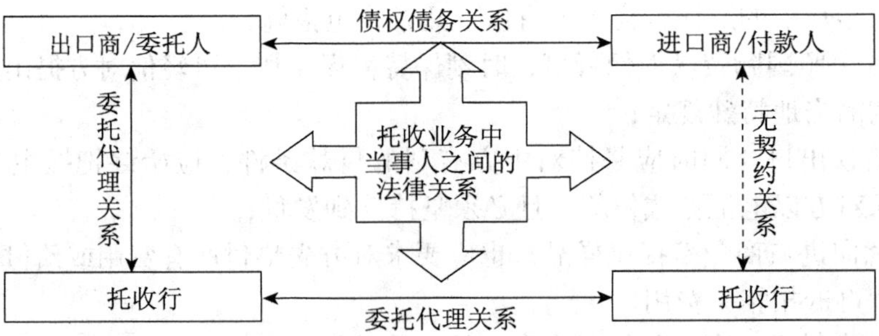

图 2 - 27　托收中的基本当事人及其关系

(二) 托收种类及业务流程

1. 光票托收 (Clean Collection)

光票托收是指委托人仅凭金融单据，不附带商业单据，通过银行向付款人收取款项的托收。在贸易上采用光票托收进行结算时，其货运单据已由卖方寄给买方，票据则委托银行托收。不附带商业单据，仅凭票据等金融单据委托银行代为收款，主要适用于货款尾数、小额货款、代垫费用、样品费、佣金、用于索赔款的提取及其他贸易从属费用。

其特点如下：

（1）安全。通过银行间的国际网络收款，避免了客户直接向付款人收款的风险，是一种安全的收款方式；

（2）方便。国际化银行的网络遍布全球，可以十分方便地帮助您收妥来自世界各地的款项；

（3）快捷。利用银行广泛的海外代理行关系，大大缩短收款时间；

（4）费用低廉。光票托收的银行费用相对较低。

光票托收票据的收款人持有效证件及做成空白背书正本票据，填妥光票托收申请书给托收行，经审查后，托收行依据托收申请书制作托收指示，随票据寄给代收行托收票款。光票托收的汇票可以是即期的也可以是远期的。

2. 跟单托收（Documentary Collection）

跟单托收是指附有商业单据的托收。卖方开具托收汇票，连同商业单据（主要指货物装运单据）一起委托给托收行。如果是首次办理委托业务，还应提交工商营业执照（副本）原件、进出口业务的营业许可、法定代表人授权书。

根据银行向付款人交单条件的不同，跟单托收分为付款交单和承兑交单。

（1）付款交单（Documents Against Payment，D/P）。付款交单是指代收行按照委托人的指示，在进口商付清货款之后，将货运单据交给进口商，包括即期付款交单和远期付款交单。

①即期付款交单（D/P at sight）是指出口商按照合同发运货物后，开具即期汇票（或不开汇票），连同货运单据，通过银行向进口商提示，进口商审核单据无误后即支付款项，向银行领取货运单据的托收方式。

即期付款交单的业务流程如图 2－28 所示。

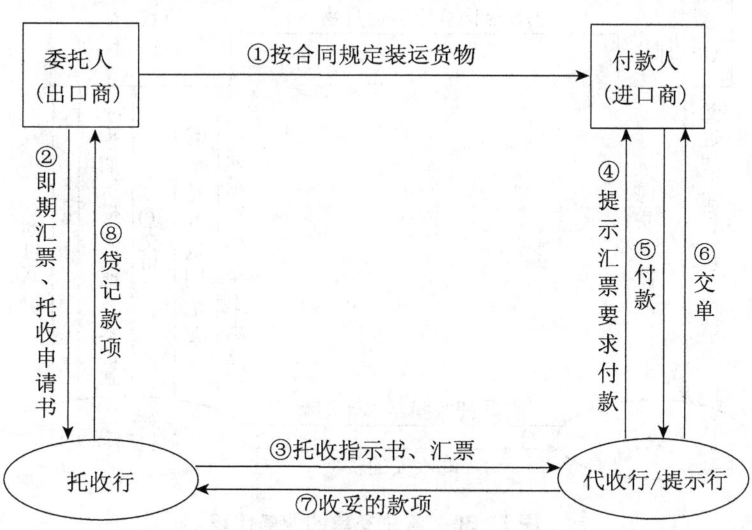

图 2－28 即期付款交单的业务流程

②远期付款交单（D/P at…days after sight）是指出口商在发货后，开具远期汇票，连同货运单据，通过银行向进口商提示，进口商审核单据无误后即在汇票上承兑，于汇票到期日付清货款，向银行领取货运单据的托收方式。

远期付款交单的业务流程如图 2－29 所示。

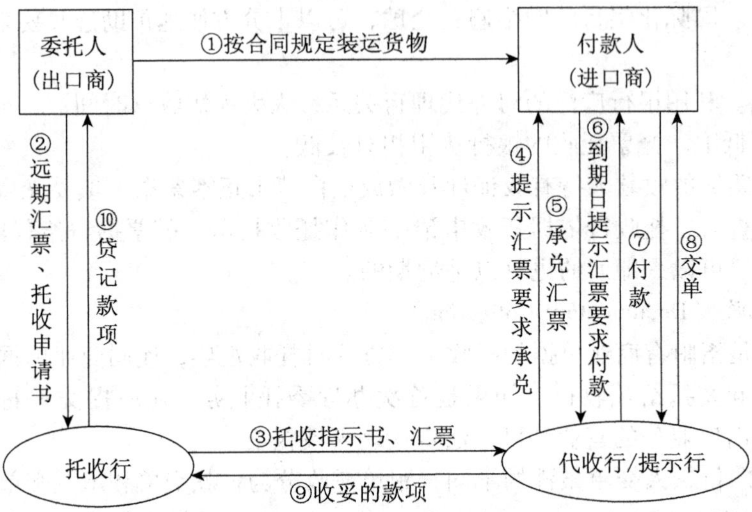

图 2－29　远期付款交单的业务流程

（2）承兑交单（Documents Against Acceptance，D/A）。承兑交单是指代收行按照委托人的指示，在进口商承兑汇票后，即将全部单据交给进口商，待汇票到期时进口商才会付款。

承兑交单的业务流程如图 2－30 所示。

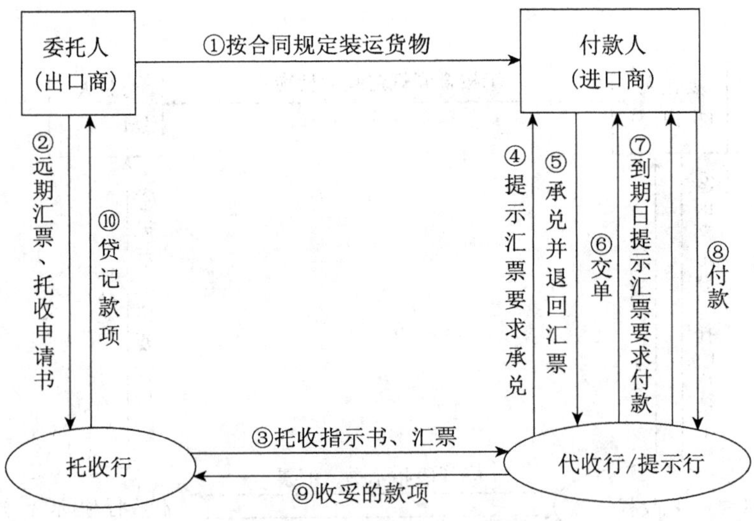

图 2－30　承兑交单的业务流程

注意

远期付款交单和承兑交单都使用远期汇票。但对进口方而言，承兑交单更有利。因为进口方只需承兑就能获得单据，提取货物，可以尽早投入生产或销售。对于出口方而言，承兑交单要冒很大的风险。因为承兑并不等于付款，一旦交单后就失去了物权，丧失了约束进口商付款的手段。

(三) 托收中的汇票和收款指示

汇票在托收业务中非常重要。在即期付款交单中，汇票不是必要单据，但在远期付款交单和承兑交单中，汇票必不可少。托收中的汇票也必须具备汇票的必要项目，但除此之外，托收中的汇票还有其自身的特殊性，并要加注出票条款和交单条件。

一般情况下，托收项下汇票的出票条款要有托收的指示，即要表明“for collection”，出票人是出口商或卖方，付款人是进口商或买方，收款人（汇票的抬头）则有两种表示形式：一是出票人抬头，即以委托人或出口商为收款人；二是托收行抬头，即以托收行为汇票上的收款人。

一般采用托收方式结算时，还需要在托收委托书中写明托收中的收款指示。托收中的收款指示主要为了解决银行之间的头寸划拨，即代收行应如何将收妥的款项拨付给托收行的问题。

1. 托收行与代收行之间有账户关系

如托收行和代收行之间相互开有账户，则偿付较简单。

（1）当托收行在代收行开立账户时，贷记托收行账户。一般的指示为“When collected please credit our a/c with you under cable/airmail advice to us.”（办理代收时请将款项贷记我行在你行账户，并通过电报或航空邮寄的方式通知我们。）

（2）当代收行在托收行开立账户时，借记代收行账户。一般的指示为“please authorize us to debit your account with us.”（请授权我方借记你行在我行的账户。）

2. 托收行与代收行之间无账户关系

当托收行与代收行之间没有开立共同账户时，主要通过托收行在国外的账户行贷记款项。一般的指示为“please collect and remit the proceeds to ×× Bank for credit our account with them under their cable/airmail advice to us.”（请代收款项并且将这笔款项汇寄到××银行，然后贷记我行在××银行的账户，并通过电报或航空邮寄的方式通知我们。）

(四) 托收结算中的风险及防范措施

1. 出口商面临的风险

托收属于商业信用，银行不承担审单和付款责任，所以对于出口商而言，风险很大。主要由进口商、进口地及出口商操作不当等因素造成。具体表现如下：

（1）进口商因经营不善而破产、倒闭或失去偿付能力；

（2）进口地货物价格趋于下降或出现不利于货物的情况，付款人借口拒付或承兑，从而导致货物积压，造成出口商的被动；

（3）进口商以货物的规格、质量、包装、数量等与合同不符为借口，挑剔货物，要求降价和拒绝履行付款义务，甚至要求索赔等；

（4）因政治或经济原因，进口国家改变进口政策，进口商没有领到进口许可证，或是申请不到进口所需的外汇等，以致货物抵达进口地而无法进口或不能付款；

（5）出口商选用交单条件的不当也会导致出口商钱货两空；

（6）贸易术语把握不当导致货物受损无法得到合理补偿；

（7）出口商对进口地相关的规定和惯例不熟悉导致的经济损失；

（8）代收行由进口商指定有可能导致托收的货款无法收回。

2. 进口商面临的风险

选择托收结算方式，进口商风险较小，但也偶有出现。具体表现如下：

（1）进口商按合同规定对银行提示的单据付款或承兑后，凭单据提取的货物与合同规定不符；

（2）在远期付款交单的条件下，进口商承兑了汇票后，到期却不能得到单据。

3. 托收结算中风险的防范措施

（1）谨慎选择贸易伙伴，做好对进口商的调查了解工作；

（2）熟悉进口国的商业惯例及贸易政策；

（3）慎用远期付款交单和承兑交单；

（4）出口商尽可能选取 CIF 或 CIP 贸易术语成交，争取自己办理保险；

（5）严格按照合同规定装运货物、制作单据；

（6）尽可能由出口商自己指定代收行，且要谨慎指定；

（7）在进口地尽可能有“需要时的代理”；

（8）建立健全的管理和检查制度，加强催收工作，定期检查，及时清理货款。

（五）银行在托收业务中的资金融通

托收虽属于商业信用，但银行仍可以通过多种方式向出口商和进口商提供资金融通，这也是托收与汇款之间的最大区别。

1. 对出口商的资金融通——托收出口押汇方式

托收出口押汇方式是托收行提供贷款给出口商，从而给予出口商以资金融通的一种方式。主要做法是托收银行在汇票未到期前，买入出口商向进口商开出的跟单汇票，待托收款项收妥后再收回已垫支的款项。

2. 对进口商的资金融通——进口代收押汇方式

进口代收押汇方式是代收行或委托人允许进口商在远期付款交单条件下凭信托收据 T/R（Trust Receipt）借单提货，即代收行先行对外垫付货款，待进口商出售货物后用所得的款项偿还代收行的垫款，赎回信托收据，以缓解进口商在资金周转上的困难的一种资金融通方式。

四、国际结算中的信用证方式

（一）信用证结算的含义及当事人

1. 信用证结算的含义

信用证是开证银行根据申请人的要求和指示，向受益人开立的，有一定金额的，在一定期限内，凭规定的单据，在指定的地点支付（即付款、承兑或议付汇票）的书面保证。信用证是国际物流结算中最主要、最常用的支付方式。

信用证结算主要具有以下特点：

（1）信用证是一种银行信用，开证行承担第一性的付款责任。信用证结算方式是一种银行信用，开证行以自己的信用担保付款。一旦受益人提交了与信用证相符的单据，开证行就必须承担第一性的付款责任。

（2）信用证是一项独立的文件，它不依附于贸易合同而存在。信用证是银行与信用证受益人之间存在的一项契约，该契约虽然可以以贸易合同为依据而开立，但是一经开立就不再受到贸易合同的牵制。银行履行信用证付款责任仅以信用证受益人满足了信用证规定的条件为前提，不受到贸易合同争议的影响。

（3）信用证是一种纯单据的买卖。信用证业务中，银行对于受益人履行契约的审查仅针对受益人交到银行的单据进行，单据所代表的实物是否好则不是银行关心的问题。即便实物的确有问题，进口商对出口商提出索赔要求，只要单据没问题，对于信用证而言，受益人就算满足了信用证规定的条件，银行就可以付款。

2. 信用证结算的当事人

从以上定义可以看出，信用证结算至少需要有开证申请人、开证行、受益人等基本当事人，除此之外，在信用证结算中还有通知行、议付行、保兑行、付款行、承兑行、偿付行等其他非基本当事人。这些当事人都分别有各自的权利，并承担相应的义务和责任。

（1）开证申请人（Applicant or Opener）。开证申请人是指根据贸易合同的约定到其有业务往来的银行申请开立信用证的主体。在国际贸易中，信用证的开证申请人是进口商或买方。

（2）开证行（Issuing Bank or Opening Bank）。开证行是指接受开证申请人的委托开立信用证的银行，它承担按信用证规定条件保证付款的责任。开证行是以自己的名义对信用证下的义务负责的。开证行在验单付款之后无权向受益人或其他前手追索。

开证行的权利如下：

①开证行有根据开证申请人的信用和风险选择开立信用证和不开立信用证的权利。

②开证行有要求开证申请人提供相关证明或要求提供担保、抵押以及收取相关费用的权利。

③开证行在开立了信用证后，若对符合信用证规定的单据进行了付款，那么开证行有从申请人处获得偿付的权利。

④按正常程序对进口货物进行处理的权利。如果开证申请人无法付款赎单，则开证行有权处理货物，使自己的垫款得到补偿。

开证行的义务如下：

①严格按开证申请书开立信用证的义务。信用证开证申请人通过提交开证申请书与开证行之间确立合同关系，开证行必须严格按照申请书的指示开立信用证。

②开证行审核单据的义务。信用证通常规定受益人在请求银行履行付款、承兑或议付义务时，必须向银行提交符合信用证规定的单据，银行在付款、承兑或议付之前，要严格审核受益人所提交的单据是否符合信用证规定的条款。

③付款/承兑的义务。信用证受益人如果按照信用证规定提交相符的单据，开证行就必须向受益人付款，或承兑受益人出具的汇票。

④开证行保管单据的义务。受益人按信用证规定将全套单据提交给开证行，在开证行审核单据、兑付货款前的这段时间，开证行作为受益人的受托人有义务保管单据，防止单据的丢失、损坏或更改。

（3）受益人（Beneficiary）。受益人一般是国际贸易中的出口商或卖方。受益人接到信用证后，应该仔细同合同条款核对，并审核自身是否能够履行信用证条款。如果发现信用证和合同条款不符或无法履行时，有权要求信用证申请人对信用证进行修改。受益人一旦接受了信用证，就按照信用证的规定在规定的日期内装运货物，正确缮制相关单据和提供相关证书。如果开证行单方面修改或撤销信用证时，有权拒绝接受。在遭到开证申请人拒付、丧失偿付能力以及破产倒闭时，有权依照信用证条款和条件提交汇票及/或单据向开证行提出付款要求，如果开证行无理拒付，受益人可以诉讼。在开证申请人和开证行同时破产倒闭时，有权对已经准备的货物或已经装运的货物留置或停运。如果货物已经发出，有权要求保兑行在信用证有效期内付款。

（4）通知行（Advising Bank）。通知行一般是开证行在出口国的代理行或分行，受开证行的委托，将信用证转交出口人的银行。它只证明信用证的真实性，不承担其他义务。如通知行不能确定信用证的表面真实性，即无法核对信用证的签署或密押，则应毫不延误地告知从其收到指示的银行，说明其不能确定信用证的真实性。如通知行仍决定通知该信用证，则必须告知受益人它不能核对信用证的真实性。

（5）议付行（Negotiating Bank）。议付行是根据开证行在议付信用证中的授权，买进受益人提交的汇票和单据的银行。在很多情况下，议付行同时担当了通知行的角色。

（6）保兑行（Confirming Bank）。保兑行是指接受开证行的委托，在信用证上加注条款，表明当受益人持符合信用证规定的汇票、单据要求付款或承兑遭到拒付时，以自己独立信用的方式付款、承兑或议付的银行。

（7）付款行（Paying Bank）。付款行是开证行的付款代理人。开证行在信用证中指定另一家银行为信用证项下汇票上的付款人，它可以是通知行或其他银行。付款行一旦付款，即不得向受益人追索，而只能向开证行索偿。

（8）承兑行（Accepting Bank）。承兑行是指接受开证行的委托，对受益人签发的、附于信用证后的商业汇票予以承兑并支付的银行。如果承兑行不是开证行，承兑后又最后不能履行付款，开证行应负最后付款的责任。

（9）偿付行（Reimbursement Bank）。偿付行是指接受开证行的委托，代开证行偿付其他付款行、承兑行或议付行已经向受益人支付的款项的银行。偿付行产生的原因是：进出口商在信用证中规定的支付货币，既不是进口国的货币，也不是出口国的货币，而是第三国的货币，而开证行拥有的第三国货币资金调度或集中在第三国银行，要求该银行代为偿付信用证规定的款项，偿付银行通常是开证银行的存款银行或约定的垫款银行。

（二）信用证结算的业务流程

信用证结算的业务流程（如图 2－31 所示）：

（1）进出口双方签订贸易合同；

（2）进口商申请开立信用证；

（3）开证行接受申请开出信用证；

（4）通知行向受益人通知信用证；

（5）出口商按信用证规定发货；

（6）受益人向指定行交单；

（7）指定行根据自己的义务付款，承兑或议付；

（8）指定行向开证行寄单索汇或向开证行寄单并向偿付行索偿；

（9）开证行向交单行或偿付行付款；

（10）开证行通知申请人赎单；

（11）申请人付款赎单；

（12）申请人提货。

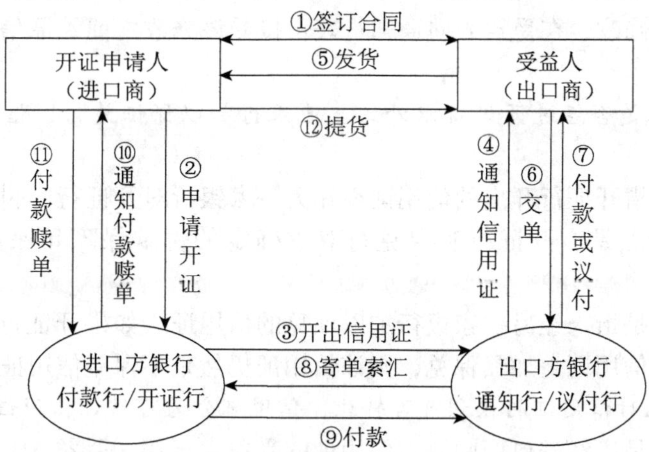

图 2－31　信用证结算的业务流程

（三）信用证的种类

按照不同的分类标准，信用证有不同的种类。

1. 根据信用证项下是否附有货运单据，信用证分为光票信用证和跟单信用证

光票信用证是指受益人根据信用证要求，在收取货款时，只需开具汇票，即可收取货款的信用证。有些信用证在汇票下附有非货运单据如发票、垫付款清单等时也属于光票信用证。在国际贸易结算方面，常见的光票信用证通常属于预支信用证性质，即开证银行在信用证中规定受益人可在货物装运以前，先行开具汇票收款。

跟单信用证是指受益人根据信用证的要求，在议付货款时，除开具汇票之外，还要随附货运单据的信用证。

2. 根据开证行对开出的信用证所付的责任，信用证分为可撤销信用证和不可撤销信用证

在《跟单信用证统一惯例》（UCP500）第六条中规定，信用证应明确注明是可撤销的或是不可撤销的。若无此注明，应视为不可撤销的。

可撤销信用证是指开证行应开证申请人申请开立信用证之后，开证行无须事先征得受益人同意就有权修改其条款或撤销的信用证。因此，这种信用证对于受益人来说是缺乏保障的。但是，根据 UCP500 第八条规定，只要受益人已经按信用证规定交单，指定银行已经凭单证相符做出付款、承兑或议付，信用证就不可再行撤销或修改。

不可撤销信用证是指未经开证行、保兑行以及受益人同意，不能修改也不能撤销的信用证。只有在征得开证行、保兑行和受益人同意的情况下才可以撤销和修改。这种信用证对于受益人来说是比较可靠的。

不可撤销信用证有如下特征：

（1）有开证行确定的付款承诺。对于不可撤销跟单信用证而言，在其规定的单据全部提交给指定银行或开证行，符合信用证条款和条件时，即构成开证行按照信用证固定的时间付款的确定承诺。

（2）具有不可撤销性。这是指自开立信用证之日起，开证行就受到其条款和承诺的约束。如果要撤销或修改，在受益人向通知行表示接受该修改之前，原信用证的条款对受益人依然有效。

3. 根据信用证是否经过开证行以外的其他银行加以保证兑付，信用证分为保兑信用证和不保兑信用证

保兑信用证是指开证行开出的信用证委托另一家银行对开证行的付款承诺再次进行保证的信用证。其特点是有开证行和保兑行双重确定的付款保障和保兑行的确定的付款承诺。

不保兑信用证是指未经另一家银行加以保兑的信用证。如果开证行要求另一家银行加保，而该银行未在信用证上加具保兑，则该信用证仍然是不保兑信用证。

4. 根据受益人对信用证的权利可否转让，信用证分为可转让信用证和不可转让信用证

可转让信用证是指经进口商同意，信用证的受益人（第一受益人）可以要求信用证中特别授权的银行，将该信用证全部或部分转让给一个或数个受益人（第二受益人）使用的信用证。（注：可转让信用证一般适用于中间贸易且只能转让一次；只有被明确注明“可转让”时才可以被转让；转让的金额可以是部分的，也可以是全部；第一受益人必须通过转让行办理信用证转让业务，办理转让的银行只能是信用证指定的转让行；受益人不能自行转让信用证给第二受益人。）

不可转让信用证是指受益人不能将信用证的权利转让给他人的信用证。

5. 根据信用证的付款方式不同，信用证分为即期付款信用证、承兑信用证、延期付款信用证和议付信用证

即期付款信用证是指开证行或付款行收到符合信用证条款的即期汇票或仅凭单据立即履行付款责任的信用证。

承兑信用证也称银行承兑信用证，指信用证指定的付款行在收到信用证规定的远期汇票和单据，审单无误后，先在该远期汇票上履行承兑手续，等到该远期汇票到期，付款行才进行付款的信用证。

延期付款信用证不需汇票，仅凭受益人交来单据，审核相符确定银行承担延期付款责任起，延长一段时间，及至到期日付款的信用证。

在业务处理上，延期付款信用证与承兑信用证类似，所不同的是受益人不需要出具汇票，只需将符合信用证规定的单据交到指定银行。指定银行在验单无误后收入单据，待信用证到期再行付款。延期付款信用证由于没有汇票，也就没有银行承兑，对于受益人来说明显的不利处在于无法像承兑信用证那样去贴现汇票。如果受益人急需资金而向银行贷款，银行贷款利率比贴现率高，不利于企业对资金的利用。

议付行议付或购买受益人在信用证项下交来的汇票或单据，只要这些汇票、单据与信用证条款相符，就将被开证行正当付款，这种信用证即为议付信用证。

6. 其他种类的信用证，如背对背信用证、对开信用证、预支信用证和循环信用证

背对背信用证也称转开信用证，是指信用证的受益人要求通知行或其他银行以原证为保证开立以该银行为开证行，以这个受益人为申请人的一份内容近似的新的信用证，这种信用证主要在中间商的贸易活动中使用。

对开信用证是指进出口双方互为开证申请人和受益人的信用证。对开信用证广泛用于易货贸易、来料加工贸易、补偿贸易等。

预支信用证是指开证行授权指定银行（通常是通知行），允许受益人在货物装运前凭汇票或其他有关证明提前支取全部或部分货款的信用证。主要用于出口商资金紧张的情况，所以这种信用证的预支是凭受益人按时发货交单的保证进行的，有时要求受益人提交货物仓单作抵押。特点是采取进口商先付款，出口商后交货的方式，是进口商给予出口商的一种资金融通。

循环信用证是指受益人在一定时间内使用了规定的金额后，其金额又恢复到原来的金额，直至达到规定的时间、次数或金额为止的信用证。主要应用于在进出口双方订立长期合同，分批交货，而且货物比较大宗单一的情况。分为按时间循环的循环信用证和按金额循环的循环信用证。

（四）信用证押汇融资

在国际结算中，信用证之所以被广泛接纳和采用，除了它的保障性强之外，与其能提供灵活的融资便利也是分不开的。信用证是一种结算工具，同时也是融资工具，在从信用证开立到付款的全部过程中，为进出口双方提供了多种融资途径，基本的方式有以下两种。

出口押汇融资指出口商按照合同发出货物并提交信用证和单据后，出口商银行凭所交单据向其提供的短期资金融通，以满足出口商在信用证项下的短期资金需求。适用于出口商流动资金有限，依靠快速的资金周转开展业务；出口商在发货后、收款前遇到临时资金周转困难；出口商在发货后、收款前遇到的新的投资机会，且预期收益率高于押汇利率等几种情况。出口押汇融资业务流程如图 2－32 所示。

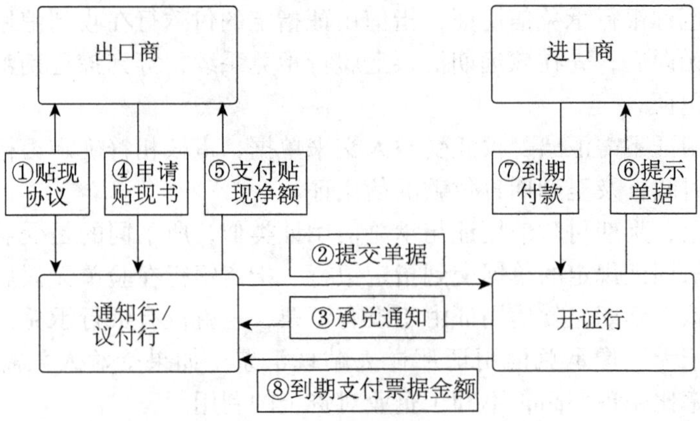

图 2-32　出口押汇融资业务流程

进口押汇融资指进口商银行在进口信用证项下，凭有效凭证和商业单据代进口商对外垫付进口款项的短期资金融通。适用于进口商遇到临时资金周转困难，无法按时付款赎单；进口商在付款前遇到新的投资机会，且预期收益率高于押汇利率等几种情况。进口商可向开证行提出书面的进口押汇申请，在押汇银行核定了授信额度后与银行签订正式押汇协议，确定金额、期限、利率、还款日期等。押汇期限一般与进口货物转卖的期限相匹配，并以销售回笼款项作为押汇的主要还款来源。进口押汇融资业务流程如图 2-33 所示。

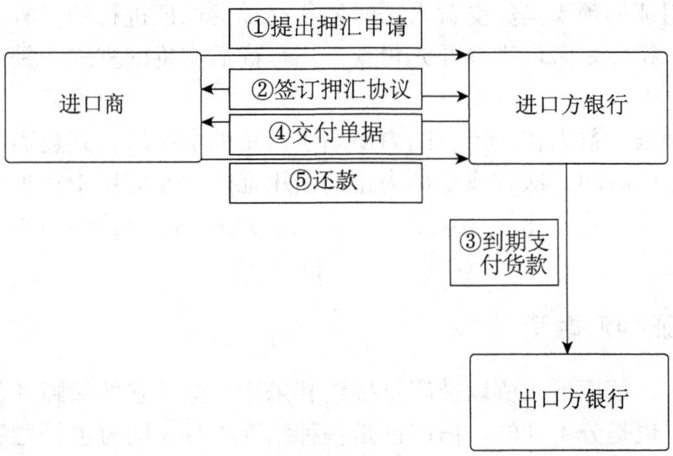

图 2-33　进口押汇融资业务流程

（五）信用证结算中的商业欺诈及防范措施

信用证方式的产生，很大程度上是为了防止国际贸易中存在的双方不信任与欺诈行为。可以说，基于银行信用的信用证结算方式是较汇款和托收更为安全的一种国际结算方式。但因为银行只负责对单证的表面审查，对货物和合同基本不负责，这也就导致了一些商人的诈骗行为。所以，对进出口双方而言，采用信用证结算仍然存在一定的风险。

1. 信用证结算中的商业欺诈手段

采用信用证结算，常见的有以下几种欺诈手段：

（1）无中生有。此种诈骗手法相对来说比较初级，稍有头脑和贸易经验的人一眼就能识破。其做法是进出口双方达成合约后，进口商自己制作一份信用证申请书或信用证复印件，然后传真给出口商，出口商基于某种原因迅速备货，等货物出运后，出口商却收不到正本信用证，最终可能造成严重的损失。

（2）欺世盗名。此种诈骗方式是使用伪造、变造的信用证，进口商以事实上根本不存在的银行为名或冒用其他银行名义开立假信用证。在对外出口贸易中，对自己不熟悉的进口商，如果出现以下几种情况，出口企业应该谨慎从事。

①未经通知行通知，信用证直接寄到受益人手中。

②信封无寄信人的详细地址，邮戳模糊。信用证签字非手签，采用印刷的方式。

③所用信用证格式陈旧。

④信用证条款前后矛盾，不合情理。

⑤信用证要求货物空运。

（3）借尸还魂。此种诈骗方式是使用已经作废的信用证，如过期的信用证或涂改变更原证的有效期限、金额和受益人名称等。

（4）暗箭伤人。此种诈骗方式下，进口商利用“软条款”进行诈骗，即开证申请人（进口商）在向开证行申请开立信用证时，想方设法地设置若干隐蔽性的“陷阱”，以便在信用证运作中置受益人（出口商）于完全被动的境地，而开证申请人或开证行随时可将受益人置于陷阱，最终以单证不符为由，解除信用证下的付款责任。

（5）狼狈为奸。此种诈骗方式下，进口商同小银行勾结开出信用证，以期向出口商诈骗，当出口商严格依照信用证内容备货、装船出运后，出口商凭信用证项下的一系列单据向议付行或向开证行索汇时，开证行以种种理由推脱或者不予理会，更有甚者干脆宣布破产倒闭。因此，在防范这一类信用证诈骗时，要防范一些未曾听说过或信用不佳的小银行以及远期的信用征。

小问答

如何防范信用证结算中的诈骗行为？

2. 防范信用证结算中欺诈的措施

目前，世界上还没有一项措施可以完全防止欺诈，但是只要采取了有效的防范措施，必定会降低这种欺诈的风险。针对信用证结算中的诈骗手段，主要有以下几条防范措施。

（1）出口商严格审查信用证的真实性；

（2）出口商严格审查信用证的“软条款”；

（3）出口商严格审查开证行的背景、资信情况；

（4）进口商要对出口商的资信和经营情况等严格调查；

（5）进口商在信用证中要对单据条款明确规定；

（6）进口商严格审核出口商提交的单据。

任务实施

任务1：采用汇款结算，主要有电汇、信汇和票汇三种方式可以选择，涉及四个基本当事人，其中，澳大利亚VORLL公司是汇款人，澳大利亚西太平洋银行是汇出行，青岛风华物流有限公司指定中国银行青岛市分行为汇入行，青岛风华物流有限公司是收款人。在实际操作中，澳大利亚VORLL公司在委托澳大利亚西太平洋银行汇出款项时，必须填写“汇款申请书”交给澳大利亚西太平洋银行代为办理，澳大利亚西太平洋银行在收取了与汇款金额相当的现金或凭证和相关手续费用之后，即根据汇款申请书上的委托指示，委托中国银行青岛市分行付款或授权其向收款人解付汇款。

采用票汇方式进行结算，其基本操作步骤为：

（1）澳大利亚VORLL公司与青岛风华物流有限公司签订了IT产品买卖合同；

（2）澳大利亚VORLL公司到澳大利亚西太平洋银行填写票汇申请书，并提交款项和支付相应的手续费；

（3）澳大利亚西太平洋银行应澳大利亚VORLL公司的申请，开立以汇入行为付款人的银行即期汇票；

（4）澳大利亚西太平洋银行开立汇票后，将汇款通知书（票根）寄给中国银行青岛分行；

（5）澳大利亚VORLL公司拿到汇票后，自行寄给收款人；

（6）青岛风华物流有限公司持汇票向中国银行青岛分行提示，要求付款；

（7）中国银行青岛分行核验汇票与票根无误后，解付票款给青岛风华物流有限公司；

（8）中国银行青岛分行向澳大利亚西太平洋银行发送付讫借记通知，表明货款已按委托要求支付给收款人。

任务2：采用D/P at…days after sight方式进行结算，其基本操作步骤如下：

（1）青岛风华物流有限公司发货；

（2）青岛风华物流有限公司填写托收申请书，开立远期汇票，连同货运单据交中国银行青岛市分行，委托其代收货款；

（3）中国银行青岛市分行根据托收申请书缮制托收指示，连同跟单汇票交进口地澳大利亚西太平洋银行委托代收；

（4）澳大利亚西太平洋银行按托收指示向澳大利亚VORLL公司提示跟单汇票要求承兑；

（5）澳大利亚VORLL公司承兑汇票；

（6）到期日澳大利亚西太平洋银行提示汇票要求付款；

（7）澳大利亚VORLL公司付款；

（8）澳大利亚西太平洋银行交单；

（9）澳大利亚VORLL公司提货；

（10）澳大利亚西太平洋银行办理转账手续，并通知中国银行青岛市分行款已收妥；

（11）中国银行青岛市分行向青岛风华物流有限公司交款。

任务3：采用不可撤销保兑即期信用证的方式进行结算，其基本操作步骤如下。

（1）出口商（青岛风华物流有限公司）和进口商（澳大利亚 VORLL 公司）签订 IT 产品贸易合同；

（2）进口商澳大利亚 VORLL 公司向开户行（澳大利亚西太平洋银行）申请开立不可撤销即期信用证；其基本程序是澳大利亚 VORLL 公司向开证银行澳大利亚西太平洋银行提供合同样本及附件→向澳大利亚西太平洋银行申请并填写开证申请书→向澳大利亚西太平洋银行提供一定比例的押金或担保→向澳大利亚西太平洋银行提交开证相应手续费用。

（3）澳大利亚 VORLL 公司开户行澳大利亚西太平洋银行审核后接受申请，开出信用证并指示出口方银行通知受益人；

（4）出口方银行（中国银行青岛市分行）向受益人（青岛风华物流有限公司）通知信用证。中国银行青岛市分行收到国外来证，通过核对印鉴或密押证实其真实性，随后将信用证通知受益人，并就条款中的潜在风险做出提示。

（5）出口商（青岛风华物流有限公司）审证无异议按信用证规定发货；

（6）受益人（青岛风华物流有限公司）按信用证条款备货装运后向出口方银行（中国银行青岛市分行）提交出口单据，申请押汇；

（7）出口方银行（中国银行青岛市分行）审核单据无误后，扣除利息和手续费用，贴现垫支款项；

（8）出口方银行（中国银行青岛市分行）向澳大利亚西太平洋银行寄单索偿；

（9）澳大利亚西太平洋银行审证一致后向中国银行青岛市分行付款；

（10）进口商（澳大利亚 VORLL 公司）付款赎单；

（11）开证行（澳大利亚西太平洋银行）放单，澳大利亚 VORLL 公司凭单据提货。

归纳总结

本任务归纳如图 2－34 所示。

- 国际物流结算方式
  - 汇款方式
    - 信汇
    - 电汇
    - 票汇
  - 托收方式
    - 光票托收
    - 跟单托收
      - 即期付款交单
      - 远期付款交单
      - 承兑交单
  - 信用证方式

图 2－34　国际物流结算方式归纳总结

小技巧

信用证结算审单准则

1. 按照《跟单信用证统一惯例》（以下简称《统一惯例》）的规定审单

《统一惯例》是确保在世界范围内将信用证作为可靠支付手段的准则，已被大多数的国家与地区接受和使用。《统一惯例》所体现出来的国际标准银行惯例是各国银行处理结算业务必须遵循的基本准则。我们必须按照《统一惯例》的要求，合理谨慎地审核信用证要求的所有单据，以确定其表面上是否与信用证条款相符。

2. 按照信用证所规定的条件、条款审单

信用证是根据买卖双方的贸易合同而开立的，它一旦为各有关当事人所接受，即成为各有关当事人必须遵循的契约性文件。在信用证结算业务中，各有关当事人必须受其约束，按照信用证所规定的条件、条款，逐条对照，以确定单据是否满足信用证的要求。当信用证的规定与《统一惯例》有抵触时，则应遵循信用证优先于《统一惯例》的原则，按照信用证的要求审核单据。这其中又包括表面一致性和内容相符性两条原则：

（1）遵循表面一致性原则。受益人提交的单据名称及其内容等表面上必须与信用证规定完全一致。例如，某信用证将货物描述为 ATTACHES SANITAIRE（卫生洁具附件），而受益人具体的货为 EXPASION BOLT（膨胀螺栓）。虽然如此，有关单据中货物描述仍必须与信用证的规定相一致。可能有的单据因某种特殊作用如清关报税等需显示具体货名时，我们仍必须将信用证所规定的 ATTACHES SANITAIRE 显示在其上，而在其后加注具体货名 EXPASION BOLT。

（2）遵循内容相符性原则。我们在审单时应注意避免照搬、照抄信用证的原话，只要内容相符即可，例如，信用证的有关人称指向、时态、语态等，转到单据上时，即应做相应的调整，以避免不必要的误会。

3. 按照银行的经营思想、操作规程审单

国际贸易结算作为银行经营的一项重要业务，在操作过程中，必须按照银行的有关操作规程行事。尤其是在向客户融资时，更应明确银行的观点和看法，更有权对单据有关条目的处理做出自己的选择和判断，以体现银行的经营方针和经营作风。

4. 按照普遍联系的观点，结合上下文内容审单

信用证是一个与商务合同分离的独立文件，其内容是完整的，互为联系的。其中要求的条件、单据等是相辅相成、前后一贯的。审单时必须遵循普遍联系的观点，结合上下文内容进行，避免片面、孤立地看待某一条款。例如，欧共体某国开来一信用证，要求提交的单据中有一项是 CERTIFICATE OF ORIGIN（产地证），而在后文中又要求受益将正本 GSP CERTIFICATE OF ORIGIN FORM A（普惠制产地证）寄交开证申请人。结合上下文内容，我们就能判断出信用证要求向银行提交的是副本 GSP CERTIFICATE OF ORIGIN（普惠制产地证），而非一般的产地证。

5. 按照合情、合理、合法的原则审单

所谓合情、合理、合法是指审单员应根据自己所掌握的国际贸易结算知识，对各种单

据的完整性和准确性做出合乎情理的判断。例如，普惠制产地证是施惠国赋予受惠国出口货物减免的一种优惠凭证，其“收货人”一栏应填写最终买主。如信用证未做明确规定，我们应根据提单的收货人、通知人及货至目的地对最终买主做出合理的选择。

6. 按照单据的商业功能和结算功能相统一的原则审单

单据的商业功能即在商务流转及商品买卖过程中的作用是主要的，结算功能是次要的，审单时应着重考虑其商业功能。我们应该了解各类单据的作用及功能，按照各类单据自身的功能及用途审单，避免将不必要的内容强加于单据。

思考与训练

一、简答题

1. 简述信用证的含义及特点。
2. 简述信用证的种类。
3. 简述信用证的主要当事人。
4. 简述信用证操作的基本流程。

二、技能训练题

资料：辽宁大连某外贸公司曾收到一份由喀麦隆客商开出的信开信用证，总金额为30万美元。当地中行审核后，发觉该证金额、受益人名称有涂改的痕迹，银行提醒该外贸公司注意，并立即向开证行查询，最后查明此信用证经客商涂改，事实上，这是一份已经失效的旧信用证。

任务：根据以上案例分析，在使用信用证件结算的进出口贸易中应该如何防范信用证欺诈?

评分标准：根据教材中介绍信用证中的欺诈行为表现为五个方面，正确说出每一方面得20分。

任务三　网上物流结算

知识目标

- 掌握网上支付与结算的工具
- 了解网上支付与结算的方式

能力目标

- 能够利用网上支付工具完成一笔物流结算

任务引入

2014 年 1 月 1 日，风华公司为了节省人力，想对一些小额结算业务采用网上结算的方式。财务经理委托出纳员张清去附近的工商银行办理网上银行业务。

2014 年 2 月 10 日，风华物流从力源恒兴物流设备公司购入塑料周转箱 760—321#100 个，单价为 30 元/个，共计 3000 元，用网银支付（注：力源恒兴公司在工商银行的存款账户为 0200024109000095588）。

请写出上述两笔业务的操作步骤和操作流程（注：风华在工商银行开立的企业存款账户为 0200024109031562446）。

任务分析

企业网上银行是指通过互联网或专线网络，为企业客户提供账户查询、转账结算、在线支付等金融服务的渠道。

企业网上银行业务功能主要包括账户管理、网上汇款、在线支付等功能；还包括网上支付结算代理、网上收款、网上信用证、网上票据及其他特定功能。

在银行开立账户要求是信誉良好的企业机构，包括企业、行政事业单位、社会团体等均可开通企业网上银行。

网上银行开办条件是客户需在该银行开立账户并提供开户行要求的其他材料。

一、企业开通网上银行的操作流程

企业开通网上银行业务，可根据各家银行规定的操作流程来进行操作。中国工商银行企业网上银行开办流程如图 2－35 所示。

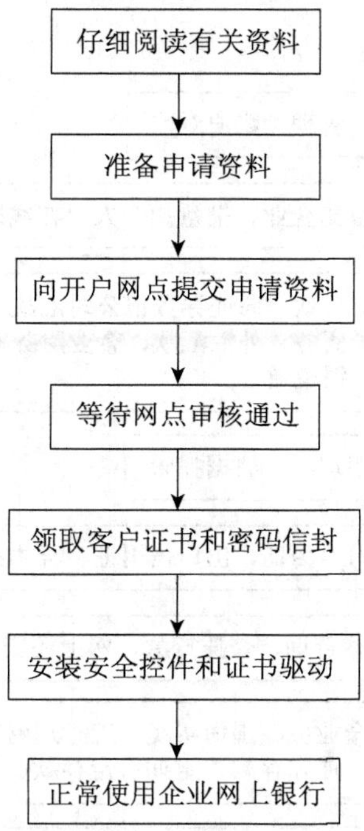

图 2-35 工商银行企业开通网上银行操作流程

1. 仔细阅读有关资料

主要阅读《中国工商银行电子银行章程》、《中国工商银行电子银行企业客户服务协议》及有关介绍材料。

2. 准备申请材料

去银行索取《网上银行企业客户注册申请表》、《企业或集团外常用账户信息表》、《企业贷款账户信息表》、《客户证书信息表》和《分支机构信息表》等表格，根据选择开办的网银业务内容填写。

3. 注意事项

（1）如实填写表中各项内容，加盖单位公章，并保证内容的真实性。特别应注意的是应准确填写联系地址，否则可能耽误申请事宜。

（2）在收到申请表的两周之内，银行将通过电话、电子邮件或信函给予客户答复。对于未通过工行审批的，申请材料原件将予以退还客户。

（3）申请开通收款业务、定向汇款、信用证、贵宾室和账户高级管理等特殊功能的客户，还需向开户网点申请并填写相关表格。

（4）银行会将客户端安全代理软件发送给客户，客户可按安装说明下载并安装软件。

（5）对于银行审批同意的集团客户，客户需组织下属的分支机构协助工行办理“电子银行客户授权书”的核实事宜。

二、网上银行的业务内容

参照中国工商银行网上银行业务，可把银行的网银业务归纳如下，如图 2-36 所示。

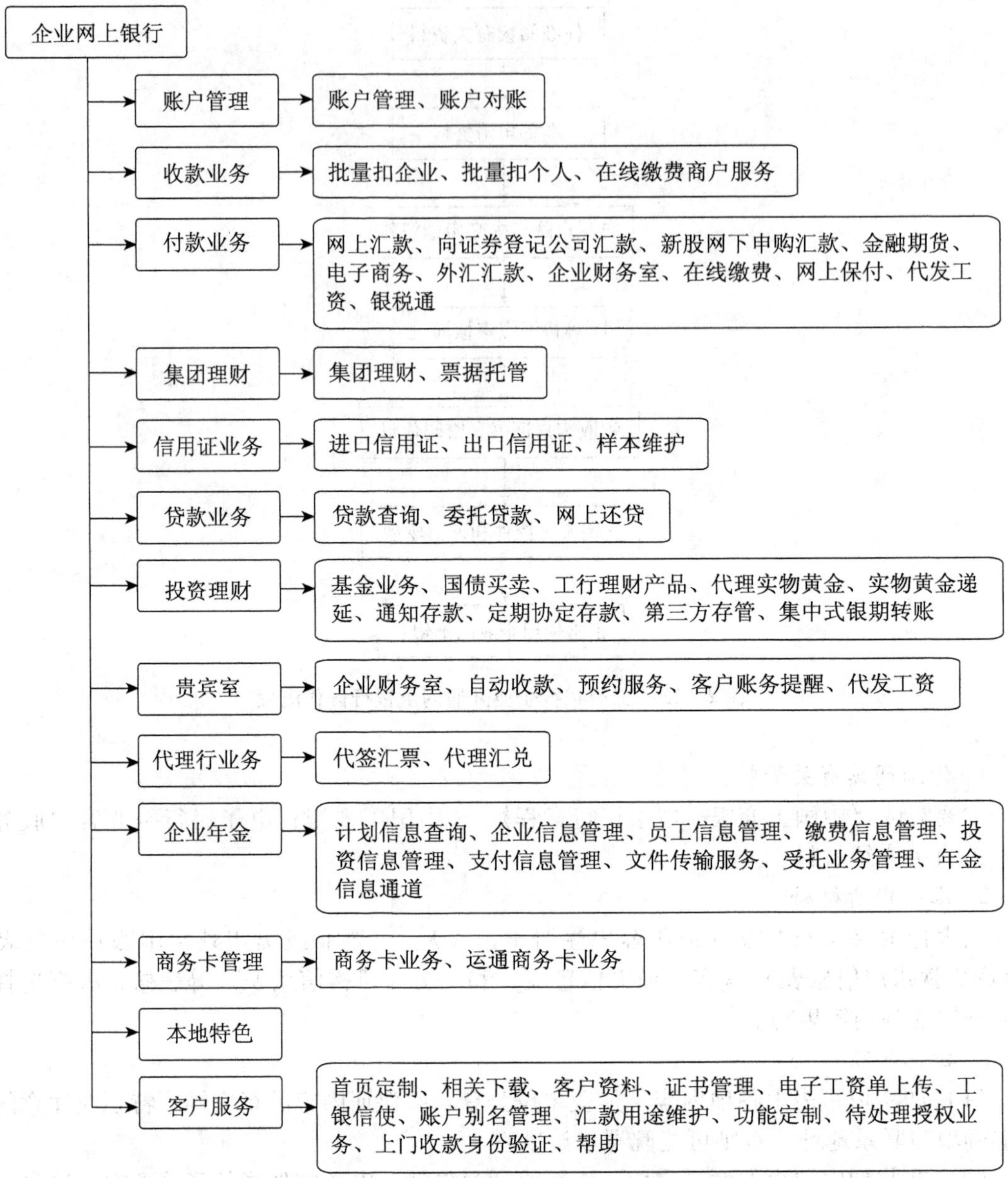

图 2－36　中国工商银行网银业务内容

三、办理网上业务的操作流程

网上银行的登录分普及版和证书版。

1. 普及版的操作

（1）登录流程。进入工行网站主页，选择企业网上银行登录，选择企业网上银行普及版登录，输入“卡号”、“密码”和“验证码”，点击“登录”进入。

（2）业务处理操作流程。进入操作界面后，按左侧菜单中的目录选择要使用的功能，按提示操作。

如在使用过程遇到问题，可通过“热点解答”和“更多帮助”等功能进行咨询，也可以通过服务电话寻求帮助。

（3）退出。在业务完成后，点击安全退出，以确保账户安全。

2. 证书版的操作

（1）登录流程。进入工行网站主页，选择“企业网上银行登录”，插入企业网上银行证书，选择“企业网上银行登录”，选择证书，输入证书密码，点击“确定”进入。

（2）业务处理操作流程（同普通版）。

（3）退出。在使用完毕后，点击“安全退出”，拔出客户证书以确保账户安全。

四、网上支付存在的安全隐患与防范

网上支付对于很多人来说并不陌生。商业银行的网上银行转账、支付交易保证金，网上购物在线支付等，这些通过互联网进行的支付方式都是网上支付。

网上支付因其快捷方便，深受喜爱，但同时网上支付也有很多风险，要懂得防范。

（一）网上支付存在的安全隐患

当前的网上支付主流方式是通过银行卡（包括信用卡、借记卡和支付卡等）这种支付工具，通过浏览器输入必要的支付认证信息，经发卡行认证授权后扣款，完成在线支付。支付风险主要包括：

1. 支付密码泄漏

一旦攻击者通过某种方式得到支付密码，可以轻易地冒充持卡人通过互联网进行消费，给持卡人带来损失。

2. 支付数据被篡改

在缺乏必要的安全防范措施情况下，攻击者可以修改互联网传输中的支付数据。譬如，攻击者可以修改付款银行卡号、修改支付金额、修改收款人账号等达到目的。

3. 否认支付

网上支付是一个通过商业银行提供的网上结算服务将资金从付款人账户划拨到收款人账户的过程。对于资金划出操作，若付款人否认发出资金划出指令，商业银行将处于被动局面；对于资金划入操作，若商业银行否认资金划入操作，收款人将处于不利境地。

（二）防范支付风险的措施

降低风险需要根据风险的不同特征采取不同的风险控制措施。首先要了解攻击者通常用哪些手段得到支付密码。

1. 骗取手段

攻击者可以采用“钓鱼”方式达到目的。具体方式有假冒网站、虚假短信（邮件）。这些网站页面、短信或邮件是他们的“诱饵”。不能识别这些诈骗手段的持卡人容易被攻击者诱骗，乖乖地向其泄露自己的银行卡支付密码。

2. 支付终端截取

攻击者可以在持卡人电脑上发布恶意软件（如木马软件）。这些软件能在持卡人输入支付密码时悄无声息地捕获，并偷偷地发送出去。

3. 网络截获

攻击者在支付终端和其他网络设备等节点通过智能识别和密钥破解手段得到支付密码。

4. 暴力攻击

当前很多发卡行采用6位数字密码方式。借助于具有强大运算能力的计算机，攻击者可以采用密码词典（密码词典包含了0~9不同字长的各种数字串组合）方式逐个试探。

5. 其他途径获取

攻击者趁持卡人不注意，在银行柜台、ATM或POS终端记下或摄下持卡人的支付密码。

支付密码泄露是网上支付案件的主要原因。从上述这些攻击手段可以看出，我们首先要具有安全意识和基本防范技能。持卡人应注意以下几方面：

1. 识别假冒网站

持卡人需要确认支付页面网站域名的真伪。因此，持卡人不妨选择一家商业银行或支付平台作为常用的支付服务商，熟悉其域名，并在支付操作时细心即可。有些商业银行网上银行或支付平台提供了持卡人“预留信息”方式，可以帮助持卡人识别假网站。

2. 识别虚假短信（邮件）

虚假短信（邮件）相对假冒网站而言更易于识别。持卡人在收到任何与银行卡、支付有关的短信后，应确认短信发送者的真实身份或短信内容。

3. 密码尽量复杂些

密码保护还需要持卡人注意不要设置简单的密码。如不要采用类似“123456”的简单数字组合、自己或亲人的生日信息、电话号码。

4. 注意支付终端的安全性

不要在公用网吧进行网上支付，在支付终端上安装反病毒、反木马软件。同时，还要注意在其他场所支付输入密码时不轻易为他人偷窥、摄像等，不要将密码记录在被人容易看到的纸片上。

5. 采用数字证书安全支付方式

支付密码能轻易为攻击者骗取、窃取或破解，更为重要的一个原因是支付密码本身缺乏一定的防攻击、防窃取能力。由于密码通常是字母、数字的简单组合，属于低安全强度的保护机制。如采用数字证书代替或补充支付密码就是一种更有效方式。因此，持卡人进行网上支付最好选择数字证书安全机制的支付方式。

相关知识与拓展

电子商务的发展为物流业的发展拓展了空间，网上支付与结算也为物流结算提供了更快捷、方便的支付途径。

物流电子商务 = 网上信息传递 + 网上交易 + 网上结算 + 物流配送

伴随着银行应用计算机网络技术的不断深入，银行已经能够利用计算机应用系统将传统的“现金流动”、“票据流动”进一步转变成计算机中的“数据流动”。资金在银行计算机网络系统中以人类肉眼看不见的方式进行转账和划拨，这是银行业推出的一种现代化支付方式。这种以电子数据形式存储在计算机中，并能通过计算机网络来使用的资金被人们越来越广泛地应用于电子商务中。

小知识

什么是电子商务

首先将电子商务划分为广义和狭义的电子商务。广义的电子商务是使用各种电子工具从事商务或活动；狭义电子商务是指利用 Internet 从事商务或活动。

电子商务是在技术、经济高度发达的现代社会里，掌握信息技术和商务规则的人，系统化地运用电子工具，高效率、低成本地从事以商品交换为中心的各种活动的总称。

一、电子支付与电子货币

（一）电子支付

2005 年 10 月，中国人民银行公布《电子支付指引（第一号）》，规定：“电子支付是指单位、个人直接或授权他人通过电子终端发出支付指令，实现货币支付与资金转移的行为。电子支付的类型按照电子支付指令发起方式分为网上支付、电话支付、移动支付、销售点终端交易、自动柜员机交易和其他电子支付。”简单来说，电子支付是指电子交易的当事人，包括消费者、厂商和金融机构，使用安全电子支付手段，通过网络进行的货币支付或资金流转。电子支付是电子商务系统的重要组成部分。

电子支付是一种业务过程，而不是一种技术。但是，在进行电子支付活动的过程中，会涉及很多技术问题。电子支付指令与纸质支付凭证可以相互转换，两者具有同等效力。

1. 电子支付的特征

与传统的支付方式相比，电子支付具有以下特征：

（1）电子支付是采用先进的技术通过数字流转来完成信息传输的，其各种支付方式都是采用数字化的方式进行款项支付的；而传统的支付方式则是通过现金的流转、票据的转让及银行的汇兑等物理实体的流转来完成款项支付的。

（2）电子支付是基于一个开放的系统平台之中；而传统支付则是在较为封闭的系统中运行。

（3）电子支付使用的是最先进的通信手段；而传统支付使用的则是传统的通信媒介。电子支付对软、硬件设施的要求很高，而传统支付则没有这么高的要求。

（4）电子支付具有方便、快捷、高效经济等优势。用户只要拥有一台上网的 PC，便可足不出户，在很短的时间内完成整个支付过程。支付费用仅相当于传统支付的几十分之一，甚至几百分之一。

2. 电子支付的业务类型

按电子支付指令发起方式分为网上支付、电话支付、移动支付、销售点终端交易、自动柜员机交易和其他电子支付。

（1）网上支付

网上支付是电子支付的一种形式。广义地讲，网上支付是以互联网为基础，利用银行所支持的某种数字金融工具，发生在购买者和销售者之间的金融交换，而实现从买者到金融机构、商家之间的在线货币支付、现金流转、资金清算、查询统计等过程，由此为电子商务服务和其他服务提供金融支持。

（2）电话支付

电话支付是电子支付的一种线下实现形式，是指消费者使用电话（固定电话、手机、小灵通）或其他类似电话的终端设备，通过银行系统就能从个人银行账户里直接完成付款的方式。

（3）移动支付

移动支付是使用移动设备通过无线方式完成支付行为的一种新型的支付方式。移动支付所使用的移动终端可以是手机、PDA、移动 PC 等。

（二）网上银行

网上银行（电子银行，E－Bank），是建立在 Internet 上的银行。

电子商务强调支付过程和支付手段的网络化，银行作为电子化支付和结算的最终执行者，起着联结买卖双方的纽带作用，网络银行所提供的网上支付服务是电子商务中的关键因素，直接关系到电子商务的发展前景。

1. 网上银行的发展模式

网上银行的发展是在以下两种模式基础上发展起来的。

（1）完全建立在 Internet 上的银行，如世界第一家全交易型网上银行——美国安全第一银行。

（2）在现有商业银行基础上发展起来的，将现有银行业务扩展到 Internet 上，开设新的服务窗口，即所谓传统业务的外挂网上银行系统，如国内最早开展网上银行业务的招商银行的“一卡通”。

2. 网上银行业务

网上银行既可进行传统商业银行业务，也具备网上支付功能，还可开辟新的服务领域（例如网上国际收支申报、发放电子信用证等）。

（1）商业银行业务。网上银行业务包括了传统的商业银行业务，如转账、结算、汇兑、代收费、发薪（电子货币可以足不出户，直接存）、查询个人账户等。

除上述传统业务外，还包括新型的银行业务，如证券清算、外币业务、信息查询、消费信贷（住房按揭）等业务。

（2）网上金融服务。网上金融服务已经走出了传统的银行业务，更多地提供了网上支付、网上消费、家庭银行、个人理财、网上投资、网上保险等金融服务。

（3）新的业务领域。网上银行适应新形势下经济发展的需求，提供了更多的金融创新服务、增值服务，如为集团客户查询子公司的账户余额和交易信息；集团内部资金实时调度和划拨；财务信息咨询；账户管理等理财信息；网上国际收支申报；发放电子信用证；开展数据统计等。

（三）电子货币

电子货币是采用电子技术和通信手段在信用市场上流通的，以法定货币单位反映商品价值的信用货币。最常见的电子货币是各种银行发行的储蓄卡和信用卡。

1. 电子货币的功能

电子货币的功能主要有以下四个方面：一是结算功能，代替现金，直接用于消费；二是储蓄功能，可以存款、取款；三是兑现功能，可以兑换为货币；四是消费贷款功能。

2. 电子货币的特征

（1）携带轻便，特别是需要办理大额业务时，电子货币与传统货币相比更显优势。

（2）记数方便，不需清点，也不需找零钱，能避免差错。

（3）安全性很好，难以伪造，而且盗窃的目标小，有密码保护，即便丢失了也可以立即挂失。

（4）流通快，因为它是依靠计算机网络流通的。

（5）便于监督、统计，因为经过计算机处理的每笔交易都有记录，即使交易后也可以追查，事后这些数据还可以用于宏观分析。

3. 电子货币的种类

按照使用的工具的不同，电子货币可以分为三类：

（1）电子现金类：如电子现金、电子钱包、电子零钱等。

（2）电子信用卡类：如智能卡等。

（3）电子支票类：如电子汇票等。

对应的支付方式也有三类：电子现金支付、电子信用卡支付、电子支票支付。

（四）现行电子支付的风险

从电子支付的三种形式中，以网上支付最为普遍，应用最广。下面主要从网上支付风险来讨论。

网上支付业务的频繁发生促使中国电子商务快速发展，我国互联网支付市场成为互联网发展最快的行业。然而，目前我国的法律环境、网络安全、用户权益等一系列制约网上支付的问题还得不到真正意义上的解决。网上支付存在如下风险。

1. 金融机构内部建设的风险

网上支付业务对银行等金融机构的软硬件系统、技术支持、业务操作逻辑等提出了更高的要求，哪一方面不完善都会加剧金融机构的业务处理风险。

2. 第三方支付平台市场有待规范带来的风险

第三方支付一定程度上减少了交易欺诈的发生率，促使网上支付市场发展，但也存在一些棘手的问题，如非金融机构性质的支付服务、第三方从事电子货币支付清算业务的资格，相关法律法规不完善，监管机构不健全等。

3. 安全认证、信用评级机构有待规范带来的风险

安全认证机构通过发放数字证书为网银、电子商务、电子政务提供安全认证服务。但

目前，我国认证机构没有统一的权威立法来规制和监督其市场准入机制、运作模式、相关权利义务等。

4. 网民素质不高，加剧了交易风险

经调查发现受骗消费者中，多数误在“钓鱼网站”输入了网银信息；而支付系统本身的安全性并无太大问题；通过安全意识的强化，这种不安全性可逐渐消除。另外，由于信用保障体系不健全，网上出现了虚假交易、恶性交易等现象，而信用度缺乏必将限制交易规模。

5. 网络黑客及其他不法分子带来的风险

一些被称作“电子扒手”的解密高手通过窃取银行和企业密码，浏览其核心机密；亦有网络黑客通过植入木马、虚假网页等手段窃取消费者账户和密码，非法盗取和转移资金、窃取信息、发送假冒电子邮件等；更有市场操纵、无照经纪人、不正当销售、误导高科技投资等网上诈骗活动，直接威胁到了金融安全。

6. 宏观环境方面的风险

网上支付系统具有无形化、网络化、国际化等特点，极易通过网络迅速在整个金融体系中连锁反应，引发全局性、系统性的金融风险。目前，世界各国电子支付立法相对滞后，现行法律对电子支付业务中出现的新问题尚不能施加影响。网络上病毒、信息污染和信息爆炸等问题也很迫切，直接影响到电子支付系统发送、接收信息的效率；信用机制严重缺乏制约了中国 B to B 电子商务的发展，社会诚信体系的健全迫在眉睫。

二、电子支付方式

（一）电子现金支付与结算

电子现金是以电子化数字形式存在的现金货币。电子现金比现有的实际现金有更多的优点。实际现金要承担较大的存储风险、高昂的传输费用、较大的安全保卫。

1. 电子现金的优点

与实际的现金相比，电子现金有如下优点：

（1）匿名，这同样也是纸币现金的优点。

（2）不可跟踪性，这也是现金的一个重要特性，不可跟踪性可以保证交易的保密性，也就维护了交易双方的隐私权。

（3）节省费用，包括交易费用和传输费用。

（4）持有风险小。

（5）支付灵活方便。数字现金的使用范围比信用卡更广，信用卡支付仅限于被授权的商店。

（6）防伪造。

2. 电子现金支付与结算操作流程

电子现金支付与结算操作分为以下四个阶段。

（1）开户阶段，在支持电子现金的银行建立账号和现金进账。

（2）取款阶段，根据已有账号和购销金额获取电子货币。

（3）支付阶段，根据一定的支付协议完成买卖双方的交易。

（4）存款阶段，商家根据获取的电子货币从支持电子现金的银行存入相应的款项。

电子现金支付与结算操作流程如图 2－37 所示。

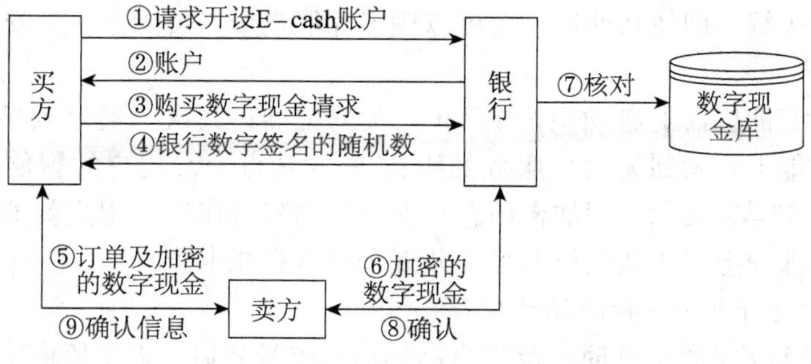

图 2－37 电子现金支付与结算操作流程

（二）电子信用卡支付与结算

信用卡支付是电子支付中最常用的工具和手段，可在商场、饭店、车站等许多场所使用。可采用刷卡记账、POS 结账、ATM 提取现金等方式进行支付。在电子商务中最简单的形式是让用户提前在某一公司登记一个信用卡号码和口令，当用户通过网络在该公司购物时，用户只需将口令传送到该公司，购物完成后，用户会收到一个确认的电子邮件，询问购买是否有效。若用户对电子邮件回答有效时，公司就从用户的信用卡账户上减去这笔交易的费用。现在更安全更先进的方式是在 Internet 环境下通过 SET 协议进行网络支付，具体方式是用户网上发送信用卡号和密码，加密发送到银行进行支付。当然支付过程中要进行用户、商家及付款要求的合法性验证。

小知识

什么是“银联”

“银联”是“中国银联股份有限公司”的简称，是我国银行卡的第一个统一标识。2004 年 1 月 1 日以后，“银联”标识卡将成为全国范围内唯一通用的人民币银行卡，各类非“银联”标识卡只能作为地方专用卡，不能在异地或跨行使用。

随着技术的发展，信用卡由磁条卡发展为能够读写大量数据、更加安全的智能卡，人们称其为电子信用卡或“电子钱包”。电子钱包也可以说是一种基于 IE 浏览器结合的电子支付工具，可以显示使用者还有多少钱存在自己的智能卡上，并且在相互认可的情况下，可以在多个电子钱包之间划拨资金。电子商务无论发生在企业间（B to B）还是企业与客户间（B to C），最终关键不是在技术，而是在商务，技术只是手段。为了更好地进行商务，才需要这些技术。因此，中国企业在进入这一领域时必须把商务放到第一位置。

1. 信用卡的特点

（1）多功能。信用卡有四种主要功能：转账结算功能、消费信贷功能、储蓄功能和汇兑功能。

（2）高效便捷。银行提供高效的结算服务，而且利用信用卡结算可以减少现金货币流通量，简化收款手续，即使到外地，也可以凭卡存取现金，灵活方便又安全。

2. 工作过程

首先，在适当的机器上启动用户的 Internet 浏览器；其次，通过安装在 PC 上的读卡机，用用户的智能卡登录到为用户服务的银行 Web 站点上，用户的智能卡会自动告知银行用户的账号、密码和其他一切加密信息；完成这两步操作后，用户就能够从智能卡中下载现金到厂商的账户上，或从银行账号下载现金存入智能卡。

3. 用信用卡进行电子支付的操作流程

（1）用户要购买某种商品时，就把自己的信用卡号和口令提供给商家，申请购物。

（2）商家得到购物申请后，与开卡行取得联系，请求开卡行进行支付认可。

（3）开卡行在确认持卡人的身份之后，给商家返回一个确认信息批准交易。

（4）商家供货给持卡人，银行则把相应的货款由持卡人的账户转到商家的账户上。

从上面的交易过程可以看出，与普通现金相比，使用信用卡交易有不少的好处：携带方便、不易损坏、安全性好、可以进行电子购物。

当然，使用信用卡也存在着一些问题，其中，最主要的就是安全问题。

信用卡与其他银行卡的一个重要差别在于，信用卡不仅是一种支付工具，同时也是一种信用工具，使用信用卡可以透支消费。

（三）电子支票支付与结算

电子支票是网络银行常用的一种电子支付工具。将支票改变为带有数字签名的电子报文，或利用其他数字电文代替传统支票的全部信息，就是电子支票。利用电子支票，可以使支票的支付业务和支付过程电子化。网络银行和大多数银行金融机构通过建立电子支票支付系统，在各个银行之间发出和接受电子支票，向用户提供电子支付服务。

电子支票系统脱开纸面支票，最大限度地利用了当前银行系统的自动化潜力。例如，通过银行自动提款机（ATM）网络系统进行一定范围内普通费用的支付；通过跨省市的电子汇兑、清算，实现全国范围的资金传输；大额资金（从几千元到几百万元）在世界各地银行之间的资金传输等。

1. 电子支票系统

电子支票系统从 20 世纪 60 年代就开始使用了，它是一个身份多样的系统。

电子支票系统包含三个实体：购买方、销售方及金融中介。在购买方和销售方做完一笔交易后，销售方要求付款。购买方从金融机构中介那里获得一个唯一凭证（相当于一张支票），这个电子形式的付款证明表示购买方账户欠金融中介钱。购买方在购买时把这个付款证明交给销售方，销售方再交给金融中介。整个事务处理过程就像传统的支票查证过程。但作为电子方式，付款证明是一个由金融中介出文证明的电子流。

电子支票系统目前一般是专用网络系统，今后将逐步过渡到公共互联网络上。

2. 电子支票的优、缺点

与传统的纸面支票相比，电子支票具有许多优点：如节省时间、减少纸张传递的费用、没有退票、灵活性强。

不利的是：电子支票的整个事务处理过程要经过银行系统，而银行系统又有义务出文证明每一笔经它处理的业务细节，因此，电子支票的一个最大问题是隐私问题。

3. 电子支票结算

电子支票的运作类似于传统支票。顾客从他们的银行收到数字文档（银行数字签名），并为每一个支付事务输入支付数目、货币类型以及收款人的姓名。支付人在支票上进行数字签名，支付人和收款人都必须对支票进行签名。

电子支票系统交易流程如图 2－38 所示。

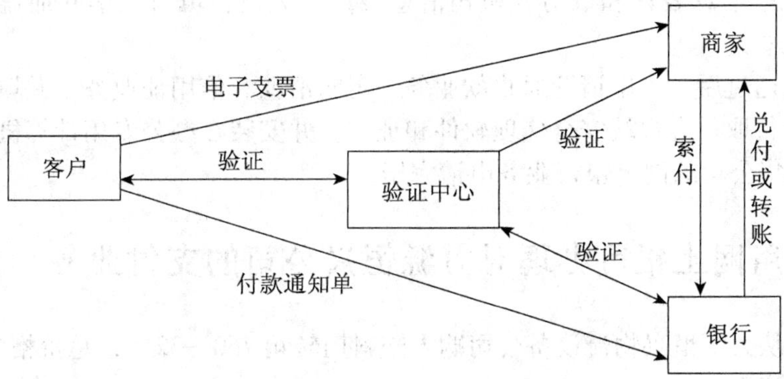

图 2－38　电子支票交易流程

除了上述的电子现金、电子信用卡和电子支票外，还有电子零钱、安全零钱、在线货币、数字货币等。这些支付工具的共同特点是将现金或货币无纸化、电子化和数字化，利于在网络中传输、支付和结算，利于网络银行的使用，利于实现电子支付和在线支付。

电子货币和电子支付系统是电子商务的核心，它将在国际金融活动中逐步发挥重要作用。我国电子商务的应用刚刚开始，建立电子支付系统是发展电子商务的保证。作为电子商务中资金流部分，电子支付系统必须在安全性、及时性、保密性、灵活性和国际化方面均达到先进水平，才能保证在电子商务尤其在国际电子商务中可靠地应用。这方面还需要一定的时间和努力才能达到。

小问答

你知道什么叫数字签名、数字证书吗？

任务实施

一、为风华公司开通网上银行业务

风华公司出纳员张清去工商银行办理网上银行开通业务，按照工商银行网上银行开通流程归纳操作步骤如下：

（1）在阅读了《中国工商银行电子银行章程》、《中国工商银行电子银行企业客户服务协议》及有关介绍材料后，根据公司将要开办的支付与结算业务，向工商银行索取了《网上银行企业客户注册申请表》、《企业或集团外常用账户信息表》、《企业贷款账户信息表》、《客户证书信息表》和《分支机构信息表》等表格，填写完毕并加盖单位公章，等待网点审核通过。

（2）审核通过后，再申请开通收款业务、定向汇款、信用证业务，并填写相关表格。

（3）向银行取得客户端安全代理软件和证书，并安装在办公专用计算机上。

至此，风华公司的网上银行业务申请完毕。

二、利用网上银行办理对力源恒兴公司的支付业务

风华公司从力源恒兴物流设备公司购入塑料周转箱 760—321#，总价格 3000 元，用网银支付的操作流程如下：

1. 登录网银

进入工商银行网站主页，选择“企业网上银行登录”，插入企业网上银行证书，选择“企业网上银行登录”，选择证书，输入证书密码，点击“确定”进入。

2. 业务处理操作流程

网上汇款业务分为提交指令和批量指令。提交指令分为逐笔支付和批量支付。

本次业务为提交指令——逐笔支付。

（注：力源恒兴公司在工商银行开立的企业存款账户为 0200024109000095588。风华公司在工商银行开立的企业存款账户为 0200024109031562446。）

下面以逐笔支付为例演示操作步骤：

（1）登录网银后，在左侧业务目录中选“网上汇款业务”—“提交指令”—“逐笔支付”。弹出支付界面，如图 2－39 所示。填入汇款单位、账号及收款单位、账号；点击“手工录入”。

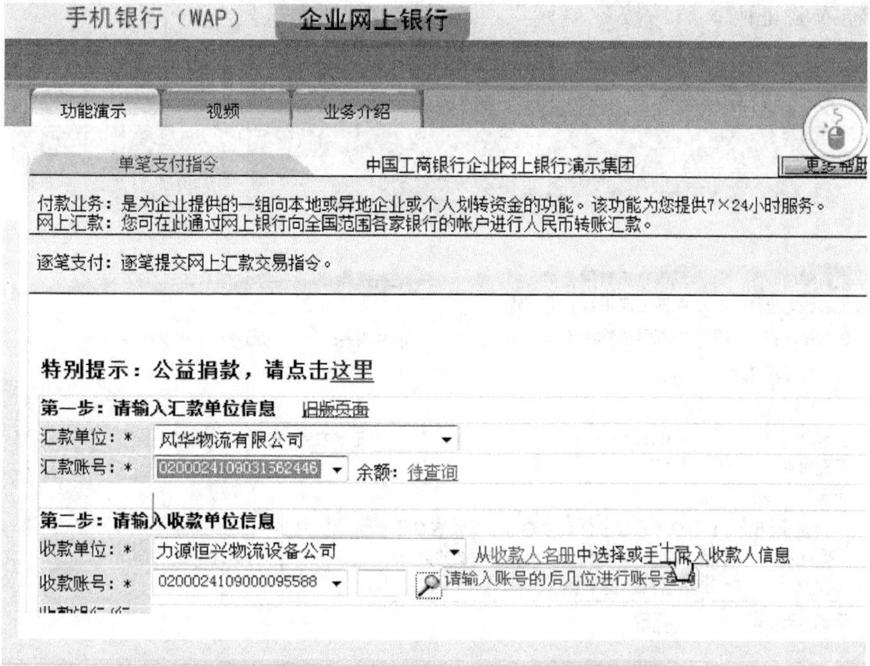

图 2-39　网上支付图解（1）

（2）输入汇款金额 1000，按“确定”，如图 2-40 所示。

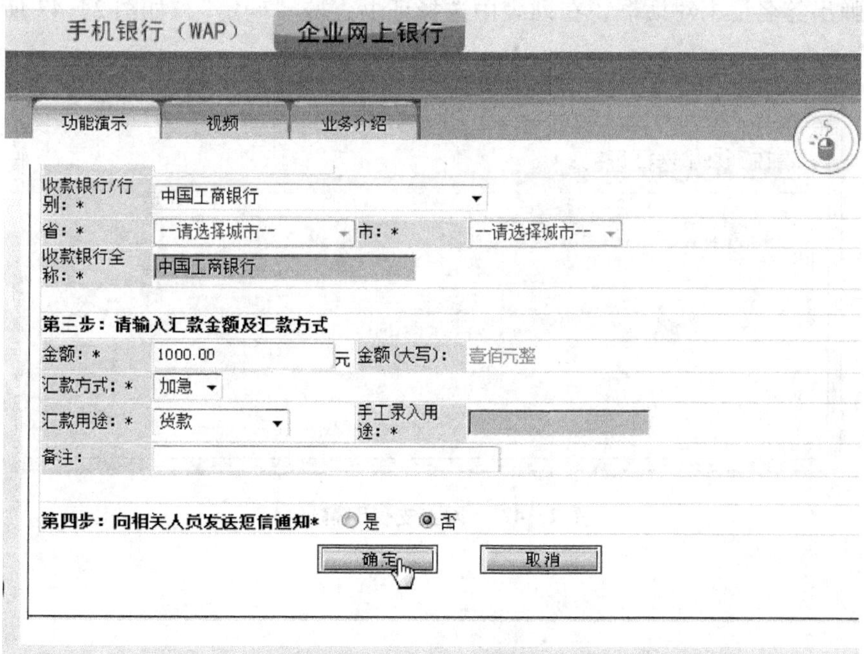

图 2-40　网上支付图解（2）

（3）输入验证码，然后按“确定”，如图 2－41 所示。

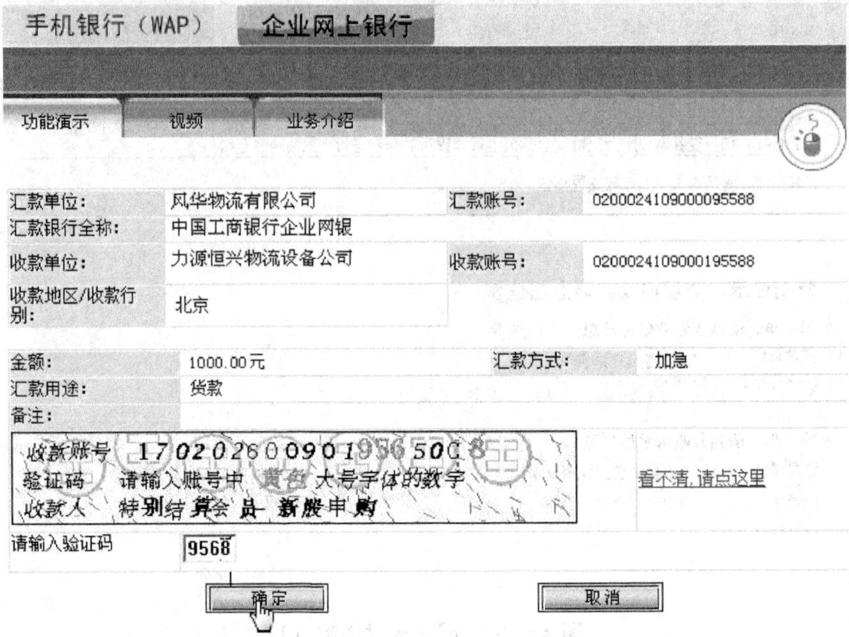

图 2－41　网上支付图解（3）

（4）弹出签名证书对话框，在列表中选择证书，按“确定”，如图 2－42 所示。

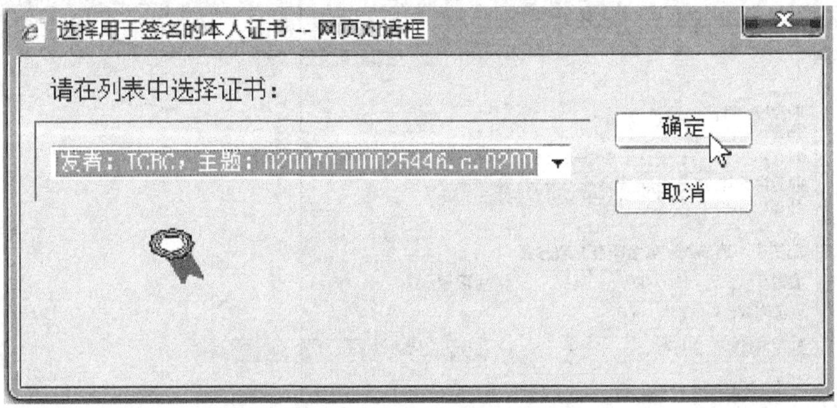

图 2－42　网上支付图解（4）

（5）输入密码，点击“确定”，如图 2－43 所示。

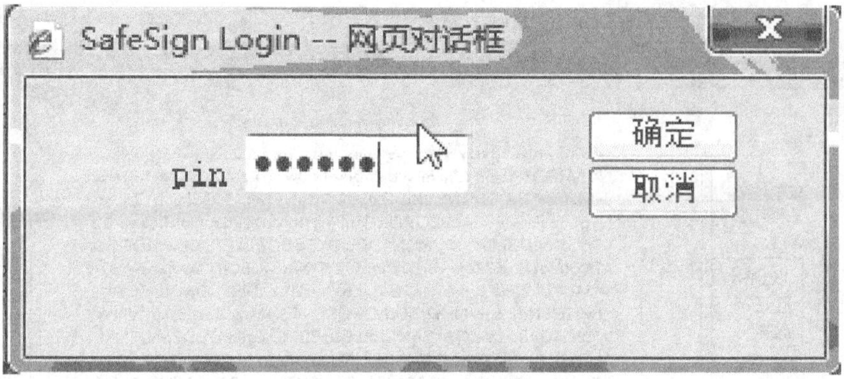

图 2－43　网上支付图解（5）

（6）弹出签名信息确认对话框，如图 2－44 所示。

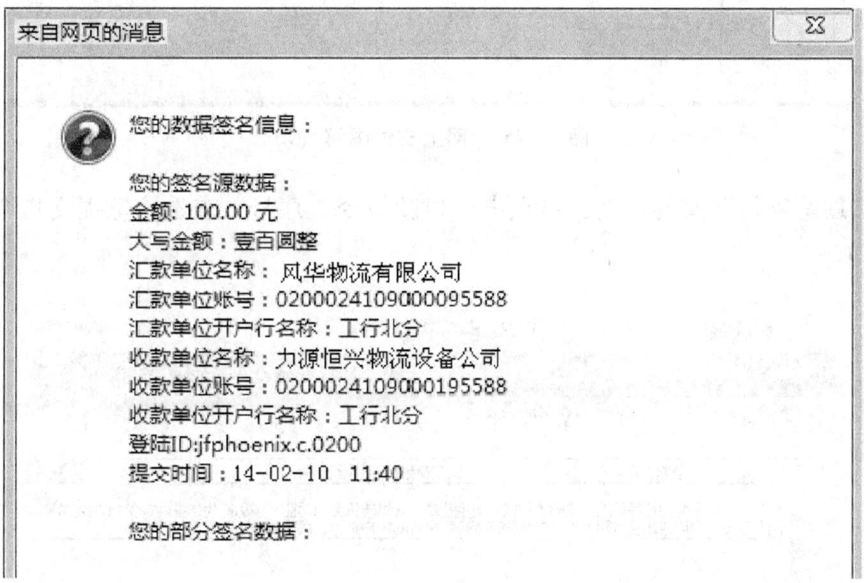

图 2－44　网上支付图解（6）

（7）确认无误后点击确定，如图 2-45 所示。

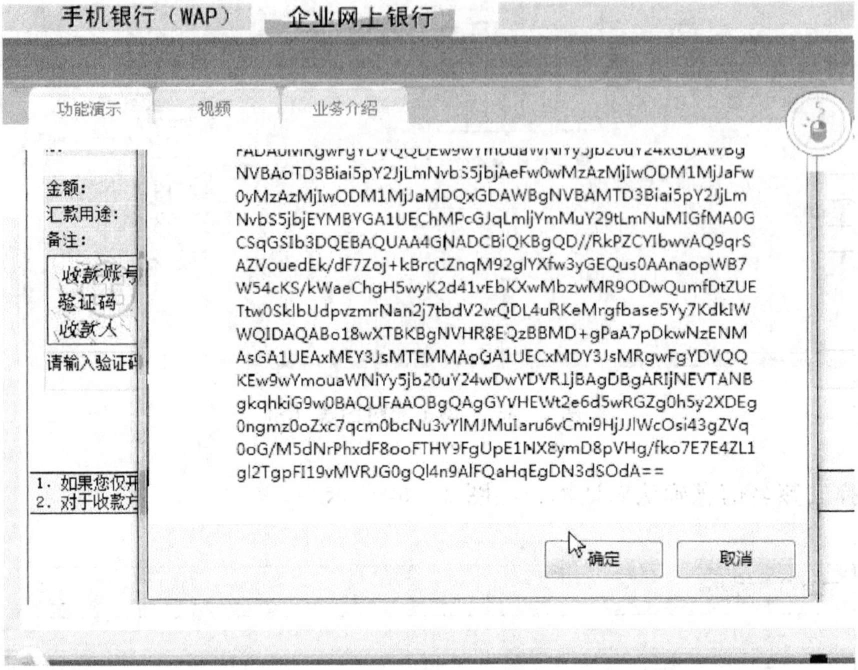

图 2-45　网上支付图解（7）

（8）“逐笔支付”交易成功，可点击“付款指令”序号，查看该笔提交指令状态，如图 2-46 所示。

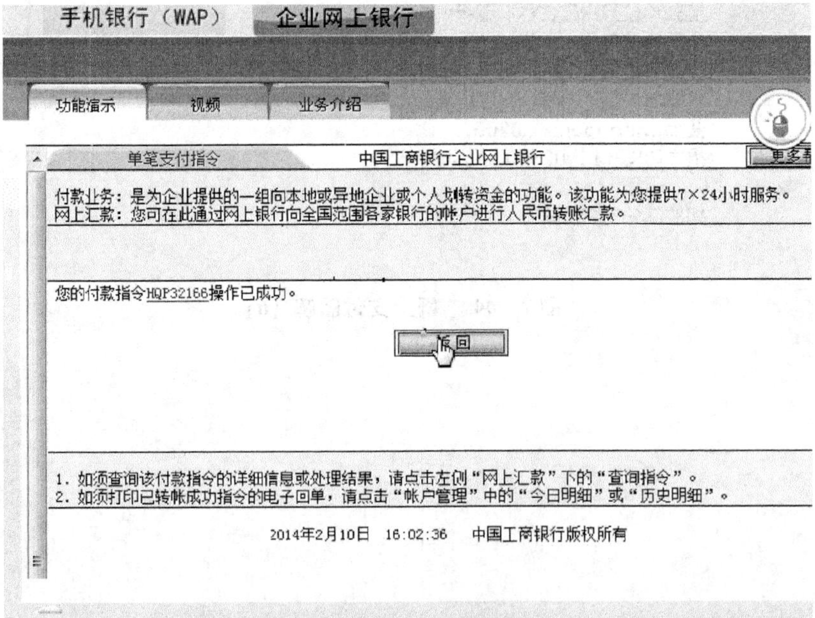

图 2-46　网上支付图解（8）

网上付款业务完成。

归纳总结

本任务内容归纳如图 2－47 所示。

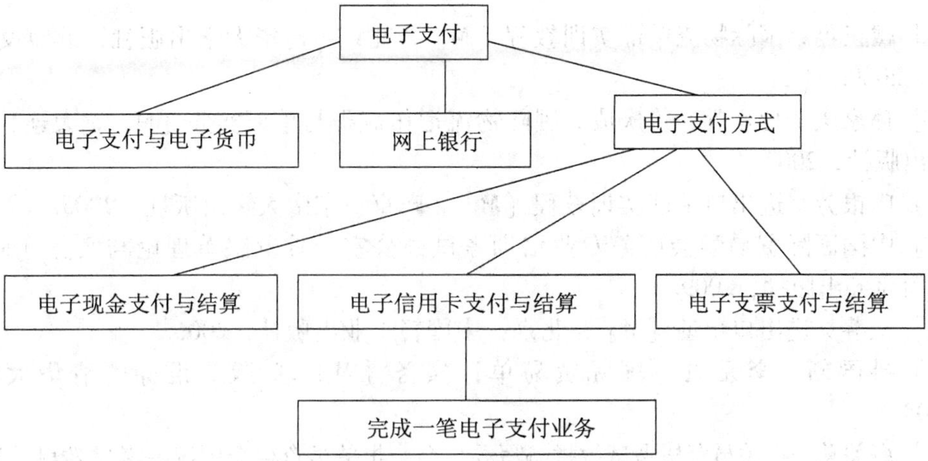

图 2－47　电子支付任务归纳总结

小技巧

支付宝购物技巧

在用支付宝购物时，为了安全最好单独办张银行卡，在银行卡里存钱不宜过多，并且在家操作，不要在网吧等公共场所使用电子支付卡。另外，电子支付卡有限额支付，如果有大宗交易，最好去银行申请 USB－KEY。

思考与训练

一、简答题

1. 什么是电子支付？电子支付方式有哪些？

2. 绘出电子现金支付流程图。

二、技能训练题

任务：在银行开一张个人信用卡，存入一定金额，在网上购买一件所需的物品，并将操作流程记录下来。

评分标准：

（1）正确填写信用卡申请书。（20 分）

（2）正确写出网购的操作流程。（30 分）

（3）独立完成一次网上购物（要求使用信用卡结算）。（50 分）

参考文献

[1] 戴正翔. 国际物流单证实训教程［M］. 北京：清华大学出版社，北京交通大学出版社，2009.

[2] 孙家庆，程显胜，曾庆成. 国际物流运作流程与单证实务［M］. 大连：大连海事大学出版社，2007.

[3] 广银芳. 进出口单证实训教程［M］. 南京：东南大学出版社，2005.

[4] 中国国际贸易学会商务专业培训考试办公室. 外贸跟单理论与实务［M］. 北京：中国商务出版社，2009.

[5] 王芬. 进出口单证［M］. 北京：中国轻工业出版社，2006.

[6] 吴国新，李元旭. 国际贸易单证实务［M］.2 版. 北京：清华大学出版社，2008.

[7] 海关总署报关员资格考试教材编写委员会. 报关员资格全国统一考试教材［M］. 北京中国海关出版社，2009.

[8] 郝敏. 货物运输与保险实用教程［M］. 天津：南开大学出版社，2008.

[9] 姜宏. 国际贸易单证实训［M］. 北京：机械工业出版社，2009.

[10] 肖玉珍. 国际结算与外贸单证［M］. 北京：国防科技大学出版社，2005.

[11] 国家质检总局报检员资格考试委员会. 报检员资格全国统一考试教材［M］. 北京：中国标准出版社，2009.

[12] 全国国际商务单证培训认证考试办公室. 国际商务单证理论与实务［M］. 北京：中国商务出版社，2009.

[13] 祝雪红. 结算实务［M］. 北京：立信会计出版社，2004.

[14] 马元驹. 结算业务基本技能训练教程［M］. 北京：中国人民大学出版社，2006.

[15] 王宇. 银行结算业务［M］. 北京：机械工业出版社，2008.

[16] 海尔物流. 海尔物流华普 Avaya 项目物流解决方案书［EB/OL］. http：//www.zj56.com，浙江物流网，2006.

[17] 祁洪祥. 配送管理［M］. 南京：东南大学出版社，2006.

附录：英文术语

A

Acceptance Credit 承兑信用证
Acceptance 接受，承兑
Additional Declaration 附加声明
Adverse Exchange 逆汇
Advertising/Notifying Bank 通知行
Advice of Collection 托收通知
Agency 代理
Airway Bill 航空运单
All Risks（AR） 一切险
Allowance 折扣
Amount/Total Value 总值
Anticipatory Credit 预支信用证
Applicant/Opener 开证申请人
Application for Banker's Draft 银行汇票申请书

B

Back to Back Credit 背对背信用证
Bank Credit 银行信用
Banker's Acceptance Bill 银行承兑汇票
Banker's Draft 银行汇票
Banker's Letter of Gurantee 银行保函
Banker's Promissory Note 银行本票
Basic Charges 基本费
Bearer 持票人
Beneficiary 受益人
Bill of Exchange/Draft 汇票
Bill of Lading（B/L） 海运提单
Bill Purchased 出口押汇
Black B/L 不记名提单
Blank Endorsement 空白背书
Bunker Surcharge 燃油附加费

C

Cable 电报
Canada Customs Invoice 加拿大海关发票
Capacity 容积
Carriage and Insurance Paid to（CIP） 运费、保险费付至
Carriage Paid to（CPT） 运费付至
Carrier 承运人
CASE 箱
Cash on Delivery 交货后付款
Certificate of Origin of the Peoples' Republic of China 中华人民共和国原产地证
Certificate of Origin（C/O） 原产地证书
Certificate of Origin 产地证明书
Check 支票
Chinese Description 产品名称
Claim 索赔
Clean B/L 清洁提单
Clean Bill 光票
Clean Collection 光票托收
Collecting Bank 托收行
Collection Order 托收委托书
Collection Payment Advice 托收支付通知书
Combined Transport B/L 联合运输提单
Commercial Acceptance Bill 商业承兑汇票
Commercial Credit 商业信用
Commercial Documents 商业单据
Commercial Draft 商业汇票
Commercial Invoice 商业发票
Commission 佣金
Commitment Fee 承诺费
Compensation Trade 补偿贸易
Conditions 承保险别
Confirmed Credit 保兑信用证

Confirming Bank　保兑行
Consignee　收货人
Consignor/Shipper　发货人
Consular Invoice　领事发票
Container B/L　集装箱提单
Container　集装箱
Copy　副本
Correspondent Banks　代理银行
Cost and Freight（CFR）　成本加运费
Cost，Insurance and Freight（CIF）
　成本加保险费、运费
Cover Method　头寸付款
Credit Advice　贷记通知书
Crossed Check　画线支票
Currency　货币
customer can not pay P&G　客户不能付款
CUSTOMER CODE　客户代码
CUSTOMER'SNAME　客户全称
Customs Invoice　海关发票

D

Dangerous Cargo Mark　危险品标志
Days of Grace　宽限期
Debit Advice　付讫借记通知
Debtor　债权人
Deferred Payment Credit　延期付款信用证
Delivered Ex - ship（DES）　目的港船上交货
Delivery Order　提货单
Delivery　交货
Demand Draft（D/D）　票汇
Demonstrative Order　指示式抬头
Depreciate　贬值
Description of Goods　商品名称及货物描述
Direct B/L　直达提单
Discount Rate　贴现率
Discount　贴现、折扣
Discrepancy　不符之处
Dishonor　拒付
Documentary Bill　跟单汇票
Documentary Collection　跟单托收
Documentary Credit Application
跟单信用证申请书
Documentary L/C　跟单信用证
Documents aAgainst Acceptance（D/A）
　承兑交单
Documents Against Payment（D/P）
　付款交单
Dozen　打
Drawee　受票人
Drawer　出票人
Drawn Clause　出票条款
Duplicate　一式两份

E

Endorsement　背书、批单
Entry Inwards　进口报关单
Entry Outwards　出口报关单
Expired product. overage product
　产品超过保质期
Expiry Date　有效期
Export Licence of the People's Republic of China
　中华人民共和国出口许可证
Export/Import License　进出口许可证
Extra Charges　额外费用
Extraneous Risks　外来风险

F

Favourable Exchange　顺汇
Final Destination　目的地
Final Port of Destination　最终目的港
Force Majeure　不可抗力
Foreign Exchange Rates　外汇汇率
Forfaiting　福费廷
Foul B/L　不清洁提单
Free from Particular Average（FPA）
　平安险
Free on Board（FOB）　装运港船上交货
Freight and Charges　运费和费用

G

General Addition Risks 一般附加险

General Average 共同海损

Generalized System of Preferences Certificate of Origin Form A 普惠制产地证

Generalized System of Preferences（GSP）普惠制

Gross Weight 毛重

Guarantee 保证人

H

Hard Currency 硬通货

I

Import Bill Advance 进口押汇

Import License 进口许可证

Importer 进口商

Inspection and Acceptance 验收

Inspection before Delivery 交货前检验

Inspection Certificate of Packing 包装检验证书

Inspection Certificate of Quality 品质检验证书

Inspection Certificate of Weight or Quantity 重量或数量检验证书

Inspection Certificate on Damage Cargo 残损检验证书

Inspection Certificate 检验证书

Inspection of Document 单证检查

Inspection 检验

Inspectorate General of Customs 海关稽查总局

Installment 分期付款

Instructions for Bank Transfer 银行转账指示

Insurance Certification 保险凭证

Insurance Policy 保险单

Insurance 保险

Insured Amount 保险金额

Insured 被保险人

Inward Remittance 汇入汇款

Irrevocable Credit 不可撤销信用证

Issue 出票

Issuing/Opening Bank 开证行

Item Code 产品号码

L

Legal Weight 法定重量

Letter of Credit（L/C） 信用证

Letter of Indemnity 保函

Line of Credit 信用额度

Liner 班轮，班机

Liter 升

Loading Certificate 装货证明书

Loading Charge 装船费

logistics documents 物流单证

Long Length Additional 超长附加费

Long Ton 长吨

M

Mail Transfer（M/T） 信汇

Marks & Nos. 唛头号

Mate's Receipt（M/R） 大副收据

Means of Conveyance 运输工具

Measurement 尺码

Metric System 公制

Metric Ton 公吨

Miscellaneous Clause 其他条款

Moisture 水分

More or Less Clause 溢短装条款

Multimodal Transport Document（MTD）多式联运单据

N

Name of Commodity 商品名称

Named Consignee B/L 记名提单

Natural Calamity 自然灾害

Negotiating Bank 议付行

Negotiation Credit 议付信用证

Net Weight 净重

Notary Public 公证人

Notification of Documentary Credit 跟单信用证通知书

Notify Party 被通知人
Numerical Container List 集装箱装载清单

O

Ocean Vessel 海运船名
On Board B/L 已装船提单
Open B/L 不记名提单
Operative Instruments 有效票据
Order B/L 指示提单
Original Bill of Lading 正本提单
Original 正本
Ounc 盎司
Outward Documentary Bill 出口押汇
Outward Remittance 汇出汇款
Overland Transportation Risks 陆运险

P

Packing List 装箱单
Packing Specification 装箱说明
Packing 包装
Partial Shipments 分批装运
Particular Average 单独海损
Parties 当事人
Payable to Bearer 持票人式抬头
Payee 收款人
Paying Bank Agent 代付行
Paying Bank 付款行
Payment After Arrival of Goods 货到付款
Payment Currency 支付货币
Payment in Advance 预付货款
Payment Order 支付通知书
Piece 件
Place of Origin 原产地
Place of Receipt 收货地点
Port Additional Surcharge 港口附加费
Port Of Destination/Discharge 目的港
Port of Discharge 卸货港
Port Of Loading/Shipment 装运港
Port of Loading 装货港
Pound 磅
Premium and Rate 保险费和费率
Prepaid 预付
Presentation 提示
Presenting Bank 提示行
Price 单价
Principal 委托人
Prior Party 前手
Progressive Payment 分期付款
Promissory Note 本票
Purchase Confirmation 购买确认书
Purchase Contract 购买合同

Q

Quadruplicate 一式四份
Quality Certificate 品质检验证书
Quality 质量
QUANTITY 申请数量
Quantity 数量
Quotation 报价

R

Railway Advice 铁路货运通知单
Railway Bill 铁路运单
Railway Consignment Note 铁路托运单
Rate 费率
Received for Shipment B/L 备运提单
Receiving Bank 汇入行
Reciprocal Credit 对开信用证
Recourse 追索
Reimbursement of Remittance Cover 汇款的偿付，拨头寸
Reimbursing Bank 偿付行
Remittance Advice 汇款通知
Remittance Against Documents 凭单付汇
Remittance Fee 汇费
Remittance 汇款
Remitter 汇款人
Remitting Bank 托收银行
Restrictive Order 限制式抬头
Results of Inspection 检验结果
Returning Products Report

产品退货报告单
Revocable Credit 可撤销信用证
Revolving Credit 循环信用证

S

Sales Confirmation 销售确认书
Sales Contract 销售合同
Sanitary Inspection Certificate 卫生检验证书
Sea Way Bill 海运单
Settlement of The Payment 货款结算
Shipped on Board 已装船
Shipper's Letter of Instruction 货物托运书
Shipper 发货人
Shipping Advice 装船通知
Shipping Mark 唛头
Shipping Note 托运单
Shipping Order 装货单
Sight Credit 即期信用证
Sight/Demand Bill 即期汇票
Signature 签名
Soft Currency 软通货
Special Addition Risks 特别附加险
Special Endorsement 特别背书
Specifications 规格
Stamp &Signature 有效的签章
Stand - by Letter of Credit 备用信用证
Steamer 轮船
Straight B/L 记名提单
Subsequent Party 后手
Surcharges 附加费

T

Telegraphic Transfer (T/T) 电汇
Tenor 付款期限
Terms of Payment 支付条件
Terms of Shipment 装运条件
Through B/L 联运提单
Time of Delivery 交货期
Time of Shipment 装运期
Time/Usance Bill 远期汇票
To Order B/L 指示提单
Total Loss 全部损失
Trade Mark 商标
Transferable Credit 可转让信用证
Transport Package 运输包装
Transshipment Surcharge 转船附加费
Transshipment 转船，转运
Trust Receipt 信托收据

U

Unclean B/L 不清洁提单
Unit Price 单价
Usance Credit 远期信用证

V

Vendor 卖方
Veterinary Certificate 兽医检验证书
Volume 体积

W

Weight Certificate 重量检验证书
Weight List 重量单
Weight Ton (W/T) 重量吨